EXERCICES

DE

GÉOMÉTRIE ANALYTIQUE

ET DE

GÉOMÉTRIE SUPÉRIEURE

EXERCICES

DE

GÉOMÉTRIE ANALYTIQUE

ET DE

GÉOMÉTRIE SUPÉRIEURE

A L'USAGE

DES CANDIDATS AUX ÉCOLES POLYTECHNIQUE ET NORMALE

ET A L'AGRÉGATION.

Par J. KOEHLER,

Ancien Répétiteur à l'École Polytechnique, ancien Directeur des Études
à l'École preparatoire de Sainte-Barbe.

QUESTIONS ET SOLUTIONS.

PREMIÈRE PARTIE.

PARIS,

GAUTHIER-VILLARS, IMPRIMEUR-LIBRAIRE

DE L'ÉCOLE POLYTECHNIQUE, DU BUREAU DES LONGITUDES,

SUCCESSEUR DE MALLET-BACHELIER,

Quai des Augustins, 55.

1886

PRÉFACE.

En dehors des publications périodiques, il n'existe en France aucun Recueil d'Exercices sur la Géométrie analytique; je pense qu'un Ouvrage de ce genre pourra être de quelque utilité. Comme le titre l'indique, je n'ai pas cru devoir me renfermer strictement dans les limites tracées par les programmes officiels; je m'adresse aux bons élèves de Mathématiques spéciales, aux jeunes gens qui se préparent aux examens de l'agrégation, et, en conséquence, j'ai donné une large part à des méthodes analytiques et géométriques sur lesquelles on doit se borner, dans l'enseignement classique, à des aperçus très succincts. C'est ainsi que j'ai fait souvent usage des coordonnées tangentielles, et que j'ai consacré plus de deux Chapitres de ce premier Volume (les Chapitres VI, VII et le § II du Chapitre IX) aux coordonnées trilinéaires et à leurs applications, sans me restreindre, comme on le fait d'habitude, aux questions où n'interviennent que des propriétés descriptives; les coordonnées trilinéaires se prêtent aussi bien à l'expression des relations métriques, grâce à un choix convenable de notations et à une condensation suffisante des formules.

J'ai réuni, dans le Chapitre VIII, un assez grand nombre d'applications de la Géométrie supérieure à la théorie des coniques; je crois que la lecture de l'*Appendice* au *Traité de Géométrie* de MM. Rouché et de Comberousse suffira pour mettre les élèves en état d'étudier ce Chapitre. Il se termine par une étude sur les polygones inscrits et circonscrits à des coniques, étude pour laquelle je me suis inspiré des travaux de MM. Darboux, Cayley, Salmon, etc.

Parmi les sources auxquelles j'ai puisé pour la rédaction de ces Exercices, je citerai, en première ligne, les *Mathematical Problems* de M. Wolstenholme. Cet Ouvrage, peu connu en France, et sans doute unique en son genre, ne renferme pas moins de 2815 énoncés de questions sur les diverses branches des Mathématiques; la plupart de ces questions ont été proposées aux élèves des Cours supérieurs de l'Université de Cambridge. Je dois exprimer ici ma reconnaissance à M. Wolstenholme, qui a bien voulu m'autoriser à user largement de son précieux travail.

Le *Traité de Géométrie analytique* de Painvin, devenu aujourd'hui à peu près introuvable, m'a fourni aussi des énoncés intéressants.

La deuxième Partie est consacrée à la Géométrie dans l'espace; elle renferme un grand nombre de problèmes proposés aux candidats à l'agrégation.

EXERCICES

DE

GÉOMÉTRIE ANALYTIQUE

ET DE

GÉOMÉTRIE SUPÉRIEURE

PREMIÈRE PARTIE.

GÉOMÉTRIE PLANE.

CHAPITRE I.

CERCLE ET SYSTÈMES DE CERCLES.

---

1. *Trouver à quelles conditions deux cercles doivent satisfaire pour qu'un quadrilatère puisse être circonscrit à l'un et inscrit dans l'autre.*

Nous supposons donné le cercle $x^2 + y^2 = R^2$ auquel le quadrilatère doit être circonscrit; soient α, β, γ, δ les angles avec l'axe des x des rayons menés aux points de contact des côtés. Une conique quelconque, passant par les points d'intersection des couples de tangentes (α), (β) et (γ), (δ), a pour équation

$$x\cos\alpha + y\sin\alpha - R)(x\cos\beta + y\sin\beta - R)$$
$$+ \lambda(x\cos\gamma + y\sin\gamma - R)(x\cos\delta + y\sin\delta - R) = 0.$$

Pour qu'elle soit un cercle, on doit avoir

$$\alpha + \beta = \gamma + \delta \quad \text{avec} \quad \lambda = -1$$

ou bien

$$\gamma + \delta = \pi + \alpha + \beta \quad \text{avec} \quad \lambda = 1.$$

1° Si $\alpha + \beta = \gamma + \delta$ et $\lambda = -1$, les cordes $(\alpha\beta)$, $(\gamma\delta)$ sont parallèles; l'équation du cercle circonscrit au quadrilatère peut s'écrire

$$(x^2 + y^2) \cos\tfrac{1}{2}(\gamma - \beta) \cos\tfrac{1}{2}(\gamma - \alpha)$$
$$- R x \cos\tfrac{1}{2}(\alpha + \beta) - R y \sin\tfrac{1}{2}(\alpha + \beta) = 0.$$

Le centre est, sur la droite $y = x \tan\tfrac{1}{2}(\alpha + \beta)$, perpendiculaire aux cordes $(\alpha\beta)$, $(\gamma\delta)$. On voit que le cercle sera fixe si $\alpha + \beta$ conserve une valeur constante, ainsi que le produit $\cos\tfrac{1}{2}(\gamma - \beta) \cos\tfrac{1}{2}(\gamma - \alpha)$; les cordes $(\alpha\beta)$, $(\gamma\delta)$ sont alors parallèles à une direction fixe, celle de la perpendiculaire à la ligne des centres des deux cercles. D'ailleurs le second cercle passe par le centre du premier. Donc, si la circonférence d'un cercle C′ passe par le centre d'un cercle C, on peut construire une infinité de quadrilatères circonscrits à C et inscrits dans C′; les droites qui joignent les points de contact des côtés opposés sont parallèles entre elles et perpendiculaires à la ligne des centres.

On peut considérer le cercle C′ comme le lieu des points tels que les tangentes menées au cercle C divisent harmoniquement le diamètre de C′ qui passe par le centre de C. De même C est l'enveloppe des cordes de C′ qui sont divisées harmoniquement par l'axe radical et par le diamètre de C′ perpendiculaire à la ligne des centres.

2° Si $\gamma + \delta = \pi + \alpha + \beta$ et $\lambda = 1$, les cordes $(\alpha\beta)$, $(\gamma\delta)$ sont perpendiculaires; l'équation du cercle circonscrit au quadrilatère devient

$$x^2 + y^2)[\cos(\alpha - \beta) + \cos(\gamma - \delta)]$$
$$+ 4 R x \left(\cos\frac{\alpha + \beta}{2} \cos\frac{\alpha - \beta}{2} - \sin\frac{\alpha + \beta}{2} \cos\frac{\gamma - \delta}{2} \right)$$
$$+ 4 R y \left(\sin\frac{\alpha + \beta}{2} \cos\frac{\alpha - \beta}{2} + \cos\frac{\alpha + \beta}{2} \cos\frac{\gamma - \delta}{2} \right) + 4 R^2 = 0.$$

En désignant par x', y' les coordonnées du point de concours des cordes $(\alpha\beta)$, $(\gamma\delta)$, et par δ la distance de l'origine à ce point, on peut mettre l'équation précédente sous la forme simple

$$(x^2+y^2)(R^2-\delta^2) - 2R^2 x' x - 2R^2 y' y - 2R^4 = 0.$$

La distance des centres des deux cercles et le rayon du second sont donnés par les formules

$$d^2 = \frac{R^4\,\delta^2}{(R^2-\delta^2)^2}, \quad \rho^2 = \frac{R^4(2R^2-\delta^2)}{(R^2-\delta^2)},$$

d'où l'on déduit

$$(1) \qquad\qquad (\rho^2 - d^2)^2 = 2R^2(\rho^2 + d^2).$$

Donc, si les rayons R, ρ de deux cercles et la distance d de leurs centres sont liés par la relation (1), on pourra inscrire dans le cercle ρ une infinité de quadrilatères circonscrits au cercle R ; les droites joignant les points de contact des côtés opposés sont perpendiculaires et se coupent en un point fixe situé sur la ligne des centres.

Propriétés diverses du quadrilatère inscriptible et circonscriptible
(fig. 1).

(a) Les diagonales AC, BD se coupent au même point M que les cordes $\alpha\beta$, $\gamma\delta$ et ont ces cordes pour bissectrices.

Dans tout quadrilatère circonscrit à un cercle (ou à une conique quelconque) les diagonales et les cordes $\alpha\beta$, $\gamma\delta$ forment un faisceau harmonique ; il en résulte que, si $\alpha\beta$, $\gamma\delta$ sont perpendiculaires, ces deux droites sont les bissectrices des diagonales.

(b) Le produit des tangentes au cercle inscrit menées par les extrémités d'une des diagonales est égal au carré du rayon de ce cercle.

La puissance du point A,

$$x = R\,\frac{\cos\frac{1}{2}(\alpha+\delta)}{\cos\frac{1}{2}(\alpha-\delta)}, \quad y = R\,\frac{\sin\frac{1}{2}(\alpha+\delta)}{\cos\frac{1}{2}(\alpha-\delta)},$$

par rapport au cercle $x^2+y^2 = R^2$, est

$$R^2 \tan^2\tfrac{1}{2}(\alpha-\delta),$$

celle du point C est

$$R^2 \tan^2\tfrac{1}{2}(\beta-\gamma);$$

le produit des deux tangentes $A\alpha$, $C\gamma$ est

$$R^2 \operatorname{tang}\tfrac{1}{2}(\alpha - \delta)\operatorname{tang}\tfrac{1}{2}(\beta - \gamma)$$

et se réduit à R^2, puisque $\delta = \pi + \alpha + \beta - \gamma$.

(c) Si un quadrilatère $\alpha\delta\beta\gamma$, inscrit dans le cercle O, a ses diagonales rectangulaires, et qu'on projette leur point d'intersection M sur les quatre côtés, on forme un nouveau quadrilatère A′B′C′D′ qui est à la

Fig. 1.

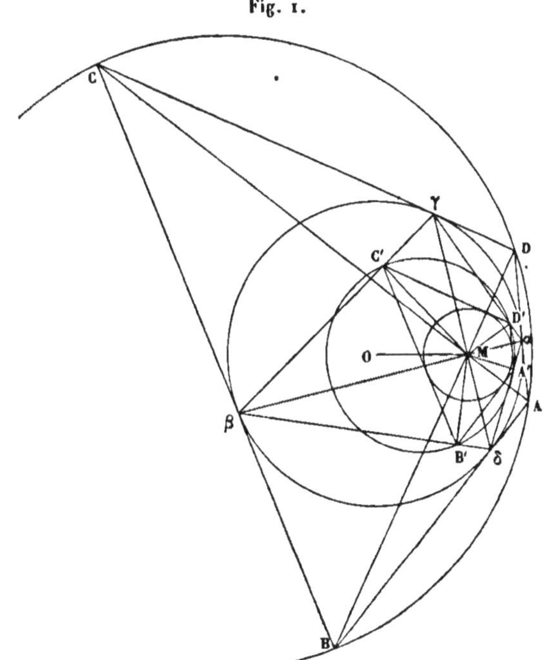

fois circonscriptible et inscriptible. Le centre du cercle inscrit est le point M; le centre du cercle circonscrit est le milieu de OM. Ce dernier cercle passe par les milieux des cordes $\alpha\gamma$, $\gamma\beta$, ... Lorsque le quadrilatère $\alpha\delta\beta\gamma$ se déforme en tournant autour du point M, ses diagonales restant perpendiculaires, les cercles inscrit et circonscrit au quadrilatère A′B′C′D′ restent invariables. Les quadrilatères ABCD, A′B′C′D′ sont homothétiques.

Tous ces résultats se démontrent très facilement en prenant $\alpha\beta$, $\gamma\delta$ pour axes de coordonnées. Si l'on fait $M\alpha = a$, $M\beta = b$, $M\gamma = c$,

M$\delta = d$ (avec la condition $ab = cd$), les équations des côtés du quadrilatère A$'$B$'$C$'$D$'$ sont

$$x(a+b) - y(c-d) - ab - o, \ldots$$

Le rayon du cercle O est

$$R = \tfrac{1}{2}\sqrt{a^2 + b^2 + c^2 + d^2};$$

son centre a pour coordonnées

$$x' = \frac{a+b}{2}, \quad y' = \frac{c+d}{2}.$$

Le cercle inscrit dans A$'$B$'$C$'$D$'$ est

$$(x^2 + y^2)\,4R^2 = a^2 b^2 = c^2 d^2:$$

enfin on trouve pour l'équation du cercle circonscrit

$$x^2 + y^2 - \frac{x}{2}(a+b) - \frac{y}{2}(c+d) + \frac{ab}{2} = o;$$

le centre est

$$x'' = \frac{a+b}{4}, \quad y'' = \frac{c+d}{4},$$

le rayon est

$$\rho = \tfrac{1}{2}\sqrt{R^2 - ab}.$$

Ce cercle est fixe, ainsi que le précédent, quand R et la puissance ab du point M par rapport au cercle R sont constants. Les côtés des quadrilatères ABCD, A$'$B$'$C$'$D$'$ sont parallèles, le centre d'homothétie des deux quadrilatères est situé sur OM et a pour coordonnées

$$x = \frac{ab(a+b)}{a^2 + b^2 + c^2 + d^2 + 2ab}, \quad y = \frac{ab(c+d)}{a^2 + b^2 + c^2 + d^2 + 2ab}.$$

2. *Étant donnés deux cercles quelconques, il n'est pas possible en général d'inscrire dans l'un (ou de lui circonscrire) un triangle polaire conjugué par rapport à l'autre. Lorsque le problème est possible, il admet une infinité de solutions.*

1° Soient $x^2 + y^2 = R^2$, $x^2 + y^2 + 2dx + k^2 = o$ les deux cercles ; α, β, γ les paramètres angulaires des sommets d'un triangle inscrit dans le premier. La polaire d'un des sommets, par rapport au second cercle, devant passer par les deux autres, on aura trois équations de condition symétrique en α, β, γ :

$$R\cos\beta(d + R\cos\gamma) + R^2 \sin\beta \sin\gamma + dR\cos\beta + k^2 = o, \ldots$$

L'élimination de β et γ donne

$$(2\,k^2 - R^2 - d^2)(2\,dR\cos\alpha + k^2 + R^2) = 0.$$

Si le facteur $2\,k^2 - R^2 - d^2$ n'est pas nul, on doit avoir

$$\cos\alpha = -\,\frac{k^2 + R^2}{2\,dR},$$

ce qui donne un des points d'intersection, réels ou imaginaires, des deux cercles. Le triangle cherché se réduit à un point. Si l'on a

$$2\,k^2 - R^2 - d^2 = 0,$$

il y aura une infinité de triangles inscrits dans le premier cercle et polaires conjugués par rapport à l'autre. Comme le rayon de celui-ci est $\rho = \sqrt{d^2 - k^2}$, la relation précédente peut s'écrire

$$(1) \qquad\qquad d^2 = 2\,\rho^2 + R^2.$$

2° Supposons que le triangle polaire conjugué par rapport au second cercle soit circonscrit au premier et soient

$$x\cos\alpha + y\sin\alpha - R = 0,$$
$$x\cos\beta + y\sin\beta - R = 0,$$
$$x\cos\gamma + y\sin\gamma - R = 0$$

les équations des trois côtés. On a les conditions

$$k^2\cos\beta\cos\gamma + (k^2 - d^2)\sin\beta\sin\gamma$$
$$+ \, dR\,(\cos\beta + \cos\gamma) + R^2 = 0, \quad \dots$$

Un des angles est donné par l'équation

$$(d^2 - \rho^2 - 2R^2)(d\cos\alpha - R - \rho)(d\cos\alpha - R + \rho) = 0.$$

Les valeurs $\cos\alpha = \dfrac{R + \rho}{d}$, $\cos\alpha = \dfrac{R - \rho}{d}$ correspondent aux tangentes communes aux deux cercles; il n'y a donc pas en général de triangles circonscrits satisfaisant aux conditions de l'énoncé. Il y en a une infinité si

$$(2) \qquad\qquad d^2 - \rho^2 - 2R^2 = 0.$$

La comparaison des relations (1) et (2) conduit au théorème suivant :

Si deux cercles C et C' sont tels qu'on puisse inscrire dans C une infinité de triangles polaires conjugués par rapport à C', on pourra circonscrire à C' une infinité de triangles polaires conjugués par rapport à C.

3. *Un triangle est polaire conjugué par rapport à un cercle; deux de ses côtés touchent un autre cercle. Trouver l'enveloppe du troisième côté.*

Soient

$(x + d)^2 + y^2 = \rho^2$ le premier cercle ;

$x^2 + y^2 = R^2$ le cercle auquel deux côtés du triangle sont tangents ;

(x', y') le point de concours des tangentes.

Si les équations séparées des tangentes sont

$$lx + my + n = 0, \quad l'x + m'y + n' = 0,$$

la condition pour qu'elles soient conjuguées par rapport à $(x + d)^2 + y^2 = \rho^2$ est

$$d^2 ll' - \rho^2(mm' + ll') + nn' - d(nl' + n'l) = 0.$$

Comme l'équation quadratique des tangentes est

$$x^2(y'^2 - R^2) + y^2(x'^2 - R^2) - 2x'y'xy$$
$$+ 2R^2 x'x + 2R^2 y'y - R^2(x'^2 + y'^2) = 0,$$

on a

$$ll' = y'^2 - R^2, \quad mm' = x'^2 - R^2, \quad \ldots$$

L'équation de condition devient alors

$$y'^2(d^2 - R^2 - \rho^2) - x'^2(R^2 + \rho^2)$$
$$- 2R^2 dx' - R^2 d^2 + 2R^2 \rho^2 = 0.$$

L'enveloppe de la polaire de (x', y') par rapport au cercle de rayon ρ, x', y étant liés par la dernière relation, est

$$R^2 y^2(2R^2 + 2\rho^2 - d^2) + (d^2 - R^2 - \rho^2)$$
$$\times [x^2(d^2 - 2R^2) + 2dx(d^2 - 2R^2 - \rho^2)$$
$$+ d^4 - 2R^2 d^2 - 2\rho^2 d^2 + R^2 \rho^2 - \rho^4] = 0.$$

Cette conique devient le cercle $x^2 + y^2 = R^2$, quand on a $\rho^2 = d^2 - 2R^2$ (*voir* le n° 2).

4. *Un triangle est inscrit dans le cercle $x^2 + y^2 = R^2$, et deux de ses côtés touchent un autre cercle $(x + d)^2 + y^2 = \rho^2$; trouver l'enveloppe du troisième côté.*

Soient α, β, γ les paramètres angulaires des sommets du triangle; les équations des côtés sont

$$x \cos\tfrac{1}{2}(\beta + \gamma) + y \sin\tfrac{1}{2}(\beta + \gamma) = R \cos\tfrac{1}{2}(\beta - \gamma), \quad \ldots,$$

et l'on a pour les conditions de contact des côtés $(\alpha\beta)$, $(\alpha\gamma)$ avec le second cercle

$$d \cos\tfrac{1}{2}(\alpha + \beta) + R \cos\tfrac{1}{2}(\alpha - \beta) = \rho,$$
$$d \cos\tfrac{1}{2}(\alpha + \gamma) + R \cos\tfrac{1}{2}(\alpha - \gamma) = \rho.$$

Si l'on désigne par θ l'un ou l'autre des angles $\tfrac{1}{2}\beta$, $\tfrac{1}{2}\gamma$, elles équivalent à une seule équation trigonométrique qui peut se mettre sous l'une ou l'autre des formes

$$\cos^2\theta (A^2 + B^2) - 2 A\rho \cos\theta + \rho^2 - B^2 = 0,$$
$$\sin^2\theta (B^2 + B^2) - 2 B\rho \sin\theta + \rho^2 - A^2 = 0.$$

On a posé, pour abréger l'écriture,

$$A = \cos\frac{\alpha}{2}(d + R), \quad B = \sin\frac{\alpha}{2}(R - d).$$

$\cos\tfrac{1}{2}(\beta + \gamma)$, $\sin\tfrac{1}{2}(\beta + \gamma)$ et $\cos\tfrac{1}{2}(\beta - \gamma)$ peuvent alors s'exprimer en fonction de α, et l'équation du côté $(\beta\gamma)$ devient

$$\cos\alpha[x(d^2 + R^2) + 2dR^2]$$
$$\pm\, y \sin\alpha(R^2 - d^2) + 2dRx + R(d^2 + R^2 - 2\rho^2) = 0.$$

Son enveloppe est le cercle

$$[x(d^2 + R^2) + 2dR^2]^2 + y^2(R^2 - d^2)^2$$
$$= [2dRx + R(d^2 + R^2 - 2\rho^2)]^2$$

ou

$$\left[x + \frac{4dR^2\rho^2}{(R^2 - d^2)^2}\right]^2 + y^2 = R^2\left[\frac{2\rho(R^2 + d^2)}{(R^2 - d^2)^2} - 1\right]^2.$$

Ce cercle coïncide avec $(x + d)^2 + y^2 = \rho^2$, si l'on a

$$d^2 = R^2 \pm 2\,R\rho\,;$$

c'est la relation entre les rayons des cercles inscrit et circonscrit à un triangle et la distance de leurs centres. Dans tous les cas, les cercles donnés et le cercle enveloppe ont même axe radical.

Lorsque les deux cercles de l'énoncé sont remplacés par des coniques quelconques, l'enveloppe du côté libre du triangle mobile est une conique passant par les quatre points d'intersection des courbes données. On peut le démontrer géométriquement de la manière suivante : soit a un point quelconque de la conique S circonscrite au triangle ; les tangentes, menées de ce point à la conique S', rencontrent S en b_1, b_2 ; la seconde tangente, menée de b_1 à S', coupe S en c_1 ; le triangle $a\,b_1\,c_1$ satisfait aux conditions de l'énoncé. On trouvera, de même, un second triangle $a\,b_2\,c_2$; donc, de chaque point de S, il est possible de mener deux tangentes à l'enveloppe qui est, par suite, une conique. Si le point a est commun à S et à S', b_1 et b_2 se confondent, ainsi que c_1 et c_2 ; le point a appartient donc à l'enveloppe, puisque les tangentes ac_1, ac_2 sont confondues.

5. *Un triangle est circonscrit à un cercle* $x^2 + y^2 = R^2$, *et deux de ses sommets se meuvent sur un autre cercle*

$$(x + d)^2 + y^2 = \rho^2\,;$$

trouver le lieu du troisième sommet.

Si les points de contact des côtés du triangle ont pour paramètres angulaires α, β, γ, les coordonnées des sommets sont

$$x_1 = R\,\frac{\cos\frac{1}{2}(\beta + \gamma)}{\cos\frac{1}{2}(\beta - \gamma)}, \quad y_1 = R\,\frac{\sin\frac{1}{2}(\beta + \gamma)}{\cos\frac{1}{2}(\beta - \gamma)},$$

$$x_2 = R\,\frac{\cos\frac{1}{2}(\gamma + \alpha)}{\cos\frac{1}{2}(\gamma - \alpha)}, \quad \ldots$$

En exprimant que les sommets (x_2, y_2), (x_3, y_3) sont sur le second cercle, on aura deux relations qui permettront, comme au n° 4, de calculer $\cos\frac{1}{2}(\beta + \gamma)$, $\sin\frac{1}{2}(\beta + \gamma)$, $\cos\frac{1}{2}(\beta - \gamma)$ en fonction de α, et d'écrire

$$x_1 = R\,\frac{(\rho^2 - d^2)\cos\alpha - 2\,dR}{2\,R^2 - \rho^2 + d^2 + 2\,dR\cos\alpha},$$

$$y_1 = R\,\frac{\sin\alpha(\rho^2 - d^2)}{2\,R^2 - \rho^2 + d^2 + 2\,dR\cos\alpha}.$$

Le lieu du sommet (x_1, y_1) est la conique

$$(1)\quad
\begin{cases}
x^2(\rho^2 - d^2)^2\,[(2\,R^2 - \rho^2 + d^2)^2 - 4\,d^2R^2] \\
\quad + y^2[2\,R^2(\rho^2 + d^2) - (\rho^2 - d^2)^2]^2 \\
\quad + 8\,R^4\,dx(\rho^2 - d^2)^2 \\
\quad + R^2(\rho^2 - d^2)^2\,[4\,R^2d^2 - (\rho^2 - d^2)^2] = 0.
\end{cases}$$

Elle devient le cercle

$$(x + d)^2 + y^2 = \rho^2,$$

si l'on a

$$[2\,R^2(\rho^2 + d^2)^2 - (\rho^2 - d^2)^2]^2$$
$$= (\rho^2 - d^2)^2\,(2\,R^2 - \rho^2 + d^2)^2 - 4\,d^2R^2(\rho^2 - d^2)^2$$

ou, réductions faites,

$$4\,R^2\rho^2 = (\rho^2 - d^2)^2.$$

Comme le problème actuel est le corrélatif de celui du n° 4, on peut prévoir que la conique (1) doit être inscrite dans le quadrilatère formé par les quatre tangentes communes aux cercles donnés. Pour le vérifier, il suffit de former l'équation tangentielle (ou la condition pour qu'une droite

$$\lambda x + \mu y + \nu = 0$$

touche la conique); on trouve

$$\lambda^2 R^2[4\,R^2d^2 - (\rho^2 - d^2)^2] - \mu^2 R^2(\rho^2 - d^2)^2$$
$$- 8\,R^4\,d\lambda\nu + \nu^2[(2\,R^2 - \rho^2 + d^2)^2 - 4\,d^2R^2] = 0$$

ou

$$(2)\quad
\begin{cases}
(R^2\lambda^2 + R^2\mu^2 - \nu^2)\,[4\,R^2\rho^2 - (\rho^2 - d^2)^2] \\
\quad - 4\,R^4[\lambda^2(\rho^2 - d^2) + \mu^2\rho^2 + 2\,d\lambda\nu - \nu^2] = 0.
\end{cases}$$

Comme les équations tangentielles des cercles sont

$$R^2\lambda^2 + R^2\mu^2 - \nu^2 = 0 \quad \text{et} \quad \lambda^2(\rho^2 - d^2) + \mu^2\rho^2 + 2d\lambda\nu - \nu^2 = 0,$$

on voit que leurs tangentes communes touchent la conique.

Remarque. — Le premier membre de l'équation tangentielle d'un cercle est proportionnel au carré de la corde déterminée par la droite $\lambda x + \mu y + \nu = 0$, de même que le premier membre de l'équation ponctuelle est proportionnel au carré de la tangente menée d'un point (x, y). Il résulte de cette remarque et de l'équation (2) que les cordes interceptées par les deux cercles sur une tangente à la conique (1) sont dans le rapport constant

$$2R^2 : \sqrt{4R^2\rho^2 - (\rho^2 - d^2)^2}.$$

6. *Lieu des centres des triangles équilatéraux circonscrits à un triangle donné (fig. 2).*

Soit ABC le triangle donné; pour construire le centre d'un triangle équilatéral circonscrit, il suffit de décrire sur les côtés des segments capables de l'angle $\frac{\pi}{3}$; une droite quelconque telle que EAF sera le côté d'un triangle circonscrit DEF dont le centre P est l'intersection des bissectrices des angles CDB, AEC, BFA. Ces bissectrices passent par les points fixes G, H, K, milieux des arcs BGC, CHA, AKB; l'angle HPK est égal à $\frac{\pi}{3}$ ou à $\frac{2\pi}{3}$, suivant l'orientation de la droite EAF; le lieu de P est donc un cercle. D'ailleurs le triangle GHK est équilatéral; car on a

$$HK^2 = \overline{AH}^2 + \overline{AK}^2 - 2AH.AK \cos\left(\frac{\pi}{3} - A\right)$$
$$= \tfrac{1}{6}\left(b^2 + c^2 + a^2 - 4S\sqrt{3}\right),$$

a, b, c, S étant les côtés et la surface du triangle ABC; les côtés KG, GH ont la même expression. Ainsi le lieu du point P est le cercle circonscrit au triangle GHK. Le centre de ce cercle est le centre de gravité M de ABC; car, si l'on calcule la somme des distances des trois points G, H, K au côté BC, on trouve

$$\tfrac{1}{2}(c \sin b + B \sin C),$$

c'est-à-dire la hauteur abaissée de A sur BC. La distance du
centre des moyennes distances des trois points au côté BC est
donc le tiers de cette hauteur; il en est de même pour les distances aux deux autres côtés. Le rayon du cercle GHK est $\dfrac{HK}{\sqrt{3}}$
ou $\sqrt{\dfrac{a^2 + b^2 + c^2 - 4\,S\sqrt{3}}{18}}$. Un triangle équilatéral, circonscrit
à ABC et dont les côtés sont perpendiculaires à ceux de DEF,

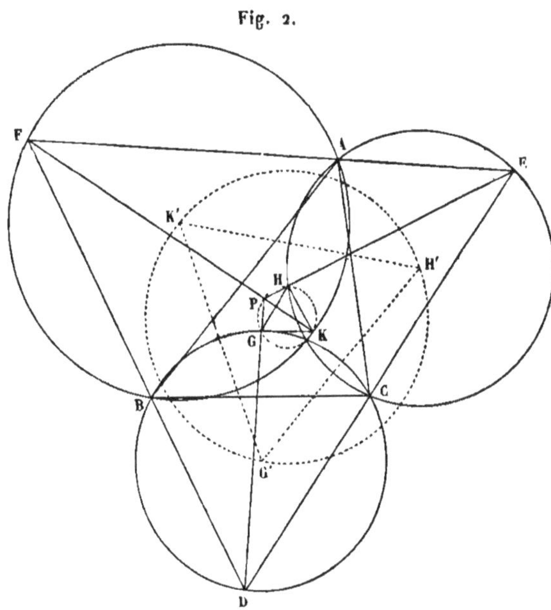

Fig. 2.

aura ses bissectrices perpendiculaires à GD, HE, KF; le point
de concours de ces bissectrices sera l'extrémité du diamètre
du cercle GHK qui passe en P. Le triangle DEF sera maximum
quand ses côtés seront parallèles aux lignes des centres H′K′,
K′G′, G′H′ des segments de cercle décrits sur BC, CA, AB. Le
triangle G′H′K′ est équilatéral, et son côté a pour expression

$$\overline{H'K'}^2 = \tfrac{1}{6}\left(b^2 + c^2 + a^2 + 4\,S\sqrt{3}\right);$$

le côté du triangle maximum est égal à $2\,H'K'$.

Un second système de triangles équilatéraux s'obtiendrait en décrivant sur les côtés de ABC des segments capables de l'angle $\frac{\pi}{3}$, mais ayant pour centre les points G, H, K; le lieu de leurs centres est le cercle circonscrit au triangle $G'H'K'$.

Pour retrouver analytiquement ces résultats, on pourra prendre pour axe des x un des côtés du triangle ABC, pour axe des y la perpendiculaire en son milieu; soient (γ, o), $(-\gamma, o)$, (α, β) les trois sommets, $y - \beta - m(x - \alpha) = o$ le côté d'un triangle équilatéral passant par le sommet (α, β); on pourra former avec cette droite deux triangles équilatéraux, soit en prenant le couple de côtés

$$y\left(1 - m\sqrt{3}\right) - \left(m + \sqrt{3}\right)(x - \gamma) = o$$

et

$$y\left(1 + m\sqrt{3}\right) - \left(m - \sqrt{3}\right)(x + \gamma),$$

soit en prenant

$$y\left(1 + m\sqrt{3}\right) - \left(m - \sqrt{3}\right)(x - \gamma) = o$$

et

$$y\left(1 - m\sqrt{3}\right) - \left(m + \sqrt{3}\right)(x + \gamma) = o.$$

La première combinaison donne le cercle GHK

$$9y^2 + 9x^2 - 6\beta y - 6\alpha x + 2\beta\gamma\sqrt{3} - 3\gamma^2 = o,$$

la seconde le cercle $G'H'K'$

$$9y^2 + 9x^2 - 6\beta y - 6\alpha x - 2\beta\gamma\sqrt{3} - 3\gamma^2 = o.$$

On peut remarquer que les rayons des deux cercles sont égaux respectivement à la demi-somme et à la demi-différence des demi-axes de l'ellipse minimum circonscrite au triangle ABC. Cette ellipse a pour centre le point $\left(\frac{\alpha}{3}, \frac{\beta}{3}\right)$, et les tangentes aux sommets sont parallèles aux côtés opposés; son équation est

$$y^2(\alpha^2 + 3\gamma^2) + \beta^2 x^2 - 2\alpha\beta xy - \tfrac{4}{3}\beta^2\gamma^2 = o,$$

l'origine étant au centre.

7. *Lieu des points de contact de deux cercles tangents entre eux et à deux cercles donnés.*

Supposons tous les contacts extérieurs; en se reportant à la construction d'un cercle passant par un point et tangent à deux cercles, on reconnaît sans peine que le lieu cherché est une circonférence dont le centre est le centre de similitude directe des deux cercles donnés, et dont le rayon est moyen proportionnel entre les distances de ce point à deux points antihomologues.

Pour traiter le problème par le calcul, prenons pour origine le centre de similitude; soient

$$(x-l)^2+y^2=\mathrm{R}^2, \quad (x-\lambda l)^2+y^2=\lambda^2\mathrm{R}^2$$

les cercles fixes; en désignant par (α, β, ρ_1), $(\alpha', \beta', \rho'_1)$ les coordonnées des centres et les rayons des cercles variables, on aura les relations

$$(1) \qquad (x-\alpha)^2 + (y-\beta)^2 = \rho_1^2,$$

$$(2) \qquad (\alpha-l)^2 + \beta^2 = (\rho_1+\mathrm{R})^2,$$

$$(3) \qquad (\alpha-\lambda l)^2 + \beta^2 = (\rho_1+\lambda\mathrm{R})^2,$$

$$(4) \qquad (x-\alpha')^2 + (y-\beta')^2 = \rho_1'^2,$$

$$(5) \qquad (\alpha'-l)^2 + \beta'^2 = (\rho_1'+\mathrm{R})^2,$$

$$(6) \qquad (\alpha'-\lambda l)^2 + \beta'^2 = (\rho_1'+\lambda\mathrm{R})^2,$$

$$(7) \qquad (\alpha-\alpha')^2 + (\beta-\beta')^2 = (\rho_1+\rho_1')^2,$$

entre lesquelles il faut éliminer $(\alpha, \beta, \rho_1, \alpha', \beta', \rho_1')$. La soustraction de (2) et (3), puis de (1) et (2) donne

$$\alpha = \frac{1}{2l}(l^2-\mathrm{R}^2)(1+\lambda) - \frac{\mathrm{R}}{l}\rho_1 = \mathrm{A} + \mathrm{B}\rho_1,$$

$$\beta = \frac{1}{2ly}\left[lx^2 + ly^2 + \lambda(l-x)(l^2-\mathrm{R}^2) - x(l^2-\mathrm{R}^2)\right]$$
$$+ \frac{\mathrm{R}x}{ly}\rho_1 = \mathrm{C} + \mathrm{D}\rho_1.$$

L'équation (1) devient alors

$$\rho^2(\mathrm{B}^2+\mathrm{D}^2-1) - 2\rho[\mathrm{B}(x-\mathrm{A}) + \mathrm{D}(y-\mathrm{C})]$$
$$+ (x-\mathrm{A})^2 + (y-\mathrm{C})^2 = 0.$$

Ses racines sont les rayons ρ_1, ρ'_1 des cercles tangents aux cercles donnés et qui se touchent eux-mêmes en (x,y). On peut calculer $\rho_1 + \rho'_1$ et $\rho_1 - \rho'_1$, par suite les différences

$$\alpha - \alpha' = \mathrm{B}\,(\rho_1 - \rho'_1), \quad \beta - \beta' = \mathrm{D}\,(\rho_1 - \rho'_1);$$

en les portant dans l'équation (7), on aura

$$(\mathrm{B}^2 + \mathrm{D}^2)(\rho_1 - \rho'_1)^2 = (\rho_1 + \rho'_1)^2$$

ou, après réductions,

$$(\mathrm{B}^2 + \mathrm{D}^2 - 1)[\mathrm{B}(y - \mathrm{C}) - \mathrm{D}(x - \mathrm{A})]^2 = 0.$$

Le facteur $\mathrm{B}^2 + \mathrm{D}^2 - 1$ ou $\mathrm{R}^2 x^2 - y^2(l - \mathrm{R})^2$ égalé à zéro représente les tangentes communes aux cercles donnés, issues de l'origine. L'autre facteur donne la circonférence,

$$x^2 + y^2 = \lambda(l^2 - \mathrm{R}^2)$$

dont il a été question plus haut.

Le lieu ne change pas, si les cercles variables sont tangents intérieurement aux cercles fixes. S'ils devaient être tangents, l'un extérieurement au premier cercle, l'autre intérieurement au second, on aurait pour lieu des contacts un cercle ayant pour centre le centre de similitude inverse.

8. *Lieu des sommets des triangles circonscrits à un cercle* $x^2 + y^2 = \mathrm{R}^2$ *et dont le point de concours des hauteurs est fixe.*

Si α, β, γ sont les paramètres angulaires des points de contact des côtés du triangle, les coordonnées du point de concours des hauteurs sont données par les formules

$$4x_1 \cos\tfrac{1}{2}(\beta - \gamma) \cos\tfrac{1}{2}(\gamma - \alpha) \cos\tfrac{1}{2}(\alpha - \beta)$$
$$= 4\mathrm{R}\cos\alpha\cos\beta\cos\gamma + \mathrm{R}[\cos\alpha + \cos\beta + \cos\gamma - \cos(\alpha + \beta + \gamma)],$$
$$4y_1 \cos\tfrac{1}{2}(\beta - \gamma) \cos\tfrac{1}{2}(\gamma - \alpha) \cos\tfrac{1}{2}(\alpha - \beta)$$
$$= 4\mathrm{R}\sin\alpha\sin\beta\sin\gamma + \mathrm{R}[\sin\alpha + \sin\beta + \sin\gamma + \sin(\alpha + \beta + \gamma)].$$

Supposons $x_1 = d$, $y_1 = 0$; si (x,y) est le pôle de la corde $(\beta\gamma)$, on exprimera $\cos\tfrac{1}{2}(\beta - \gamma)$, $\cos\beta\cos\gamma$, $\cos\beta + \cos\gamma$, $\ldots$, en fonction de x et y, et l'on aura

$$y \sin\alpha(x - d) + \cos\alpha(2R^2 - y^2 - dx) + R(x - d) = 0,$$
$$\sin\alpha(2R^2 - x^2) + xy \cos\alpha + Ry = 0.$$

L'élimination de α entre ces deux équations donne le lieu du sommet (x, y), savoir

$$x^2(R^2 - d^2) + R^2 y^2 + 2 dR^2 x = R^2(4R^2 - d^2).$$

C'est en même temps le lieu des deux autres sommets du triangle, à cause de la symétrie des formules par rapport à α, β, γ.

9. *Lieu du centre du cercle des neuf points d'un triangle dont un angle est constant ainsi que la longueur du côté opposé.*

θ étant l'angle donné dont les côtés sont pris pour axes de coordonnées, c le côté opposé, on trouve l'ellipse

$$16 x^2 + 16 y^2 + 32 xy \cos\theta(4\cos^2\theta - 3) = \frac{c^2(1 - 4\cos^2\theta)^2}{\sin^2\theta},$$

dont les axes sont les bissectrices de l'angle θ. Si $\theta = \frac{\pi}{3}$, elle devient la droite double $(x - y)^2 = 0$.

10. *On donne deux cercles* O *et* C *qui se coupent en* P, P′, *le centre du premier étant sur la circonférence du second; une corde perpendiculaire à la ligne des centres coupe le premier cercle en* A, A′, *le second en* B, B′. *Démontrer que* PA.PA′ = BA.BA′; *et trouver sur la circonférence* C *des points* Q *tels que l'on ait* QA.QA′ = $\overline{QB}^2$.

L'origine étant le point O, soient

$$x^2 + y^2 - b^2 = 0, \quad x^2 + y^2 - 2ax = 0$$

les deux cercles O et C, $x = c$ la corde AA′. On a

$$PA.PA' = BA.BA' = 2ac - b^2.$$

Si (x, y) sont les coordonnées d'un point Q du cercle C, tel que $QA.QA' = \overline{QB}^2$, on aura à la fois

$$x^2 + y^2 - 2x(a+c) - 2y\sqrt{b^2-c^2} + b^2 + 2ac = 0$$

et

$$x^2 + y^2 - 2ax = 0,$$

le point B ayant pour coordonnées $x' - c$, $y' = +\sqrt{b^2-c^2}$. Il est facile d'en conclure que les deux points Q, Q' satisfaisant à la condition demandée sont les intersections du cercle C avec les perpendiculaires abaissées du point O sur PB, PB'.

11. *On donne deux cercles* O_1 *et* O_2 (O_1 *étant intérieur à* O_2); *une tangente en* A *au cercle intérieur coupe l'autre en* B, B'. *Si* S *est le cercle-point faisant partie du système* O_1, O_2 *et intérieur à tous les deux,* SA *est bissectrice de l'angle* BSB', *et les rapports égaux* $\dfrac{BA}{BS}$, $\dfrac{B'A}{B'S}$ *conservent une valeur constante, lorsque la tangente roule sur le cercle* O_1.

Soient $x^2 + y^2 - 2ax + k^2 = 0$, $x^2 + y^2 - 2bx + k^2 = 0$ les équations de O_1 et O_2 rapportées à la ligne des centres et à l'axe radical; on suppose $a < b$; le cercle-point S a pour abscisse $+k$. Si x', y' sont les coordonnées d'un point B du cercle O_2, on a

$$\overline{BA}^2 = 2x'(b-a), \quad \overline{BS}^2 = 2x'(b-k).$$

Ainsi

$$\frac{BA}{BS} = \sqrt{\frac{b-a}{b-k}} = \frac{B'A}{B'S},$$

ce qui démontre le théorème.

12. *On donne deux cercles* C, C'; *la tangente en un point* P *du cercle* C *coupe en* P' *la polaire de* P *par rapport à* C'. *Démontrer que le cercle décrit sur* PP' *comme diamètre est orthogonal à* C *et à* C' *et passe par les deux cercles-points du système* C, C'.

13. *Étant donnés trois points* A, B, C, *on construit trois cercles, lieux géométriques des points* P, Q, R *tels que l'on ait*

$$\overline{PB}^2 + \overline{PC}^2 = k.\overline{PA}^2, \quad \overline{QC}^2 + \overline{QA}^2 = k.\overline{QB}^2,$$

et

$$\overline{RA}^2 + \overline{RB}^2 = k.\overline{RC}^2.$$

Démontrer que ces cercles sont orthogonaux au cercle circonscrit au triangle ABC.

14. *Si à un cercle fixe inscrit dans un angle* XOY *on mène une tangente* AB, *le cercle* OAB *est tangent à un autre cercle fixe inscrit dans le même angle.*

Si l'équation du cercle donné, rapporté aux axes OX, OY, est

$$x^2 + y^2 + 2xy\cos\theta - 2ax - 2ay + a^2 = 0,$$

on trouve, pour l'enveloppe du cercle variable,

$$x^2 + y^2 + 2xy\cos\theta - \frac{2a(x+y)}{\cos^2\dfrac{\theta}{2}} + \frac{a^2}{\cos^4\dfrac{\theta}{2}} = 0.$$

15. *Pour que les rectangles circonscrits à un quadrilatère soient semblables entre eux, il suffit que les diagonales de ce quadrilatère soient perpendiculaires; le lieu des centres des rectangles est un cercle passant par le point de concours des diagonales.*

16. *On donne un cercle* O, *un point* A *et une droite* D; *du point* A *on mène une droite qui rencontre* D *en* B, *et l'on décrit une circonférence sur* AB *comme diamètre. Trouver le lieu du point d'intersection de* AB *avec l'axe radical du cercle fixe et du cercle variable.*

On reconnaît que l'axe radical passe par un point fixe A′ situé sur la perpendiculaire abaissée de A sur la droite D. Le lieu demandé est une conique passant en A et A′.

17. *A partir d'un point fixe* O *sur une droite on prend deux longueurs variables* OA $= \lambda$, OB $= \mu$, *liées par une* *relation de la forme*

$$\lambda\mu + a\lambda + b\mu + c^2 = 0;$$

trouver l'enveloppe du cercle décrit sur AB *comme diamètre.*

La droite fixe étant prise pour axe des x, l'enveloppe est la courbe du quatrième ordre

$$(x^2 + y^2)^2 + 2x(x^2 + y^2)(a + b) + x^2[(a + b)^2 + 2c^2]$$
$$+ y^2(4ab - 2c^2) + 2c^2 x(a + b) + c^4 = 0.$$

Elle se décompose en deux cercles quand les coefficients a, b sont égaux, c'est-à-dire quand les points A, B forment deux divisions en involution.

18. *L'enveloppe des cercles qui sont vus de deux points fixes sous un même angle donné est une hyperbole ayant pour foyers les points fixes et dont les asymptotes font un angle supplémentaire du double de l'angle donné.*

19. *L'enveloppe des cercles qui ont leur centre sur une droite donnée et interceptent sur une autre droite des segments de longueur constante est une hyperbole dont l'axe imaginaire est la ligne des centres et dont une des asymptotes est la seconde droite donnée.*

20. *Un cercle se déplace en touchant intérieurement un autre cercle dont le rayon est la moitié du sien; trouver l'enveloppe d'une corde du cercle mobile.*

Soient A le point de contact des deux cercles dans la position initiale, D le milieu de la corde, c la flèche DA. Si l'on prend pour axes le rayon $OA = a$ du cercle fixe et le rayon perpendiculaire, on trouvera pour l'enveloppe de la corde mobile le cercle $(x + a)^2 + y^2 = (2a - c)^2$.

21. *Par chaque point d'une circonférence, on mène une droite de longueur et de direction fixes; on décrit un cercle ayant cette droite pour diamètre. Trouver l'enveloppe de la corde commune aux deux cercles et celle du cercle mobile.*

$x^2 + y^2 = R^2$ étant le cercle fixe, $2l$ la longueur donnée supposée parallèle à ox, l'enveloppe de la corde commune est la conique

$$R^2 y^2 + x^2 (R^2 - l^2) = R^2 (R^2 - l^2);$$

celle du cercle mobile se compose des cercles

$$y^2 + (x - l)^2 = (R + l)^2 \quad \text{et} \quad y^2 + (x - l)^2 = (R - l)^2.$$

22. *Étant donnés deux cercles*

$$x^2 + y^2 = R^2, \quad (x + d)^2 + y^2 = \rho^2,$$

on prend la polaire d'un point quelconque du premier par rapport à l'autre; trouver l'enveloppe des droites qui joignent le pôle aux points d'intersection de la polaire avec le premier cercle.

$$y^2 (d^2 - 2R^2 - 2\rho^2) + 2x(x + d)(d^2 - R^2 - \rho^2)$$
$$+ (d^2 - R^2 - \rho^2)^2 = 0.$$

23. *On donne deux cercles égaux tangents extérieurement et un point* P ; *trouver l'angle sous lequel se coupent les cercles qui passent en* P *et touchent les cercles donnés. Examiner le cas où le point* P *est sur une tangente commune extérieure.*

Soient
$$x^2 + y^2 - 2ax = 0, \quad x^2 + y^2 + 2ax = 0$$

les deux cercles, (α, β) le point P ; on peut construire trois cercles tangents aux cercles donnés et passant en P ; l'un d'eux passe par l'origine ; on ne le considère pas. Les deux autres ont leurs centres sur l'axe des y ; leurs rayons sont les racines ρ', ρ'' de l'équation

$$4\rho^2 (\beta^2 - \alpha^2) + 4\alpha\rho(\beta^2 - \alpha^2) + (\beta^2 + \alpha^2)^2 = 0;$$

leur angle est donné par la formule

$$\cos v \, (\alpha^2 + \beta^2)^2 = 8a^2\alpha^2 - (\alpha^2 + \beta^2)^2.$$

Comme le rayon du cercle passant en P et tangent à l'axe des y, à l'origine des coordonnées, est

$$R = \frac{\alpha^2 + \beta^2}{2\alpha},$$

on peut écrire

$$R^2 \cos v = 2a^2 - R^2.$$

Lorsque P est sur la tangente commune $y = a$ aux cercles donnés, on a

$$\cos v\,(a^2 + x^2) = 6a^2 x^2 - a^4 - x^4.$$

Soit φ l'angle sous lequel on voit de l'origine la portion de la tangente commune comprise entre le point P et le point de contact de cette tangente avec le cercle $x^2 + y^2 - 2ax = 0$; comme

$$\tan \varphi = \frac{x - a}{x + a},$$

la valeur de $\cos v$ prend la forme

$$\cos v = \frac{1 - 6\tan^2\varphi + \tan^4\varphi}{(1 + \tan^2\varphi)^2} = \cos^4\varphi - 6\cos^2\varphi\sin^2\varphi + \sin^4\varphi.$$

Ainsi $v = 4\varphi$.

Dans le cas actuel, on ne peut faire passer par le point P qu'un seul cercle tangent aux cercles donnés; il coupe la tangente commune sous l'angle 4φ.

24. *Par un point fixe* O, *on mène une droite sur laquelle on prend deux points* A *et* B, *tels que* OB $= k.$OA, *et que le segment* AB *soit vu d'un autre point fixe* P *sous un angle constant. Trouver les lieux des points* A *et* B.

Prenons le point O pour pôle, OP pour axe polaire, soient OP $= d$, OPA $= \alpha$, OPB $= \beta$; les coordonnées de A, B sont $(\rho,\ \omega)$, $(k\rho,\ \omega)$; on a

$$\beta - \alpha = \pm\, \varphi,$$

φ étant l'angle constant APB. Le lieu du point A se compose des deux cercles

$$k\rho^2\tan\varphi - d\rho[(k+1)\tan\varphi\cos\omega + (k-1)\sin\omega] + d^2\tan\varphi = 0$$

(pour $\varphi = \beta - \alpha$);

$$k\rho^2\tan\varphi - d\rho[(k+1)\tan\varphi\cos\omega - (k-1)\sin\omega]$$
$$+ d^2\tan\varphi = 0$$

(pour $\varphi = \alpha - \beta$).

Ils coupent l'axe polaire en P et en un point P′ tel que $k.\mathrm{OP'} = d$; on les obtient en décrivant sur PP′ des segments capables de l'angle φ.

Le lieu du point B se compose de deux cercles obtenus en changeant k en $\dfrac{1}{k}$ dans les équations précédentes.

CHAPITRE II.

ELLIPSE, HYPERBOLE, PARABOLE (ÉQUATIONS RÉDUITES).

§ I. — Ellipse et hyperbole, tangentes, pôles et polaires, diamètres, triangles inscrits et circonscrits.

1. *Soient* M *un point du cercle directeur d'une ellipse,* M' *son symétrique par rapport à sa polaire,* P *le milieu de* MM', OQ *la perpendiculaire abaissée du centre sur la polaire. Démontrer :* $1°$ *que* MM' *est divisée harmoniquement par les axes de l'ellipse;* $2°$ *que le lieu du point* M' *est un cercle concentrique à l'ellipse et de rayon* $\dfrac{c^2}{\sqrt{a^2+b^2}}$; $3°$ *que le produit* OQ.MP *a la valeur constante* $\dfrac{a^2 b^2}{a^2+b^2}$; $4°$ *que le point* P *coïncide avec le point de contact de la polaire de* M *et de son enveloppe.*

2. *Si un quadrilatère est circonscrit à une ellipse, le rapport du produit des perpendiculaires abaissées de deux sommets opposés sur une tangente quelconque au produit des perpendiculaires abaissées sur la même tangente des deux autres sommets conserve une valeur constante.*

Soient

A, B, C, D les sommets consécutifs du quadrilatère;
α, β, γ, δ les angles excentriques des points de contact de DA, AB, BC, CD;
p_1, p_2, p_3, p_4 les distances de A, B, C, D à une tangente
$$\frac{x}{a}\cos\theta + \frac{y}{b}\sin\theta = 1.$$

On aura

$$\frac{p_1 p_3}{p_2 p_4} = \frac{\cos\frac{1}{2}(\beta - \gamma)\cos\frac{1}{2}(\alpha - \delta)}{\cos\frac{1}{2}(\alpha - \beta)\cos\frac{1}{2}(\gamma - \delta)} = \lambda,$$

valeur indépendante de θ.

Si (ξ_1, η_1), (ξ_2, η_2) sont les coordonnées des points de concours des côtés opposés (AD, BC), (AB, CD), on pourra exprimer λ en fonction de ces coordonnées, et l'on trouvera

$$\frac{\lambda + 1}{\lambda - 1} = \frac{\dfrac{\xi_1 \xi_2}{a^2} + \dfrac{\eta_1 \eta_2}{b^2} + 1}{\sqrt{\dfrac{\xi_1^2}{a^2} + \dfrac{\eta_1^2}{b^2} - 1}\sqrt{\dfrac{\xi_2^2}{a^2} + \dfrac{\eta_2^2}{b^2} - 1}}.$$

3. *Quatre points d'une ellipse ont pour angles excentriques* α, β, γ, δ; *calculer la valeur constante du rapport anharmonique du faisceau obtenu en joignant un point quelconque* **M** *de la courbe à ces quatre points.*

θ étant l'angle excentrique du point **M**, on a, pour l'une des six valeurs du rapport anharmonique du faisceau,

$$M(\alpha\beta\gamma\delta) = \frac{\cot\frac{1}{2}(\theta + \gamma) - \cot\frac{1}{2}(\theta + \alpha)}{\cot\frac{1}{2}(\theta + \delta) - \cot\frac{1}{2}(\theta + \alpha)} \cdot \frac{\cot\frac{1}{2}(\theta + \gamma) - \cot\frac{1}{2}(\theta + \beta)}{\cot\frac{1}{2}(\theta + \delta) - \cot\frac{1}{2}(\theta + \beta)}$$

$$= \frac{\sin\frac{1}{2}(\alpha - \gamma)\sin\frac{1}{2}(\beta - \delta)}{\sin\frac{1}{2}(\alpha - \delta)\sin\frac{1}{2}(\beta - \gamma)}.$$

Les cinq autres valeurs $M(\alpha\beta\delta\gamma)$, $M(\alpha\gamma\delta\beta)$, $M(\alpha\gamma\beta\delta)$, $M(\alpha\delta\beta\gamma)$, $M(\alpha\delta\gamma\beta)$ se déduisent de celle-ci par des permutations de lettres; toutes sont indépendantes de θ.

L'expression donnée pour le rapport λ (n° 2) se transforme, d'une manière remarquable, en faisant intervenir le rapport anharmonique précédent et celui du faisceau $O(\alpha, \beta, \gamma, \delta)$ obtenu en joignant le centre de l'ellipse aux quatre points fixes.

On trouve

$$O(\alpha\gamma\delta\beta) = \frac{\sin(\beta - \gamma)\sin(\delta - \alpha)}{\sin(\beta - \alpha)\sin(\delta - \gamma)} = \lambda . M(\alpha\gamma\delta\beta).$$

Les six expressions des rapports anharmoniques correspondent à six valeurs différentes de λ; le quadrilatère circonscrit dont les côtés touchent l'ellipse en α, β, γ, δ a effectivement trois couples de sommets opposés que l'on peut grouper deux à deux de six manières.

4. *On considère une ellipse, les cercles concentriques décrits avec les demi-axes pour rayons, puis une autre ellipse passant par les extrémités du petit axe de la première et touchant les deux tangentes au cercle principal menées aux extrémités du diamètre de ce cercle qui est dirigé suivant le petit axe de la première ellipse. Démontrer que les tangentes communes aux deux ellipses touchent la seconde aux points où elle coupe le cercle principal de la première.*

5. *On donne une ellipse et un cercle concentriques; soient* PG *une tangente commune qui touche le cercle en* G, *et* M *un des points d'intersection des deux courbes; le rayon* OG *coupe l'ellipse en* H. *Démontrer que la tangente à l'ellipse en* M *touche aussi le cercle concentrique du rayon* OH.

6. *Si, autour de deux points fixes d'une ellipse, on fait tourner les côtés d'un angle dont le sommet glisse sur la courbe, le secteur elliptique compris entre les demi-diamètres parallèles aux côtés de l'angle conserve une aire constante.*

En considérant le cercle dont l'ellipse est la projection, on voit que le secteur elliptique est la projection d'un secteur circulaire d'angle constant.

7. *Si l'on mène dans une ellipse des diamètres faisant entre eux l'angle constant* $\dfrac{2\pi}{n}$, *la somme des carrés de leurs inverses a la valeur constante* $\dfrac{n}{2}\left(\dfrac{1}{a^2}+\dfrac{1}{b^2}\right)$.

8. *On donne une ellipse* $\dfrac{x^2}{a^2}+\dfrac{y^2}{b^2}=1$ *et une conique concentrique* $Ax^2+2Hxy+By^2=1$; *si* δ, δ' *sont deux diamètres conjugués de l'ellipse,* δ_1, δ'_1 *les diamètres de la seconde conique qui ont mêmes directions, on aura*

$$\frac{\delta^2}{\delta_1^2}+\frac{\delta'^2}{\delta'^2_1}=\text{const.}=Aa^2+Bb^2.$$

9. *On donne une ellipse et une tangente fixe dont le point de contact est* $(a\cos\alpha,\ b\sin\alpha)$; *trouver le lieu des points tels* *qu'en menant de chacun d'eux deux tangentes à l'ellipse, l'aire du triangle formé par la tangente fixe et les tangentes mobiles soit à l'aire du triangle des points de contact dans une raison constante k.*

Le lieu est une ellipse homothétique à l'ellipse donnée dont le centre est $\left(\dfrac{k}{2} a \cos\alpha, \dfrac{k}{2} b \sin\alpha\right)$ et dont les demi-axes sont $\dfrac{a}{2}\sqrt{k^2 + 4k}, \dfrac{b}{2}\sqrt{k^2 + 4k}$.

10. *Inscrire dans une ellipse des triangles d'aire maximum; trouver le lieu des centres des hauteurs de ces triangles et le lieu des centres de leurs cercles circonscrits, ainsi que l'enveloppe de la polaire du centre de l'ellipse par rapport à ces cercles.*

Si α, β, γ sont les angles excentriques des sommets d'un triangle inscrit, les coordonnées $(x_1 y_1)$ du centre des hauteurs et celles $(x_2 y_2)$ du cercle circonscrit sont données par les formules

$$x_1 = \frac{a^2 + b^2}{2a}(\cos\alpha + \cos\beta + \cos\gamma) - \frac{c^2}{2a}\cos(\alpha + \beta + \gamma),$$

$$y_1 = \frac{a^2 + b^2}{2b}(\sin\alpha + \sin\beta + \sin\gamma) - \frac{c^2}{2b}\sin(\alpha + \beta + \gamma),$$

$$x_2 = \frac{c^2}{4a}[(\cos\alpha + \cos\beta + \cos\gamma) + \cos(\alpha + \beta + \gamma)],$$

$$y_2 = -\frac{c^2}{4b}[(\sin\alpha + \sin\beta + \sin\gamma) - \sin(\alpha + \beta + \gamma)].$$

L'aire du triangle $(\alpha\beta\gamma)$ étant

$$\tfrac{1}{2} ab[\sin(\beta - \gamma) + \sin(\gamma - \alpha) + \sin(\alpha - \beta)],$$

on a, pour les conditions du maximum, en supposant α constant,

$$\beta = \alpha + \frac{2\pi}{3}, \quad \gamma = \alpha - \frac{2\pi}{3}.$$

Le côté $(\beta\gamma)$ d'un triangle maximum est parallèle à la tangente en α, coupe le diamètre passant par ce point au point

$\left(-\dfrac{a}{2}\cos\alpha,\ -\dfrac{b}{2}\sin\alpha\right)$; il a pour centre de gravité le centre de l'ellipse et sa surface est $\frac{3}{4}ab\sqrt{3}$. Les coordonnées du centre des hauteurs et du centre du cercle circonscrit deviennent

$$x_1=-\frac{c^2}{2a}\cos 3\alpha,\quad y_1=-\frac{c^2}{2b}\sin 3\alpha;$$

$$x_2=\frac{c^2}{4a}\cos 3\alpha,\qquad y_2=\frac{c^2}{4b}\sin 3\alpha.$$

Les lieux de ces points sont les ellipses

$$a^2x^2+b^2y^2=\frac{c^4}{4},\quad a^2x^2+b^2y^2=\frac{c^4}{16}.$$

L'enveloppe de la polaire du centre de l'ellipse donnée par rapport aux cercles circonscrits est

$$\frac{x^2}{a^2}+\frac{y^2}{b^2}=\frac{4}{c^4}(a^2+b^2)^2.$$

12. *Circonscrire à une ellipse des triangles d'aire minimum; trouver le lieu des centres des hauteurs de ces triangles, le lieu des centres des cercles circonscrits, ainsi que l'enveloppe de la polaire du centre de l'ellipse par rapport aux cercles circonscrits.*

Les coordonnées des sommets du triangle circonscrit dont les points de contact ont pour angles excentriques α, β, γ sont

$$x'=a\,\frac{\cos\frac{1}{2}(\beta+\gamma)}{\cos\frac{1}{2}(\beta-\gamma)},\quad y'=b\,\frac{\sin\frac{1}{2}(\beta+\gamma)}{\cos\frac{1}{2}(\beta-\gamma)},\quad \ldots$$

On trouve pour les coordonnées (X_1Y_1), (X_2Y_2), (X_3Y_3) du centre des hauteurs, du centre du cercle circonscrit et du centre de gravité les expressions

$4a X_1\cos\frac{1}{2}(\beta-\gamma)\cos\frac{1}{2}(\gamma-\alpha)\cos\frac{1}{2}(\alpha-\beta)$
$\quad=2(a^2+b^2)\cos\alpha\cos\beta\cos\gamma+a^2[\cos\alpha+\cos\beta+\cos\gamma-\cos(\alpha+\beta+\gamma)],$

$4b Y_1\cos\frac{1}{2}(\beta-\gamma)\cos\frac{1}{2}(\gamma-\alpha)\cos\frac{1}{2}(\alpha-\beta)$
$\quad=2(a^2+b^2)\sin\alpha\sin\beta\sin\gamma+b^2[\sin\alpha+\sin\beta+\sin\gamma+\sin(\alpha+\beta+\gamma)],$

$4a X_2\cos\frac{1}{2}(\beta-\gamma)\cos\frac{1}{2}(\gamma-\alpha)\cos\frac{1}{2}(\alpha-\beta)$
$\quad=a^2(\cos\alpha+\cos\beta+\cos\gamma+\cos\alpha\cos\beta\cos\gamma)-b^2(\cos\alpha\cos\beta\cos\gamma),$

$$4\,b\,Y_2 \cos\tfrac{1}{2}(\beta - \gamma)\cos\tfrac{1}{2}(\gamma - \alpha)\cos\tfrac{1}{2}(\alpha - \beta)$$
$$= b^2(\sin\alpha + \sin\beta + \sin\gamma + \sin\alpha\sin\beta\sin\gamma) - a^2(\sin\alpha\sin\beta\sin\gamma),$$

$$12\,X_3 \cos\tfrac{1}{2}(\beta - \gamma)\cos\tfrac{1}{2}(\gamma - \alpha)\cos\tfrac{1}{2}(\alpha - \beta)$$
$$= a[3\cos\alpha + 3\cos\beta + 3\cos\gamma + \cos(\beta + \gamma - \alpha) + \cos(\gamma + \alpha - \beta) + \cos(\alpha + \beta - \gamma)],$$

$$12\,Y_3 \cos\tfrac{1}{2}(\beta - \gamma)\cos\tfrac{1}{2}(\gamma - \alpha)\cos\tfrac{1}{2}(\alpha - \beta)$$
$$= b[3\sin\alpha + 3\sin\beta + 3\sin\gamma + \sin(\beta + \gamma - \alpha) + \sin(\gamma + \alpha - \beta) + \sin(\alpha + \beta - \gamma)].$$

La surface du triangle

$$S = -ab\,\operatorname{tang}\tfrac{1}{2}(\beta - \gamma)\operatorname{tang}\tfrac{1}{2}(\gamma - \alpha)\operatorname{tang}\tfrac{1}{2}(\alpha - \beta)$$

est minimum quand on a

$$\gamma = \alpha - \frac{2\pi}{3}, \quad \beta = \alpha + \frac{2\pi}{3}.$$

Les triangles d'aire minimum ont leurs côtés tangents à l'ellipse aux sommets des triangles inscrits d'aire maximum; leur surface est $3\sqrt{3}\,ab$; leur centre de gravité commun est le centre de la courbe. Les lieux des points $(X_1 Y_1)$, $(X_2 Y_2)$ sont

$$a^2 x^2 + b^2 y^2 = c^4, \quad a^2 x^2 + b^2 y^2 = \frac{c^4}{4};$$

l'enveloppe des polaires de l'origine par rapport aux cercles circonscrits est

$$\frac{x^2}{a^2} + \frac{y^2}{b^2} = \frac{16}{c^4}(a^2 + b^2)^2.$$

Enfin les sommets des triangles minima circonscrits sont sur l'ellipse

$$\frac{x^2}{a^2} + \frac{y^2}{b^2} = 4.$$

13. *On prend sur une ellipse deux points* P, Q, *tels que le centre du cercle inscrit au triangle formé par la corde* PQ *et les deux tangentes à ses extrémités soit situé sur la courbe; trouver le lieu du pôle de la corde* PQ.

Soit (X, Y) le pôle; le rapport du carré de la distance d'un point de l'ellipse à la polaire de (X, Y) au produit des distances du même point aux tangentes issues de (XY) a une valeur constante λ, car l'équation d'une conique rapportée à deux tangentes et à la corde des contacts est de la forme

$$R^2 = \lambda.PQ.$$

On trouve

$$\frac{R^2}{PQ} = \lambda = \frac{\sqrt{(X^2+Y^2)^2 + 2c^2(Y^2 - X^2) + c^4}}{a^2 b^2 \left(\dfrac{X^2}{a^4} + \dfrac{Y^2}{b^4}\right)}.$$

Le lieu cherché s'obtiendra évidemment en posant $\lambda = 1$, ce qui donne

$$\left(\frac{X^2}{a^2} + \frac{Y^2}{b^2} - 1\right)\left(\frac{X^2}{a^2} - \frac{Y^2}{b^2} - \frac{c^2}{a^2+b^2}\right) = 0.$$

Il se compose de l'ellipse elle-même et d'une hyperbole homofocale.

14. *Calculer les coordonnées du centre des hauteurs d'un triangle formé par deux tangentes à une ellipse et la corde des contacts, celles du centre de gravité et du centre du cercle circonscrit; l'un de ces points étant assujetti à parcourir l'ellipse, trouver le lieu du pôle de la corde.*

1° Si (x, y) sont les coordonnées du pôle d'une corde, celles du centre des hauteurs du triangle considéré sont données par les équations

$$\xi_1(b^2 x^2 + a^2 y^2) = x(a^2 b^2 + b^4 + c^2 y^2),$$
$$\eta_1(b^2 x^2 + a^2 y^2) = y(a^4 + a^2 b^2 - c^2 x^2).$$

Le point (ξ_1, η_1) étant assujetti à décrire l'ellipse, le lieu du pôle (xy) se compose de la courbe

$$c^4 x^2 y^2 - b^6 x^2 - a^6 y^2 = 0,$$

lieu des pôles des cordes normales, et de l'ellipse

$$a^2 x^2 + b^2 y^2 - (a^2 + b^2)^2.$$

Si, dans cette dernière équation, on remplace les coordonnées x, y du pôle par leurs valeurs en fonction des angles excentriques α, β des extrémités de la corde, elle prend la forme

$$(a^2 + b^2)(b^2 \cos\alpha \cos\beta + a^2 \sin\alpha \sin\beta) + a^2 b^2 = 0;$$

ainsi à chaque point P d'angle excentrique α correspondent deux points Q_1, Q_2, intersections de l'ellipse donnée et de la droite

$$(a^2 + b^2)(b^3 x \cos\alpha + a^3 y \sin\alpha) + a^3 b^3 = 0,$$

et les deux cordes PQ_1, PQ_2 sont les bases de deux triangles dont les centres des hauteurs sont sur l'ellipse. On démontrera sans difficulté les propriétés suivantes :

1° Le centre des hauteurs du triangle PQ_1Q_2 décrit l'ellipse

$$a^2 x^2 + b^2 y^2 = c^4,$$

lorsque le point P décrit l'ellipse donnée ; et, si l'on mène les tangentes en P, Q_1, Q_2, le centre des hauteurs du triangle ainsi formé est le centre de l'ellipse.

2° Le lieu du pôle, lorsque le centre de gravité du triangle mobile décrit l'ellipse, se compose de cette courbe elle-même et d'une autre ellipse homothétique et concentrique

$$a^2 y^2 + b^2 x^2 - 4 a^2 b^2 = 0.$$

A chaque point P d'angle excentrique α correspondent encore deux cordes PQ'_1, PQ'_2 fournissant deux triangles dont les centres de gravité sont sur l'ellipse ; le triangle inscrit $PQ'_1Q'_2$ est un triangle d'aire maximum.

3° Lorsque le centre du cercle circonscrit au triangle mobile est assujetti à parcourir l'ellipse donnée, le lieu du pôle est une courbe du sixième ordre

$$a^6 y^2 (x^2 + y^2 - c^2)^2$$
$$+ b^6 x^2 (x^2 + y^2 + c^2)^2 - 4 a^2 b^2 (a^2 y^2 + b^2 x^2)^2 = 0,$$

composée de deux ovales, l'un extérieur, l'autre intérieur à l'ellipse.

15. *Enveloppe des côtés d'un triangle inscrit dans une ellipse et dont le centre des hauteurs est un point fixe* (X, Y).

α, β, γ étant les angles excentriques des sommets, on a, d'après le n° **10**,

$$(a^2 + b^2) \cos\alpha - c^2 \cos(\alpha + \beta + \gamma) = 2 a X - (a^2 + b^2)(\cos\beta + \cos\gamma),$$
$$(a^2 + b^2) \sin\alpha - c^2 \sin(\alpha + \beta + \gamma) = 2 b Y - (a^2 + b^2)(\sin\beta + \sin\gamma),$$

et, par suite,

$$(a^2 + b^2)^2 + c^4 - 2(a^4 - b^4)\cos(\beta + \gamma)$$
$$= 4a^2X^2 + 4b^2Y^2 - 4aX(a^2 + b^2)(\cos\beta + \cos\gamma)$$
$$- 4by(a^2 + b^2)(\sin\beta + \sin\gamma) + 2(a^2 + b^2)^2[1 + \cos(\beta - \gamma)].$$

En posant

$$\lambda\cos\tfrac{1}{2}(\beta - \gamma) = \cos\tfrac{1}{2}(\beta + \gamma), \quad \mu\cos\tfrac{1}{2}(\beta - \gamma) = \sin\tfrac{1}{2}(\beta + \gamma),$$

cette équation devient

$$\lambda^2(a^2X^2 + b^2Y^2 - b^4) + \mu^2(a^2X^2 + b^2Y^2 - a^4)$$
$$- 2a\lambda X(a^2 + b^2) - 2b\mu Y(a^2 + b^2) + (a^2 + b^2)^2 = 0.$$

Le côté $(\beta\gamma)$ du triangle a pour équation

$$\frac{\lambda x}{a} + \frac{\mu y}{b} = 1;$$

son enveloppe (et en même temps celle des deux autres côtés) est la conique

$$(a^2 + b^2)^2[x^2(a^2 - X^2) + y^2(b^2 - Y^2) - 2xyXY]$$
$$+ 2xX(a^2 + b^2)(a^2X^2 + b^2Y^2 - a^4)$$
$$+ 2yY(a^2 + b^2)(a^2X^2 + b^2Y^2 - b^4)$$
$$= (a^2X^2 + b^2Y^2 - a^4)(a^2X^2 + b^2Y^2 - b^4).$$

Les asymptotes de cette conique sont perpendiculaires aux tangentes menées à l'ellipse par le point (X, Y). La conique devient un cercle quand (XY) est un des foyers.

16. *On mène un diamètre* PP' *d'une ellipse, les tangentes aux extrémités de ce diamètre; puis on construit un cercle qui touche l'ellipse et les deux tangentes. Trouver les enveloppes des cordes qui joignent* P, P' *au point de contact de l'ellipse et du cercle.*

Soient α, $\pi + \alpha$ les angles excentriques de P, P', β celui du point de contact Q de l'ellipse et du cercle. On a à chercher l'enveloppe de la droite PQ

$$\frac{x}{a}\cos\tfrac{1}{2}(\alpha + \beta) + \frac{y}{b}\sin\tfrac{1}{2}(\alpha + \beta) = \cos\tfrac{1}{2}(\alpha - \beta),$$

les angles α, β étant liés par l'une ou l'autre des relations

$$a \sin\alpha \sin\beta + b \cos\alpha \cos\beta = 0, \quad a \sin\alpha \sin\beta - b \cos\alpha \cos\beta = 0,$$

que l'on obtient en exprimant que le centre du cercle est sur la droite $ay \sin\alpha + bx \cos\alpha = 0$, parallèle aux tangentes en P, P'. La première des deux relations correspond aux cercles qui touchent extérieurement l'ellipse, la seconde aux cercles qui la touchent intérieurement. Les enveloppes sont

$$\frac{x^2}{a^3} + \frac{y^2}{b^3} = \frac{1}{a+b}, \quad \frac{x^2}{a^3} - \frac{y^2}{b^3} = -\frac{1}{a-b}.$$

17. *On décrit deux cercles bitangents à une hyperbole, ayant leurs centres, l'un sur l'axe transverse, l'autre sur l'axe imaginaire, et tels que les cordes de contact se coupent sur une asymptote $ay - bx = 0$. Démontrer que le pôle d'une des asymptotes par rapport à l'un des cercles coïncide avec le pôle de l'autre asymptote par rapport à l'autre cercle; trouver le lieu du pôle, lorsque les cercles se déplacent en satisfaisant aux conditions énoncées.*

Le lieu du pôle de l'asymptote $ay - bx = 0$ par rapport au premier cercle (ou de $ay + bx = 0$ par rapport au second) est l'hyperbole équilatère $(ax + by)(bx - ay) = abc^2$.

18. *Si l'on joint aux foyers d'une hyperbole les points de rencontre d'une tangente avec les asymptotes, on forme un quadrilatère inscriptible dans un cercle.*

Un cercle passant par le foyer de droite et par les points d'intersection d'une droite $lx + my + n = 0$ avec les asymptotes a pour équation

$$(x^2 + y^2)(n + cl)(a^2 l^2 - b^2 m^2) + c^2 lx(b^2 m^2 - a^2 l^2 + n^2)$$
$$+ c^2 my(b^2 m^2 - a^2 l^2 - n^2 - 2cln) + c^2 n(b^2 m^2 - a^2 l^2 - cln) = 0.$$

Il passe par le foyer de gauche si la droite est tangente à l'hyperbole.

19. *Deux hyperboles équilatères concentriques se coupent sous un angle constant, si l'angle de leurs axes est constant*

L'angle des tangentes en un point d'intersection est double de l'angle de deux des axes ou de deux des asymptotes.

20. *Trois arcs d'hyperboles équilatères concentriques forment un triangle dont la somme des angles est égale à deux droits* (corollaire du n° 19).

21. *On mène les tangentes en trois points d'une hyperbole équilatère $xy = k^2$; trouver la condition pour que le cercle circonscrit au triangle formé par les tangentes passe par le centre de la courbe.*

Les coordonnées des trois points satisfont à la condition

$$\frac{y_1 + y_2 + y_3}{y_1 y_2 y_3} + \frac{x_1 + x_2 + x_3}{x_1 x_2 x_3} = 0,$$

et alors le centre du cercle est sur l'hyperbole.

22. *On donne une hyperbole $xy = k^2$ et un point fixe $(\alpha\beta)$; trouver l'enveloppe des cordes telles que le centre de gravité du triangle formé en joignant le point fixe à leurs extrémités soit sur l'hyperbole*

$$(\beta x + \alpha y + \alpha\beta - 9 k^2)^2 = 36 k^2 xy.$$

§ II. — Propriétés focales de l'ellipse et de l'hyperbole (coordonnées rectilignes et polaires).

23. *Si d'un point quelconque* P *d'une ellipse homofocale à une ellipse donnée dont les foyers sont* F, F' *on mène les tangentes* PQ, PQ', *le rapport* $\cos\frac{1}{2}$ QPQ' : $\cos\frac{1}{2}$ FPF' *est toujours égal à* $\sqrt{a'^2 - a^2} : \sqrt{a'^2 - c^2}$ *(a' étant le demi grand axe de l'ellipse homofocale).*

24. *D'un des foyers d'une ellipse comme centre on décrit un cercle tangent à la directrice; démontrer les propriétés suivantes :*

1° *Si d'un point* P *de l'ellipse on mène deux tangentes au cercle, elles coupent l'ellipse en deux points* Q, Q', *tels que* QQ' *est parallèle au grand axe;*

2° *Les tangentes menées au cercle par les points* Q, Q' *se coupent sur l'ellipse en un point* P', *tel que* PP' *est parallèle au petit axe;*

3° *Les tangentes menées au cercle aux points où il coupe l'ellipse se rencontrent à l'une des extrémités du grand axe;*

4° *Les points de contact avec l'ellipse des tangentes communes aux deux courbes sont à une distance du foyer égale à deux fois le paramètre de l'ellipse.*

25. *On prend sur la polaire d'un point* P *par rapport à une ellipse deux points* Q, R, *tels que les tangentes issues de*

Fig. 3.

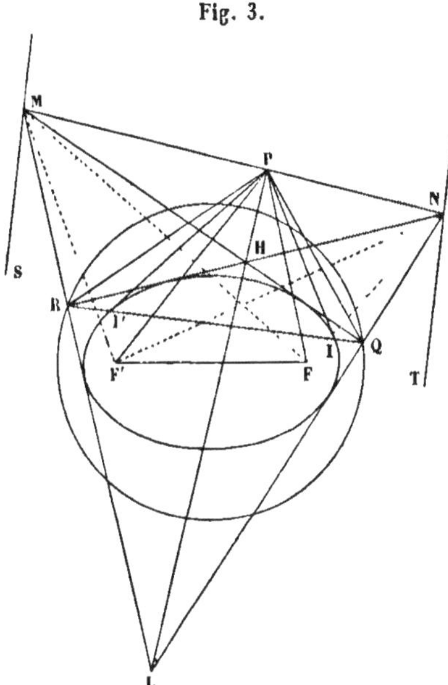

ces points soient rectangulaires. Démontrer que les quatre points d'intersection de ces couples de tangentes sont situés deux à deux sur les tangentes aux deux coniques homofocales qui passent en P, *et que si par les deux points de chaque couple on mène à l'homofocale correspondante deux autres tangentes, elles seront parallèles* (*fig.* 3).

Les points Q, R sont les intersections de II', polaire du point P, avec le cercle directeur de rayon $\sqrt{a^2+b^2}$; les couples de tangentes rectangulaires (QH, QL), (RH, RL) forment un quadrilatère circonscrit dont la troisième diagonale MN passe par le pôle P de QR; de même HL passe en P. Les droites MQ, NR, LP sont les hauteurs du triangle LMN. De plus PL, PN sont conjuguées harmoniques par rapport aux tangentes PI, PI'; comme elles sont rectangulaires, ce sont les bissectrices de l'angle IPI' et aussi de l'angle FPF'; donc ce sont les tangentes aux deux coniques homofocales qui passent en P. On peut remarquer que les droites PQ, PR font des angles égaux avec les rayons PF, PF' et avec les tangentes PI, PI'.

Les tangentes menées par M, N à la conique homofocale, qui touche en P la droite MN, s'obtiennent en construisant les angles $\mathrm{SMF'} = \mathrm{FMP}$ et $\mathrm{TNF} = \mathrm{F'NP}$; on démontre aisément qu'elles sont parallèles.

26. *On donne un cercle et un point F dans son plan; on décrit des ellipses ayant F pour foyer commun et dont les grands axes sont égaux au diamètre du cercle. Démontrer que le lieu des points de concours des tangentes non parallèles communes au cercle et à l'ellipse variable est la perpendiculaire menée à la droite qui joint F au centre du cercle en son milieu.*

27. *D'un point fixe (α, β) on mène des tangentes à des coniques homofocales; trouver le lieu des centres des hauteurs des triangles formés par les tangentes et la corde des contacts, ainsi que le lieu des centres des cercles circonscrits aux mêmes triangles.*

En se reportant aux formules du n° **14**, on trouve, pour le lieu du centre des hauteurs, l'hyperbole équilatère

$$(\alpha x + \beta y)(\alpha y - \beta x) = c^2(\beta x + \alpha y - 2\alpha\beta),$$

qui se réduit à deux droites, si l'on a

$$(\alpha^2 + \beta^2)^2 = c^2(\alpha^2 - \beta^2),$$

c'est-à-dire si le point $(\alpha\beta)$ est sur une lemniscate ayant les foyers pour sommets.

Le lieu des centres des cercles circonscrits est la droite

$$\frac{2\,\alpha.x}{\alpha^2+\beta^2+c^2} + \frac{2\,\beta y}{\alpha^2+\beta^2-c^2} = 1.$$

28. *On fait passer un cercle par les foyers d'une ellipse, et l'on mène les tangentes communes aux deux courbes; trouver l'enveloppe des couples de droites qui joignent deux à deux les points de contact de l'ellipse et du cercle avec ces tangentes.*

Si l'on considère deux tangentes à l'ellipse, symétriques par rapport au petit axe, on peut construire deux cercles passant par les foyers et tangents à ces deux droites. A chacun de ces cercles correspond un des couples de droites dont on demande l'enveloppe.

On trouvera les deux hyperboles

$$b^2 x^2 - 3 a^2 y^2 = 3 a^2 b^2 \quad \text{et} \quad b^2 x^2 - 3 a^2 y^2 = - 3 a^2 b^2.$$

29. *Par le foyer* F *d'une conique* $\dfrac{p}{\rho} = 1 + e\cos\theta,$ *on mène une corde* P'FQ', *par le sommet* A *(voisin de* F), *une corde parallèle qui coupe la courbe en* P *et l'ordonnée focale en* Q; *démontrer la relation*

$$\frac{\text{AP.AQ}}{\text{FP'.FQ'}} = \frac{2}{1-e}.$$

30. *Deux ellipses ayant un foyer commun, si l'on joint ce foyer aux extrémités d'un diamètre de la première, la somme des rayons vecteurs divisés respectivement par les rayons correspondants de la seconde ellipse est constante.*

La somme des deux rapports est

$$\frac{2\,a}{p'}\,(1 - ee'\cos\alpha),$$

$2a$ étant le grand axe de la première ellipse, e son excentricité, p' et e' le paramètre et l'excentricité de la seconde ellipse, α l'angle des axes.

31. *Si l'on divise une ellipse en n secteurs équivalents par n demi-diamètres, la somme des carrés de ces diamètres est égale*

à $\dfrac{n}{2}(a^2 + b^2)$, *et la somme des cordes focales qui leur sont pa-*

rallèles est $\dfrac{n}{a}(a^2 + b^2)$.

On remarquera que la corde focale, parallèle au demi-dia-mètre de longueur d, est $\dfrac{2\,d^2}{a}$.

32. *Si un cercle passant par un foyer coupe une conique en quatre points, la somme des inverses des rayons vecteurs des points d'intersection est égale à* $\dfrac{2\,a}{b^2}$, *quels que soient le rayon et le centre du cercle.*

33. *Former l'équation d'un cercle tangent à une conique en un point donné et passant par un foyer, ainsi que l'équation de la corde commune qui ne passe pas au point de contact* (*coordonnées polaires*).

Soit α l'angle polaire du point de contact sur la conique

$$\frac{p}{\rho} = 1 + e \cos\theta;$$

l'équation de la normale est

$$pe \sin\alpha = \rho(1 + e \cos\alpha)[\sin\theta(e + \cos\alpha) - \cos\theta \sin\alpha].$$

Celle du cercle doit être de la forme

$$\rho = 2d \cos(\theta - \beta);$$

on exprimera que le cercle passe par le pôle et a son centre sur la normale, ce qui conduira à l'équation

$$\rho(1 + e \cos\alpha)^2 = p[\cos(\theta - \alpha) + e \cos(\theta - 2\alpha)].$$

L'équation de la corde commune peut s'obtenir en exprimant que cette droite fait avec l'axe polaire le même angle que la tangente, et, de plus, qu'elle coupe le cercle et la conique aux mêmes points. Cette équation est

$$(1) \qquad \frac{p}{\rho}(1 + 2e \cos\alpha + e^2) = e^3 \cos\theta + e^2 \cos(\theta + \alpha).$$

34. *On construit des cercles tangents à une conique et passant par un foyer; trouver l'enveloppe de la corde commune (coordonnées polaires).*

L'enveloppe de la droite, représentée par l'équation (1) du n° **33**, est la conique

$$\rho e^2 (1 - e \cos\theta) = p(1 - e^2),$$

dont le centre est le pied de la directrice de la conique donnée, relative au foyer pris pour pôle. L'angle polaire θ_1 du point de contact de la corde et de l'enveloppe est donné par la formule

$$\sin\theta_1 = - \frac{\sin\alpha (1 - e^2)}{1 + 2 e \cos\alpha + e^2};$$

mais, si l'on considère le rayon vecteur ρ' mené au point α du second foyer F' de la conique donnée, on a

$$\rho' = \frac{\rho}{1 - e^2} (1 + 2 e \cos\alpha + e^2)$$

et

$$\frac{\sin\alpha}{\sin\beta} = \frac{\rho'}{\rho} = \frac{1 + 2 e \cos\alpha + e^2}{1 - e^2},$$

β étant l'angle polaire du rayon vecteur ρ'. Donc

$$\sin\beta = - \sin\theta_1.$$

Ainsi, pour avoir le point de contact de la corde avec son enveloppe, il faut joindre le second foyer F' au point de contact M de la conique et du cercle, et mener par le foyer F une droite faisant avec l'axe un angle égal à $MF'F$, mais en sens contraire; cette droite coupe la corde au point de contact.

35. *Déterminer une conique ayant même foyer qu'une conique donnée*

$$\frac{p}{\rho} = 1 + e \cos\theta,$$

semblable à celle-ci, et qui la touche en un point donné.

α étant l'angle polaire du point donné, l'équation de la co-

nique semblable est de la forme

$$\frac{kp}{\rho} = 1 + e \cos(\theta - \lambda);$$

k et λ sont déterminés par les deux conditions

$$1 + e \cos\alpha = \frac{1}{k}[1 + e \cos(\alpha - \lambda)] \quad \text{et} \quad k \sin\alpha = \sin(\alpha - \lambda).$$

L'équation demandée peut s'écrire

$$\frac{p(1 - e^2)}{\rho} = 1 + e^2 + 2e \cos\alpha - e \cos\theta(\cos 2\alpha + 2e \cos\alpha + e^2)$$
$$- 2e \sin\theta \sin\alpha(e + \cos\alpha).$$

Pour trouver la corde commune associée à la tangente en α, on remarquera que chaque point d'intersection des deux coniques correspond, soit à des valeurs égales de ρ et de θ, soit à des valeurs de ρ égales et de signes contraires pour des valeurs de θ qui diffèrent de π. En exprimant la première condition, on retrouvera le point de contact α; en exprimant la seconde, on trouvera deux points d'intersection, définis par l'équation

$$e(e + \cos\alpha) \cos(\theta - \alpha) + 1 + e \cos\alpha = 0.$$

Si maintenant

$$\frac{1}{\rho} = A \sin\theta + B \cos\theta$$

est l'équation de la corde joignant les deux points, on aura à la fois

$$1 + e \cos\theta = p(A \sin\theta + B \cos\theta)$$

et

$$\sin\theta \sin\alpha + \cos\theta \cos\alpha = - \frac{1 + e \cos\alpha}{e(e + \cos\alpha)}$$

pour déterminer les coefficients A et B. L'équation de la corde commune est, toutes réductions faites,

$$\frac{p}{\rho}(1 + e \cos\alpha) = e \sin\alpha[\sin(\alpha - \theta) - e \sin\theta].$$

36. *Du foyer* F *d'une conique, comme centre, on décrit un*

cercle qui rencontre une tangente en P, P'; *les rayons* FP, FP' *coupent la courbe en* M, M'; *trouver l'enveloppe de la corde* MM' *et le lieu de son pôle.*

Soient *mp* le rayon du cercle,

$$\frac{p}{\rho} = e \cos\theta + \cos(\theta - \alpha),$$

la tangente à la conique,

$$\frac{p}{\rho} = 1 + e \cos\theta$$

au point α; les points M, M' ont des angles polaires déterminés par l'équation

$$e \cos\theta + \cos(\theta - \alpha) = \frac{1}{m};$$

en exprimant qu'une droite $\frac{1}{\rho} = A \sin\theta + B \cos\theta$ coupe la conique en ces points, on déterminera les coefficients A et B, et l'équation de MM' prendra la forme

$$\frac{p}{\rho} = e(m + 1) \cos\theta + m \cos(\theta - \alpha).$$

Son enveloppe est la conique

$$\frac{p}{\rho} = e(m + 1) \cos\theta + m.$$

Le lieu du pôle de la corde, considéré comme l'intersection des tangentes aux points qui satisfont à l'équation

$$e \cos\theta + \cos(\theta - \alpha) = \frac{1}{m},$$

est la conique

$$\rho^2 [e^2 m \cos^2\theta (m - 2) - e^4 m^2 \cos^2\theta - 1]$$
$$+ 2 mpe\rho \cos\theta [1 - m(1 - e^2)] + p^2 m^2 (1 - e^2) = 0.$$

Cette conique devient un cercle, si l'on a

$$m(1 - e^2) = 2.$$

37. *On construit une conique* S' *ayant pour foyer un des sommets d'une conique* S, *passant par le foyer voisin et ayant pour directrice une tangente à* S; *démontrer que l'axe focal des coniques* S' *est de grandeur constante et trouver l'enveloppe de leur seconde directrice.*

L'équation cartésienne de S, rapportée à son sommet, est

$$x^2(1 - e^2) + y^2 - 2px = 0;$$

si la directrice de S' est la tangente à S au point où cette courbe est rencontrée par la droite $y = \lambda x$, on trouvera facilement, pour l'équation cartésienne de S',

$$(x^2 + y^2)[\lambda^2 + (1 + e)^2] + [x(1 - e^2 - \lambda^2) + 2\lambda y - 2p]^2 = 0$$

et, pour son équation polaire,

$$\rho[\lambda^2 + (1 + e)^2] + \rho \cos\theta(1 - e^2 - \lambda^2) + 2\lambda\rho \sin\theta = 2p.$$

Mais cette même équation doit prendre la forme

$$\rho[1 + e' \cos(\theta - \alpha)] = p',$$

en désignant par e' l'excentricité de S', par p' son paramètre et par α l'angle polaire de son axe focal. L'identification donne

$$\frac{p'}{1 - e'^2} = \frac{p}{2e},$$

ce qui montre que le demi-axe focal de S' est égal à la demi-distance du foyer de S à la directrice correspondante.

La seconde directrice de S' est

$$\rho e \cos\theta(1 - e^2 - \lambda^2) + 2\lambda e \rho \sin\theta + p(1 + e^2 + \lambda^2) = 0;$$

elle a pour enveloppe la conique

$$e^2\rho^2(e^2 \cos^2\theta - 1) - 2pe^3\rho \cos\theta + p^2(1 + e^2) = 0$$

dont les foyers sont sur l'axe focal de S et ont pour abscisses

$$x' = \frac{p}{1 - e}, \quad x'' = \frac{p}{1 + e}.$$

L'un d'eux est le second foyer de S.

38. *On donne deux cercles* C, C' *intérieurs l'un à l'autre; soit* M *le centre d'un cercle variable qui les touche tous deux; ce point décrit une ellipse ayant pour foyers les centres* C, C', *pour grand axe la somme des rayons des cercles donnés. Soit enfin* A *un des sommets de cette ellipse, situé sur la ligne des centres. Trouver le lieu des extrémités du diamètre* MA *du cercle mobile.*

Soient a, b les rayons de C, C', d la distance des centres; prenons pour origine le sommet A de l'ellipse, ACC' pour axe polaire; l'équation de l'ellipse est

$$\rho[(a+b)^2 - d^2 \cos^2\theta] = (a+b)^2[(a+b)^2 - d^2]\cos\theta.$$

Le rayon du cercle mobile étant

$$\frac{a-b-d}{2} - \frac{d\cos\theta}{a+b}\,\mathrm{AM},$$

on aura, pour les lieux des extrémités du diamètre **AM**,

$$2\rho(a+b+d\cos\theta) = \cos\theta[2(a+b)^2 - d^2 - d(a-b)] - (a+b)(a-b-d),$$
$$2\rho(a+b-d\cos\theta) = \cos\theta[2(a+b)^2 - d^2 - d(a-b)] + (a+b)(a-b-d).$$

Ces équations représentent une seule et même courbe du quatrième ordre avec un point double en A. Si la condition

$$2(a+b)^2 = d^2 + d(a-b)$$

est remplie, on a une conique.

39. *Trouver sur une conique un point tel que la corde interceptée par la normale soit vue du foyer sous un angle droit.*

On a donné au n° 33 l'équation en coordonnées polaires de la normale à la conique

$$\frac{p}{\rho} = 1 + e\cos\theta,$$

au point dont l'angle polaire est α. Ses intersections avec la conique sont données par l'équation

$$e\sin\alpha(1 + e\cos\theta) = (1 + e\cos\alpha)[e\sin\theta + \sin(\theta - \alpha)],$$

satisfaite pour $\theta = \alpha$. Si la corde normale est vue du foyer sous un angle droit, l'équation précédente doit être aussi satisfaite pour $\theta = \dfrac{\pi}{2} + \alpha$ ou pour $\theta = \alpha - \dfrac{\pi}{2}$. La première hypothèse donne

$$e \sin\alpha - 2 e \cos\alpha = 1 + e^2,$$

et par conséquent deux valeurs pour α; la droite qui coupe la conique aux deux points correspondant à ces valeurs est

$$p(e^2 + 1) = e\rho \left[\sin\theta + (e^2 - 1) \cos\theta\right].$$

La seconde hypothèse donne deux nouveaux points sur la droite

$$p(e^2 + 1) = e\rho \left[-\sin\theta + (e^2 - 1) \cos\theta\right].$$

§ III. — Parabole.

40. *Inscrire dans une parabole un triangle dont les côtés soient parallèles à trois droites données, et démontrer que les côtés de ce triangle sont égaux à quatre fois ceux du triangle circonscrit dont les côtés sont parallèles aux siens.*

On construira d'abord le triangle circonscrit dont les points de contact sont A, B, C; on mènera par ces points les parallèles AA′, BB′, CC′ à BC, CA, AB. Le triangle inscrit A′B′C′ aura ses côtés parallèles aux tangentes en A, B, C.

Soient maintenant m_1, m_2, m_3 les coefficients angulaires des tangentes en A′, B′, C′, μ_1, μ_2, μ_3 ceux des tangentes en A, B, C, de sorte que

$$\mu_1 = \frac{2 m_2 m_3}{m_2 + m_3}, \quad \ldots$$

La longueur du côté B′C′ a pour expression

$$\mathrm{B'C'} = \frac{p(m_2 - m_3)}{2 m_2^2 m_3^2} \sqrt{(m_2 + m_3)^2 + 4 m_2^2 m_3^2}.$$

Le côté du triangle circonscrit, qui est parallèle à B′C′, est

$$\frac{p}{2 \mu_1 \mu_2 \mu_3} (\mu_2 - \mu_3) \sqrt{1 + \mu_1^2}$$

$$= \frac{p(m_2 - m_3)}{8 m_2^2 m_3^2} \sqrt{(m_2 + m_3)^2 + 4 m_2^2 m_3^2} = \frac{\mathrm{B'C'}}{4}.$$

41. *Construire une parabole circonscrite à un triangle* ABC *et dont l'axe a une direction donnée, et calculer le paramètre.*

Soient AA′, BB′, CC′ les parallèles à l'axe menées par les sommets, A′, B′, C′ les points où elles coupent les côtés opposés; menons par A′ une parallèle à AB qui rencontre CC′ en D; AD sera tangente à la parabole. De même la parallèle à BC menée par C′ rencontre AA′ en E, ce qui donne la tangente CE. Enfin la droite *ac* qui joint les intersections des tangentes AD, CE avec les côtés opposés aux sommets A, C coupe le côté CA au point *b*, et B*b* est la troisième tangente. On aura ensuite immédiatement le foyer et l'axe.

En prenant pour origine des axes obliques le sommet C, désignant par θ l'angle de la direction de l'axe avec CB, par R le rayon du cercle circonscrit au triangle ABC, on trouvera pour le paramètre

$$p = 2R \sin\theta \sin(C - \theta) \sin(B + \theta).$$

42. *Construire une parabole inscrite dans un triangle et dont l'axe a une direction donnée, et calculer le paramètre.*

Pour trouver les points de contact de la parabole avec les côtés CA, AB du triangle, on mène par le point B une parallèle à CA jusqu'à la rencontre du diamètre mené par le sommet C, en M, puis par M une parallèle à AB qui coupe AC au point de contact *b* de ce côté avec la parabole. Le point de contact *a* du côté BC s'obtient de même; A*a*, B*b* se coupent en L, et la droite CL rencontre AB au point de contact C.

Les notations étant les mêmes qu'au nᵒ 41, on trouve

$$p = 8R \sin\theta \sin(C - \theta) \sin(B + \theta).$$

43. *Calculer le paramètre d'une parabole dont on donne le foyer et trois tangentes.*

Soient

ABC le triangle des tangentes;
F le foyer situé sur la circonférence circonscrite;
FA = α, FB = β, FC = γ, FAC = θ;
R le rayon du cercle circonscrit à ABC.

La tangente au sommet est la droite $C'B'A'$ qui joint les pieds des perpendiculaires abaissées de F sur les côtés AB, CA, BC. Dans le triangle $FB'C'$ on a

$$2\rho.\mathbf{FD} = \mathbf{FB'}.\mathbf{FC'},$$

ρ étant le rayon du cercle circonscrit à ce triangle, FD la hauteur qui est égale au demi-paramètre de la parabole. Mais

$$2\rho = \mathbf{FA} = \alpha,$$

et

$$\mathbf{FB'} = \alpha \sin\theta, \quad \mathbf{FC'} = \alpha \sin(A - \theta);$$

ainsi

$$\mathbf{FD} = \alpha \sin\theta \sin(A - \theta).$$

Comme, d'ailleurs,

$$\gamma = 2\mathbf{R}\sin\theta, \quad \beta = 2\mathbf{R}\sin(A - \theta),$$

il vient

$$\mathbf{FD} = \frac{\alpha\beta\gamma}{4\mathbf{R}^2} \quad \text{et} \quad p = \frac{\alpha\beta\gamma}{2\mathbf{R}^2}.$$

44. *Les cercles décrits sur les trois diagonales d'un quadrilatère circonscrit à une parabole, comme diamètre, ont pour axe radical commun la directrice.*

Si m_1, m_2, m_3, m_4 sont les coefficients angulaires des quatre côtés du quadrilatère, les cercles décrits sur les diagonales comme diamètres ont pour équations

$$4m_1 m_2 m_3 m_4(x^2 + y^2) - 2p.x(m_1 m_2 + m_3 m_4)$$
$$- 2py\,\Sigma m_1 m_2 m_3 + p^2[1 + (m_1 + m_2)(m_3 + m_4)] = 0$$

et deux autres analogues; on vérifie que l'axe radical des trois cercles est $2x + p = 0$. Mais il est préférable de traiter la question par la Géométrie.

Si l'on considère quatre droites quelconques, elles forment quatre triangles dont les centres des hauteurs sont sur une cinquième droite, axe radical des cercles décrits sur les diagonales du quadrilatère complet comme diamètres. En effet, on reconnaît que le centre des hauteurs d'un quelconque des triangles est un point d'égale puissance par rapport aux trois cercles. Maintenant la directrice de la parabole tangente aux quatre droites passe par le centre des hauteurs de tout triangle formé par trois tangentes (théorème de Steiner); donc l'axe radical des trois cercles n'est autre que cette directrice, et de plus on voit que la ligne des centres est parallèle à l'axe de la parabole.

45. *D'un point* M *on mène à une parabole deux tangentes* MP, MQ, *et l'on circonscrit au triangle* MPQ *un cercle dont le centre est* C; *soit* O *le pôle de la corde* PQ *par rapport à ce cercle. Démontrer :*

1° *Que la droite* MO *passe par le foyer* F;

2° *Que l'angle* MFC *est droit et que le cercle* CQOP *passe par le foyer.*

Soit R le milieu de PQ; menons le diamètre ORC qui coupe le cercle MPQ en N, N'; les droites MN, MN' sont rectangulaires et partagent harmoniquement le segment OR; donc MN est bissectrice de l'angle RMO et aussi de l'angle PMQ; ainsi les angles MRP, OMQ sont égaux, et, comme MR est un diamètre de la parabole, MO passe par le foyer. Enfin, comme les angles PFQ, PCQ sont tous deux doubles de PMQ, les points P, C, F, Q sont sur un même cercle dont CO est le diamètre, et CF est perpendiculaire à MO.

Il est facile de vérifier ces résultats par le calcul.

46. *Des extrémités d'une corde focale, on abaisse des perpendiculaires sur une droite quelconque; si* δ, δ' *sont les longueurs de ces perpendiculaires,* r, r' *les rayons vecteurs des extrémités de la corde,* q *la distance du foyer à la droite, et* p *le paramètre de la parabole, on a*

$$\frac{\delta}{r} + \frac{\delta'}{r'} = \frac{2q}{p}$$

(*coordonnées polaires*).

47. *Dans un triangle curviligne formé par trois arcs de paraboles confocales, la somme des angles est égale à deux droites.*

Si l'on considère le quadrilatère formé par les axes de deux paraboles confocales et par les tangentes en un de leurs points d'intersection, quadrilatère composé de deux triangles iso-scèles, on voit que l'angle des tangentes est égal à la moitié de l'angle des axes ou au supplément de ce demi-angle.

Si maintenant les axes de trois paraboles confocales font deux à deux les angles α, β, γ, $\alpha + \beta + \gamma$ étant égal à 2π, on voit que la somme des angles du triangle curviligne sera π.

48. *On donne deux paraboles homofocales dont les axes sont dirigés suivant la même droite et dans le même sens; d'un point P de la parabole extérieure, on mène une parallèle à l'axe qui coupe en Q la parabole intérieure, et par le point Q une corde parallèle à la tangente en P. Démontrer que la moitié de cette corde comprise dans la parabole extérieure est moyenne proportionnelle entre les tangentes menées de P à l'autre parabole; et que, si V est l'angle des tangentes issues du point P, θ l'angle que fait avec l'axe le rayon vecteur de P, le rapport $\cos\dfrac{V}{2} : \cos\dfrac{\theta}{2}$ est constant.*

Soient

$y^2 - 2px - p^2 = 0$ l'équation de la parabole intérieure;
$y^2 - 2p'x - p'^2 = 0$ celle de la parabole extérieure, le foyer étant pris pour origine;
β l'ordonnée commune de P et de Q.

Le carré de la demi-corde menée par le point Q dans la parabole extérieure parallèlement à la tangente en P a pour expression

$$\delta^2 = \frac{p' - p}{pp'^2}(\beta^2 + pp')(\beta^2 + p'^2).$$

Si maintenant on forme l'équation dont les racines sont les longueurs t_1, t_2 des tangentes menées du point P à la première parabole, on trouve

$$p^2 p'^4 t^4 - 2p'^2 t^2 (p' - p)(\beta^2 + pp')[\beta^2(p' - p) + p'(\beta^2 + pp')]$$
$$+ (p' - p)^2(\beta^2 + pp')^2(\beta^2 + p'^2)^2 = 0,$$

et l'on voit que $\delta^2 = t_1 t_2$.

L'angle des tangentes menées du point $P(\alpha, \beta)$ à la parabole $y^2 - 2px - p^2 = 0$ est donné par la formule

$$\tang V = \pm \sqrt{\frac{\beta^2 - 2p\alpha - p^2}{\alpha + p}},$$

le signe — se rapportant à l'angle intérieur des tangentes.

On a ensuite

$$\cos\frac{V}{2} = \sqrt{\frac{p' - p}{2(\alpha + p')}};$$

d'autre part, l'angle θ du rayon vecteur FP avec la partie négative de l'axe de x a pour tangente $-\dfrac{\beta}{\alpha}$; on en conclut

$$\cos\frac{\theta}{2} = \sqrt{\frac{p'}{2(\alpha + p')}}$$

et, par suite,

$$\cos\frac{V}{2} : \cos\frac{\theta}{2} = \sqrt{\frac{p' - p}{p'}}.$$

49. *Par le foyer* F *d'une parabole, on mène une corde qui coupe la courbe en* P, P', *et deux cercles passant par le foyer et tangents à la parabole aux points* P, P'; *trouver le lieu des seconds points d'intersection de ces cercles et l'enveloppe de la droite qui joint leurs centres.*

Soient $2\rho\sin^2\dfrac{\theta}{2} = p$ l'équation polaire de la parabole; λ l'angle polaire de la corde FPP'. Les deux cercles ont pour équations

$$2\rho\sin^3\frac{\lambda}{2} = p\sin\left(\frac{3\lambda}{2} - \theta\right)$$

et

$$2\rho\cos^3\frac{\lambda}{2} = -p\cos\left(\frac{3\lambda}{2} - \theta\right).$$

Le lieu de leur second point d'intersection est le cercle

$$\rho^2 - \frac{p}{2}\rho\cos\theta - \frac{p^2}{2} = 0;$$

ils sont orthogonaux.

L'enveloppe de la ligne des centres se trouve sans calcul : le pied de la perpendiculaire abaissée du foyer sur cette droite

étant le milieu de la corde commune aux deux cercles, on voit
que le lieu du pied de cette perpendiculaire est un cercle
homothétique au cercle

$$\rho^2 - \frac{p}{2}\rho\cos\theta - \frac{p^2}{2} = 0;$$

ce nouveau cercle a pour rayon $\frac{3}{8}p$, et la distance de son centre
au foyer est $\frac{1}{8}p$. L'enveloppe est donc une ellipse dont ce
cercle est le cercle principal; le foyer de la parabole est un
des foyers de cette ellipse, les demi-axes sont $\dfrac{3p}{8}$, $\dfrac{p}{2\sqrt{2}}$; une
des directrices est celle de la parabole.

50. *Deux paraboles ont même foyer, leurs axes dirigés suivant la même droite, et leurs sommets de part et d'autre du
foyer; déterminer le rayon d'un cercle tangent aux deux
courbes et passant par le foyer.*

Soient $2\rho\sin^2\dfrac{\theta}{2} = p$, $2\rho\cos^2\dfrac{\theta}{2} = q$ les deux paraboles; les
angles polaires des points de contact du cercle demandé avec
chacune d'elles sont θ_1 et $\theta_1 + \dfrac{\pi}{3}$; on trouve

$$\tan\frac{\theta_1}{2} = \frac{\sqrt{3}\,\sqrt[3]{p}}{\sqrt[3]{p} - 2\sqrt[3]{q}}.$$

Le rayon du cercle est

$$R = \frac{p}{4\sin^2\dfrac{\theta_1}{2}},$$

et il est facile de voir qu'on a la relation

$$3\sqrt[3]{R^2} = \sqrt[3]{4}\left(\sqrt[3]{p^2} + \sqrt[3]{pq} + \sqrt[3]{q^2}\right).$$

51. *Si un polygone équiangle est circonscrit à une parabole :*

1° *Les rayons vecteurs consécutifs, menés du foyer aux
sommets et aux points de contact, font entre eux des angles
égaux;*

2° *Le polygone est inscriptible dans une hyperbole dont un
foyer est celui de la parabole;*

3° Le polygone, ayant pour sommets les points de contact, est circonscriptible à une ellipse dont un des foyers est celui de la parabole;

4° Les droites qui joignent les sommets du premier polygone aux points de contact des côtés du second avec l'ellipse passent par le foyer.

Si m_1, m_2, m_3, ... sont les coefficients angulaires des côtés du polygone donné, on a

$$\frac{m_1 - m_2}{1 + m_1 m_2} = \frac{m_2 - m_3}{1 + m_2 m_3} = \ldots = \tang \varphi,$$

φ étant l'angle de deux côtés consécutifs. Les rayons vecteurs menés à deux points de contact voisins ou à deux sommets voisins comprennent l'angle 2φ. Le lieu des sommets du polygone est l'hyperbole

$$\frac{p}{\rho} = \cos \varphi - \cos \theta,$$

et l'enveloppe des cordes de contact est l'ellipse

$$\frac{p \cos \varphi}{\rho} = 1 - \cos \varphi \cos \theta,$$

le foyer étant pris pour pôle.

52. *Les centres des cercles circonscrits aux quatre triangles formés par quatre tangentes à la parabole sont sur un cercle passant par le foyer.*

La parabole étant rapportée à son foyer et à son axe, si $2\theta_1$, $2\theta_2$, $2\theta_3$, $2\theta_4$ sont les angles polaires des points de contact des tangentes, θ_1, θ_2, θ_3, θ_4 seront les angles des tangentes avec l'axe; les coordonnées du centre du cercle circonscrit au triangle formé par les tangentes $(1, 2, 3)$ sont, en prenant pour axe des x l'axe de la parabole et pour axe des y la perpendiculaire menée par le foyer

$$x_4 = \frac{p}{4} \frac{\sin(\theta_1 + \theta_2 + \theta_3)}{\sin\theta_1 \sin\theta_2 \sin\theta_3}, \quad y_4 = -\frac{p}{4} \frac{\cos(\theta_1 + \theta_2 + \theta_3)}{\sin\theta_1 \sin\theta_2 \sin\theta_3};$$

le rayon est

$$\rho_4 = \frac{p}{4\sin\theta_1 \sin\theta_2 \sin\theta_3};$$

enfin l'angle polaire du centre est

$$\varphi_4 = \frac{\pi}{2} + \theta_1 + \theta_2 + \theta_3.$$

D'après ces formules, on reconnaît immédiatement que le cercle

$$4\rho \sin\theta_1 \sin\theta_2 \sin\theta_3 \sin\theta_4 = p \cos(\theta_1 + \theta_2 + \theta_3 + \theta_4 - \theta)$$

passe par le foyer et par les centres des quatre cercles circonscrits aux triangles (123), (124), (134), (234).

53. *Un triangle* ABC *est inscrit dans une parabole, et* A′, B′, C′ *sont les pôles des côtés* BC, CA, AB; *démontrer que les centres des cercles circonscrits aux triangles* A′BC, B′CA, C′AB *sont sur une circonférence qui passe par le foyer.*

Soient θ_1, θ_2, θ_3 les angles des trois tangentes avec l'axe; les coordonnées des centres des trois cercles, par rapport à l'axe et à l'ordonnée focale, sont

$$x_1 = \frac{p}{4}\frac{\sin^2(\theta_2+\theta_3)}{\sin^2\theta_2 \sin^2\theta_3}, \quad y_1 = -\frac{p}{4}\frac{\sin(\theta_2+\theta_3)\cos(\theta_2+\theta_3)}{\sin^2\theta_2 \sin^2\theta_3}, \quad \ldots$$

Les rayons vecteurs des centres sont

$$\rho_1 = \frac{p}{4}\frac{\sin(\theta_2+\theta_3)}{\sin^2\theta_2 \sin^2\theta_3}, \quad \ldots,$$

et leurs angles polaires ont pour valeurs

$$\varphi_1 = \frac{\pi}{2} + \theta_2 + \theta_3, \quad \ldots$$

L'équation du cercle qui passe par le foyer pris pour pôle et par les points (ρ_1, φ_1), (ρ_2, φ_2) est de la forme

$$\rho = A\cos\theta + B\sin\theta,$$

et l'on trouve

$$A = \frac{p}{4 \sin^2\theta_1 \sin^2\theta_2 \sin^2\theta_3} \left[\cos(\theta_2 + \theta_3)\cos(\theta_3 + \theta_1)\cos(\theta_1 + \theta_2) - \cos^2(\theta_1 + \theta_2 + \theta_3)\right],$$

$$B = \frac{p}{4 \sin^2\theta_1 \sin^2\theta_2 \sin^2\theta_3} \sin(\theta_2 + \theta_3)\sin(\theta_3 + \theta_1)\sin(\theta_1 + \theta_2).$$

La symétrie de ces coefficients, par rapport à θ_1, θ_2, θ_3, fait voir que le cercle passe par les trois points (ρ_1, φ_1), (ρ_2, φ_2), (ρ_3, φ_3).

Solution géométrique. — Le centre a du cercle A′BC est sur le cercle BFC, car l'angle des rayons vecteurs FB, FC est égal à $2\,$BA′C ou à $2\pi - 2\,$BA′C, suivant que BA′C est aigu ou obtus, et l'angle BaC a la même valeur. De même les centres b, c des cercles CB′A, AC′B sont sur les cercles CFA, AFB. D'après ces remarques, il est facile de voir que les quatre points a, b, c, F sont sur une même circonférence qui n'est autre chose que le lieu des centres des cercles inscrits aux triangles dont les côtés passent par les trois points ABC et dont les angles sont $\pi - 2\,$A′, $\pi - 2\,$B′, $\pi - 2\,$C′ (A′, B′, C′ sont les angles du triangle A′B′C′, et il faudrait, si l'un d'eux A′ était obtus, changer le signe de la différence $\pi - 2\,$A′).

CHAPITRE III.

NORMALES AUX CONIQUES. TRIANGLES CIRCONSCRITS A UNE CONIQUE ET INSCRITS DANS UNE AUTRE.

***

1. *Trouver la condition à laquelle doivent satisfaire trois points d'une ellipse pour que les normales en ces points soient concourantes, et la relation entre les angles excentriques des pieds des quatre normales issues d'un point donné.*

L'équation de la normale au point α étant

$$ax \sin\alpha - by \cos\alpha = c^2 \sin\alpha \cos\alpha,$$

la condition pour que les normales en α, β, γ soient concourantes se met facilement sous la forme symétrique

$$(1) \qquad \sin(\beta + \gamma) + \sin(\gamma + \alpha) + \sin(\alpha + \beta) = 0.$$

Si α, β sont donnés, cette équation trigonométrique donne deux valeurs pour γ; en les désignant par γ et δ, on a la relation

$$\tang\tfrac{1}{2}(\gamma + \delta) = \cot\tfrac{1}{2}(\alpha + \beta)$$

ou

$$(2) \qquad \alpha + \beta + \gamma + \delta = (2n + 1)\pi;$$

donc, si d'un point quelconque on mène les quatre normales à une ellipse, la somme des angles excentriques de leurs points d'incidence est un multiple impair de π.

On peut procéder autrement. Soient

$$a^2 x'y - b^2 y'x = c^2 xy$$

l'hyperbole des normales relative au point (x', y'), et

$$\frac{lx}{a} + \frac{my}{b} = 1, \qquad \frac{l'x}{a} + \frac{m'y}{b} = 1$$

les équations de deux des cordes joignant les pieds des normales. En identifiant l'équation de l'hyperbole avec celle
d'une conique quelconque menée par les points de rencontre
de l'ellipse et des deux cordes, on trouve

$$ll' + 1 = 0, \quad mm' + 1 = 0.$$

Ainsi les normales aux quatre points où deux droites représentées par des équations de la forme

$$(3) \qquad \frac{lx}{a} + \frac{my}{b} = 1, \quad \frac{x}{al} + \frac{y}{bl} = -1$$

coupent l'ellipse se rencontrent en un même point dont les
coordonnées sont

$$(4) \qquad x' = \frac{c^2 l(1 - m^2)}{a(l^2 + m^2)}, \quad y' = -\frac{c^2 m(1 - l^2)}{b(l^2 + m^2)}.$$

Si maintenant α, β sont les angles excentriques des points
où la première droite coupe l'ellipse, si γ est l'angle excentrique d'un des points d'intersection de la seconde, on a

$$l = \frac{\cos\frac{1}{2}(\alpha + \beta)}{\cos\frac{1}{2}(\alpha - \beta)}, \quad m = \frac{\sin\frac{1}{2}(\alpha + \beta)}{\cos\frac{1}{2}(\alpha - \beta)}, \quad \frac{\cos\gamma}{l} + \frac{\sin\gamma}{m} = -1.$$

L'élimination de l et m entre ces dernières relations fait
retrouver l'équation (1).

2. *Si d'un point donné on mène les normales à une ellipse.
les tangentes parallèles à deux des cordes qui joignent les
points d'incidence deux à deux se coupent sur les diamètres
conjugués égaux.*

3. *D'un point* M *on mène à une ellipse les normales* MP.
MQ, MP', MQ'; *si la corde* PQ *et la droite* OM *menée du
centre au point* M *font avec les axes des angles égaux, cette
corde* PQ *intercepte entre les axes une longueur constante*
$\sqrt{a^2 + b^2}$, *et les normales* MP', MQ' *sont rectangulaires.*

Le lieu du point M est la courbe

$$(a^2 + b^2)(x^2 + y^2)(a^2 y^2 + b^2 x^2)^2 = c^4(b^2 x^2 - a^2 y^2)^2,$$

que l'on obtient en cherchant le lieu des points d'où l'on peut mener des normales rectangulaires.

4. *Si d'un point* M *on mène à une ellipse les normales* MP, MQ, MR, MS, *les quatre cercles* QRS, PRS, PQS, PQR *coupent l'ellipse en quatre points* P', Q', R', S', *tels que les normales en ces points sont concourantes.*

Ce théorème est une conséquence immédiate de celui de Joachimsthal.

5. *Soient* P, Q, R *trois points d'une ellipse dont les normales sont concourantes; si par le sommet* A *du grand axe on mène des parallèles aux côtés du triangle* PQR, *parallèles qui coupent la courbe en* P', Q', R', *le centre de gravité du triangle* P'Q'R' *est sur le grand axe, et a pour abscisse*

$$\frac{a}{3}\left[\cos(\beta + \gamma) + \cos(\gamma + \alpha) + \cos(\alpha + \beta)\right],$$

α, β, γ *étant les angles excentriques des points* P, Q, R.

6. *Les perpendiculaires abaissées de l'extrémité* A *du grand axe d'une ellipse sur les quatre normales issues d'un point* M *rencontrent la courbe en quatre points qui sont sur un même cercle. Si du sommet* A *on abaisse une perpendiculaire sur le diamètre* OM, *la tangente à l'ellipse au point* N *où cette droite la rencontre est l'axe radical du cercle précédent et du cercle principal.*

La première partie du théorème se démontre au moyen de la relation (2) du n° 1 entre les angles excentriques α, β, γ, δ des pieds des normales, en remarquant que 2α, 2β, 2γ, 2δ sont les angles excentriques des quatre points de l'énoncé.

Pour trouver l'équation du cercle, il faut remarquer d'abord que $\tang \frac{\alpha}{2}$, $\tang \frac{\beta}{2}$, $\cdots$ sont racines de l'équation

$$(1)\qquad by'z^4 + 2z^3(ax' + c^2) + 2z(ax' - c^2) - by' = 0$$

x', y' étant les coordonnées de M ; $\tang \alpha$, $\tang \beta$, $\ldots$ seront données par

$$(2) \quad \begin{cases} a^2 x'^2 u^4 - 2ab x' y' u^3 \\ \quad + u^2(a^2 x'^2 + b^2 y'^2 - c^4) - 2ab x' y' u + b^2 y'^2 = 0. \end{cases}$$

Soient

$$x^2 + y^2 + 2Dx + 2Ey + F = 0$$

le cercle cherché; φ l'angle excentrique d'un des points où il coupe l'ellipse; on aura

$$a^2 \cos^2\varphi + b^2 \sin^2\varphi + 2Da\cos\varphi + 2Eb\sin\varphi + F = 0.$$

Comme les angles φ sont doubles des angles excentriques des pieds des normales, on devra poser

$$\cos\varphi(1 + u^2) = 1 - u^2, \quad \sin\varphi(1 + u^2) = 2u$$

et par suite

$$(2') \quad \begin{cases} u^4(a^2 - 2Da + F) + 4Ebu^3 \\ \quad + u^2(4b^2 - 2a^2 + 2F) + 4Ebu + a^2 + 2Da + F = 0. \end{cases}$$

L'identification de (2) et de (2') donne les coefficients D, E, F, et l'équation du cercle prend la forme

$$c^4(x^2 + y^2 - a^2)$$
$$+ (3a^2 - 4b^2)\left[\frac{x}{a}(b^2 y'^2 - a^2 x'^2) - 2ab x' y' \frac{y}{b} + a^2 x'^2 + b^2 y'^2\right] = 0.$$

L'axe radical de ce cercle et du cercle principal

$$x^2 + y^2 - a^2 = 0$$

est une tangente à l'ellipse au point N dont les coordonnées satisfont à l'équation

$$\frac{y''}{x'' - a} = -\frac{x'}{y'}.$$

7. *On considère sur la normale en* P *à une ellipse le point* I *où se coupent toutes les cordes vues de* P *sous un angle droit, d'après le théorème de Frégier; démontrer les propriétés suivantes* (*fig.* 4) :

1° *Les rayons menés du centre aux points* I *et* P *font des angles égaux avec les axes;*

$2°$ *Si du point* P *on abaisse des perpendiculaires sur deux diamètres conjugués, la droite qui joint leurs pieds passe par un point fixe* K, *milieu de* IP;

$3°$ *Lorsque* P *parcourt l'ellipse donnée,* I *décrit une ellipse homothéthique et concentrique;*

$4°$ *Deux cordes correspondantes* PP′, II′ *des deux ellipses sont également inclinées sur les axes;*

$5°$ *Le lieu du point* K *est une ellipse concentrique, mais non semblable à l'ellipse donnée.*

Fig. 4.

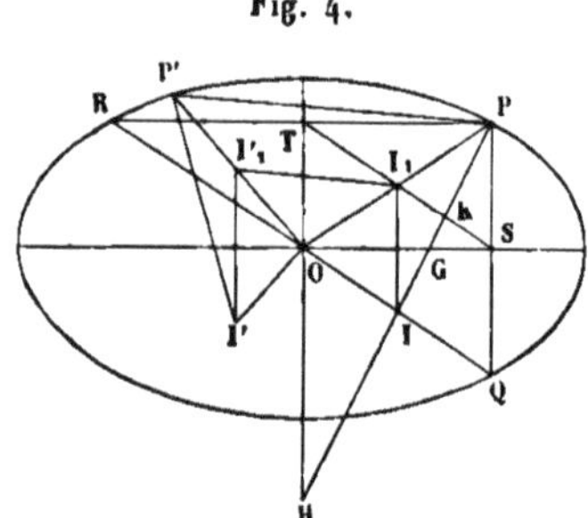

Si α est l'angle excentrique de P, les coordonnées du point I sont

$$x' = \frac{ac^2 \cos\alpha}{a^2 + b^2}, \quad y' = -\frac{bc^2 \sin\alpha}{a^2 + b^2};$$

le lieu de ce point est

$$(a^2 + b^2)^2 (b^2 x^2 + a^2 y^2) = a^2 b^2 c^4.$$

Le lieu du point K est

$$(a^2 + b^2)^2 (b^6 x^2 + a^6 y^2) = a^6 b^6.$$

On voit que les droites OP, OI forment avec les axes un faisceau harmonique; si G, H sont les intersections de la normale en P avec le grand et le petit axe, I est évidemment le pôle de la tangente en P par rapport au cercle décrit sur GH comme diamètre. De là ce nouvel énoncé :

Si d'un point quelconque de la tangente en P *on mène deux tangentes au cercle* OGH, *la corde des contacts intercepte dans l'ellipse une corde vue du point* P *sous un angle droit.*

Solution géométrique. — Soient Q, R les symétriques de P par rapport aux axes; le diamètre QR détermine le point fixe I par son intersection avec la normale; QR et OP font avec les axes des angles égaux. On sait d'ailleurs que le point I est fixe parce que les couples de cordes rectangulaires partant de P forment un faisceau en involution. Les perpendiculaires abaissées de P sur les couples de diamètres conjugués constituent un autre faisceau en involution; les droites qui joignent leurs pieds sont des cordes du cercle décrit sur OP comme diamètre; elles passent par un point fixe K situé sur IP. K est le milieu de IP, car, si l'on considère les perpendiculaires aux axes PS, PT, une position particulière de la corde mobile sera ST; elle passe par les milieux de PQ, PR, et coupe IP en son milieu. Enfin on a, en désignant par δ le demi-diamètre conjugué de OP,

$$\mathrm{PG} = \frac{b\,\delta}{a}, \quad \mathrm{PH} = \frac{a\,\delta}{b}, \quad \mathrm{PI} = \frac{2ab\,\delta}{a^2 + b^2}, \quad \mathrm{GI} = \frac{c^2 b\,\delta}{a(a^2 + b^2)}$$

et

$$\frac{\mathrm{GI}}{\mathrm{PG}} = \frac{c^2}{a^2 + b^2} = \mathrm{const.}$$

On conclut de là $\dfrac{\mathrm{OI}}{\mathrm{OP}} = \dfrac{\mathrm{OI'}}{\mathrm{OP'}}$, I' étant le point fixe de Frégier qui correspond au point P' de l'ellipse; la droite $\mathrm{I_1 I'_1}$, symétrique de II' par rapport au grand axe, est donc parallèle à PP'; II' et PP' font des angles égaux avec les axes et le lieu des points I (ou I'), $\mathrm{I_1}$, $\mathrm{I'_1}$ est une ellipse concentrique et homothétique à l'ellipse donnée, le rapport de similitude étant $\dfrac{c^2}{a^2 + b^2}$.

8. *Lieu des points tels que la somme des carrés des normales menées de chacun d'eux à une ellipse soit constante et égale à* k^2

$$2x^2(a^2 - 2b^2) + 2y^2(2a^2 - b^2) = c^2(k^2 - 2a^2 - 2b^2).$$

9. *En un point* P *d'une ellipse on mène la normale qui coupe la courbe en* Q, *une corde* PP', *la corde* QP' *et la perpendiculaire en* P *à cette dernière droite. Trouver le lieu de* *l'intersection* R *de* QP' *et de cette perpendiculaire, lorsque la corde* PP' *tourne autour du point* P (*fig.* 5).

α étant l'angle excentrique du point P, on trouve un lieu du second degré décomposable en deux facteurs, savoir : la normale

$$a x \sin \alpha - b y \cos \alpha - c^2 \sin \alpha \cos \alpha = 0$$

et la droite

$$b c^2 x \cos \alpha - a c^2 y \sin \alpha - a b (a^2 + b^2) = 0,$$

polaire du point fixe où se rencontrent les cordes vues de P sous un angle droit.

Fig. 5.

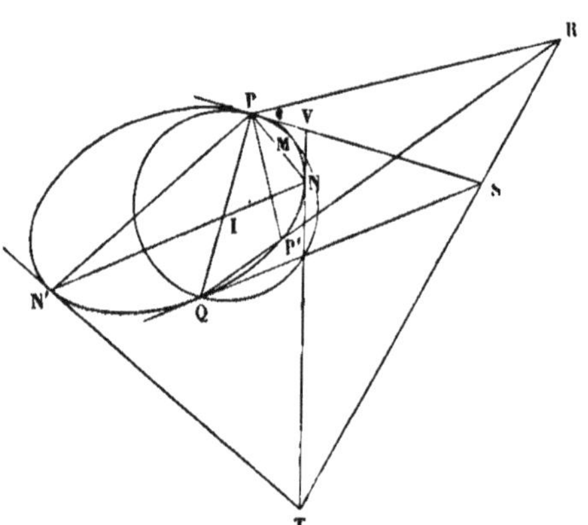

Solution géométrique. — Le lieu du point R est du second degré, car les faisceaux QP', PR sont homographiques; la normale faisant évidemment partie du lieu, il n'y a qu'à déterminer la droite restante. Elle passe par le pôle de la normale; car, si PP' se confond avec PQ, QP' devient la tangente en Q, PR devient la tangente en P. Considérons le cercle décrit sur PQ comme diamètre, et le point M où il coupe encore l'ellipse; lorsque PP' prend la position PM, QM et RP deviennent parallèles. La droite cherchée est donc parallèle à QM, et elle fait avec les axes les mêmes angles que la tangente PS, puisque PS et QM sont deux cordes communes à l'ellipse et au cercle.

La droite RS peut être obtenue d'une autre manière. Soient

VN une tangente à l'ellipse;

PN' la perpendiculaire à PN;

PT la droite conjuguée harmonique de la tangente fixe PVS par rapport à PN, PN′.

Le lieu de l'intersection T de cette droite avec la tangente mobile n'est autre chose que RS. (Nous laissons au lecteur le soin de compléter la démonstration.)

On peut enfin remarquer que, PT, PV étant conjuguées harmoniques de deux droites rectangulaires PN et PN′, PN est bissectrice de l'angle TPV. Donc les segments d'une tangente quelconque compris entre la droite RS et la tangente fixe PVS sont vus du point P sous des angles égaux ou supplémentaires.

10. *Sur la normale à une ellipse en* P, *on prend du côté du centre de courbure une longueur* PM *égale à k fois le demi-diamètre conjugué de celui qui passe en* P, *et l'on mène les normales* MQ, MR, MS. *Trouver le lieu du point* M, *l'enveloppe des côtés du triangle* QRS *et le lieu de leurs pôles par rapport à l'ellipse donnée.*

α étant l'angle concentrique de P, les coordonnées de M sont

$$x = (a - kb)\cos\alpha, \quad y = -(b - ka)\cos\alpha;$$

le lieu de ce point est une ellipse

$$\frac{x^2}{(a - kb)^2} + \frac{y^2}{(b - ka)^2} = 1,$$

qui touche en quatre points la développée de l'ellipse donnée.

L'équation en z, dont les racines sont les tangentes des demi-angles excentriques α, θ_1, θ_2, θ_3 des pieds des normales MP, MQ, MR, MS, est, en faisant $\tang\dfrac{\alpha}{2} = \lambda$,

$$b\lambda z^4(b - ka) + z^3[2a^2 - b^2 - kab - b\lambda^2(b - ka)]$$
$$+ z[b(b - ka) - \lambda(2a^2 - b^2 - kab)] - \lambda b(b - ka) = 0.$$

et, après la suppression du facteur $z - \lambda$,

$$(1) \qquad \begin{cases} b\lambda z^3(b - ka) + z^2(2a^2 - b^2 - kab) \\ \quad + \lambda z(2a^2 - b^2 - kab) + b(b - ka) = 0. \end{cases}$$

La corde (θ_1, θ_2) a pour équation

$$\frac{x}{a}\cos\tfrac{1}{2}(\theta_1 + \theta_2) + \frac{y}{b}\sin\tfrac{1}{2}(\theta_1 + \theta_2) = \cos\tfrac{1}{2}(\theta_1 - \theta_2)$$

ou

$$\frac{x}{a}(1 - z_1 z_2) + \frac{y}{b}(z_1 + z_2) = 1 + z_1 z_2$$

ou enfin

$$(2) \quad \frac{x}{a}(1 + \lambda z_3) + \frac{y}{b}\left[\frac{2a^2 - b^2 - abk}{b\lambda(ka - b)} - z_3\right] = 1 - \frac{1}{\lambda z_3}.$$

L'enveloppe de cette droite, λ et z_3 étant liés par la relation (1), est

$$(3) \qquad \frac{c^4 x^2}{a^4(a - bk)^2} + \frac{c^4 y^2}{b^4(b - ak)^2} = 1,$$

et c'est aussi l'enveloppe des deux autres cordes $(\theta_2\theta_3)$, $(\theta_3\theta_1)$.

Remarque. — 1° Le triangle QRS n'existe que si l'ellipse (3) est intérieure à l'ellipse donnée; on doit avoir à la fois

$$\frac{a^4}{c^4}(a - bk)^2 < a^2 \quad \text{et} \quad \frac{b^4}{c^4}(b - ka)^2 < b^2$$

ou

$$\left(k - \frac{b}{a}\right)\left(k - \frac{2a^2 - b^2}{ab}\right) < 0 \quad \text{et} \quad \left(k - \frac{a}{b}\right)\left(k - \frac{2b^2 - a^2}{ab}\right) < 0,$$

ce qui entraîne $k < \dfrac{a}{b}$, $k > \dfrac{b}{a}$.

2° L'équation (2) de la corde $(\theta_1\theta_2)$ peut s'écrire, en remplaçant λ par sa valeur tirée de (1),

$$\frac{c^2 x}{a^2(a - kb)}\frac{1 - z_3^2}{1 + z_3^2} + \frac{c^2 y}{b^2(ak - b)}\frac{2 z_3}{1 + z_3^2} + 1 = 0$$

ou

$$\frac{x}{a'}\cos\theta_3 + \frac{y}{b'}\sin\theta_3 + 1 = 0,$$

a', b' étant les demi-axes de l'ellipse (3). On en conclut que l'angle excentrique du point de contact du côté $\theta_1\theta_2$, relatif à l'ellipse enveloppe, est égal à $\pi + \theta_3$ (θ_3 est l'angle excentrique du sommet opposé sur l'ellipse donnée).

3° Comme les normales aux points θ_1, θ_2, θ_3 sont concourantes, on a (n° 1)

$$\sin(\theta_2+\theta_3)+\sin(\theta_3+\theta_1)+\sin(\theta_1+\theta_2)=0.$$

Cherchons la somme des cosinus des mêmes angles $\theta_2+\theta_3$, ... Si l'on exprime ces cosinus en fonction de $\operatorname{tang}\dfrac{\theta_1}{2}$, $\operatorname{tang}\dfrac{\theta_2}{2}$, $\operatorname{tang}\dfrac{\theta_3}{2}$, c'est-à-dire des racines z_1, z_2, z_3 de l'équation (1), on aura

$$\cos(\theta_2+\theta_3)+\cos(\theta_3+\theta_1)+\cos(\theta_1+\theta_2)$$
$$=\frac{3-\Sigma z_1^2-4\Sigma z_1 z_2-\Sigma z_1^2 z_2^2-4 z_1 z_2 z_3 \Sigma z_1+3 z_1^2 z_2^2 z_3^2}{1+\Sigma z_1^2+\Sigma z_1^2 z_2^2+z_1^2 z_2^2 z^2}.$$

Le calcul des fonctions symétriques donne

$$\cos(\theta_2+\theta_3)+\ldots=\frac{b'}{b}-\frac{a'}{a}.$$

4° Dans le cas particulier où $k=1$, on reconnaît que les droites PQ, PR, PS ont pour coefficients angulaires $-\operatorname{tang}\theta_1$, $-\operatorname{tang}\theta_2$, $-\operatorname{tang}\theta_3$; les axes interceptent sur chacune d'elles une longueur constante, égale à $a+b$, quel que soit le point P.

Le lieu des pôles des côtés du triangle QRS, par rapport à l'ellipse donnée, est

$$\frac{a'^2 x^2}{a^4}+\frac{b'^2 x^2}{b^4}=1,$$

polaire réciproque de (3) par rapport à $\dfrac{x^2}{a^2}+\dfrac{y^2}{b^2}=1$.

L'angle excentrique du pôle de la corde $(\theta_1\theta_2)$ sur l'ellipse, lieu des pôles, est égal à $\pi+\theta_3$.

11. *D'un point* M *de la normale au point* P $(a\cos\alpha,\ b\sin\alpha)$ *d'une ellipse, on abaisse les trois autres normales* MQ, MR, MS; *trouver le lieu du centre des hauteurs du triangle* QRS, *les lieux du centre de gravité et du centre du cercle circonscrit, lorsque le point* M *se déplace sur la normale.*

Le point variable M sera défini par le rapport k de la longueur MP au demi-diamètre conjugué de OP; les tangentes des demi-angles excentriques des pieds des normales seront les racines de l'équation (1) du n° 10. On aura, pour les coordonnées du centre des hauteurs, en ayant égard aux formules du n° 10 (Chap. II),

$$2c^2 a x_1 = \cos\alpha[c^4 - (a^2 + b^2)(2kab - a^2 - b^2)],$$
$$2c^2 b y_1 = \sin\alpha[-c^4 + (a^2 + b^2)(2kab - a^2 - b^2)]$$

et pour le lieu de ce point, la droite

$$ax \sin\alpha + by \cos\alpha = 0.$$

Le lieu du centre de gravité est

$$bx \sin\alpha + ay \cos\alpha = 0,$$

et celui du centre du cercle circonscrit,

$$2ax \sin\alpha - 2by \cos\alpha + c^2 \sin\alpha \cos\alpha = 0.$$

12. *On inscrit dans une ellipse des triangles qui ont le centre pour point de concours des hauteurs. Démontrer :*

1° Que les normales aux trois sommets sont concourantes;

2° Que leurs côtés enveloppent une ellipse concentrique et coaxiale à l'ellipse donnée;

3° Que les normales à cette ellipse aux points de contact des côtés sont concourantes.

En égalant à zéro les expressions des coordonnées du centre des hauteurs d'un triangle inscrit, on trouve entre les angles excentriques des sommets la relation fondamentale (1) du n° **1.** L'enveloppe des côtés est

$$(a^2 + b^2)^2(a^2 x^2 + b^2 y^2) = a^4 b^4.$$

Si α', β', γ' sont les angles excentriques relatifs à cette dernière ellipse des points de contact des côtés du triangle, on pourra écrire les équations des hauteurs en fonction de α', β', γ', et, en exprimant qu'elles passent par le centre, on trouvera que la condition

$$\sin(\beta' + \gamma') + \sin(\gamma' + \alpha') + \sin(\alpha' + \beta') = 0$$

est satisfaite. Donc les normales aux trois points de contact sont concourantes.

13. *On circonscrit à une ellipse des triangles, tels que la normale à chaque point de contact passe par le sommet op-*

posé; trouver le lieu des sommets de ces triangles, le lieu des centres de leurs hauteurs et l'enveloppe des droites qui joignent les points de contact deux à deux.

Soient α l'angle excentrique d'un des points de contact; $\dfrac{lx}{a} + \dfrac{my}{b} = 1$ la corde qui joint les deux autres. Le pôle de cette droite ($x' = al$, $y' = bm$) doit être sur la normale en α; le point de concours des normales aux points où elle coupe l'ellipse doit être aussi sur cette même normale. En exprimant ces deux conditions [*voir* les formules (4) du n° 1], on aura

$$\frac{a^2 l}{\cos\alpha} - \frac{b^2 m}{\sin\alpha} = c^2, \qquad \frac{l(1 - m^2)}{\cos\alpha} + \frac{m(1 - l^2)}{\sin\alpha} = l^2 + m^2.$$

Le résultat de l'élimination de α entre ces équations sera une relation entre l et m qui deviendra l'équation du lieu du pôle de la droite $\dfrac{lx}{a} + \dfrac{my}{b} = 1$, lorsqu'on y aura remplacé l et m par $\dfrac{x}{a}$, $\dfrac{y}{b}$. On trouve quatre coniques représentées par

$$\frac{x^2}{a^2 c^4}\left(b^2 \mp \sqrt{a^4 - a^2 b^2 + b^4}\right)^2 + \frac{y^2}{b^2 c^4}\left(-a^2 \pm \sqrt{a^4 - a^2 b^2 + b^4}\right)^2 = 1.$$

Celle des quatre ellipses dont les axes sont plus grands que a et b correspond seule à des triangles circonscrits réels; il faut prendre les signes supérieurs devant les radicaux. On peut écrire, en posant $\lambda^2 = a^2 + b^2 + \sqrt{a^4 - a^2 b^2 + b^4}$,

$$\frac{a^2 x^2}{(\lambda^2 - a^2)^2} + \frac{b^2 y^2}{(\lambda^2 - b^2)^2} = 1.$$

Le lieu des centres des hauteurs des triangles est

$$\frac{x^2}{a^2}(\lambda^2 - a^2)^2 + \frac{y^2}{b^2}(\lambda^2 - b^2)^2 = c^4.$$

L'enveloppe des cordes qui joignent les points de contact des côtés des triangles circonscrits est

$$\frac{x^2}{a^6}(\lambda^2 - a^2)^2 + \frac{y^2}{b^6}(\lambda^2 - b^2)^2 = 1.$$

Cette dernière ellipse est homofocale à l'ellipse donnée.

Remarque. — Le périmètre du triangle L′M′N′, formé par les points de contact du triangle circonscrit LMN, est constant. En effet, si P, Q, R sont les points de contact des cordes M′N′, N′L′, L′M′ avec l'ellipse homofocale, on a, en vertu d'un théorème du Dr Graves (*voir* SALMON, *Traité des sections coniques,* traduction française, p. 529),

$$L'Q + L'R = k + \text{arc ell.} QR,$$
$$M'R + N'P = k + \text{arc} RP,$$
$$N'P + N'Q = k + \text{arc} PQ;$$

donc

$$M'N' + N'L' + L'M' = 3k + E,$$

k étant une constante, E le périmètre de l'ellipse enveloppe.

14. *'Déterminer les triangles de périmètre maximum inscriptibles dans une ellipse.*

Considérons deux points fixes A, B sur une ellipse; on obtiendra sur la courbe les points M, tels que MA + MB = 2l, en cherchant les intersections de l'ellipse donnée avec une autre ellipse ayant A et B pour foyers, 2l pour grand axe. Si l'on fait croître 2l à partir de la valeur 2l = AB, on aura d'abord quatre points d'intersection situés deux à deux de part et d'autre de la corde AB; un maximum de MA + MB aura lieu lorsque deux de ces points se confondront. On conclut de cette remarque qu'un triangle inscrit aura son périmètre maximum, lorsque les normales en ses trois sommets seront ses bissectrices intérieures. Donc les triangles de périmètre maximum ne sont autre chose que les triangles de périmètre constant circonscrits à l'ellipse

$$\frac{x^2}{a^6}(\lambda^2 - a^2)^2 + \frac{y^2}{b^6}(\lambda^2 - b^2)^2 = 1,$$

qui a été trouvé au n° 13. Pour calculer le périmètre, il suffit de considérer une position particulière du triangle, supposer, par exemple, qu'un des sommets est l'extrémité A du grand axe. En désignant par R le radical $\sqrt{a^4 - a^2 b^2 + b^4}$, on trouve pour le côté CD perpendiculaire au grand axe

$$CD = \frac{2\,b^2}{c^2}\sqrt{2\,R - a^2 - b^2}\,;$$

puis

$$AC = AD = \sqrt{2\,R + 2\,a^2 - b^2},$$

et enfin pour le demi-périmètre

$$p = \frac{\sqrt{3}\left(a^2 + b^2 + \sqrt{a^4 - a^2\,b^2 + b^4}\right)}{\sqrt{a^2 + b^2 + 2\sqrt{a^4 - a^2\,b^2 + b^4}}}\,.$$

15. *Déterminer les parallélogrammes du périmètre maximum inscrits dans une ellipse et l'enveloppe de leurs côtés.*

D'après le n° **14**, ces parallélogrammes sont circonscriptibles à une ellipse homofocale; on détermine immédiatement cette courbe en considérant le parallélogramme dont les sommets sont ceux de l'ellipse; on trouve ainsi

$$(a^4 y^2 + b^4 x^2)(a^2 + b^2) = a^4 b^4.$$

Le périmètre constant de tous les parallélogrammes est $4\sqrt{a^2 + b^2}$.

Il est facile de démontrer que les angles excentriques de deux sommets voisins sont liés par la relation

$$\tang \alpha \, \tang \beta = -\frac{b^2}{a^2},$$

et l'on en déduit que les tangentes aux quatre sommets forment un rectangle circonscrit à l'ellipse et inscrit dans le cercle directeur.

Enfin, si X, Y sont les demi-diagonales du parallélogramme dont les sommets ont pour angles excentriques α, $\pi + \alpha$, β, $\pi + \beta$, X′, Y′ les demi-diamètres conjugués de X, Y, à cause de la relation

$$\tang \alpha \, \tang \beta = -\frac{b^2}{a^2},$$

on a

$$a^4(a^2 - Y^2)(a^2 - X^2) = b^4(Y^2 - b^2)(X^2 - b^2)$$

ou

$$a^4(Y'^2 - b^2)(X'^2 - b^2) = b^4(a^2 - Y'^2)(a^2 - X'^2),$$

ce qui peut s'écrire

$$\frac{1}{X'^2} + \frac{1}{Y'^2} = \frac{1}{a^2} + \frac{1}{b^2}.$$

16. *Par le centre* O *d'une ellipse* E *dont les demi-axes sont a et b on mène une droite faisant un angle* α *avec le grand axe, et l'on prend de part et d'autre du centre les longueurs* OD $= b$, OD$' = a$; DOD$'$ *est pris pour grand axe d'une seconde ellipse* E$'$ *dont* O *est un des foyers. Démontrer les propriétés suivantes :*

1° *Une des tangentes communes à* E *et à* E$'$ *touche l'ellipse* E *en un point* P, *situé sur le cercle principal de* E$'$; *ce cercle coupe* E *en trois autres points* Q, R, S *et les côtés du triangle* QRS *enveloppent un cercle fixe, lorsque* α *varie.*

2° *Les deux ellipses ont trois autres tangentes communes qui forment un triangle* Q$'$R$'$S$'$ *dont les sommets sont sur un autre cercle fixe.*

3° *Les hauteurs du triangle* Q$'$R$'$S$'$ *coupent normalement l'ellipse* E *et se rencontrent sur la normale en* P, *au point* O$'$, *second foyer de* E$'$.

4° *Les normales à* E *en* Q, R, S *se coupent en un point* ω, *et le pied* p *de la quatrième normale issue de* ω *est sur le diamètre* OP.

5° *Les normales à* E *aux points de contact des côtés du triangle* Q$'$R$'$S$'$ *se coupent en un point* ω$'$ *situé sur* ωp.

6° *Lorsque* α *varie, le lieu du point* ω *est une ellipse, celui de* ω$'$ *est un cercle* (*fig.* 6).

1° Si par le point D$'$ on mène une parallèle au petit axe, par D une parallèle au grand axe, ces droites se coupent au point P $(-a\cos\alpha,\ b\sin\alpha)$ qui appartient à l'ellipse E

$$\left(\frac{x^2}{a^2} + \frac{y^2}{b^2} = 1\right)$$

et aussi au cercle principal de E$'$. La normale à E en P passe par le second foyer O$'$ de E$'$, foyer qui a pour coordonnées $(b-a)\cos\alpha$, $(b-a)\sin\alpha$; la tangente à E au point P touche E en un point P$'$ qui s'obtient en menant OP$'$ symétrique de OD par rapport aux axes de coordonnées.

Posons $\tang\dfrac{\alpha}{2} = \lambda$, $\tang\dfrac{\theta}{2} = z$, θ étant l'angle excentrique d'un des points d'intersection de E avec le cercle principal de E′; z est donné par l'équation

$$a\lambda^2 z^4 + 2\,b\lambda z^3 - z^2(a + 2\,b)(1 + \lambda^2) + 2\,b\lambda z + a = 0,$$

qui, débarrassée de la racine $z = \lambda$, se réduit à

$$(1) \qquad a\lambda z^3 + z^2(a + 2\,b) - \lambda z(a + 2\,b) - a = 0.$$

Les racines de cette dernière équation sont les tangentes

Fig. 6.

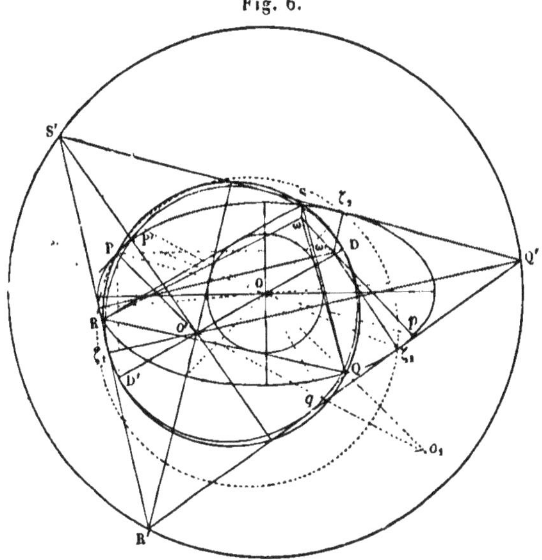

des demi-angles excentriques θ_1, θ_2, θ_3 des points Q, R, S. Les cordes RS, SQ, QR enveloppent le cercle

$$(x^2 + y^2)(a + b)^2 = a^2 b^2.$$

On remarquera en outre que les bissectrices extérieures du triangle QRS sont perpendiculaires aux bissectrices intérieures qui passent en O, foyer de E′; ce sont des tangentes à E′. Le cercle principal de E′ est le cercle des neuf points du triangle formé par ces bissectrices extérieures; le rayon du cercle circonscrit à ce même triangle est égal à $a + b$ et son centre est O' ([1]).

$2°$ Soit maintenant φ l'angle excentrique du point de contact d'une tangente commune à E et à E'; en posant $\tang \dfrac{\varphi}{2} = \zeta$, on trouve une équation du quatrième degré en ζ qui, débarrassée de la racine $\zeta = \dfrac{1}{\lambda}$ relative au point P', se réduit à

$$(2) \qquad b\lambda\zeta^3 + \zeta^2(b + 2a) - \lambda\zeta(b + 2a) - b = 0.$$

Cette équation détermine les points de contact avec l'ellipse E des tangentes communes autres que PP'. Le lieu des pôles Q', R', S' des cordes $\zeta_2\zeta_3$, $\zeta_3\zeta_1$, $\zeta_1\zeta_2$ est le cercle

$$x^2 + y^2 = (a + b)^2.$$

Le cercle principal de E' est le cercle des neuf points du triangle Q'R'S', car les perpendiculaires abaissées de O sur les côtés de ce triangle les rencontrent sur ce cercle principal et en leurs milieux.

Si l'on calcule la tangente de la demi-somme des angles excentriques θ_1, θ_2, θ_3 des points Q, R, S, on aura

$$\tang\tfrac{1}{2}(\theta_1 + \theta_2 + \theta_3) = \cot\frac{\alpha}{2} \quad \text{et} \quad \theta_1 + \theta_2 + \theta_3 = \pi - \alpha.$$

L'équation (2) conduit à la même valeur pour la somme des angles excentriques φ_1, φ_2, φ_3 des points de contact de Q'R', R'S', S'Q' avec E.

$3°$ L'équation qui donne les angles excentriques ψ des pieds des normales menées de O' à l'ellipse E est, en posant $\tang \dfrac{\psi}{2} = \xi$,

$$b\lambda\xi^4 - \xi^3[b + (b + 2a)\lambda^2] + \xi[b + (2a + b)\lambda^2] - b\lambda = 0.$$

Elle admet la racine $\dfrac{1}{\lambda}$, car O'P est une des normales et de-

---

([1]) Ce cercle n'est pas représenté sur la figure.

vient, après la suppression du facteur $\lambda\xi - 1$,

$$(3) \qquad b\xi^3 - \lambda\xi^2(b + 2a) - \xi(b + 2a) + \lambda b = 0.$$

Les racines de cette équation sont égales et de signes contraires à celles de l'équation (2); donc on aura les pieds des normales en prenant les symétriques par rapport au centre O des points de contact ζ_1, ζ_2, ζ_3. Les trois normales autres que $O'P$ ne sont autre chose que les hauteurs du triangle $Q'R'S'$.

Le point P et les points de contact ζ_1, ζ_2, ζ_3 sont sur un même cercle, car on peut constater au moyen de l'équation (2) que les coefficients angulaires des cordes $P\zeta_3$ et $\zeta_1\zeta_2$ sont égaux et de signes contraires. Les perpendiculaires à OQ, OR, OS en Q, R, S sont tangentes à l'ellipse E'; soient q, r, s leurs points de contact.

Pour construire le point q, il faut prendre le symétrique O_1 de O par rapport à la tangente en Q et joindre $O'O_1$ qui coupe cette tangente en q. On vérifie aisément, d'après cette construction, que les angles de Oq, Or, Os avec l'axe des x sont égaux aux angles excentriques θ_1, θ_2, θ_3 de Q, R, S.

$4°$ Si l'on calcule au moyen de l'équation (1) l'expression

$$\sin(\theta_2 + \theta_3) + \sin(\theta_3 + \theta_1) + \sin(\theta_1 + \theta_2),$$

fonction symétrique des racines z_1, z_2, z_3, on reconnaît qu'elle est nulle: donc (n° 1) les normales à l'ellipse E en Q, R, S sont concourantes, et, comme P, Q, R, S sont sur un cercle, la droite OP passe par le pied p de la quatrième normale issue du point de concours ω.

$5°$ On verrait de même que les normales aux points de contact ζ_1, ζ_2, ζ_3 des tangentes communes à E, E' concourent en ω', et la quatrième normale $\omega'p$ se confond avec ωp, car les points P, ζ_1, ζ_2, ζ_3 sont sur un cercle.

$6°$ L'angle excentrique de p est $2\pi - \alpha$; les coordonnées de ω, intersection des normales aux points $(2\pi - \alpha)$ et θ_1, sont

$$x = \frac{c^2\cos\alpha\cos\theta_1\cos\frac{1}{2}(\alpha - \theta_1)}{a\cos\frac{1}{2}(\alpha + \theta_1)} = \frac{c^2\cos\alpha}{a}\frac{\lambda z_1^3 + z_1^2 - \lambda z_1 - 1}{\lambda z_1^3 - z_1^2 + \lambda z_1 - 1},$$

$$y = -\frac{c^2\sin\alpha\sin\theta_1\sin\frac{1}{2}(\alpha - \theta_1)}{b\cos\frac{1}{2}(\alpha + \theta_1)} = -\frac{2c^2\sin\alpha}{b}\frac{\lambda z_1 - z_1^2}{\lambda z_1^3 - z_1^2 + \lambda z_1 - 1},$$

et, en vertu de l'équation (1), elles deviennent

$$x = \frac{b}{a}(a - b)\cos\alpha, \quad y = \frac{a}{b}(b - a)\sin\alpha.$$

Le lieu de ω est donc l'ellipse

$$a^4 x^2 + b^4 y^2 = a^2 b^2 (a - b)^2.$$

Un calcul analogue donne pour le point ω'

$$x' = (a - b)\cos\alpha, \quad y' = (a - b)\sin\alpha;$$

le lieu de ω' est le cercle

$$x^2 + y^2 = (a - b)^2.$$

17. *Étant donnés une ellipse et un point* M *dont la polaire coupe la courbe en* P, Q, *déterminer deux coniques homofocales à l'ellipse et telles que les normales en* P *et* Q *soient respectivement les polaires de* M *par rapport à ces coniques.*

Soient

$$\frac{x^2}{a^2} + \frac{y^2}{b^2} = 1 \text{ l'ellipse donnée};$$

$$\frac{x^2}{a^2 + h^2} + \frac{y^2}{b^2 + h^2} = 1 \text{ une conique homofocale};$$

(x', y') un point M.

En exprimant que la normale en un point $(a\cos\alpha, b\sin\alpha)$ de la première courbe est la polaire de (x', y') par rapport à la seconde, on verra que (x', y') est sur la tangente en (α). Si le point (α) est donné, ainsi que (x', y'), sur la tangente en α, on en conclura la valeur de h^2 par l'une ou l'autre des équations

$$ah^2 = c^2 x' \cos\alpha - a^3 \quad \text{ou} \quad bh^2 = -b^3 - c^2 y' \sin\alpha.$$

Supposons maintenant qu'on donne seulement (x', y') et cherchons les coniques homofocales qui correspondent aux points de contact α_1, α_2 des tangentes issues de (x', y'); $\cos\alpha_1$, $\cos\alpha_2$ sont racines de l'équation

$$\cos^2\alpha (a^2 y'^2 + b^2 x'^2) - 2ab^2 x'\cos\alpha + a^2(b^2 - y'^2) = 0,$$

et les valeurs de h^2, qui déterminent les coniques homofocales, sont données par

$$(1) \quad \left\{ \begin{aligned} &h^4(a^2 y'^2 + b^2 x'^2) + 2h^2(a^4 y'^2 + b^4 x'^2) \\ &\qquad\qquad + a^6 y'^2 + b^6 x'^2 - c^4 x'^2 y'^2 = 0. \end{aligned} \right.$$

Remarque. — Désignons par (a_1^2, b_1^2), (a_2^2, b_2^2) les carrés des demi-axes des coniques qui répondent aux racines h_1^2, h_2^2 de l'équation (1); posons

$$a_1^2 + b_1^2 = S_1^2, \quad a_2^2 + b_2^2 = S_2^2, \quad a^2 + b^2 = s^2.$$

L'équation (1) peut être remplacée par la suivante, dont les racines sont S_1^2, S_2^2 :

$$(1') \quad \left\{ \begin{aligned} &S^4(a^2 y'^2 + b^2 x'^2) + 2c^2 S^2(a^2 y'^2 - b^2 x'^2) \\ &\qquad\qquad + c^4(a^2 y'^2 + b^2 x'^2 - 4 x'^2 y'^2) = 0. \end{aligned} \right.$$

Les carrés des tangentes menées du point (x', y') aux cercles directeurs des deux coniques homofocales sont

$$t_1^2 = x'^2 + y'^2 - S_1^2, \quad t_2^2 = x'^2 + y'^2 - S_2^2;$$

on voit, par l'équation (1'), que le produit $t_1^2 t_2^2$ a pour valeur

$$t_1^2 t_2^2 = (x'^2 + y'^2 - 2cx' + c^2)(x'^2 + y'^2 + 2cx' + c^2);$$

il est égal au produit des carrés des distances de (x', y') aux foyers. De là ce théorème :

Deux coniques U_1, U_2 *sont homofocales; si l'on prend un point* M, *tel que le rectangle des distances focales* FM, F'M *soit égal au rectangle des tangentes menées de* M *aux deux cercles directeurs, les polaires de* M *par rapport à* U_1, U_2 *seront normales à une conique* U *homofocale aux deux autres, aux points où elles rencontrent la polaire de* M *par rapport à* U.

Le point M est sur une conique

$$x^2(b_1^2 + b_2^2) + y^2(a_1^2 + a_2^2) = a_1^2 b_2^2 + a_2^2 b_1^2,$$

concentrique et coaxiale, mais non homofocale à U, U_1 et U_2.

18. *D'un point* M *pris sur une ellipse, on mène les trois normales (autres que la normale en* M *) qui coupent la courbe* P, Q, R; *trouver l'enveloppe du cercle circonscrit au triangle* PQR.

Prenons pour axes des parallèles aux axes de l'ellipse menées par le point $M(a\cos\alpha, b\sin\alpha)$; les équations de l'ellipse et de l'hyperbole des normales peuvent s'écrire

$$b^2 x(x + 2a\cos\alpha) = -a^2 y(y + 2b\sin\alpha)$$

et

$$ab^2 y\cos\alpha = x(c^2 y + a^2 b\sin\alpha).$$

En les multipliant membre à membre et divisant par xy, on a l'équation d'une conique passant par les points P, Q, R, savoir

$$ac^2 y^2 + b^4 x\cos\alpha + aby\sin\alpha(2c^2 + a^2)$$
$$+ 2ab^2(a^2\sin^2\alpha + b^2\cos^2\alpha) = 0.$$

On peut former de même l'équation

$$bc^2 x^2 + abx\cos\alpha(2c^2 - b^2)$$
$$- a^4 y\sin\alpha - 2a^2 b(a^2\sin^2\alpha + b^2\cos^2\alpha) = 0.$$

Il suffit d'ajouter ces équations multipliées, la première par b, la seconde par a, pour avoir celle du cercle circonscrit au triangle PQR; revenant ensuite aux axes coordonnés habituels, on trouve

$$ab(x^2 + y^2) - b^3 x\cos\alpha - a^3 y\sin\alpha - ab(a^2 + b^2) = 0.$$

L'enveloppe du cercle est la courbe du quatrième ordre

$$a^2 b^2(x^2 + y^2 - a^2 - b^2)^2 - b^6 x^2 - a^6 y^2 = 0.$$

19. *Trouver la condition pour que les normales en trois points d'une parabole soient concourantes; former l'équation du cercle qui passe par les pieds des normales abaissées d'un point donné et celle du cercle circonscrit au triangle formé par les tangentes aux points d'incidence.*

Si m_1, m_2, m_3 sont les coefficients angulaires des tangentes en trois points de la parabole $y^2 = 2px$, la condition pour que les normales soient concourantes est

$$m_2 m_3 + m_3 m_1 + m_1 m_2 - 0.$$

Le cercle passant par les pieds des normales abaissées d'un point (x', y') est

$$x^2 + y^2 - x(p + x') - \frac{yy'}{2} = 0;$$

le cercle circonscrit au triangle formé par les tangentes est

$$x^2 + y^2 - x\left(\frac{3p}{2} - x'\right) + yy' + \frac{p}{2}(p - x') = 0.$$

L'extrémité du diamètre de ce cercle qui passe au foyer est le symétrique de (x', y') par rapport au foyer. Si les trois tangentes sont quelconques et ont pour coefficients m_1, m_2, m_3, le cercle passant par leurs intersections (et aussi par le foyer) est

$$x^2 + y^2 - \frac{px}{2\,m_1\,m_2\,m_3}(m_1 + m_2 + m_3 + m_1 m_2 m_3)$$
$$- \frac{py}{2\,m_1\,m_2\,m_3}(m_2 m_3 + m_3 m_1 + m_1 m_2 - 1)$$
$$+ \frac{p^2}{4\,m_1\,m_2\,m_3}(m_1 + m_2 + m_3) = 0.$$

20. *Par le sommet $(x' = +p, y'\ \ 0)$ de la développée d'une parabole on mène une corde* PQ *et les normales à ses extrémités, qui se coupent en* R'. *Démontrer :*

1° *Que le lieu du point* R' *est une parabole égale à la parabole donnée;*

2° *Que, si l'on prend les secondes intersections* Q', P' *de* PR', QR' *avec cette seconde parabole, la droite* P'Q' *passe par le sommet de sa développée et fait avec l'axe commun des deux courbes le même angle que* PQ;

3° *Que les normales en* P', Q', R' *se coupent en un même point* R", *dont le lieu est une troisième parabole égale aux deux autres.*

Le lieu des points de concours des normales aux extrémités des cordes d'une parabole qui passent par un point fixe (x', y') est

$$2[py - y'(x - x' - p)]^2$$
$$+ (y'^2 - 2px')[yy' + 2x'(x - x' - p)] = 0.$$

On obtient facilement cette équation en observant que les coefficients angulaires m_1, m_2, m_3 des tangentes aux points d'incidence des normales abaissées d'un point (x, y) du lieu sont racines de l'équation

$$m^3 y + m^2(x - p) - \frac{p}{2} = 0,$$

puis en exprimant que la corde (m_1, m_2) passe au point (x', y').

Si l'on fait $x' = p$, $y' = o$, on a, pour le lieu du point R',

$$y^2 = 2px - 4p^2.$$

Soient $\lambda_1, \lambda_2, \lambda_3$ les coefficients angulaires des normales menées du point $R'(x, y)$ à la parabole donnée ; λ_1, λ_2 correspondant à $R'P$, $R'Q$. On trouve, en exprimant que PQ passe par le point (p, o)

$$\lambda_1 \lambda_2 = -2, \quad \lambda_1 + \lambda_2 = \frac{2}{y}(p - x).$$

Transportons l'origine au sommet de la parabole R', et soient x', y' les nouvelles coordonnées de R' ; on peut écrire

$$\lambda_1 + \lambda_2 = -\frac{2x'}{y'} = -\frac{1}{\mu},$$

μ étant le coefficient de la tangente en R' à la seconde parabole, dont l'équation est maintenant $y'^2 = 2px'$. Les ordonnées de P', Q' sont devenues $\frac{p}{\lambda_1 \mu}(2\mu - \lambda_1)$ et $\frac{p}{\lambda_2 \mu}(2\mu - \lambda_2)$; l'équation de $P'Q'$ est

$$x' + \frac{y'}{2\mu} - p = o.$$

Cette droite passe donc par le sommet de la développée de la parabole R' et son coefficient angulaire -2μ est égal et de signe contraire à celui de PQ qui, dans le premier système d'axes, était

$$-\frac{2}{\lambda_1 + \lambda_2} = 2\mu.$$

D'après cette remarque, le lieu de l'intersection des normales en P', Q' est une parabole égale aux deux premières et placée par rapport à la seconde comme celle-ci est placée par rapport à la parabole donnée.

Enfin on peut vérifier que les coefficients μ_1, μ_2, μ_3 des tangentes à la seconde parabole en R', P', Q' satisfont à la relation

$$\mu_2 \mu_3 + \mu_3 \mu_1 + \mu_1 \mu_2 = o ;$$

donc les trois normales sont concourantes (n° **19**).

21. *D'un point fixe (x', y') on mène des tangentes à des paraboles qui ont le même foyer et leurs axes dirigés suivant la même droite; trouver l'enveloppe des normales aux points de contact.*

Soient $y^2 = 2px + p^2$ l'équation d'une des paraboles rapportée au foyer commun; β l'ordonnée d'un de ses points. La normale est

$$2p^2 y + 2p\beta x - p^2\beta - \beta^3 = 0,$$

et, comme la tangente doit passer en (x', y'), on a

$$2\beta y' - 2px' - p^2 - \beta^2 = 0.$$

L'élimination de β entre les deux dernières équations donne, pour l'équation quadratique des normales aux points de contact des tangentes issues de (x', y'),

$$p^2[(y+y')^2 + (x+x')^2]$$
$$+ 2p[x'(x+x')^2 + yy'(x+x') + x'y'^2 + 2yx'y' - xy'^2] - 4y'^2(xx'+yy') = 0.$$

L'enveloppe (p étant variable) est du quatrième degré, mais se décompose en deux facteurs, savoir la droite double

$$(xx' + yy' + x'^2 + y'^2)^2 = 0$$

et la parabole

$$(x+x')^2 + (y+y')^2 - (y-y')^2 = 0,$$

dont le foyer est le point $(-x', -y')$ et dont la directrice est la parallèle à l'axe des x menée par le point (x', y').

On peut trouver facilement l'enveloppe par la Géométrie.

22. *Les côtés d'un triangle mobile sont tangents à l'ellipse*

$$\frac{x^2}{a^2} + \frac{y^2}{b^2} = 1;$$

deux de ses sommets se meuvent sur une conique; trouver le lieu du sommet libre, lorsque la seconde conique est : 1° une ellipse homofocale à l'ellipse donnée; 2° une ellipse homothétique.

On caractérisera les points de contact des côtés du triangle par leurs angles excentriques et l'on emploiera la même méthode que pour le problème analogue relatif au cercle (Ch. I, n° 5).

1° $\dfrac{x^2}{A^2} + \dfrac{y^2}{B^2} = 1$ étant l'ellipse homofocale $(A^2 - B^2 = c^2)$, le lieu du troisième sommet du triangle est

$$\frac{x^2}{a^2}\left(\frac{a^2}{A^2} - \frac{b^2}{B^2} + 1\right)^2 + \frac{y^2}{b^2}\left(\frac{a^2}{A^2} - \frac{b^2}{B^2} - 1\right)^2$$
$$- \frac{\left(\dfrac{a^2}{A^2} - \dfrac{b^2}{B^2} - 1\right)^2\left(\dfrac{a^2}{A^2} - \dfrac{b^2}{B^2} + 1\right)^2}{\left(\dfrac{a^2}{A^2} + \dfrac{b^2}{B^2} - 1\right)^2}.$$

C'est une ellipse homofocale aux ellipses données; elle coïncide avec $\dfrac{x^2}{A^2} + \dfrac{y^2}{B^2} = 1$, quand A satisfait à la condition

$$A^4 - 2a A^3 + 2A ac^2 - a^2 c^2 = 0$$

ou

$$(A - a)^2(A^2 - c^2) - A^2 b^2 = 0,$$

ce qui revient à

$$(aB + bA)^2 - A^2 B^2 = 0.$$

Lorsque cette relation a lieu, on peut inscrire dans la seconde ellipse une infinité de triangles circonscrits à la première. Le périmètre de ces triangles est d'ailleurs constant (*voir* n°⁰ˢ 13, 14).

2° Si la seconde ellipse est

$$\frac{(x - h)^2}{a^2} + \frac{(y - k)^2}{b^2} = m^2,$$

en posant

$$p^2 = \frac{h^2}{a^2} + \frac{k^2}{b^2} - m^2,$$

on trouve, pour le lieu du sommet libre,

$$\frac{x^2}{a^2}\left[\left(\frac{4k^2}{b^2} - p^4\right)(4m^2 - p^4) + 4p^4\right] + \frac{y^2}{b^2}\left[\left(\frac{4h^2}{a^2} - p^4\right)(4m^2 - p^4) + 4p^4\right]$$
$$+ \frac{8hk}{ab}xy(4m^2 - p^4) - \frac{8p^4 hx}{a^2} - \frac{8p^4 ky}{b^2} + p^4\left(\frac{4h^2}{a^2} + \frac{4k^2}{b^2} - p^4\right) = 0.$$

Cette équation coïncide avec celle de l'ellipse homothétique, si l'on a

$$p^4 - 4m^2 = 0 \quad \text{ou} \quad \left(\frac{h^2}{a^2} + \frac{k^2}{b^2} + m\right)\left(\frac{h^2}{a^2} + \frac{k^2}{b^2} - 3m\right) = 0;$$

23. *On donne une ellipse*

$$\frac{x^2}{a^2} + \frac{y^2}{b^2} = 1$$

et une conique concentrique

$$A x^2 + B y^2 + 2H xy + C = 0;$$

trouver à quelle condition cette conique doit satisfaire pour qu'on puisse lui circonscrire une infinité de triangles inscrits dans l'ellipse.

La condition de contact d'une droite $lx + my + n = 0$ avec $A x^2 + B y^2 + 2H xy + C = 0$ est

$$BC\, l^2 + CA\, m^2 + (AB - H^2) n^2 - 2CH\, lm = 0.$$

Si α, β, γ sont les angles excentriques des sommets du triangle, la condition de contact du côté $(\beta\gamma)$ sera

$$\frac{BC}{a^2} \cos^2 \tfrac{1}{2}(\beta + \gamma) + \frac{CA}{b^2} \sin^2 \tfrac{1}{2}(\beta + \gamma)$$

$$+ (AB - H^2)\cos^2 \tfrac{1}{2}(\beta - \gamma) - \frac{2CH}{ab} \cos \tfrac{1}{2}(\beta + \gamma) \sin \tfrac{1}{2}(\beta + \gamma) = 0$$

ou

$$\cos(\beta + \gamma)\left(\frac{BC}{a^2} - \frac{CA}{b^2}\right) - 2\,\frac{CH}{ab} \sin(\beta + \gamma)$$

$$+ (AB - H^2)\cos(\beta - \gamma) + \frac{BC}{a^2} + \frac{CA}{b^2} + AB - H^2 = 0.$$

En posant

$$M = \frac{BC}{a^2} - \frac{CA}{b^2}, \quad N = \frac{2CH}{ab}, \quad P = AB - H^2,$$

$$Q = \frac{BC}{a^2} + \frac{CA}{b^2} + AB - H^2,$$

nous écrirons

$$(1) \quad M\cos(\beta + \gamma) - N\sin(\beta + \gamma) + P\cos(\beta - \gamma) + Q = 0.$$

Les angles (γ, α), (α, β), satisfont à deux équations qui se déduisent de (1) par permutation circulaire. D'après cela, si α est donné, les angles excentriques β, γ des points où les tangentes menées de α à la seconde conique coupent la première sont donnés par l'équation trigonométrique

$$(1') \qquad \lambda \cos\theta + \mu \sin\theta + Q = 0,$$

où

$$\lambda = (P + M) \cos\alpha - N \sin\alpha, \quad \mu = (P - M) \sin\alpha - N \cos\alpha.$$

Les deux angles ainsi déterminés doivent vérifier l'équation (1); on calculera $\cos(\beta + \gamma)$, $\sin(\beta + \gamma)$, $\cos(\beta - \gamma)$, et la substitution des valeurs trouvées dans (1) donnera

$$(M^2 + N^2 - P^2 + 2PQ)(M \cos 2\alpha - N \sin 2\alpha + P + Q) = 0.$$

Le côté $(\beta\gamma)$ du triangle sera tangent à la seconde conique, quel que soit α, si l'on a

$$M^2 + N^2 - P^2 + 2PQ = 0$$

ou

$$(2) \qquad \frac{BC}{a^2} + \frac{CA}{b^2} + (AB - H^2)^2 = \frac{4C^2}{a^2 b^2} (AB - H^2).$$

Si cette condition n'est pas remplie, il semble qu'on doit avoir des triangles inscriptibles et circonscriptibles pour les valeurs de α données par l'équation

$$M \cos 2\alpha - N \sin 2\alpha + P + Q = 0;$$

mais ces valeurs donnent les points de contact avec l'ellipse des tangentes communes aux deux courbes, car l'équation précédente est précisément la condition pour qu'une tangente

$$\frac{x}{a} \cos\alpha + \frac{y}{b} \sin\alpha - 1 = 0$$

touche la seconde conique. On n'a donc pas de véritables triangles satisfaisant aux conditions du problème, mais des triangles infiniment aplatis (*voir* à ce sujet l'Appendice au Chap. VIII).

Relations entre les angles excentriques des sommets des triangles inscrits. — On a

$$\sin(\beta+\gamma) + \sin(\gamma+\alpha) + \sin(\alpha+\beta)$$
$$= \sin(\beta+\gamma) + \sin\alpha\,(\cos\beta + \cos\gamma) + \cos\alpha\,(\sin\beta + \sin\gamma);$$

en vertu de l'équation $(1')$ à laquelle satisfont les angles β et γ, le second membre de la relation précédente devient

$$\frac{2\lambda\mu}{\lambda^2+\mu^2} - \frac{2\lambda Q \sin\alpha}{\lambda^2+\mu^2} - \frac{2\mu Q \cos\alpha}{\lambda^2+\mu^2}$$

ou

$$\frac{\sin 2\alpha\,(P^2 - M^2 + N^2 - 2PQ) - 2MN\cos 2\alpha - 2N(P - Q)}{2MP\cos 2\alpha - 2NP\sin 2\alpha + M^2 + N^2 + P^2}.$$

Si la relation $M^2 + N^2 - P^2 + 2PQ = 0$ est vérifiée, les coefficients des deux termes de cette dernière fraction sont proportionnels, et il vient

$$(3) \quad \sin(\beta+\gamma) + \sin(\gamma+\alpha) + \sin(\alpha+\beta) = -\frac{N}{P} = -\frac{2CH}{ab(AB - H^2)} = h.$$

De même

$$(4) \quad \cos(\beta+\gamma) + \cos(\gamma+\alpha) + \cos(\alpha+\beta) = \frac{M}{P} = \frac{\dfrac{BC}{a^2} - \dfrac{CA}{b^2}}{AB - H^2} = k.$$

Ainsi les sommes des sinus et des cosinus des angles $\beta+\gamma$, $\gamma+\alpha$, $\alpha+\beta$ conservent chacune une valeur constante pour tous les triangles inscrits dans l'ellipse et circonscrits à l'autre conique.

Au moyen des équations (2), (3), (4), on peut exprimer en fonction des constantes h et k et des axes de l'ellipse les coefficients A, B, C, H, ou plutôt les rapports de trois de ces coefficients au quatrième. Alors l'équation de la conique concentrique à laquelle on peut circonscrire une infinité de triangles inscrits dans l'ellipse prendra la forme

$$(5) \quad \frac{x^2}{a^2}[h^2 + (k+1)^2] + \frac{y^2}{b^2}[h^2 + (k-1)^2] + \frac{4hxy}{ab} = \tfrac{1}{4}(h^2 + k^2 - 1)^2.$$

Rapport de l'aire d'un triangle inscrit dans l'ellipse à l'aire du triangle formé par les points de contact de ses côtés avec la conique concentrique. — Le double de l'aire du triangle $\alpha\beta\gamma$ est

$$2S = ab[\sin(\beta-\gamma) + \sin(\gamma-\alpha) + \sin(\alpha-\beta)].$$

Le double de l'aire du triangle formé par les polaires des points α, β, γ par rapport à la conique

$$Ax^2 + By^2 + 2Hxy + C \quad 0$$

est

$$2\,\Sigma = \frac{C^2}{ab(AB - H^2)} \; \frac{[\sin(\beta - \gamma) + \sin(\gamma - \alpha) + \sin(\alpha - \beta)]^2}{\sin(\beta - \gamma)\sin(\gamma - \alpha)\sin(\alpha - \beta)}.$$

Le produit des demi-axes a', b' de la seconde conique étant $\dfrac{C}{\sqrt{AB - H^2}}$, on aura, pour le rapport des aires des deux triangles,

$$\frac{S}{\Sigma} = \frac{a^2 b^2}{a'^2 b'^2} \; \frac{\sin(\beta - \gamma)\sin(\gamma - \alpha)\sin(\alpha - \beta)}{\sin(\beta - \gamma) + \sin(\gamma - \alpha) + \sin(\alpha - \beta)}$$

$$= \frac{2\,a^2 b^2}{a'^2 b'^2} \cos\tfrac{1}{2}(\beta - \gamma)\cos\tfrac{1}{2}(\gamma - \alpha)\cos\tfrac{1}{2}(\alpha - \beta).$$

$$= \frac{a^2 b^2}{2\,a'^2 b'^2} \left[1 + \cos(\beta + \gamma)\cos(\gamma + \alpha) + \cos(\gamma + \alpha)(\cos\alpha + \beta) \right.$$
$$\left. + \cos(\alpha + \beta)\cos(\beta + \gamma) + \sin(\beta + \gamma)\sin(\gamma + \alpha) + \dots \right].$$

Mais les équations (3) et (4) donnent

$$h^2 + k^2 = 3 + 2\cos(\beta + \gamma)\cos(\gamma + \alpha) + \dots + 2\sin(\beta + \gamma)\sin(\gamma + \alpha) + \dots.$$

Donc

$$\frac{S}{\Sigma} = \frac{a^2 b^2}{4\,a'^2 b'^2}(h^2 + k^2 - 1) = \text{const.}$$

Enfin il résulte de l'équation (5) que $a'b'$ a pour valeur

$$\frac{ab}{4}(h^2 + k^2 - 1);$$

donc

$$\frac{S}{\Sigma} = \frac{ab}{a'b'},$$

et par conséquent le rapport constant des aires des deux triangles est égal à celui des aires des deux coniques.

24. *On donne une ellipse fixe*

$$\frac{x^2}{a^2} + \frac{y^2}{b^2} = 1$$

et une ellipse concentrique variable, mais d'aire constante, et telle qu'on puisse lui circonscrire une infinité de triangles inscrits dans la première. Trouver l'enveloppe de l'ellipse variable.

L'ellipse variable est représentée par l'équation (5) du

n° 23 ; comme le produit constant des axes est $\dfrac{ab}{4}\,(h^2 + k^2 - 1)$, on aura la condition

$$h^2 + k^2 = 4\sigma - 1,$$

σ étant le rapport des aires des deux coniques. L'enveloppe est

$$\left[4\sigma\left(\frac{x^2}{a^2} + \frac{y^2}{b^2}\right) - (2\sigma - 1)^2 \right]^2 - 4(4\sigma - 1)\left(\frac{x^2}{a^2} + \frac{y^2}{b^2}\right)^2 = 0.$$

Elle se décompose en deux ellipses qui sont bitangentes à l'ellipse mobile.

25. *On donne deux ellipses concentriques et coaxiales*

$$\frac{x^2}{a^2} + \frac{y^2}{b^2} = 1, \quad \frac{x^2}{a'^2} + \frac{y^2}{b'^2} = 1;$$

un hexagone AB'CA'BC' *est inscrit dans la première et circonscrit à la seconde, ses sommets opposés étant les extrémités de trois diamètres* AA', BB', CC'. *Trouver la condition à laquelle doivent satisfaire* a' *et* b' *pour que la construction soit possible d'une infinité de manières différentes, en prenant un point arbitraire* A *de la première ellipse pour premier sommet de l'hexagone.*

Soient α, β, γ, $\alpha' = \pi + \alpha$, $\beta' = \pi + \beta$, $\gamma' = \pi + \gamma$ les angles excentriques des sommets A, B, C, A', B', C'; les cordes AB', B'C, CA', formant un demi-hexagone, ont pour équations

$$\frac{x}{a}\sin\tfrac{1}{2}(\alpha + \beta) - \frac{y}{b}\cos\tfrac{1}{2}(\alpha + \beta) + \sin\tfrac{1}{2}(\alpha - \beta) = 0, \quad \dots$$

Les conditions de contact de trois cordes avec la seconde ellipse sont

$$\cos(\alpha + \beta)\left(\frac{1}{b^2 a'^2} - \frac{1}{a^2 b'^2}\right)$$
$$+ \frac{1}{a'^2 b'^2}\cos(\alpha - \beta) + \frac{1}{a^2 b'^2} + \frac{1}{b^2 a'^2} + \frac{1}{a'^2 b'^2} = 0, \quad \dots$$

En opérant comme au n° 23, on trouve que β et γ sont donnés en fonction de α par une équation de la forme

$$\lambda \cos\theta + \mu \sin\theta + \nu = 0,$$

où λ et μ sont des fonctions de α. Ces angles doivent d'ailleurs satisfaire à l'équation

$$\cos(\beta + \gamma)\left(\frac{1}{b^2 a^2} - \frac{1}{a^2 b'^2}\right) + \ldots = 0,$$

quel que soit α; l'expression de cette condition donne

$$\left(\frac{1}{b^2 a'^2} - \frac{1}{a^2 b'^2}\right)^2 - \frac{1}{a'^4 b'^4}$$
$$+ 2\left(\frac{1}{a^2 b'^2} + \frac{1}{b^2 a'^2} - \frac{1}{a'^2 b'^2}\right)\frac{1}{a'^2 b'^2} = 0.$$

En posant $a^2 - a'^2 = \alpha^2$, $b^2 - b'^2 = \beta^2$, on peut écrire

$$a^4 b^4 + a^4 \beta^4 + b^4 \alpha^4 - 2 a^4 b^2 \beta^2 - 2 a^2 b^4 \alpha^2 - 2 a^2 \beta^2 b^2 \alpha^2 = 0$$

ou

$$ab \quad \pm b\sqrt{a^2 - a'^2} \pm a\sqrt{b^2 - b'^2}.$$

Les hexagones tels que $AB'CA'BC'$ jouissent de diverses propriétés remarquables :

1° On trouve entre les angles α, β, γ les relations

$$\sin(\beta + \gamma) + \sin(\gamma + \alpha) + \sin(\alpha + \beta) - 0,$$
$$\cos(\beta + \gamma) + \cos(\gamma + \alpha) + \cos(\alpha + \beta) = \frac{a^2 b'^2 - b^2 a'^2}{a^2 b^2} = k,$$

et elles ont lieu aussi entre α', β', γ'. Il en résulte (n° 23) que les côtés des triangles ABC, A'B'C' enveloppent l'ellipse

$$\frac{x^2}{a^2}(k+1)^2 + \frac{y^2}{b^2}(k-1)^2 = \frac{1}{4}(k^2-1)^2.$$

De plus, les normales en A, B, C sont concourantes, ainsi que les normales en A', B', C'.

2° Le lieu des sommets des triangles dont les côtés touchent l'ellipse (a, b) en A, B, C ou en A', B', C' est

$$x^2(b^2 - b'^2) + y^2(a^2 - a'^2) = a^2 b^2.$$

$3°$ Soient α_1, β_1, γ_1 les angles excentriques des extrémités des diamètres Oa, Ob, Oc, conjugués de OA, OB, OC ; on a

$$\alpha_1 = \alpha - \frac{\pi}{2}, \quad \ldots,$$

et l'on reconnaît que les côtés du triangle abc sont parallèles à ceux de l'hexagone.

$4°$ Les angles α_1, β_1, γ_1 satisfont aux relations

$$\frac{1}{a^2 b'^2} \cos^2 \tfrac{1}{2}(\alpha_1 + \beta_1) + \frac{1}{b^2 a'^2} \sin^2 \tfrac{1}{2}(\alpha_1 + \beta_1)$$
$$- \frac{1}{a'^2 b'^2} \sin^2 \tfrac{1}{2}(\alpha_1 - \beta_1) = 0, \quad \ldots,$$

et le lieu du pôle de la corde $\alpha_1 \beta_1$ ainsi que des pôles de $\beta_1 \gamma_1$, $\alpha_1 \gamma_1$, est l'ellipse

$$b^4 x^2 (a^2 - a'^2) + a^4 y^2 (b^2 - b'^2) - a^4 b^4.$$

L'enveloppe des côtés du triangle $\alpha_1 \beta_1 \gamma_1$ est

$$(b^2 - b'^2) x^2 + (a^2 - a'^2) y^2 = (a^2 - a'^2)(b^2 - b'^2).$$

$5°$ La moitié de l'aire de l'hexagone, somme des triangles $AB'C$, ACA' a pour expression

$$\tfrac{1}{2} ab [\sin(\beta' - \alpha) + \sin(\gamma - \beta') + \sin(\alpha - \gamma) + \sin(\gamma - \alpha)$$
$$+ \sin(\alpha' - \gamma) + \sin(\alpha - \alpha')]$$
$$= \tfrac{1}{2} ab [\sin(\alpha - \beta) + \sin(\beta - \gamma) + \sin(\gamma - \alpha)].$$

Elle est égale a celle du triangle ABC et aussi à celle des triangles $A'B'C'$, abc, qui sont équivalents au premier.

26. *Déterminer les hexagones de périmètre maximum inscrits dans une ellipse.*

Ces hexagones sont, comme ceux du n° 25, circonscrits à une ellipse coaxiale ; mais, en outre, d'après le n° 14, cette ellipse doit être homofocale à l'ellipse donnée.

On a trouvé (n° 25), entre les axes des deux courbes, la relation

$$ab = b\sqrt{a^2 - a'^2} + a\sqrt{b^2 - b'^2} ;$$

si, en outre,

$$a^2 - b^2 = a'^2 - b'^2,$$

on aura

$$a'^2 = \frac{a^3}{(a+b)^2}(a+2b), \quad b'^2 = \frac{b^3}{(a+b)^2}(b+2a).$$

La longueur du périmètre constant des hexagones s'obtient en considérant celui qui a deux sommets aux extrémités du grand axe ; ce périmètre est

$$\frac{4}{a+b}(a^2 + ab + b^2).$$

Le lieu des sommets des triangles dont les côtés touchent l'ellipse aux sommets opposés A, B, C (ou A′, B′, C′) de l'hexagone (n° 25, 2°) est le cercle

$$x^2 + y^2 = (a+b)^2;$$

l'enveloppe des côtés du triangle abc (n° 25, 4°) est un autre cercle

$$(x^2 + y^2)(a+b)^2 - a^2 b^2.$$

27. *D'un point d'une parabole comme centre on décrit un cercle ; trouver à quelle condition on pourra circonscrire au cercle des triangles inscrits dans la parabole.*

Soient

$y^2 = 2px$ l'équation de la parabole ;

$\left(\dfrac{p}{2m^2}, \dfrac{p}{m}\right)$ les coordonnées du centre du cercle ;

R son rayon ;

$\left(\dfrac{p}{2\beta^2}, \dfrac{p}{\beta}\right)$ les coordonnées d'un point de la parabole, sommet d'un triangle satisfaisant aux conditions énoncées.

En suivant une marche analogue à celle du n° 23, on trouvera, pour déterminer β, l'équation

$$\left[\frac{m^4 R^2}{p^2} - 4m^2(1+m^2)\right]\left[\beta^4\left(1 - \frac{4m^4 R^2}{p^2}\right) - 4m\beta^3\right.$$
$$\left. + \beta^2\left(6m^2 - \frac{4m^4 R^2}{p^2}\right) - 4m^3\beta + m^4\right] = 0.$$

L'équation

$$\beta^4 \left(1 - \frac{4\,m^4\,R^2}{p^4} \right) + \ldots = 0$$

est celle qui détermine les points de contact avec la parabole des tangentes communes; elle fournit donc des solutions étrangères. Le problème est possible d'une infinité de manières quand on a

$$R = \frac{4p^2}{m^2}(1 + m^2),$$

c'est-à-dire quand le rayon du cercle est double du segment de la normale à la parabole, compris entre le centre du cercle et l'axe des x.

28. *Trouver la condition à laquelle doivent satisfaire deux paraboles dont les axes sont parallèles pour qu'on puisse inscrire dans l'une des triangles circonscrits à l'autre. — Cas où les axes coïncident.*

Si les triangles doivent être inscrits dans la parabole

$$y^2 - 2px = 0$$

et circonscrits à la parabole

$$y^2 + 2ax + 2by + c = 0,$$

la condition cherchée est

$$a + 4p = 0.$$

En supposant que les axes coïncident, l'équation de la seconde courbe s'écrira

$$y^2 - 8px + c = 0.$$

Soient m_1, m_2, m_3 les coefficients angulaires des tangentes à $y^2 - 2px = 0$ aux trois sommets d'un triangle inscrit; m_2 et m_3 seront donnés en fonction de m_1 par l'équation

$$m^2(cm_1^2 - 4p^2) - 4p^2 m_1 m - 4p^2 m_1^2 = 0.$$

On a

$$m_2 m_3 + m_1(m_2 + m_3) = 0;$$

donc les normales aux trois sommets sont concourantes. Il en est de même pour les normales à la seconde parabole aux points de contact des côtés du triangle. Le lieu du premier point de concours est la droite

$$4px = 8p^2 + c;$$

le lieu du second est

$$x = 4p.$$

CHAPITRE IV.

CONIQUES DÉFINIES PAR L'ÉQUATION GÉNÉRALE DU SECOND DEGRÉ. — SYSTÈMES DE CONIQUES SATISFAISANT A DES CONDITIONS DONNÉES.

Nous adoptons dans ce Chapitre et les suivants la notation anglaise, qui est préférable à la nôtre au point de vue de la symétrie des formules ; nous écrirons l'équation générale du second degré sous la forme

$$a x^2 + 2h xy + b y^2 + 2g x + 2f y + c = 0$$

ou

$$a x^2 + b y^2 + c z^2 + 2f yz + 2g zx + 2h xy = \varphi(x, y, z) = 0$$

en coordonnées homogènes et trilinéaires. L'équation tangentielle, c'est-à-dire la condition de contact d'une droite $\lambda x + \mu y + \nu z = 0$, est

$$A \lambda^2 + B \mu^2 + C \nu^2 + 2F \mu\nu + 2G \nu\lambda + 2H \lambda\mu = \Phi(\lambda, \mu, \nu) = 0,$$

A, B, ... ayant les valeurs $A = bc - f^2$, $B = ca - g^2$, $C = ab - h^2$, $F = gh - af$, $G = hf - bg$, $H = fg - ch$.

Le discriminant est

$$\Delta = abc + 2fgh - af^2 - bg^2 - ch^2.$$

1. *Si de chaque point d'une droite on mène des tangentes à une conique, la somme de leurs distances à un point fixe divisées respectivement par les distances du pôle de la droite aux mêmes tangentes est constante.*

Soient

(x_1, y_1, z_1) les coordonnées homogènes du point fixe ;

(α, β, γ) celles du pôle de la droite ;

(ξ, η, ζ) celles d'un point quelconque de cette droite, qui est

$$x \varphi'_\alpha + y \varphi'_\beta + z \varphi'_\gamma = 0.$$

L'équation quadratique des tangentes issues de (ξ, η, ζ) étant supposée décomposée en deux facteurs $lx + my + nz = 0$, $l'x + m'y + n'z = 0$, de telle sorte qu'on ait

$$(lx + my + nz)(l'x + m'y + n'z)$$
$$- \mathrm{T}(x, y, z) = 4\varphi(x, y, z)\,\varphi(\xi, \eta, \zeta) - (x\varphi'_\xi + y\varphi'_\eta + z\varphi'_\zeta)^2,$$

la somme des deux rapports indiqués est

$$\frac{lx_1 + my_1 + nz_1}{l\alpha + m\beta + n\gamma} + \frac{l'x_1 + m'y_1 + n'z_1}{l\alpha + m'\beta + n\gamma} = \frac{\alpha \mathrm{T}'_{x_1} + \beta \mathrm{T}'_{y_1} + \gamma \mathrm{T}'_{z_1}}{\mathrm{T}(\alpha, \beta, \gamma)};$$

mais on a

$$\alpha \mathrm{T}'_{x_1} + \beta \mathrm{T}'_{y_1} + \gamma \mathrm{T}'_{z_1} = 4\varphi(\xi, \eta, \zeta)(\alpha\varphi'_{x_1} + \beta\varphi'_{y_1} + \gamma\varphi'_{z_1})$$
$$+ 2(\xi\varphi'_{x_1} + \eta\varphi'_{y_1} + \zeta\varphi'_{z_1})(\alpha\varphi'_\xi + \beta\varphi'_\eta + \gamma\varphi'_\zeta),$$
$$\mathrm{T}(\alpha, \beta, \gamma) = 4\varphi(\alpha, \beta, \gamma)\,\varphi(\xi, \eta, \zeta) - (\alpha\varphi'_\xi + \beta\varphi'_\eta + \gamma\varphi'_\zeta)^2,$$

et comme, par hypothèse,

$$\xi\varphi'_\alpha + \eta\varphi'_\beta + \zeta\varphi'_\gamma = 0 \quad \text{ou} \quad \alpha\varphi'_\xi + \beta\varphi'_\eta + \gamma\varphi'_\zeta = 0,$$

puisque (ξ, η, ζ) est un point de la droite donnée, la somme des deux rapports se réduit à la valeur constante [1]

$$\frac{x_1\varphi'_\alpha + y_1\varphi'_\beta + z_1\varphi'_\gamma}{\varphi(\alpha, \beta, \gamma)}.$$

2. *Si, autour d'un point, on fait tourner une transversale qui rencontre une conique en deux points, la somme algébrique des distances de ces points à une droite fixe, divisées respectivement par les distances des mêmes points à la polaire du point fixe, est constante.*

La démonstration peut être calquée sur celle du n° **1**, en employant les coordonnées tangentielles homogènes. Soient

$(\lambda_1, \mu_1, \nu_1)$ les coordonnées tangentielles de la droite fixe (coefficients de son équation ponctuelle);

(α, β, γ) celles de la polaire du point fixe;

---

[1] *Voir,* pour la démonstration géométrique, le *Traité des sections coniques* de Chasles, p. 108.

(ξ, η, ζ) celles d'une droite quelconque passant par ce point
qui est représenté par l'équation

$$\lambda \Phi'_\alpha + \mu \Phi_\beta + \nu \Phi'_\gamma = 0;$$

λ, μ, ν sont les coordonnées tangentielles courantes;
$\Phi(\lambda, \mu, \nu) = A\lambda^2 + B\mu^2 + \ldots = 0$ est l'équation de la conique.

L'équation quadratique des points où une droite (ξ, η, ζ) rencontre la courbe a la même forme que l'équation des tangentes issues d'un point dans le système ponctuel; la distance d'un point à une droite est proportionnelle au résultat de la substitution des coordonnées de la droite dans l'équation du point. D'après ces remarques, le calcul est identique à celui du n° **1**. Le rapport constant $\dfrac{\lambda_1 \Phi'_\alpha + \mu_1 \Phi'_\beta + \nu_1 \Phi'_\gamma}{\Phi(\alpha, \beta, \gamma)}$ pourrait être facilement exprimé en coordonnées ponctuelles.

3. *Par un point* O, *on mène deux droites conjuguées par rapport à une conique; une tangente quelconque les coupe en* P, Q: *démontrer que les deux autres tangentes* PR, QR *menées par les points* P *et* Q *se coupent sur la polaire de* O.

Nous emploierons encore les coordonnées tangentielles homogènes. Les droites conjuguées étant prises pour axes, l'équation de la conique est

$$A\lambda^2 + B\mu^2 + C\nu^2 + 2F\mu\nu + 2G\nu\lambda = 0,$$

car on doit avoir $fg - ch = H = 0$ pour que le pôle de l'axe des x soit sur l'axe des y, et réciproquement. Soit (λ', μ', ν') une tangente quelconque; elle coupe l'axe des x au point P caractérisé par l'équation

$$\lambda\nu' - \lambda'\nu = 0;$$

on aura la seconde tangente issue de P en résolvant cette équation et celle de la conique, et l'on trouve ainsi que ses coordonnées sont proportionnelles à $B\lambda'$, $-(2F\nu' + B\mu')$, $B\nu'$.

De même celles de la seconde tangente menée par le point Q, où (λ', μ', ν') coupe l'axe des y, sont proportionnelles à $-(2G\nu' + A\lambda')$, $A\mu'$, $A\nu'$. Le point d'intersection des deux tangentes a pour équation

$$\begin{vmatrix} \lambda & \mu & \nu \\ B\lambda' & -(2F\nu'+B\mu') & B\nu' \\ -2(G\nu'+A\lambda') & A\mu' & A\nu' \end{vmatrix}$$
$$= A\lambda(B\mu'+F\nu')+B\mu(G\nu'+A\lambda')$$
$$+\nu(2FG\nu'+BG\mu'+AF\lambda')=0;$$

elle est vérifiée par $\lambda=-BG$, $\mu=-AF$, $\nu=AB$, coordonnées de la polaire de l'origine.

Solution géométrique. — Les tangentes OA, OB, menées du point O, déterminent avec OP, OQ un faisceau harmonique; les quatre points B', P, A', Q, où la tangente en un point quelconque M coupe les quatre tangentes OB, RP, OA, RQ sont donc harmoniques. Comme une tangente quelconque rencontre quatre tangentes fixes en quatre points dont le rapport anharmonique est constant, on voit, en faisant coïncider la tangente variable MPQ avec OA, que les points O, A sont conjugués harmoniques par rapport à D, C, intersections de OA avec RP, RQ; donc RA est la polaire de O.

Nous laissons au lecteur le soin d'énoncer et de démontrer le théorème corrélatif.

4. *Deux paraboles sont tangentes et ont leurs axes perpendiculaires; trouver la condition pour que les points de contact de leur autre tangente commune soient vus du point de contact des deux courbes sous un angle droit.*

Si les axes de coordonnées sont les parallèles aux axes des deux paraboles menées par le point de contact, les équations des courbes sont de la forme

$$ax^2+2fy+2gx=0, \quad by^2+2fy+2gx=0;$$

leur tangente commune est

$$2abfg(afx+bgy)+(bg^2-af^2)^2=0,$$

et l'on trouve, pour la condition demandée,

$$(a+b)(bg^2+af^2)=0.$$

5. *On donne une conique $\varphi(x,y)=0$ et une droite; trouver le lieu des points tels que les tangentes menées de chacun* *d'eux à la conique interceptent sur la droite une longueur constante k.*

La droite donnée étant l'axe des x, on trouve sans difficulté, au moyen de l'équation quadratique des tangentes, le lieu du quatrième ordre

$$\varphi^2(x,y)(g^2 - ca) + \tfrac{1}{4}\varphi(x,y)(a\varphi_y'^2 + c\varphi_x'^2 - 2g\varphi_x'\varphi_y')$$
$$= k^2[a\varphi(x,y) - \tfrac{1}{4}\varphi_x'^2]^2.$$

On peut mettre cette équation sous la forme

$$\Delta y^2\varphi(x,y) + k^2(Cy^2 - 2Fy + B)^2 = 0 ;$$

Δ est le discriminant de $\varphi(x,y)$; $Cy^2 - 2Fy + B = 0$ représente les deux tangentes à la conique menées parallèlement à l'axe des x.

6. *On considère une tangente fixe à une parabole; une tangente mobile coupe la première et tourne ensuite d'un angle donné φ autour du point d'intersection, le sens de la rotation étant invariable. Trouver l'enveloppe des tangentes ainsi déplacées.*

On rapportera la parabole à la tangente fixe et au diamètre conjugué dont l'angle est θ, et l'on trouvera, pour l'enveloppe,

$$4[x\sin\varphi - y\sin(\theta - \varphi)]^2 - 4px(3\sin^2\varphi - 2\sin^2\theta)$$
$$- 4py\sin\varphi\sin(\theta - \varphi) - p^2\sin^2\varphi = 0.$$

C'est une autre parabole qui touche la tangente fixe ([1]).

7. *Former l'équation de la podaire d'un point par rapport à une conique rapportée à son centre, et trouver les foyers de la conique en exprimant que la podaire se décompose en un cercle et un couple de droites isotropes.*

L'équation de la podaire du point (X, Y) par rapport à la

([1]) *Voir*, pour la démonstration géométrique, le *Traité des sections coniques* de Chasles, p. 53.

conique

$$a x^2 + 2 h xy + b y^2 - 1$$

est

$$b(x - X)^2 + a(y - Y)^2 - 2h(x - X)(y - Y)$$
$$+ (h^2 - ab)(x^2 + y^2 - xX - yY)^2 = 0.$$

En exprimant que le premier membre est divisible par $(x - X)^2 + (y - Y)^2$, on retrouve les équations qui donnent les foyers

$$\frac{XY}{h} = \frac{1}{h^2 - ab} = \frac{X^2 - Y^2}{a - b}.$$

On obtient en même temps l'équation des cercles principaux qui peut se mettre sous la forme

$$x^2 + y^2 = \frac{a + b \pm \sqrt{(a - b)^2 + 4h^2}}{2(ab - h^2)}.$$

8. *Si sur la tangente et la normale à une ellipse comme axes on construit une conique passant par le centre et tangente au petit axe, l'axe de cette conique, dirigé suivant la normale, est égal au grand axe de l'ellipse. Si l'on construit une autre conique dans les mêmes conditions, mais tangente au grand axe, l'axe dirigé suivant la tangente est égal au petit axe de l'ellipse donnée. Les deux coniques ainsi déterminées ont les mêmes foyers, et la distance focale commune est égale au diamètre conjugué de celui qui passe au point choisi sur l'ellipse.*

9. *Par chaque point d'une conique*

$$a x^2 + 2 h xy + b y^2 = 1,$$

on mène un faisceau de droites en involution dont les rayons doubles sont parallèles aux axes de coordonnées; trouver le lieu du point fixe où se coupent toutes les cordes qui joignent les intersections avec la courbe de deux rayons conjugués.

Comme les cordes correspondant aux couples doubles de l'involution sont des tangentes, le point fixe pour chaque faisceau est le pôle de la corde qui joint les intersections des rayons doubles avec la conique. Si (α, β) est le sommet d'un faisceau, cette corde a pour équation

$$b\beta y(a\alpha^2 - b\beta^2 + 1) - a\alpha x(a\alpha^2 - b\beta^2 - 1) - a\alpha^2 - b\beta^2 + 1 = 0$$

ou simplement

$$ax(h\alpha + b\beta) + by(a\alpha + h\beta) + h = 0.$$

Le lieu du pôle de cette droite est

$$ax^2 + 2hxy + by^2 = \frac{ab}{h^2}.$$

10. *Deux rayons conjugués d'un faisceau en involution, dont les rayons doubles sont les axes de coordonnées, coupent la conique $\varphi(x, y) = 0$ aux points* P, Q, P′, Q′; *trouver l'enveloppe des cordes* PQ, P′Q′, PQ′, P′Q.

Le couple des rayons menés de l'origine aux intersections de la droite $\alpha x + \beta y = 1$ avec la conique doit former avec les axes Ox, Oy un faisceau harmonique, ce qui donne la condition

$$h + f\alpha + g\beta + c\alpha\beta = 0.$$

L'enveloppe de $\alpha x + \beta y = 1$ sera

$$(gx + fy + c)^2 = 4xy(fg - ch).$$

11. *D'un point fixe* O *on mène des droites qui coupent une conique donnée en deux points* P *et* Q, *et l'on prend sur chacune d'elles un point* O′ *tel que le rapport anharmonique* $\dfrac{OP}{OQ} : \dfrac{O'P}{O'Q}$ *ait une valeur constante* λ; *trouver le lieu du point* O′.

Le point O est pris pour origine; soient $\varphi(x, y) = 0$ la conique donnée, et $x = p\rho$, $y = q\rho$ les équations qui définissent une droite mobile OPQ ; les longueurs OP, OQ sont les racines de l'équation

$$\rho^2(ap^2 + 2hpq + bq^2) + 2\rho(gp + fq) + c = 0.$$

Si ρ_3 est la distance OO′, on doit avoir

$$\rho_1(\rho_2 - \rho_3) = \lambda\rho_2(\rho_1 - \rho_3);$$

en outre,

$$\rho_1 + \rho_2 = -\frac{2(gp + fq)}{ap^2 + 2hpq + bq^2}, \qquad \rho_1\rho_2 = \frac{c}{ap^2 + 2hpq + bq^2}$$

ou bien, en introduisant les coordonnées (x, y) de O',

$$\rho_1 + \rho_2 = -\frac{2\rho_3(gx + fy)}{ax^2 + 2hxy + by^2}, \qquad \rho_1\rho_2 = \frac{c\rho^2}{ax^2 + 2hxy + by^2}.$$

On conclut de là, pour l'équation du lieu,

$$c(\lambda + 1)^2 \varphi(x, y) - 4\lambda(gx + fy + c)^2 = 0.$$

C'est une conique bitangente à la conique donnée, et la polaire du point O est la corde de contact. Si $\lambda = -1$, on retrouve l'équation de la polaire.

12. *Équation générale des coniques homofocales à la conique $\varphi(x, y) = 0$ (coordonnées rectangulaires).*

En général, si $\Phi(\lambda, \mu, \nu) = 0$, $\Phi'(\lambda, \mu, \nu) = 0$ sont les équations tangentielles de deux coniques, $\Phi + k\Phi' = 0$ représente une conique inscrite dans le quadrilatère formé par leurs tangentes communes; dans le cas où $\Phi' = 0$ se réduit au couple des points cycliques, on a l'équation du *faisceau tangentiel* des coniques homofocales à $\Phi = 0$, savoir

$$\Phi + k(\lambda^2 + \mu^2) = 0,$$

car $\lambda^2 + \mu^2 = 0$ est la condition pour qu'une droite (λ, μ, ν) passe par les points cycliques. Pour revenir à l'équation en coordonnées ponctuelles, il suffit de chercher l'enveloppe de

$$\lambda x + \mu y + \nu = 0,$$

λ, μ, ν étant liés par l'équation

$$(A + k)\lambda^2 + (B + k)\mu^2 + C\nu^2 + 2F\mu\nu + 2G\nu\lambda + 2H\lambda\mu = 0.$$

On trouve

$$(BC - F^2)x^2 + (CA - G^2)y^2 + 2xy(FG - CH)$$
$$+ 2x(HF - BG) + 2y(GH - AF) + AB - H^2$$
$$+ k(Cx^2 + Cy^2 - 2Gx - 2Fy + A + B) + k^2 = 0$$

ou, comme $BC - F^2 = a\Delta$, $CA - G^2 = b\Delta$, ...,

$$\Delta \varphi(x, y) + k(Cx^2 + Cy^2 - 2Gx - 2Fy + A + B) + k^2 = 0.$$

Le coefficient de k est le premier membre de l'équation du cercle directeur, lieu des sommets des angles droits circonscrits à $\varphi(x, y) = 0$. On peut écrire

$$4\Delta \varphi(x, y) + k[2\varphi(x, y)(\varphi''_{x^2} + \varphi''_{y^2}) - \varphi'^2_x - \varphi'^2_y] + 4k^2 = 0.$$

13. *Équation générale des coniques orthogonales et concentriques à une conique donnée (coordonnées rectangulaires).*

Si la conique donnée est rapportée à ses axes et représentée par l'équation

$$\frac{x^2}{r^2} + \frac{y^2}{r'^2} = 1,$$

les conditions pour qu'une conique concentrique

$$a'x^2 + b'y^2 + 2h'xy - 1 = 0$$

lui soit orthogonale sont

$$\frac{a'r^2 - 1}{a'r^2 r'^2} = \frac{2}{r^2 + r'^2} = \frac{b'r'^2 - 1}{b'r^2 r'^2};$$

h' reste donc arbitraire, et l'on a l'équation

$$(1) \qquad \frac{x^2(r^2 + r'^2)}{r^2(r^2 - r'^2)} - \frac{y^2(r^2 + r'^2)}{r'^2(r^2 - r'^2)} - 1 + 2h'xy = 0.$$

Toutes les courbes qu'elle représente passent par les points d'intersection des axes ($xy = 0$) de la conique donnée avec une conique coaxiale et homofocale, qui a pour asymptotes les diamètres conjugués égaux, savoir

$$(2) \qquad \frac{x^2(r^2 + r'^2)}{r^2(r^2 - r'^2)} - \frac{y^2(r^2 + r'^2)}{r'^2(r^2 - r'^2)} - 1 = 0.$$

Supposons maintenant que la conique donnée soit

$$ax^2 + 2hxy + by^2 - 1 = 0,$$

l'équation (2) prendra la forme

$$x^2(a^2 - ab + 2h^2) + 2hxy(a + b)$$
$$+ y^2(b^2 - ab + 2h^2) + \frac{(a - b)^2 + 4h^2}{a + b} = 0.$$

Comme l'ensemble des axes de

$$ax^2 + 2hxy + by^2 - 1 = 0$$

est représenté par l'équation quadratique

$$hy^2 + xy(a - b) - hx^2 = 0,$$

on aura, pour la famille des coniques orthogonales et concentriques,

$$(3) \quad \begin{cases} \lambda[hy^2 + xy(a - b) - hx^2] + x^2(a^2 - ab + 2h^2) \\ \quad + 2hxy(a + b) + y^2(b^2 - ab + 2h^2) + \dfrac{(a - b)^2 + 4h^2}{a + b} = 0. \end{cases}$$

Parmi les coniques que représente cette équation (3), on peut en déterminer une pour laquelle les coefficients de x^2 et de y^2 sont proportionnels à a et b; c'est

$$hax^2 + 2abxy + hby^2 + h = 0.$$

On peut donc prendre, au lieu de (3), l'équation plus simple

$$(3') \quad \begin{cases} \lambda[ky^2 + xy(a - b) - hx^2] \\ \quad + hax^2 + 2abxy + hby^2 + h = 0. \end{cases}$$

Remarque. — Les formes (1), (3) et (3') ne comprennent pas les coniques homofocales à la conique donnée ; en écrivant les conditions qui ont servi à établir l'équation (1), on a supposé h' différent de zéro. Pour $h' = 0$, on a simplement

$$\frac{a'r^2 - 1}{a'r^2 r'^2} = \frac{b'r'^2 - 1}{b'r^2 r'^2} \quad \text{ou} \quad r^2 - r'^2 = \frac{1}{a'} - \frac{1}{b'},$$

ce qui donne les coniques homofocales.

14. *Équation générale des coniques concentriques à une conique donnée et telles que la portion de toute tangente com-*

mune comprise entre les points de contact soit vue du centre sous un angle droit.

Soient

$$\frac{x^2}{r^2} + \frac{y^2}{r'^2} = 1$$

la conique donnée ;

$$a x^2 + 2 h xy + b y^2 - 1 = 0$$

une conique concentrique.

On exprimera qu'une tangente à la première

$$y = m x + \sqrt{r^2 m^2 + r'^2}$$

touche la seconde et que les droites menées aux points de contact sont perpendiculaires ; on identifiera les deux équations du second degré en m ainsi obtenues, ce qui donnera

$$a = - \mu r'^2, \quad b = \mu r^2, \quad h^2 = \mu \left(\frac{r^2 - r'^2}{r^2 + r'^2} - \mu r^2 r'^2 \right)$$

ou bien, en posant $r^2 r'^2 \mu = \dfrac{\lambda^2 (r^2 - r'^2)}{r^2 + r'^2}$ et $r^2 - r'^2 = c^2$,

$$a = - \frac{c^2 \lambda^2}{r^2 (r^2 + r'^2)}, \quad b = \frac{c^2 \lambda^2}{r'^2 (r^2 + r'^2)}, \quad h = \frac{c^2 \lambda \sqrt{1 - \lambda^2}}{r r' (r^2 + r'^2)}.$$

On peut enfin poser $\lambda = \cos\theta$, θ étant un angle arbitraire, et l'équation générale des coniques prend la forme simple

$$\frac{y^2 \cos^2\theta}{r'^2} - \frac{2 xy \sin\theta \cos\theta}{r r'} - \frac{x^2 \cos^2\theta}{r^2} = \frac{r^2 + r'^2}{r^2 - r'^2}.$$

15. *Parmi toutes les ellipses tangentes à deux droites en deux points fixes, trouver celle dont l'excentricité est minimum, et calculer sa surface.*

p, q étant les longueurs des tangentes, θ leur angle, l'équation de l'ellipse est

$$(q x + p y - p q)^2 + 2 \lambda xy = 0 ;$$

si l'on prend le centre pour origine, elle devient

$$q^2 x^2 + 2\,xy(pq + \lambda) + p^2 y^2 + \frac{\lambda p^2 q^2}{\lambda + 2pq} = 0.$$

L'équation aux carrés des demi-axes r, r' donne

$$\frac{(r^2 + r'^2)^2}{r'r'^2} - \frac{(2 - e^2)^2}{1 - e^2}$$

$$= \frac{e^4}{1 - e^2} + 4 = \frac{(p^2 + q^2 - 2pq \cos\theta - 2\lambda \cos\theta)^2}{\sin^2\theta(\lambda^2 + 2\lambda pq)}.$$

Si e^2 est supposé plus petit que l'unité, il sera minimum en même temps que la fraction $\dfrac{e^4}{1 - e^2}$; on a donc à chercher le minimum du second membre de la relation précédente. Il a lieu pour

$$\lambda = - \frac{pq(p^2 + q^2 - 2pq \cos\theta)}{p^2 + q^2},$$

ce qui donne

$$\frac{e^4}{1 - e^2} = \frac{(p^2 + q^2)^2}{p^2 q^2 \sin^2\theta},$$

puis, pour l'expression de l'aire de l'ellipse,

$$A \quad \pi pq \sin\theta(p^2 + q^2) \frac{\sqrt{p^2 + q^2 - 2pq \cos\theta}}{(p^2 + q^2 + 2pq \cos\theta)^{\frac{3}{2}}}.$$

16. *Équation générale des coniques inscrites dans un trapèze; enveloppe de leurs asymptotes.*

Nous prenons pour axe des x la droite qui joint les milieux des bases, pour axe des y la parallèle aux bases menée par le point de concours des diagonales. Les bases sont $x = a$, $x = b$; les diagonales $y - mx = 0$, $y + mx = 0$. On trouve, pour l'équation générale des coniques inscrites,

$$\alpha(y - mx)^2 + \beta(y + mx)^2 + \left(x - \frac{2ab}{a + b}\right)^2 = 0,$$

α et β étant liés par la relation

$$4m^2 \alpha\beta(a + b)^2 + (\alpha + \beta)(a - b)^2 = 0.$$

L'enveloppe des asymptotes est du quatrième ordre et se décompose en deux facteurs, savoir la droite double

$$(2x - a - b)^2 = 0,$$

lieu des centres des coniques, et l'hyperbole

$$(y^2 - m^2 x^2)(a - b)^2 - abm^2(2x - a - b)^2 = 0,$$

qui touche les diagonales en leurs milieux.

17. *On donne deux coniques concentriques*

$$(1) \qquad \frac{x^2}{r^2} + \frac{y^2}{r'^2} = 1$$

et

$$(2) \qquad ax^2 + 2hxy + by^2 - 1 = 0;$$

par les extrémités d'un diamètre de l'une on mène des tangentes à l'autre.

Trouver le lieu des intersections de ces tangentes.

On trouve la conique

$$(3) \qquad \frac{x^2}{r^2}(br'^2 - 1) + \frac{y^2}{r'^2}(ar^2 - 1) - 2hxy + 1 = 0.$$

Elle est inscrite dans le quadrilatère formé par les tangentes communes aux coniques données, comme il est facile de le reconnaître par la Géométrie.

Ce fait se constate algébriquement au moyen des équations tangentielles; on obtient l'équation tangentielle de la conique (3) en ajoutant celles qui se rapportent à (1) et (2), multipliées respectivement par $br'^2 + ar^2 - 1$ et par -1.

Lorsque (1) et (2) ont même foyer, (3) leur est homofocale. Si l'équation (2) est

$$\frac{x^2}{r^2 + \lambda} + \frac{y^2}{r'^2 + \lambda} = 1,$$

on pourra mettre l'équation (3) sous la forme

$$\frac{x^2}{r^2 + \mu} + \frac{y^2}{r'^2 + \mu} = 1,$$

avec la condition $\lambda\mu = r^2 r'^2$.

Le périmètre du parallélogramme ABCD formé par les tangentes issues des extrémités A et C d'un diamètre quelconque de la conique (2) est constant (*voir* le Chapitre III, n° 13, *Rem.*); les droites AC, BD sont deux diamètres conjugués de (1). En prenant les points A, B sur les axes, on aura

un losange dont le côté est $\sqrt{\dfrac{(r^2+\lambda)(r'^2+\lambda)}{\lambda}}$; le périmètre constant

du parallélogramme est donc $4\sqrt{\dfrac{(r^2+\lambda)(r'^2+\lambda)}{\lambda}}$.

Enfin, menons les tangentes en A et C à la conique (2), en B et D à la conique (3); on trouvera, pour le lieu du point de concours de ces tangentes, le cercle

$$\lambda(x^2+y^2)-(r^2+\lambda)(r'^2+\lambda),$$

dont le rayon est égal au quart du périmètre de ABCD.

Ce parallélogramme est inscrit dans un rectangle qui lui-même est inscrit dans le cercle; les tangentes en A et B aux coniques (2) et (3) sont effectivement perpendiculaires l'une à l'autre.

18. *On donne un système de coniques homofocales et un point fixe* P *dont on prend la polaire* QQ' *par rapport à chacune des coniques du système. Trouver l'enveloppe de* QQ'; *démontrer que le cercle* PQQ' *passe par un deuxième point fixe, et que la conique passant par les points* P, Q, Q' *et par les foyers du système donné passe par un quatrième point fixe.*

Soient (X, Y) le point fixe P,

$$\frac{x^2}{a^2-\lambda}+\frac{y^2}{b^2-\lambda}=1,$$

l'équation des coniques homofocales; l'enveloppe de QQ' est

$$(xY+yX)^2-2c^2xX+2c^2yY+c^4=0.$$

Elle coïncide avec l'enveloppe des normales aux points Q, Q' (*voir* Chap. III, n° 17).

Le cercle PQQ' a pour équation

$$(x^2+y^2)(a^2Y^2+b^2X^2)-b^2xX(X^2+Y^2+c^2)$$
$$-a^2yY(X^2+Y^2-c^2)-c^2(a^2Y^2-b^2X^2)$$
$$-\lambda[(x^2+y^2)(X^2+Y^2)-xX(X^2+Y^2+c^2)$$
$$-yY(X^2+Y^2-c^2)+c^2(X^2-Y^2)]=0.$$

Tous les cercles du système ont pour axe radical la droite

$$x\,\mathrm{Y}(\mathrm{X}^2+\mathrm{Y}^2+c^2)-y\,\mathrm{Y}(\mathrm{X}^2+\mathrm{Y}^2-c^2)-2c^2\mathrm{XY}=0.$$

On trouve enfin, pour la conique passant par les foyers et les points P, Q, Q′,

$$x^2\mathrm{Y}(\mathrm{X}^2-a^2+\lambda)-y^2\mathrm{Y}(\mathrm{X}^2+a^2-\lambda)+xy\,\mathrm{X}(\mathrm{Y}^2-\mathrm{X}^2+c^2)$$
$$+(a^2-\lambda)y(\mathrm{X}^2+\mathrm{Y}^2-c^2)+\mathrm{Y}c^2(a^2-\lambda-\mathrm{X}^2)=0.$$

Elle passe, quel que soit λ, par le point

$$\left(x'=-\mathrm{X},\quad y'=-\frac{\mathrm{X}^2-c^2}{\mathrm{Y}}\right).$$

19. *On donne un système de coniques qui ont pour foyer commun un sommet d'une conique, passent par un des foyers de celle-ci et ont pour directrices les tangentes à cette conique. Trouver leur enveloppe, l'enveloppe de l'axe non focal, celle de la seconde directrice et celle de la perpendiculaire à l'axe focal menée par le foyer variable.*

Nous supposerons la conique donnée rapportée à son sommet; son équation est

$$y^2=(2ax-x^2)(1-e^2),$$

e étant l'excentricité. On trouve pour l'équation générale des coniques variables

$$(1)\qquad\left\{\begin{array}{l}(x^2+y^2)[\lambda^2+(e+1)^2]^2\\[4pt]\quad=[x(\lambda^2+e^2-1)-2\lambda y+2a(1-e^2)]^2\end{array}\right.$$

ou, en coordonnées polaires,

$$(1')\qquad\left\{\begin{array}{l}\rho[\lambda^2+(e+1)]^2\\[4pt]\quad=\pm[\rho\cos\theta(\lambda^2+e^2-1)-2\lambda\rho\sin\theta+2a(1-e^2)];\end{array}\right.$$

λ désigne le coefficient angulaire de la droite menée de l'origine au point de contact de la directrice variable avec la conique fixe; la conique (1) ou (1′) passe par le foyer de celle-ci qui est le plus rapproché de l'origine.

L'enveloppe de (1') est

$$\rho = \frac{2\,a(1 - e^2)}{e^2 + 2e - e^2\cos\theta}.$$

L'équation de l'axe non focal de (1) est

$$2\,ex(\lambda^2 + e^2 - 1) - 4e\lambda y = a(1 - e^2)[\lambda^2 + (1 - e)^2];$$

on trouve de même pour la seconde directrice

$$e\,x(\lambda^2 + e^2 - 1) - 2e\lambda y = a(1 - e^2)(\lambda^2 + e^2 + 1),$$

et pour la perpendiculaire à l'axe focal menée par le foyer variable

$$2\,ex(\lambda^2 + e^2 - 1) - 4e\lambda y = 2\,a(1 - e^2)[\lambda^2 + (1 - e)^2].$$

Les enveloppes de ces droites sont respectivement

$$4e^2x^2(1 - e^2) + 4e^2y^2 - 4ae^2x(1 - e^2)(1 - e) - a^2(1 - e^2)^2(1 - e)^2 = 0,$$
$$e^2x^2(1 - e^2) + e^2y^2 + 2ae^3x(1 - e^2) - a^2(1 - e^2)^2(1 + e^2) = 0,$$
$$e^2x^2(1 - e^2) + e^2y^2 - 2ae^2x(1 - e^2)(1 - e) - a^2(1 - e^2)^2(1 - e)^2 = 0.$$

Ces coniques sont semblables à la conique donnée.

20. *Lieu du sommet d'une parabole tangente et confocale à une ellipse; enveloppes de la directrice et de la tangente au sommet.*

L'ellipse rapportée au foyer de droite étant

$$a^2(x^2 + y^2) = (b^2 - cx)^2,$$

l'équation de la parabole sera

$$(x^2 + y^2)(1 + \lambda^2) = (y + \lambda x + \mu)^2.$$

La condition de contact des deux courbes s'obtient en exprimant qu'une des droites comprises dans l'équation

$$a(y + \lambda x + \mu) \pm \sqrt{1 + \lambda^2}\,(b^2 - cx) = 0$$

touche l'ellipse, ce qui donne

$$(\mu - 2c\lambda)^2 = 4a^2(1 + \lambda^2).$$

Le lieu du sommet est la courbe du quatrième ordre

$$(x^2+y^2)^2+2cx(x^2+y^2)-(a^2y^2+b^2x^2)=0;$$

l'enveloppe de la directrice est le cercle

$$x^2+y^2+4cx-4b^2=0,$$

celle de la tangente au sommet est le cercle principal de l'ellipse

$$x^2+y^2+2cx-b^2=0.$$

On voit facilement par la Géométrie que la tangente au sommet de la parabole est tangente au cercle principal; le lieu du sommet est donc la podaire du second foyer de l'ellipse par rapport à ce cercle; et l'enveloppe de la directrice est le cercle décrit de ce second foyer comme centre avec le grand axe pour rayon.

21. *Lieu des intersections des paraboles ayant un foyer commun, tangentes à une droite et se coupant sous un angle donné.*

Le foyer étant pris pour origine, soit $x=a$ la droite donnée; les directrices de toutes les paraboles passent par le point $(2a, o)$. Si (α, β) est un point du lieu, les deux paraboles qui passent par ce point sont déterminées si l'on décrit le cercle de centre (α, β) passant par l'origine et si l'on mène les tangentes à ce cercle du point $(2a, o)$. En joignant le foyer aux points de contact, on aura des perpendiculaires aux tangentes et il suffira d'exprimer que ces perpendiculaires font entre elles un angle donné φ. On trouve ainsi pour l'équation du lieu le cercle

$$(x^2+y^2)\tan^2\varphi+4a(x-a)=0.$$

22. *Lieu des foyers des coniques tangentes à deux côtés d'un triangle et aux deux hauteurs correspondantes (fig. 7).*

Soit ABC le triangle donné : nous prendrons pour axes la hauteur AA' et le côté BC; soient AA'$=a$, A'B$=b$, A'C$=-c$; les équations des quatre côtés du quadrilatère circonscrit aux coniques sont

$$bx + ay - ab = 0, \quad cx - ay - ac = 0,$$
$$ax + cy - bc = 0, \quad ax - by - bc = 0.$$

La diagonale $B'C'$ de ce quadrilatère est

$$z = x(a^2 + bc) + ay(c - b) - 2abc = 0.$$

L'équation des coniques du système est de la forme

$$lx^2 + my^2 + nz^2 = 0,$$

les paramètres l, m, n étant liés par la relation

$$(1) \qquad mn(a^2 - bc)^2 + nla^2(b + c)^2 + lm = 0,$$

qui exprime que l'une quelconque des quatre droites est une tangente.

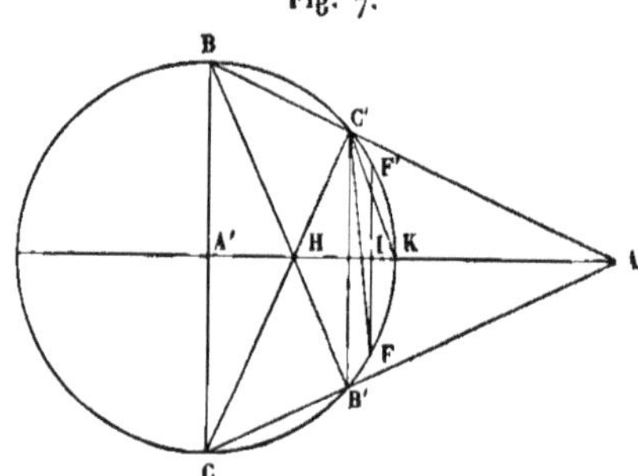

Fig. 7.

L'application de la méthode de Plücker pour la recherche des foyers conduit aux deux équations

$$(2) \quad \begin{cases} mn(a^2 + bc)y[2abc - x(a^2 + bc)] \\ \quad + nlax(c - b)[2abc - ay(c - b)] - lmxy = 0, \end{cases}$$

$$(3) \quad \begin{cases} mn[y^2(a^2 + bc)^2 - x^2(a^2 + bc)^2 + 4abcx(a^2 + bc) - 4a^2b^2c^2] \\ \quad + nl[a^2y^2(c - b)^2 - a^2x^2(c - b)^2 - 4a^2bcy(c - b) + 4a^2b^2c^2] \\ \hfill + lm(y^2 - x^2) = 0. \end{cases}$$

Enfin, par l'élimination de mn, nl, lm entre (1), (2) et (3), on obtient, pour le lieu des foyers,

$$(x^2 + y^2)[ax(b - c) + (a^2 + bc)y - (a^2 + bc)(b - c)]$$
$$= bc[y(a^2 + bc) - ax(b - c)].$$

Lorsque $b = c$, c'est-à-dire lorsque le triangle ABC est isoscèle, l'équation précédente se dédouble en

$$y = 0 \quad \text{et} \quad x^2 + y^2 = b^2.$$

La droite AA′ est alors le lieu des centres des coniques, et elle fait partie du lieu des foyers.

On peut reconnaître géométriquement que le cercle BCB′C′ doit faire partie du lieu : menons une corde FF′ de ce cercle parallèle à BC; F et F′ sont les foyers d'une conique tangente aux côtés du quadrilatère AB′HC′ et dont le centre est le milieu I de FF′; car, si l'on joint C′F, C′F′, les angles F′C′A, FC′H sont égaux, puisqu'ils s'obtiennent en retranchant les angles égaux F′C′K, FC′K des angles égaux AC′K, HC′K.

Nous laissons au lecteur le soin de discuter la position des foyers F, F′ et la nature de la conique variable, lorsque le centre se déplace sur AA′.

23. *Lieu des foyers des paraboles qui passent par deux points et ont leurs axes parallèles à une droite donnée.*

Si l'on considère une parabole rapportée à son axe et à la tangente au sommet, la diférence des rayons vecteurs de deux points est égale à la différence de leurs abscisses. On conclut de cette remarque que le lieu demandé est une hyperbole dont les foyers sont les deux points fixes et dont l'axe transverse est égal à la projection de la droite qui joint ces points sur la direction de l'axe.

24. *Lieu des foyers des hyperboles qui passent par deux points et dont les asymptotes sont parallèles à deux droites données.*

On reconnaît, comme au n° **23**, que le lieu des foyers est une hyperbole dont les foyers sont les points donnés; l'axe transverse est $\dfrac{l}{\cos\theta}$, 2θ désignant l'angle des asymptotes des hyperboles variables; l est la projection de la droite joignant les points fixes sur la direction de l'axe transverse de ces hyperboles.

La question peut se traiter par le calcul, en partant de l'équation du lieu des foyers des coniques qui passent par quatre points ([1]). Ce lieu, qui est en général du sixième ordre, s'abaisse au second lorsque deux des quatre points sont à l'infini.

Prenons pour axes la droite qui joint les deux points à distance finie, et la perpendiculaire en son milieu; soient (a, o), $(-a, o)$ les coordonnées de ces points. Les directions asymptotiques sont définies par les deux groupes d'équations

$$x = \alpha\rho, \qquad y = \beta\rho$$

et

$$x = \alpha'\rho', \quad y = \beta'\rho'.$$

Le lieu des foyers des coniques passant par les points (a, o), $(-a, o)$, $(\alpha\rho, \beta\rho)$, $(\alpha'\rho', \beta'\rho')$ est

$$\begin{vmatrix} \sqrt{(x-a)^2+y^2} & a & o & 1 \\ \sqrt{(x+a)^2+y^2} & -a & o & 1 \\ \sqrt{(x-\alpha\rho)^2+(y-\beta\rho)^2} & \alpha\rho & \beta\rho & 1 \\ \sqrt{(x-\alpha'\rho')^2+(y-\beta'\rho')^2} & \alpha'\rho' & \beta'\rho' & 1 \end{vmatrix} = o.$$

Divisons la troisième ligne du déterminant par ρ, la quatrième par ρ', puis faisons croître indéfiniment ρ et ρ'; l'équation précédente se réduira, à la limite, à

$$(\alpha\beta' - \beta\alpha')\left[\sqrt{(x+a)^2+y^2} - \sqrt{(x-a)^2+y^2}\right]$$
$$+ 2a\left(\beta'\sqrt{\alpha^2+\beta^2} - \beta\sqrt{\alpha'^2+\beta'^2}\right) = o.$$

Si l'on pose

$$\frac{\beta}{\alpha} = \tan\mu, \quad \frac{\beta'}{\alpha'} = \tan\mu',$$

on obtient, après réduction,

$$\frac{x^2\cos^2\frac{1}{2}(\mu-\mu')}{a^2\cos^2\frac{1}{2}(\mu+\mu')} - \frac{y^2\cos^2\frac{1}{2}(\mu-\mu')}{a^2\left[\cos^2\frac{1}{2}(\mu-\mu') - \cos^2\frac{1}{2}(\mu+\mu')\right]} = 1,$$

et il est facile de vérifier les résultats obtenus par la Géométrie.

----

[1] *Voir* Salmon, *Traité des Sections coniques,* p. 3o1.

25. *Lieu des foyers des paraboles dont les directrices passent par un point fixe et qui touchent deux droites fixes* (*fig.* 8).

Soient BA, BC les droites données, et H le point fixe, DHE une directrice; pour construire le foyer de la parabole correspondante, il suffit de prendre les symétriques G, K du point H

Fig. 8.

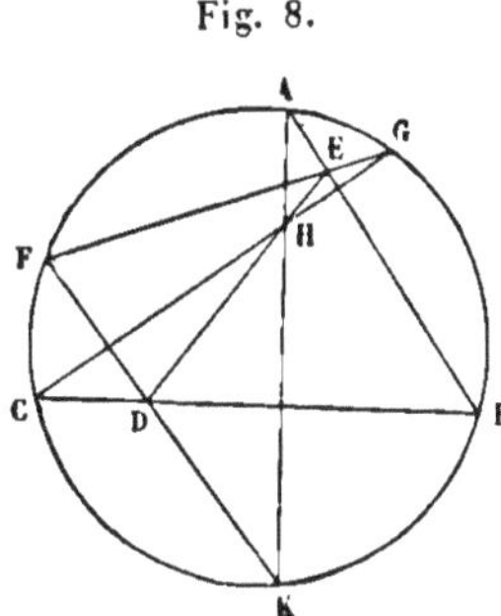

par rapport à BA, BC, de joindre GE, KD; le point de concours F de ces droites est le foyer. Les perpendiculaires HG, HK aux deux droites fixes déterminent un triangle ABC; le cercle circonscrit à ce triangle passe par les points G, K; le foyer F est aussi sur ce cercle. En effet, soit α l'angle de DE avec BC; on a

$$FGC = \frac{\pi}{2} - DEB = \alpha + ABC - \frac{\pi}{2} \quad \text{et} \quad FKA = \frac{\pi}{2} - \alpha;$$

donc la somme des angles EGC, DKA est égale à ABC; la somme des arcs compris entre A, B et les points où GE, DK coupent le cercle est égale à l'arc AC, et par suite F est un point du cercle. Ainsi, le lieu des foyers des paraboles est le cercle circonscrit au triangle dont les droites fixes sont deux côtés et dont H est le centre des hauteurs.

26. *Enveloppe de l'axe non focal d'une conique dont on donne un foyer et deux tangentes.*

On reconnaît, par la Géométrie, que le lieu du centre est une droite; l'enveloppe de l'axe non focal est une parabole

dont cette droite est la tangente au sommet et dont le foyer
est le foyer commun à toutes les coniques.

Remarque. — Si l'on mène une tangente commune à la parabole enveloppe et à une des coniques du système, les droites menées du foyer
commun aux points de contact sont rectangulaires. Considérons, en
effet, une ellipse dont les foyers sont F, F', une parabole de foyer F
qui touche le petit axe, et dont la tangente au sommet est une droite OD
passant par le centre; la directrice de cette parabole est la parallèle
à OD menée par F'; soit M un des points d'intersection de l'ellipse et de
cette parallèle. La tangente en M coupe OD au point D; OD est égal au
demi-grand axe, FD est donc perpendiculaire à MD, et, par suite, cette
tangente à l'ellipse est aussi tangente à la parabole. Le rayon FM' mené
au point de contact est perpendiculaire à FM, puisque M est un point de
la directrice.

27. *Une ellipse d'excentricité constante passe par le foyer
d'une parabole et a ses foyers sur la courbe; trouver les enveloppes de ses axes.*

Soient $y^2 = 2px$ l'équation de la parabole, α, β les ordonnées des deux points qui sont les foyers de l'ellipse, e l'excentricité donnée. On trouve, en posant

$$\alpha + \beta = \lambda, \quad \alpha\beta = \mu, \quad e(1 + h^2) = 2h,$$

l'une ou l'autre des équations de condition

$$(1) \qquad \lambda^2(1 - h^2) - 4p^2h^2 - 4\mu = 0$$

ou

$$(2) \qquad \lambda^2(1 - h^2) + 4p^2 + 4\mu h^2 = 0.$$

L'équation de l'axe focal de l'ellipse est

$$\lambda y - 2px - \mu = 0;$$

son enveloppe est

$$y^2 - 2px(1 - h^2) + p^2h^2(1 - h^2) = 0$$

ou

$$y^2h^4 - 2ph^2x(1 - h^2) - p^2(1 - h^2) = 0,$$

suivant que l'on considère λ et μ comme liés par la relation (1) ou par la relation (2).

Le petit axe est

$$8p^2 y + 4\lambda p x = 4\lambda p^2 + \lambda^3 - 2\lambda\mu.$$

En tirant de (1) la valeur de μ en fonction de λ, et substituant cette valeur, il vient

$$\lambda^3(1 + h^2) + 4\lambda p(ph^2 + 2p - 2x) - 16p^2 y = 0.$$

Le discriminant de cette fonction du troisième degré, égalé à zéro, donne l'équation de l'enveloppe du petit axe.

Cette enveloppe est la parabole semi-cubique

$$27 p(1 + h^2) y^2 - 8\left[x - \frac{p}{2}(h^2 + 2)\right]^3 ;$$

c'est la développée de la parabole conique

$$y^2 = 2p(x + \tfrac{1}{2} ph^2)(1 + h^2).$$

L'équation de condition (2) conduit à une autre parabole semi-cubique, développée de

$$h^4 y^2 = 2p\left(h^2 x - \frac{p}{2}\right)(1 + h^2).$$

Ainsi, les petits axes des ellipses variables sont normaux à deux paraboles.

28. *Une conique touche deux côtés adjacents d'un parallélogramme et ses foyers sont sur les deux autres côtés; trouver les enveloppes de ses directrices (fig. 9).*

Soient $OA = a$, $OB = b$ les côtés du parallélogramme qui sont tangents aux coniques; on aura les foyers F, F' de l'une d'elles en menant deux droites OF, OF' également inclinées sur OA, OB. Menons FD perpendiculaire à OF, OD conjuguée harmonique de OF par rapport à O A, OB; la perpendiculaire abaissée du point D sur FF' sera la directrice qui correspond au foyer F. En prenant OA, OB pour axes de coordonnées obliques (faisant l'angle θ), on aura, d'après cette construction, l'équation de la directrice et son enveloppe, qui est la parabole

$$[x(b - a\cos\theta) - y(a - b\cos\theta) + 2a\cos\theta(a - b\cos\theta)]^2$$
$$4a(a - b\cos\theta)[y(b - a\cos\theta) - x(a - b\cos\theta) + a^2 - ab\cos\theta].$$

L'enveloppe de la seconde directrice est

$$[x(b - a\cos\theta) - y(a \quad b\cos\theta) + 2b\cos\theta(b - a\cos\theta)]^2$$
$$- 4b(a\cos\theta - b)[y(b \quad a\cos\theta - x(a - b\cos\theta) + ab\cos\theta - b^2].$$

La droite **FF'** enveloppe une autre parabole

$$(ax + by)^2 - 4ab(ay + bx - ab) = 0,$$

dont l'axe est perpendiculaire aux axes parallèles des deux précédentes.

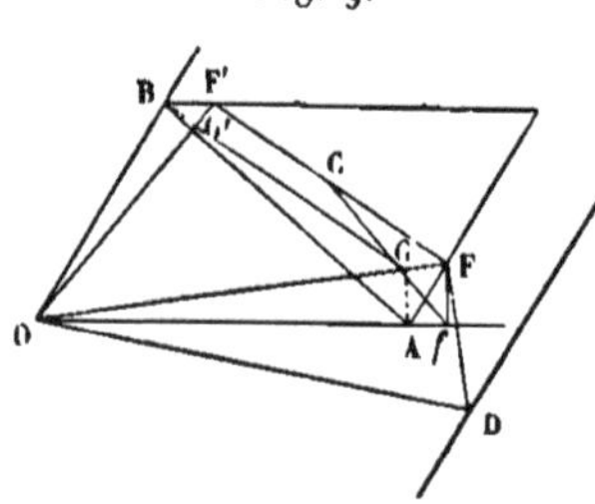

Fig. 9.

Calcul de l'excentricité d'une des coniques du système. — Soit C le centre de la conique dont **F**, **F'** sont les foyers; si l'on abaisse Ff perpendiculaire sur OA, le demi-axe focal es Cf, et l'excentricité est $\dfrac{\mathrm{CF}}{\mathrm{C}f} = e$.

α étant l'angle AOF, on a

$$\overline{\mathrm{CF}}^2 = \frac{\sin^2\theta}{4\sin^2(\theta - \alpha)}[a^2 + b^2 - 2ab\cos(\theta - 2\alpha)]$$

$$\overline{\mathrm{C}f}^2 = \frac{\sin^2\theta}{\sin^2(\theta - \alpha)}[a^2 + b^2 - 2ab\cos\theta];$$

donc

$$e^2 = \frac{a^2 + b^2 - 2\,ab\,\cos(\theta - 2\,\alpha)}{a^2 + b^2 - 2\,ab\,\cos\theta}.$$

Prenons sur OF la longueur $OG = OA = a$, sur OF' la longueur $OG' = OB = b$; on aura

$$e = \frac{GG'}{AB}.$$

29. *Lieu des sommets et des foyers des ellipses concentriques et semblables qui passent par un point fixe.*

Le centre étant pris pour origine, soit $(x = d, y = o)$ le point fixe; l'équation générale des ellipses est

$$x^2 + 2\,h\,xy + b\,y^2 - d^2 = o;$$

celle des axes est

$$h\,x^2 + xy(1 - b) - h\,y^2 = o.$$

Si k^2 désigne le rapport des carrés des demi-axes, on a

$$\frac{(1 + b)^2}{b - h^2} = \frac{(1 + k^2)^2}{k^2}.$$

L'élimination de b et de h entre ces équations donne, pour le lieu des sommets en coordonnées polaires,

$$k^2\rho^4 - d^2\rho^2\left[2\,k^2\cos 2\theta + \sin^2\theta(1 + k^2)^2\right]$$
$$+ d^4\left[k^2\cos^2 2\theta + \cos^2\theta\sin^2\theta(1 + k^2)^2\right] = o.$$

On a donc les deux courbes

$$\rho^2 = d^2 + d^2\sin^2\theta(k^2 - 1) \quad \text{et} \quad k^2\rho^2 = k^2 d^2 - d^2\sin^2\theta(k^2 - 1)$$

ou

$$(x^2 + y^2)^2 = d^2 x^2 + k^2 d^2 y^2, \quad (x^2 + y^2)^2 = d^2 x^2 + \frac{d^2 y^2}{k^2}.$$

Ce sont les podaires de l'origine par rapport aux deux ellipses du système dont les équations sont

$$\frac{x^2}{d^2} + \frac{y^2}{k^2 d^2} = 1, \quad \frac{x^2}{d^2} + \frac{k^2 y^2}{d^2} = 1.$$

La première courbe est le lieu des extrémités des grands axes, la seconde est le lieu des extrémités des petits axes.

Pour avoir le lieu des foyers, il suffit de prendre l'équation de la première courbe en coordonnées polaires et d'y remplacer ρ par $\dfrac{\rho}{\sqrt{k^2-1}}$; on aura ainsi

$$\frac{\rho^2}{k^2-1} = d^2 + d^2\sin^2\theta\,(k^2-1)$$

ou

$$(x^2+y^2)^2 - d^2(k^2-1)x^2 + d^2k^2(k^2-1)y^2.$$

C'est la podaire de l'ellipse

$$\frac{x^2}{d^2(k^2-1)} + \frac{y^2}{k^2d^2(k^2-1)} \quad 1,$$

semblable à celle des ellipses du système donné qui a pour petit axe l'axe des x.

30. *Lieu des centres et des seconds foyers des hyperboles qui ont un foyer donné, une asymptote parallèle à une droite donnée, et passent par un point fixe.*

On prendra pour axe des y la parallèle à l'asymptote menée par le point fixe, pour axe des x la perpendiculaire abaissée du foyer sur cette droite; soient (a, o) les coordonnées du foyer, (o, b) celles du point fixe. Le lieu des centres se compose de deux coniques comprises dans l'équation

$$(x^2-ax)\left(b \pm \sqrt{a^2+b^2}\right) + a^2y = o;$$

le lieu des seconds foyers se compose de deux autres coniques homothétiques aux précédentes par rapport au foyer fixe, savoir

$$(x^2-a^2)\left(b \pm \sqrt{a^2+b^2}\right) + 2a^2y = o.$$

31. *Des coniques ont un foyer commun, passent par un point fixe et touchent une droite fixe; trouver le lieu de leurs*

centres, le lieu du second foyer et l'enveloppe de la directrice, polaire du foyer fixe.

Le foyer étant pris pour origine, soient (α, β) le point fixe, $x - d = 0$ la tangente; on peut regarder les coniques comme inscrites dans le triangle imaginaire formé par $x - d = 0$ et par les droites isotropes $y + ix = 0$, $y - ix = 0$, et écrire leur équation générale sous la forme

$$l^2(y + ix)^2 + m^2(y - ix)^2 + n^2(x - d)^2$$
$$- 2mn(y - ix)(x - d)$$
$$- 2nl(y + ix)(x - d) - 2lm(x^2 + y^2) = 0.$$

Les paramètres l, m, n sont liés par l'équation de condition

$$4lm(\alpha^2 + \beta^2) - \{\alpha[(l - m)i - n] + \beta(l + m) + nd\}^2 \quad 0.$$

L'enveloppe de la directrice, polaire de l'origine, est la conique

$$y^2(\alpha - d) - x^2(\alpha + d) + 2\beta\,dy + 2\alpha\,dx - 2\beta xy = 0.$$

On trouve, pour le lieu du centre,

$$[y^2 + (x - d)^2](\alpha^2 + \beta^2) - (\alpha x + \beta y - 2dx + d^2)^2 = 0,$$

et, pour le lieu du second foyer,

$$[y^2 + (x - 2d)^2](\alpha^2 + \beta^2) - (\alpha x + \beta y - 2dx + 2d^2)^2 = 0.$$

32. *Une droite fixe rencontre des coniques ayant même foyer et même directrice; trouver l'enveloppe des tangentes aux points d'intersection de cette droite avec les coniques.*

Soient

$lx + my + 1 = 0$ la droite fixe;
$x^2 + y^2 - \lambda(x - a)^2 = 0$ l'équation générale des coniques;
$ux + vy + 1 = 0$ la droite dont on cherche l'enveloppe.

En exprimant qu'elle touche une conique du système, que son point d'intersection avec la droite fixe est situé sur la même conique, puis éliminant λ entre les équations de condition trouvées, on obtient la relation suivante entre u et v :

$$au^2 + av^2 + u(1 - al) - amv - l = 0.$$

L'enveloppe de $ux + vy - 1 = 0$ est la conique

$$(x^2 + y^2)(a^2 m^2 + a^2 l^2 + 2al + 1) = [x(1 - al) - amy - 2a]^2,$$

qui a pour foyer l'origine, touche la directrice $x = a$ et la droite donnée.

CHAPITRE V.

INTERSECTION DE DEUX CONIQUES. — CONIQUES TANGENTES ET OSCULATRICES.

----

1. *On décrit un cercle ayant pour diamètre la corde interceptée dans une conique par une droite; trouver l'équation de la seconde corde commune et les enveloppes des deux cordes lorsqu'elles sont assujetties à la condition d'être conjuguées par rapport à la conique.*

Si la conique donnée est une ellipse

$$\frac{x^2}{a^2} + \frac{y^2}{b^2} = 1,$$

et si $lx + my + 1 = 0$ est l'équation de la droite donnée, diamètre du cercle, la seconde corde commune est

$$lx - my + \frac{a^2 + b^2}{c^2} = 0.$$

La condition pour que les deux droites soient conjuguées est

$$l^2 a^2 - b^2 m^2 - \frac{a^2 + b^2}{c^2} - 0;$$

on trouve, pour l'enveloppe de la première,

$$\frac{x^2}{a^2} - \frac{y^2}{b^2} = \frac{c^2}{a^2 + b^2}$$

et pour celle de la seconde

$$\frac{x^2}{a^2} - \frac{y^2}{b^2} = \frac{a^2 + b^2}{c^2}.$$

Si la conique était définie par l'équation générale

$$a x^2 + 2 h x y + \ldots = 0,$$

l'équation de la corde associée à $l x + m y + 1 = 0$ serait

$$x[l(b-a) - 2mh] - y[m(b-a) + 2lh]$$
$$+ a + b - 2gl - 2fm - \frac{2\,lmh}{l^2 + m^2} = 0.$$

2. *On donne deux coniques homothétiques*

(1) $$x^2 + y^2 = (p - ex)^2$$

et

(2) $$x^2 + y^2 = (p' - ex)^2,$$

qui ont l'origine **F** *pour foyer commun et pour centre d'homothétie; une tangente à la seconde coupe l'autre en* **A** *et* **B**; *le cercle décrit sur* **AB**, *comme diamètre, détermine une autre corde* **CD** *de la même conique. Trouver l'enveloppe de la corde* **CD**, *l'équation du cercle* **FCD** *et la condition pour que ce cercle soit tangent à la conique* (1) *pour toutes les positions de* **AB**.

Soit $l x + m y + 1 = 0$ l'équation de **AB**, l et m étant liées par l'équation

(3) $$p'^2(l^2 + m^2) + 2p'el - 1 + e^2 = 0.$$

D'après le nᵒ **1**, la corde **CD** est

$$l(e^2 x - 2pe) - me^2 y + 2 - e^2 = 0;$$

on trouve, pour son enveloppe, la conique

(4) $$\left\{ \begin{array}{l} e^4 y^2 + e^4 x^2(1 - e^2) + 2e^3 x[p'(2 - e^2) - 2p(1 - e^2)] \\ \quad + 4p^2 e^2(1 - e^2) - 4pp'e^2(2 - e^2) - p'^2(2 - e^2)^2 = 0 \end{array} \right.$$

et, pour l'équation du cercle **CDF**,

$$x^2 + y^2 - (p - ex)^2 + [l(e^2 x - 2pe) - me^2 y + 2 - e^2]$$
$$\times \frac{[(lx + my)(2 - 2ple - e^2) + p^2(l^2 + m^2)]}{(2 - 2ple - e^2)(l^2 + m^2)} = 0.$$

La condition de contact de ce cercle et de la conique (1)

n'est autre chose que la condition de contact de cette conique
et de la droite

$$(lx + my)(2 - 2ple - e^2) + p^2(l^2 + m^2) = 0,$$

c'est-à-dire

$$p^2(1 - e^2)(l^2 + m^2) + 2ple(2 - e^2) - (2 - e^2)^2 = 0.$$

Comme les variables l et m sont déjà liées par la relation (3),
on devra avoir
$$p'(2 - e^2) = p(1 - e^2).$$

Si cette condition est remplie, la conique (1) sera tangente au
cercle, quelle que soit la position de AB. On voit, en outre,
que l'équation (4) devient

$$e^4(x^2 + y^2) = [e^3 x + p(1 - e^2)]^2,$$

et l'enveloppe de CD a pour foyer le point F.

3. *Soient* LL' *une corde d'un cercle,* O *son milieu,* P *son
pôle.*
Si l'on construit une parabole ayant pour foyer le point O
et dont la directrice passe en P, *les tangentes aux points d'intersection du cercle et de la parabole passeront par les points*
L, L'.

L'origine étant le point O, soit

$$x^2 + y^2 - 2ax - c^2 = 0$$

l'équation du cercle; celle de la parabole est

$$a^2(x + \lambda y)^2 + 2ac^2\lambda(y - \lambda x) - \lambda^2 c^4 = 0$$

(λ est arbitraire).
On trouve, pour les équations de deux des cordes communes

$$ax(a + \lambda c) + ay(\lambda a - c) + c^2(a + \lambda c) = 0,$$
$$ax(a - \lambda c) + ay(\lambda a + c) + c^2(a - \lambda c) = 0.$$

Ces droites sont les polaires des points L, L'

$$(x = 0, \, y = c), \quad (x = 0, \, y = -c)$$

par rapport à la parabole. Les tangentes à cette courbe aux points où elle coupe le cercle passent donc en L, L'.

4. *Trouver le lieu des points de concours des tangentes communes à une conique et aux cercles qui lui sont tangents en un point fixe.*

Soient

$$(1) \qquad a x^2 + 2 h xy + b y^2 + 2 f y = 0$$

l'équation de la conique rapportée à la tangente et à la normale au point fixe et

$$x^2 + y^2 + 2 \lambda y = 0$$

l'équation des cercles tangents.

On formera les équations quadratiques des tangentes menées aux deux courbes par un point extérieur, et l'on exprimera qu'elles représentent le même couple de droites; deux conditions suffiront pour cela, et l'élimination du paramètre λ conduira au lieu demandé

$$(2) \qquad x^2(a^2 - ab + h^2) + 2 a h xy + h^2 y^2 + 2 f h x = 0.$$

Cette conique est concentrique à la conique donnée; ses axes sont dirigés suivant les mêmes droites. Si ρ^2, ρ'^2 sont les carrés des demi-axes de (1), on trouvera, pour les carrés des demi-axes de (2), les valeurs $\rho^2 - \dfrac{f^2}{ab - h^2}$ et $\rho'^2 - \dfrac{f^2}{ab - h^2}$; la quantité $\dfrac{f^2}{ab - h^2}$ n'est autre chose que le carré du demi-diamètre de (1) conjugué du diamètre qui passe par l'origine.

Si la conique (1) est une ellipse

$$\frac{x^2}{a^2} + \frac{y^2}{b^2} = 1,$$

et si α est l'angle excentrique du point de contact des cercles tangents, le lieu des points de concours des tangentes communes est l'hyperbole

$$\frac{x^2}{\cos^2\alpha} - \frac{y^2}{\sin^2\alpha} = a^2 - b^2.$$

5. *On donne une conique passant par quatre points* A, B, C, D ; *former l'équation d'une parabole tangente aux droites* AB, CD *et aux asymptotes de la conique.*

Les deux droites AB, CD sont prises pour axes ; soient

p, p' les abscisses de A et B ;
q, q' les ordonnées de C et D ;

$$qq'x^2 + 2kxy + pp'y^2 - qq'x(p+p')$$
$$- pp'y(q+q') + pp'qq' = 0$$

la conique donnée.

La parabole a une équation de la forme

$$(\alpha x + \beta y + 1)^2 - 4\alpha\beta\, xy = 0.$$

Si (X, Y) est le centre de la conique, on trouvera, en exprimant que les tangentes menées de ce point aux deux courbes coïncident,

$$\alpha = - \frac{qq'X}{2kXY + qq'X^2 + pp'Y^2},$$
$$\beta = - \frac{pp'Y}{2kXY + qq'X^2 + pp'Y^2}.$$

Mais on a

$$2qq'X + 2kY = qq'(p+p'), \quad 2kX + pp'Y = pp'(q+q'),$$

et, par suite,

$$4kXY + 2qq'X^2 + 2pp'Y^2 = qq'X(p+p') + pp'Y(q+q').$$

D'après cette remarque, l'équation de la parabole peut s'écrire

$$[qq'X(p+p') + pp'Y(q+q') - 2qq'Xx - 2pp'Yy]^2$$
$$- 16pp'qq'XY\, xy = 0.$$

Elle touche la droite qui joint les milieux de AB, CD.

6. *On construit une hyperbole ayant pour asymptotes deux diamètres conjugués d'une ellipse ; démontrer que deux des systèmes de cordes communes sont parallèles aux droites qui joignent les extrémités des diamètres conjugués de l'ellipse, et* *calculer les rayons de courbure des deux coniques aux points communs.*

Si l'on prend pour axes obliques les deux diamètres conjugués a et b de l'ellipse, l'équation en λ relative aux deux coniques

$$\frac{x^2}{a^2} + \frac{y^2}{b^2} - 1 = 0 \quad \text{et} \quad xy - k^2 = 0$$

a deux racines égales et de signes contraires, et ces racines correspondent à deux couples de cordes parallèles respectivement aux droites

$$\frac{x}{a} + \frac{y}{b} - 1 = 0 \quad \text{et} \quad \frac{x}{a} - \frac{y}{b} - 1 = 0.$$

Les coordonnées de deux des points d'intersection P_1, P_2 ont pour valeurs

$$x_1 = \sqrt{\frac{a}{4b}(ab + 2k^2)} + \sqrt{\frac{a}{4b}(a^2 - 2k^2)} = \sqrt{\overline{X}} + \sqrt{Y},$$

$$x_2 = \sqrt{\overline{X}} - \sqrt{Y},$$

$$y_1 = \frac{b}{a}(\sqrt{\overline{X}} - \sqrt{\overline{Y}}),$$

$$y_2 = \frac{b}{a}(\sqrt{\overline{X}} + \sqrt{\overline{Y}}).$$

Le carré du demi-diamètre du point P_1 est

$$d_1^2 = x_1^2 + y_1^2 - 2x_1 y_1 \cos\theta,$$

θ étant l'angle des axes de coordonnées; le carré du demi-diamètre de l'ellipse conjugué de celui-ci est

$$\delta_1^2 = a^2 + b^2 - d_1^2 = \frac{a^2 + b^2}{2} - \frac{a^2 - b^2}{2b}\sqrt{a^2 b^2 - 2k^4} - 2k^2 \cos\theta.$$

Comme le produit des carrés des demi-axes est $a^2 b^2 \sin^2\theta$, on a pour le rayon de courbure de l'ellipse en P_1, d'après une formule connue,

$$R_1 = \frac{\delta^3}{ab \sin\theta}.$$

On trouve, pour celui de l'hyperbole,

$$R'_1 = \frac{\delta^3}{2\,k^2 \sin\theta}.$$

Donc

$$\frac{R_1}{R'_1} = \frac{2\,k^2}{ab};$$

ce rapport est le même aux quatre points d'intersection.

7. *En un point d'une ellipse on construit des coniques tangentes à la courbe et passant par les foyers; trouver le lieu du pôle de l'axe focal par rapport à toutes ces coniques.*

α étant l'angle excentrique du point de contact, l'équation générale des coniques est

$$\frac{x^2}{\delta^2}\sin^2\alpha + \frac{y^2}{b^2}(1 + \lambda b \sin\alpha) + \frac{xy}{a\,\delta^2}\cos\alpha\,(\lambda\delta^2 - b\sin\alpha)$$

$$- \frac{y}{\delta^2}(\lambda\delta^2 + b\sin\alpha) + \frac{b^2}{\delta^2} - 1 = 0;$$

δ est le demi-diamètre conjugué de celui du point de contact.

Le lieu du pôle de l'axe des x par rapport à ces coniques est la normale à l'ellipse au point α. Lorsque la conique est osculatrice à l'ellipse, on a

$$\lambda\delta^2 \sin^2\alpha = b\,(1 + \cos^2\alpha\ ;$$

les coordonnées du pôle se confondent avec celles du centre de courbure

$$x = \frac{c^2}{a}\cos^3\alpha, \quad y = -\frac{c^2}{b}\sin^3\alpha.$$

On a donc ce théorème :

Si une conique est osculatrice à une ellipse au point P *et passe par les foyers* F, F' *de celle-ci, les tangentes à cette conique en* F, F' *se coupent au centre du cercle osculateur à l'ellipse en* P.

8. *Trouver le lieu des centres des hyperboles tangentes à une ellipse, passant par le centre et dont les asymptotes sont*

parallèles aux axes, et l'enveloppe de la corde qui joint les deux points d'intersection des deux courbes. Calculer les rayons de courbure de l'ellipse et de l'hyperbole au point de contact.

L'équation générale des hyperboles est

$$xy - bx \sin^3\alpha - ay \cos^3\alpha = 0,$$

α étant l'angle excentrique du point de contact. Le lieu du centre est

$$\left(\frac{x}{a}\right)^{\frac{2}{3}} + \left(\frac{y}{b}\right)^{\frac{2}{3}} = 1.$$

Il coïncide avec l'enveloppe de la corde

$$\frac{x}{a\cos\alpha} + \frac{y}{b\sin\alpha} + 1 = 0,$$

qui est associée à la tangente

$$\frac{x}{a}\cos\alpha + \frac{y}{b}\sin\alpha - 1 \quad 0.$$

Le point

$$x' = - a\cos^3\alpha, \quad y' = - b\sin^3\alpha,$$

symétrique du centre de l'hyperbole par rapport à l'origine, est le point de contact de la corde avec son enveloppe; c'est en même temps le centre de celle des hyperboles du système qui touche l'ellipse au point $(- a\cos\alpha, - b\sin\alpha)$.

Le centre du cercle osculateur à l'ellipse au point α est sur l'hyperbole

$$xy - bx \sin^3\alpha - ay \cos^3\alpha = 0,$$

qui n'est autre chose que l'hyperbole d'Apollonius relative à ce centre.

Le cercle osculateur à l'hyperbole en α a pour équation

$$x^2 + y^2 + \frac{x}{a}(c^2 \cos^3\alpha - 3a^2 \cos\alpha)$$

$$- \frac{y}{b}(c^2 \sin^3\alpha + 3b^2 \sin\alpha) + a^2 + b^2 = 0.$$

Son rayon est la moitié du rayon de courbure de l'ellipse.

9. *Étant donnés la conique* S $=$ o *et le faisceau*

$$S + \lambda(x^2 + y^2) = o,$$

les segments d'une tangente à la conique S *compris entre le point de contact et ses points d'intersection avec une conique du faisceau sont vus de l'origine sous des angles égaux ou supplémentaires (les axes sont supposés rectangulaires).*

Soit $px + qy + r = o$ une tangente à la conique

$$S = ax^2 + 2hxy + \ldots = o;$$

le faisceau des droites menées de l'origine aux points d'intersection de cette tangente avec

$$S + \lambda(x^2 + y^2) = o$$

a pour bissectrices, quel que soit λ,

$$x^2[hr^2 - r(gq + fp) + cpq]$$
$$- xy[(a - b)r^2 + 2r(fq - gp) + c(p^2 - q^2)]$$
$$- y^2[hr^2 - r(gq + fp) + cpq] = o.$$

D'autre part, le faisceau des droites menées de l'origine aux points d'intersection de S $=$ o avec $px + qy + r = o$ est représenté par

$$x^2(ar^2 - 2gpr + cp^2) + 2xy[hr^2 - r(gq + fp) + cpq]$$
$$+ y^2(br^2 - 2fqr + cq^2) = o$$

ou

$$Mx^2 + 2Nxy + Py^2 = o.$$

Comme $px + qy + r = o$ est tangente à S $=$ o, on a

$$N^2 - PM = o.$$

Mais l'équation des bissectrices peut s'écrire

$$Nx^2 - (M - P)xy - Ny^2 = o$$

et l'on reconnaît que la droite double

$$Mx^2 + 2Nxy + Py^2 = o$$

est une de ces bissectrices.

Le théorème peut se démontrer sans aucun calcul. Les droites isotropes $x^2 + y^2 = 0$ forment un faisceau harmonique avec deux droites rectangulaires quelconques; maintenant le faisceau de coniques

$$S + \lambda(x^2 + y^2) = 0$$

détermine sur une tangente à S une division en involution dont le point de contact est un point double; l'autre point double est conjugué harmonique du premier par rapport à un segment quelconque de l'involution, et en particulier par rapport aux deux points imaginaires que $x^2 + y^2 = 0$ détermine sur la tangente. Les droites menées de l'origine aux points doubles sont donc rectangulaires, et, par suite, ce sont les bissectrices des droites menées de l'origine aux points d'intersection de la tangente avec $S + \lambda(x^2 + y^2) = 0$.

On peut remarquer que le faisceau de coniques $S + \lambda(x^2 + y^2)$ comprend deux couples de droites réelles, car l'équation en λ pour $S = 0$ et $x^2 + y^2 = 0$ a ses trois racines réelles, attendu que les points d'intersection de ces deux coniques sont imaginaires.

Lorsque l'origine est un foyer de S, cette conique touche les droites isotropes; les deux couples de droites faisant partie du faisceau de coniques se réduisent à un couple double, la directrice, et l'on retrouve le théorème connu : *Le segment d'une tangente compris entre le point de contact et la directrice est vu du foyer sous un angle droit.*

10. *Étant donnés un point* (X, Y) *et une conique* S, *on peut toujours déterminer deux couples de droites réelles telles que les portions d'une tangente quelconque comprises entre le point de contact et les deux droites d'un même couple soient vues du point* (X, Y) *sous des angles égaux ou supplémentaires* (n° 9). *Démontrer les résultats suivants :*

1° *Les deux couples de droites sont rectangulaires, lorsque le point* (X, Y) *est sur une conique* S' *homofocale à* S *et ayant pour asymptotes les diamètres conjugués égaux de* S, *si* S *est une ellipse, pour diamètres conjugués égaux les asymptotes de* S, *si* S *est une hyperbole* (dans ce dernier cas, S' *peut être une ellipse imaginaire*).

Si S *est une parabole,* S' *est une parabole homofocale qui a pour sommet le point de rebroussement de la développée de* S.

2° *Lorsque le point* (X, Y) *est sur la conique* S, *les deux couples de droites se confondent en un seul, et l'une des droites de ce couple est la tangente en* (X, Y); *l'autre droite enveloppe une conique quand* (X, Y) *décrit la conique donnée. Le lieu du point de rencontre des deux droites est une courbe du quatrième ordre qui s'abaisse au troisième, lorsque S est une parabole.*

Tous ces résultats s'obtiennent très simplement en prenant l'équation de S sous la forme réduite; on a à étudier les couples de droites faisant partie du faisceau

$$S + \lambda[(x - X)^2 + (y - Y)^2] = 0.$$

11. *On donne deux coniques homofocales*

$$S = \frac{x^2}{a^2} + \frac{y^2}{b^2} - 1 = 0, \quad S' = \frac{x^2}{a^2 - h^2} + \frac{y^2}{b^2 - h^2} - 1 = 0,$$

et un point $P(X, Y)$; *déterminer une conique* Σ *ayant un double contact avec S suivant la polaire de P et dont les foyers soient sur S', aux intersections de cette dernière courbe avec la polaire du point P.*

L'équation générale des coniques bitangentes à S suivant la polaire de P est

$$a^2 y^2 + b^2 x^2 - a^2 b^2 + \lambda(a^2 y Y + b^2 x X - a^2 b^2)^2 = 0.$$

Si l'on détermine λ de telle sorte que le centre de la conique soit sur la polaire de P par rapport à S', on aura une conique

$$h^2(a^2 y^2 + b^2 x^2 - a^2 b^2)[b^2 X^2 (b^2 - h^2) + a^2 Y^2 (a^2 - h^2)]$$
$$+ (a^2 - h^2)(b^2 - h^2)(a^2 y Y + b^2 x X - a^2 b^2)^2 \quad \Sigma = 0,$$

dont les foyers sont les points d'intersection de S' et de la droite

$$\frac{x X}{a^2 - h^2} + \frac{y Y}{b^2 - h^2} - 1 = 0,$$

polaire de P; on constate en effet que cette droite est un des axes de Σ, et elle coupe S' aux mêmes points que l'hyperbole

$$xy[X^2(b^2 - h^2) + Y^2(a^2 - h^2)]$$
$$- (a^2 - h^2)(b^2 - h^2)(x Y + y X - X Y) = 0,$$

qui est une des coniques servant à la détermination des foyers de Σ.

12. *Trouver parmi les coniques passant par quatre points fixes celle dont l'excentricité est minimum.*

Prenons pour axes deux des droites qui joignent les quatre points deux à deux; soient (p, o), (p', o), (o, q), (o, q') leurs coordonnées, φ l'angle des axes.

L'équation générale des coniques passant par les quatre points étant

$$\frac{x^2}{pp'} + \frac{y^2}{qq'} + xy\left(\frac{1}{pp'} + \frac{1}{p'q} + \lambda\right)$$
$$- x\left(\frac{1}{p} + \frac{1}{p'}\right) - y\left(\frac{1}{q} + \frac{1}{q'}\right) + 1 = 0,$$

on a, comme au n° 15 du Chap. IV, pour déterminer l'excentricité e, la formule

$$\frac{e^4}{1 - e^2} + 4 = \frac{\left[\dfrac{1}{pp'} + \dfrac{1}{qq'} - \cos\varphi\left(\dfrac{1}{pq'} + \dfrac{1}{p'q} + \lambda\right)\right]^2}{\sin^2\varphi\left[\dfrac{1}{pp\,qq'} - \dfrac{1}{4}\left(\dfrac{1}{pq'} + \dfrac{1}{p'q} + \lambda\right)^2\right]}.$$

Le minimum de e^2 s'obtient en cherchant le minimum du second membre; il a lieu pour

$$\lambda = \frac{4\cos\varphi}{pp' + qq'} - \frac{1}{pq'} - \frac{1}{p'q}.$$

La conique d'excentricité minimum a donc pour équation

$$\frac{x^2}{pp'} + \frac{y^2}{qq'} + \frac{4\,xy\cos\varphi}{pp' + qq'} - x\left(\frac{1}{p} + \frac{1}{p'}\right) - y\left(\frac{1}{q} + \frac{1}{q'}\right) + 1 = 0,$$

et son excentricité est donnée par

$$\frac{e^4}{1 - e^2} = \frac{(pp' - qq')^2}{pp'\,qq'\,\sin^2\varphi}.$$

Ses axes sont parallèles à ceux de la conique, lieu des centres des coniques du faisceau; ils sont aussi parallèles aux asymptotes de l'hyperbole équilatère qui passe par les quatre points, et aux bissectrices des axes des deux paraboles que l'on peut faire passer par ces mêmes points. Les parallèles à ces dernières droites menées par l'origine ont pour équation quadratique

$$qq'x^2 - pp'y^2 = 0.$$

13. *On fait passer un cercle par trois points* A, B, C *d'une ellipse; il coupe la courbe en un quatrième point* D *dont on prend le symétrique* D' *par rapport au centre. Trouver parmi les ellipses qui passent par les quatre points* A, B, C, D' *celle dont l'excentricité est minimum.*

Si α, β, γ, δ, δ' sont les angles excentriques de A, B, C, D, D', on aura

$$\alpha + \beta + \gamma + \delta = 2\pi,$$

puisque les cordes AB, CD sont également inclinées sur les axes de l'ellipse, et

$$\alpha + \beta + \gamma + \delta' = \pi,$$

car $\delta = \pi + \delta'$. L'équation générale des coniques passant par A, B, C, D' est

$$\frac{x^2}{a^2} + \frac{y^2}{b^2} - 1 + \lambda\left[\frac{x}{a}\cos\tfrac{1}{2}(\alpha+\beta) + \frac{y}{b}\sin\tfrac{1}{2}(\alpha+\beta) - \cos\tfrac{1}{2}(\alpha-\beta)\right]$$
$$\times\left[\frac{x}{a}\sin\tfrac{1}{2}(\alpha+\beta) + \frac{y}{b}\cos\tfrac{1}{2}(\alpha+\beta) - \sin\left(\gamma + \frac{\alpha+\beta}{2}\right)\right] = 0.$$

D'après la formule rappelée au n° **12**, en posant

$$m = \cos\tfrac{1}{2}(\alpha+\beta)\sin\tfrac{1}{2}(\alpha+\beta),$$

on aura

$$\frac{e^4}{1-e^2} + 4 = \frac{4(m\lambda+1)^2(a^2+b^2)^2}{a^2 b^2 [4(m\lambda+1)^2 - \lambda^2]}.$$

Le minimum de e^2 aura lieu en même temps que le minimum du second membre ou de $\dfrac{\lambda^2}{(m\lambda+1)^2}$, c'est-à-dire pour $\lambda = 0$; donc l'ellipse donnée est celle d'excentricité minimum.

Les axes des deux paraboles du faisceau de coniques (A, B, C, D') sont parallèles aux diamètres conjugués égaux de l'ellipse, et, par suite, ont pour bissectrices des parallèles aux axes de cette ellipse.

14. *Lieu des sommets des coniques bitangentes à deux cercles et enveloppe de leurs asymptotes.*

L'équation d'une conique bitangente à deux cercles $C = 0$, $C' = 0$ est

$$\lambda^2 - 2\lambda(C + C') + (C - C')^2 = 0.$$

Si l'on prend les équations des cercles sous les formes

$$x^2 + y^2 + 2ax + c^2 = 0, \quad x^2 + y^2 + 2bx + c^2 = 0,$$

on aura

$$4x^2[(a-b)^2 - \lambda] - 4\lambda y^2 - 4\lambda x(a+b) + \lambda^2 - 4\lambda c^2 = 0.$$

Le lieu des extrémités des axes parallèles à l'axe des y est la cubique

$$y^2(2x + a + b) + x^2(a + b) + 2x(c^2 + ab) + c^2(a + b) = 0.$$

L'équation des asymptotes est

$$\lambda^2[4x^2 + 4y^2 + 4x(a+b) + (a+b)^2]$$
$$- 4\lambda(a-b)^2[2x^2 + y^2 + x(a+b)] + 4x^2(a-b)^4 = 0;$$

leur enveloppe se réduit à la parabole

$$y^2 + 2x(a + b) = 0.$$

15. *Enveloppe des asymptotes des coniques passant par quatre points, sommets d'un trapèze.*

En prenant pour axes les diagonales du trapèze, les côtés parallèles seront

$$\frac{x}{p} + \frac{y}{q} - 1 = 0, \quad \frac{x}{p} + \frac{y}{q} - m = 0,$$

et l'on pourra écrire l'équation des coniques sous la forme

$$\left(\frac{x}{p} + \frac{y}{q} - 1\right)\left(\frac{x}{p} + \frac{y}{q} - m\right) + (\lambda - 2)\frac{xy}{pq} = 0.$$

On trouve, pour l'équation quadratique des asymptotes,

$$\left(\frac{x}{p} + \frac{y}{q} - 1\right)\left(\frac{x}{p} + \frac{y}{q} - m\right) + (\lambda - 2)\frac{xy}{pq} + \frac{m^2 + 1 - \lambda m}{\lambda + 2} = 0$$

ou bien, en posant $X = \dfrac{x}{p} + \dfrac{y}{q}$,

$$\lambda^2 \frac{xy}{pq} + \lambda X(X - m - 1)$$
$$+ \frac{2x^2}{p^2} + \frac{2y^2}{q^2} - 2X(m + 1) + (m + 1)^2 = 0.$$

L'enveloppe du quatrième ordre se décompose en deux facteurs

$$\left(\frac{x}{p} - \frac{y}{q}\right)^2 = 0$$

et

$$\left(\frac{x}{p} - \frac{y}{q}\right)^2 - 2(m + 1)\left(\frac{x}{p} + \frac{y}{q}\right) + (m + 1)^2 = 0.$$

Si le quadrilatère est quelconque, l'équation des asymptotes renferme le paramètre λ au troisième degré; le calcul de l'enveloppe conduit à un lieu du huitième ordre, mais qui contient en facteur le carré du premier membre de l'équation de la conique, lieu des centres des coniques du faisceau.

16. *Équation générale des coniques concentriques et bitangentes à deux coniques homofocales.*

Soient

$$S = a^2 y^2 + b^2 x^2 - a^2 b^2 = 0,$$
$$S' = (a^2 - k^2)y^2 + (b^2 - k^2)x^2 - (a^2 - k^2)(b^2 - k^2) = 0$$

les deux coniques données; si α est l'angle excentrique d'un point de contact situé sur la première courbe, l'équation cherchée sera de la forme

$$S'' = a^2 y^2 + b^2 x^2 - a^2 b^2 + \lambda(bx \sin\alpha - ay \cos\alpha)^2 = 0.$$

Pour exprimer que cette courbe est bitangente à la seconde conique, il suffit d'exprimer que $S'' + \mu S' = 0$ représente une droite double passant par l'origine, ce qui détermine λ et μ.

On pourra mettre l'équation des coniques bitangentes à S et S′ sous l'une ou l'autre des formes

$$(b^2 x^2 + a^2 y^2 - a^2 b^") (k^2 - a^2 \sin^2 \alpha - b^2 \cos^2 \alpha)$$
$$- k^2 (bx \sin\alpha - ay \cos\alpha)^2 = 0,$$
$$a^2 b^2 (k^2 - a^2 \sin^2 \alpha - b^2 \cos^2 \alpha)$$
$$\times [x^2 (b^2 - k^2) + y^2 (a^2 - k^2) - (a^2 - k^2)(b^2 - k^2)]$$
$$+ [kbx \cos\alpha (b^2 - k^2) + kay \sin\alpha (a^2 - k^2)]^2 = 0.$$

17. *Le cercle osculateur en un point* P *d'une parabole coupe la courbe en* Q ; *la tangente au cercle en* Q *coupe la parabole en* L, *et la tangente à la parabole en* Q *coupe le cercle en* M. *Trouver à quelle condition doit satisfaire le point* P *pour que les droites* PL, PM *soient rectangulaires.*

Si m est le coefficient angulaire de la tangente à la parabole $y^2 - 2px = 0$ au point P, le cercle osculateur a pour équation

$$m^4 (x^2 + y^2) - pm^2 x (2 m^2 + 3) + 2 pm y - \tfrac{3}{4} p^2 = 0 ;$$

son rayon est $\dfrac{p}{m^3} (m^2 + 1)^{\frac{3}{2}}$.

Il coupe la parabole au point $Q\left(x' = \dfrac{9p}{2 m^2},\ y' = -\dfrac{3p}{m} \right)$ et le coefficient angulaire de la tangente à la parabole en ce point est $-\dfrac{m}{3}$. On trouve pour les coefficients angulaires des droites PL, PM les valeurs

$$\mu_1 = \frac{m (3 - m^2)}{m^2 + 5}, \quad \mu_2 = -\frac{m (m^2 + 5)}{3 - m^2}.$$

Elles seront rectangulaires si $m^2 = 3$, et alors le point P a pour abscisse $\dfrac{p}{6}$; PL est parallèle à l'axe et PM est parallèle à la directrice.

18. *Trouver la seconde tangente commune à une ellipse et au cercle osculateur en un point de la courbe. Même problème pour la parabole.*

1° *Ellipse.* — Soient α, β les angles excentriques du point d'osculation et du point de contact avec l'ellipse de la tangente commune; en posant $\tan \dfrac{\alpha}{2} = \lambda$, $\tan \dfrac{\beta}{2} = z$ et exprimant que la tangente à l'ellipse au point β touche aussi le cercle, on aura une équation du quatrième degré en z, avec la racine triple $z = \lambda$. La valeur de $\tan \dfrac{\beta}{2}$ est

$$
\tan \frac{\beta}{2} = \frac{1}{\lambda} \frac{\delta^4 - b^2 \delta^2 (1 - \lambda^2) - a^2 b^2 \lambda^2}{\delta^4 \lambda^2 + b^2 \delta^2 (1 - \lambda^2) - a^2 b^2}
$$

$$
= \frac{\delta^2 \sin^2 \alpha - b^2 \lambda^2 \cos^2 \alpha}{\lambda^3 \delta^2 \sin^2 \alpha - \lambda b^2 \cos^2 \alpha};
$$

δ^2 désigne le carré du demi-diamètre conjugué de celui du point α, de sorte que le rayon ρ du cercle osculateur est $\dfrac{\delta^3}{ab}$.

La condition pour que le point β soit sur la normale en α est

$$
\frac{b}{a} \cot \alpha \, \frac{\delta^2 \sin^2 \alpha + b^2 \cos^2 \alpha}{\delta^2 \cos^2 \alpha + a^2 \sin^2 \alpha} = \frac{a}{b} \tan \alpha
$$

ou, comme $\delta^2 = a^2 \sin^2 \alpha + b^2 \cos^2 \alpha$,

$$
a^2 \tan^4 \alpha + 2 c^2 \tan^2 \alpha - b^2 = 0.
$$

On trouve la même équation bicarrée en $\tan^2 \alpha$, lorsqu'on cherche la condition pour que la distance du point α au pôle de la normale soit minimum; l'expression de cette distance est $\dfrac{\delta^3}{c^2 \sin \alpha \cos \alpha}$.

2° *Parabole.* — Si m est le coefficient angulaire de la tangente à la parabole au point d'osculation, celui de la seconde tangente commune à la parabole et au cercle osculateur est $-\dfrac{m^3}{3 m^2 + 4}$. Les deux tangentes font entre elles un angle β dont la tangente trigonométrique est $\dfrac{4 m}{4 - m^2}$, de sorte que

$$
\beta = 2 \arctan \left(\frac{m}{2} \right).
$$

On a trouvé (n° 17) les coordonnées du second point d'intersection du cercle et de la parabole, savoir

$$x' = \frac{9p}{2m^2}, \quad y' = -\frac{3p}{m};$$

soient $\theta = \operatorname{arc\,tang} m$, et ψ l'angle que fait avec l'axe la tangente au cercle au point (x', y'); on a

$$\operatorname{tang} \psi = \frac{m^3 - 3m}{1 - 3m^2} = -\operatorname{tang} 3\theta,$$

de sorte que

$$\psi = \pi - 3\theta.$$

19. *Trouver sur une ellipse des points tels que les cercles osculateurs en ces points coupent la courbe en un point donné.*

La corde commune à l'ellipse et au cercle osculateur au point $(a\cos\alpha, b\sin\alpha)$ a pour équation

$$ay \sin\alpha - bx \cos\alpha = ab(\sin^2\alpha - \cos^2\alpha).$$

L'angle excentrique du second point où elle coupe l'ellipse est $\beta - 2k\pi - 3\alpha$; si β est donné, il y aura sur l'ellipse trois points, tels que les cercles osculateurs correspondants passeront au point $(a\cos\beta, b\sin\beta)$. Leurs angles excentriques sont

$$\alpha_1 = -\frac{\beta}{3}, \quad \alpha_2 = \frac{2\pi}{3} - \frac{\beta}{3}, \quad \alpha_3 = \frac{4\pi}{3} - \frac{\beta}{3};$$

si l'on pose $a\cos\beta = x'$, $b\sin\beta = y'$, les coordonnées des trois points satisfont aux équations

$$4x^3 - 3a^2x - a^2x' = 0, \quad 4y^3 - 3b^2y - b^2y' = 0.$$

D'après le n° 12 du Chap. II, le triangle circonscrit dont les points de contact ont pour angles excentriques $\alpha_1, \alpha_2, \alpha_3$ est un triangle d'aire minimum. Le point de concours H des hauteurs de ce triangle a pour coordonnées $\dfrac{c^2}{a}\cos\beta$ et $-\dfrac{c^2}{b}\sin\beta$; on voit que la droite qui joint les projections de H sur les axes passe par le point $(a\cos\beta, b\sin\beta)$ commun à l'ellipse et aux trois cercles osculateurs en $\alpha_1, \alpha_2, \alpha_3$.

20. *Trouver l'enveloppe des cordes joignant les pieds des normales menées à une ellipse des points de sa développée.*

L'équation de la corde joignant les pieds des normales abaissées du centre du cercle osculateur au point $(a\cos\alpha, b\sin\alpha)$ s'obtient en formant les équations qui donnent les abscisses et les ordonnées des pieds des normales ; on trouve

$$ay\cos\alpha - bx\sin\alpha + ab\sin\alpha\cos\alpha = 0$$

ou bien, en posant $\mu = \dfrac{b}{a}\tang\alpha$,

$$y = \mu x - \frac{ab\mu}{\sqrt{b^2 + a^2\mu^2}}.$$

Cette droite est normale à l'ellipse

$$b^2 y^2 + a^2 x^2 = \frac{a^4 b^4}{c^4};$$

l'enveloppe est donc la développée de cette dernière ellipse.

21. *En chaque point d'une ellipse on construit une hyperbole osculatrice dont les asymptotes sont parallèles aux diamètres conjugués égaux ; démontrer que la corde commune aux deux courbes coïncide avec la corde commune à l'ellipse et au cercle osculateur, et trouver le lieu des centres des hyperboles.*

Le lieu des centres est

$$\left(\frac{x}{2a}\right)^{\frac{2}{3}} + \left(\frac{y}{2b}\right)^{\frac{2}{3}} = 1,$$

développée de l'ellipse

$$b^2 y^2 + a^2 x^2 = \frac{4 a^4 b^4}{c^4}.$$

22. *Si l'on construit les cercles osculateurs en deux points de deux hyperboles conjuguées pris aux extrémités de deux diamètres conjugués, l'axe radical de ces cercles est parallèle à l'une des asymptotes communes.*

23. *Si, sur une tangente en un point* **M** *d'une conique, on* *prend deux points* A *et* B, *tels que* AB $=$ const., *le lieu des points d'intersection des tangentes issues de* A *et* B *est une conique surosculatrice à la conique donnée à l'extrémité du diamètre passant en* M.

24. *Équation d'une conique osculatrice à une ellipse en un point donné et dont le centre est un des foyers.*

L'équation cherchée est de la forme

$$x^2 + y^2 - (\lambda x + \mu y + \nu)^2.$$

Si $a \cos\alpha$, $b \sin\alpha$ sont les coordonnées du point P d'osculation, on aura d'abord les équations de condition

$$(1) \qquad \lambda a \cos\alpha + \mu b \sin\alpha + \nu = \sqrt{a^2 \cos^2\alpha + b^2 \sin^2\alpha}$$

et

$$(2) \qquad ab^2\lambda \sin\alpha - a^2 b \mu \cos\alpha = \nu c^2 \sin\alpha \cos\alpha,$$

qui expriment le contact simple des deux courbes au point P.

Pour avoir le centre de courbure, il faut prendre l'intersection Q de la normale en P avec la perpendiculaire à la directrice passant par le foyer O, centre de l'ellipse; élever QR perpendiculaire à PQ jusqu'à la rencontre de PO en R; enfin mener par le point R la perpendiculaire à PO; elle coupe la normale au centre de courbure. On exprimera que ce centre de courbure coïncide avec celui de l'ellipse en P

$$x' = \frac{c^2}{a} \cos^3\alpha, \quad y' = - \frac{c^2}{b} \sin^3\alpha,$$

en écrivant que la droite qui joint (x', y') au point R est perpendiculaire à PO, ce qui donne la troisième condition

$$(3) \qquad \lambda b \sin^3\alpha + \mu a \cos^3\alpha = 0.$$

Les équations (1), (2), (3) donnent λ, μ, ν, et la conique cherchée est

$$(x^2 + y^2)(a^2 \cos^2\alpha + b^2 \sin^2\alpha)^3$$
$$(ac^2 x \cos^3\alpha - bc^2 y \sin^3\alpha + a^2 b^2)^2.$$

25. *Deux coniques sont osculatrices en* A *et se coupent en* P; *par le point* P, *on mène des sécantes qui coupent de nouveau* *les coniques en* Q, Q'; *trouver le lieu des intersections des tangentes en* Q, Q'.

Les équations des coniques rapportées à la tangente en A et à la corde AP sont

$$a x^2 + 2 h x y + b y^2 + 2 f y = 0,$$
$$a x^2 + 2 h' x y + b y^2 + 2 f y = 0.$$

L'équation du lieu peut s'écrire sous l'une ou l'autre des formes

$$[a x + 2 y (h' - h)]^2 = 4 a (a x^2 + 2 h' x y + b y^2 + 2 f y),$$
$$[a x - 2 y (h' - h)]^2 = 4 a (a x^2 + 2 h x y + b y^2 + 2 f y).$$

C'est une conique tangente aux coniques données au point A et bitangente à chacune d'elles; les deux cordes de contact forment un faisceau harmonique avec la tangente d'osculation et la corde commune AP.

La conique $a x^2 + 2 h x y + \ldots = 0$, rapportée à son centre, devient

$$a x^2 + 2 h x y + b y^2 - \frac{b f^2}{ab - h^2} = 0;$$

le demi-diamètre conjugué de celui qui passe en A a pour valeur

$$\delta = \frac{f}{\sqrt{ab - h^2}} \cdot$$

Le produit des carrés des demi-axes principaux r_1, r_2 est

$$\frac{b^2 f^2 \sin^2 \theta}{(ab - h^2)^2},$$

θ étant l'angle des axes de coordonnées. On a donc, pour le rayon de courbure commun aux deux coniques données en A,

$$\rho = \frac{\delta^3}{r_1 r_2} = \frac{f}{b \sin \theta} \cdot$$

Celui de la troisième conique est $\rho' = \dfrac{4 f}{3 b \sin \theta} = \tfrac{4}{3} \rho.$

CHAPITRE VI.

COORDONNÉES TRILINÉAIRES.

§ I. — Formules fondamentales relatives à la ligne droite.

1. *Passage des coordonnées cartésiennes aux coordonnées trilinéaires et transformation inverse.*

Soient

$$(1) \quad \begin{cases} \mathrm{X}\cos\alpha + \mathrm{Y}\sin\alpha - p = 0, \\ \mathrm{X}\cos\beta + \mathrm{Y}\sin\beta - q = 0, \\ \mathrm{X}\cos\gamma + \mathrm{Y}\sin\gamma - r = 0 \end{cases}$$

les équations des trois côtés d'un triangle de référence ; les axes sont rectangulaires, et l'origine est à l'intérieur du triangle. Les coordonnées trilinéaires absolues d'un point (X, Y) sont les distances x, y, z du point aux trois droites (1), de sorte que

$$(2) \quad \begin{cases} x = p - \mathrm{X}\cos\alpha - \mathrm{Y}\sin\alpha, \\ y = q - \mathrm{X}\cos\beta - \mathrm{Y}\sin\beta, \\ z = r - \mathrm{X}\cos\gamma - \mathrm{Y}\sin\gamma. \end{cases}$$

On voit que chaque coordonnée trilinéaire est positive lorsque le point est, par rapport au côté du triangle auquel se rapporte cette coordonnée, dans la même région que le sommet opposé ; elle est négative dans le cas contraire. Cela résulte de la convention faite sur la position de l'origine des coordonnées cartésiennes.

En désignant par **a**, **b**, **c** les côtés du triangle, par A, B, C les angles, par S la surface, par R le rayon du cercle circonscrit, on a, entre les trois coordonnées d'un point, la relation évidente

$$(3) \qquad \mathbf{a}x + \mathbf{b}y + \mathbf{c}z = 2\mathrm{S}$$

ou

$$(3') \qquad x \sin A + y \sin B + z \sin C - \frac{S}{R}.$$

Pour passer des coordonnées cartésiennes aux coordonnées trilinéaires, il faut résoudre les équations (2); elles donnent (en appelant **d** le déterminant des neuf coefficients p, $\cos\alpha$, $\sin\alpha$, q, $\cos\beta$, ...)

$$(4) \quad \begin{cases} x(r\sin\beta - q\sin\gamma) + y(p\sin\gamma - r\sin\alpha) + z(q\sin\alpha - p\sin\beta) - X\mathbf{d}, \\ x(q\cos\gamma - r\cos\beta) + y(r\cos\alpha - p\cos\gamma) + z(p\cos\beta - q\cos\alpha) \quad Y\mathbf{d}, \\ x\sin(\beta - \gamma) + y\sin(\gamma - \alpha) + z\sin(\alpha - \beta) \\ \quad - \mathbf{d} = p\sin(\beta - \gamma) + q\sin(\gamma - \alpha) + r\sin(\alpha - \beta). \end{cases}$$

Mais les angles $\beta - \gamma$, $\gamma - \alpha$, $\alpha - \beta$ ne sont autre chose que les suppléments des angles du triangle ; la dernière relation devient donc

$$x \sin A + y \sin B + z \sin C - p \sin A + q \sin B + r \sin C$$

ou

$$\mathbf{a}x + \mathbf{b}y + \mathbf{c}z = p\mathbf{a} + q\mathbf{b} + r\mathbf{c} = 2S,$$

comme cela devait être. Il résulte des formules de transformation que l'équation d'une courbe quelconque en coordonnées cartésiennes devient homogène en coordonnées trilinéaires.

2. *Droite passant par deux points. — Intersection de deux droites.*

Les coordonnées x, y, z d'un point qui divise dans le rapport $\lambda : \mu$ la distance des points (x_1, y_1, z_1), (x_2, y_2, z_2) sont

$$x = \frac{\lambda x_1 + \mu x_2}{\lambda + \mu}, \quad y = \frac{\lambda y_1 + \mu y_2}{\lambda + \mu}, \quad z = \frac{\lambda z_1 + \mu z_2}{\lambda + \mu}.$$

L'élimination de λ, μ entre ces équations donne l'équation de la droite $(x_1, y_1, z_1)(x_2, y_2, z_2)$ sous la forme

$$(5) \qquad \begin{vmatrix} x & y & z \\ x_1 & y_1 & z_1 \\ x_2 & y_2 & z_2 \end{vmatrix} = 0.$$

Les coordonnées du point de concours de deux droites

$$\mathbf{L} = lx + my + nz = 0, \quad \mathbf{L'} = l'x + m'y + n'z = 0$$

sont proportionnelles aux binômes

$$mn' - m'n, \quad nl' - n'l, \quad lm' - l'm\,;$$

en tenant compte de la relation (3), on aura, pour les valeurs des coordonnées absolues,

$$x = \frac{2S}{D}(mn' - m'n), \quad y - \frac{2S}{D}(nl' - n'l), \quad z = \frac{2S}{D}(lm' - l'm)$$

ou

$$(6) \qquad x = \frac{2S}{D}\frac{dD}{da}, \quad y - \frac{2S}{D}\frac{dD}{db}, \quad z = \frac{2S}{D}\frac{dD}{dc}\,;$$

D désigne le déterminant

$$(7) \qquad \begin{vmatrix} l & m & n \\ l' & m' & n' \\ \mathbf{a} & \mathbf{b} & \mathbf{c} \end{vmatrix}.$$

Les droites L, L' sont parallèles si l'on a D = o.

3. *Droite à l'infini. Parallèle à une droite donnée.*
Pour qu'une droite

$$lx + my + nz = 0$$

soit rencontrée à l'infini par une droite quelconque

$$l'x + m'y + n'z = 0,$$

il faut que D soit nul, quels que soient l', m', n', c'est-à-dire que l', m', n' soient proportionnelles à $\mathbf{a}$, $\mathbf{b}$, $\mathbf{c}$.

Ainsi, la droite à l'infini est représentée par l'équation

$$(8) \quad \mathbf{a}x + \mathbf{b}y + \mathbf{c}z = 0 \quad \text{ou} \quad x\sin A + y\sin B + z\sin C = 0.$$

Comme $L + \lambda L' = 0$ représente le faisceau des droites passant par les points d'intersection de $L = 0$, $L' = 0$, l'équation générale des parallèles à $lx + my + nz = 0$ est

$$(9) \qquad lx + my + nz + \lambda(\mathbf{a}x + \mathbf{b}y + \mathbf{c}z) = 0.$$

4. *Angle de deux droites. Perpendiculaire à une droite donnée.*

Menons par le sommet A du triangle de référence des parallèles aux droites données

$$lx + my + nz = 0, \quad l'x + m'y + n'z = 0.$$

Ces parallèles ont pour équations

$$y(\mathbf{a}m - \mathbf{b}l) + z(\mathbf{a}n - \mathbf{c}l) = 0,$$
$$y(\mathbf{a}m' - \mathbf{b}l') + z(\mathbf{a}n' - \mathbf{c}l') = 0;$$

soient θ, θ' les angles qu'elles font avec le côté $AB\,(z = 0)$ du triangle. Si des points D, D' où les deux parallèles rencontrent BC, on abaisse des perpendiculaires sur AC, AB, on aura évidemment par les triangles rectangles les relations

$$\frac{\sin\theta}{\sin(A - \theta)} = \frac{\mathbf{b}l - \mathbf{a}m}{\mathbf{a}n - \mathbf{c}l}, \quad \frac{\sin\theta'}{\sin(A - \theta')} = \frac{\mathbf{b}l' - \mathbf{a}m'}{\mathbf{a}n' - \mathbf{c}l'},$$

d'où

$$\tan\theta = \frac{\sin A\,(\mathbf{b}l - \mathbf{a}m)}{\mathbf{a}n - \mathbf{c}l + \cos A\,(\mathbf{b}l - \mathbf{a}m)},$$
$$\tan\theta' = \frac{\sin A\,(\mathbf{b}l' - \mathbf{a}m')}{\mathbf{a}n' - \mathbf{c}l' + \cos A\,(\mathbf{b}l' - \mathbf{a}m')}.$$

L'angle V des deux droites a pour tangente

$$\tan V = \frac{\tan\theta' - \tan\theta}{1 + \tan\theta\,\tan\theta'}.$$

Après des réductions trigonométriques assez laborieuses, pour lesquelles on tient compte des relations

$$\mathbf{a}^2 = \mathbf{b}^2 + \mathbf{c}^2 - 2\mathbf{b}\mathbf{c}\cos A, \quad \mathbf{a} = \mathbf{b}\cos C + \mathbf{c}\cos B, \quad . \; .,$$

on trouve

$$(10) \quad \tan V = \frac{D}{2R\left[\begin{array}{c} ll' + mm' + nn' - (mn' + m'n)\cos A \\ - (nl' + n'l)\cos B - (lm' + l'm)\cos C \end{array}\right]}.$$

Le numérateur D est le déterminant (7). En posant

$$(11) \begin{cases} L' = l' - m' \cos C - n' \cos B, \quad L = l - m \cos C - n \cos B, \\ M' = m' - n' \cos A - l' \cos C, \quad \ldots\ldots\ldots\ldots\ldots\ldots, \\ N' = n' - l' \cos B - m' \cos A, \quad \ldots\ldots\ldots\ldots\ldots\ldots, \end{cases}$$

le dénominateur de $\tan V$ peut s'écrire sous l'une ou l'autre des formes

$$l L' + m M' + n N' \quad \text{ou} \quad l' L + m' M + n' N.$$

Le dénominateur de $\sin^2 V$ est

$$4 R^2 (l L' + m M' + n N')^2 + D^2$$

ou bien, en remplaçant dans D les côtés du triangle par $2 R \sin A, \ldots$

$$4 R^2 \Big\{ (l L' + m M' + n N')^2 \\ + \big[\quad l (m' \sin C - n' \sin B) \\ + m (n' \sin A - l' \sin C) \\ + n (l' \sin B - m' \sin A) \big]^2 \Big\}.$$

L'expression entre crochets développée se présente sous la forme d'un produit de deux facteurs, qui sont

$$(12) \begin{cases} P = l^2 + m^2 + n^2 - 2 mn \cos A - 2 nl \cos B - 2 lm \cos C, \\ P' = l'^2 + m'^2 + n'^2 - 2 m'n' \cos A - 2 n'l' \cos B - 2 l'm' \cos C, \end{cases}$$

de sorte que l'on a

$$(13) \qquad \sin V = \frac{D}{2 R \sqrt{PP'}}.$$

Il résulte de la formule (10) que la condition pour que deux droites (l, m, n), (l', m', n') soient perpendiculaires est

$$(14) \quad \begin{cases} l l' + m m' + n n' - (m n' + m' n) \cos A \\ \quad - (n l' + n' l) \cos B - (l m' + l' m) \cos C = 0 \end{cases}$$

ou, abréviativement,

$$l' L + m' M + n' N = 0.$$

L'équation de la perpendiculaire abaissée du point (x_1, y_1, z_1)

sur la droite (l, m, n), est

$$(15) \qquad \begin{vmatrix} x & x_1 & \mathrm{L} \\ y & y_1 & \mathrm{M} \\ z & z_1 & \mathrm{N} \end{vmatrix} = \mathrm{o}.$$

5. *Points cycliques. Droites isotropes.*

La fonction homogène du second degré (12) en l, m, n, que nous avons désignée par P, a son discriminant nul, et est par suite décomposable en deux facteurs ; on peut écrire

$$\mathrm{P} = [\, l + m\,(i\sin\mathrm{C} - \cos\mathrm{C}) \ - n\,(i\sin\mathrm{B} + \cos\mathrm{B})]$$
$$\times\, [\, l - m\,(i\sin\mathrm{C} + \cos\mathrm{C}) + n\,(i\sin\mathrm{B} - \cos\mathrm{B})].$$

Les deux groupes de quantités

$$(16) \quad \begin{cases} \xi_1 = \mathrm{I}, & \xi_2 = \mathrm{I}, \\ \eta_1 = \quad i\sin\mathrm{C} - \cos\mathrm{C} - = - e^{-i\mathrm{C}}, & \eta_2 = - i\sin\mathrm{C} - \cos\mathrm{C} \quad = - e^{i}\,, \\ \zeta_1 = - i\sin\mathrm{B} - \cos\mathrm{B} - = - e^{i\mathrm{B}}, & \zeta_2 = \quad i\sin\mathrm{B} - \cos\mathrm{B} - = - e^{\,i\mathrm{B}}, \end{cases}$$

sont proportionnelles aux coordonnées de deux points imaginaires conjugués situés sur la droite à l'infini, car les relations

$$\mathbf{a}\xi_1 + \mathbf{b}\eta_1 + \mathbf{c}\zeta_1 = \mathrm{o}, \quad \mathbf{a}\xi_2 + \mathbf{b}\eta_2 + \mathbf{c}\zeta_2 = \mathrm{o}$$

sont satisfaites. Ces deux points sont les points cycliques. On peut donner à leurs coordonnées d'autres formes, en écrivant soit

$$\mathrm{P} = [\, m + n\,(i\sin\mathrm{A} - \cos\mathrm{A}) - l\,(i\sin\mathrm{C} + \cos\mathrm{C})]$$
$$\times\, [\, m - n\,(i\sin\mathrm{A} + \cos\mathrm{A}) + l\,(i\sin\mathrm{C} - \cos\mathrm{C})],$$

soit

$$\mathrm{P} = [\, n + l\,(i\sin\mathrm{B} - \cos\mathrm{B}) \ - m\,(i\sin\mathrm{A} + \cos\mathrm{A})]$$
$$\times\, [\, n - l\,(i\sin\mathrm{B} + \cos\mathrm{B}) + m\,(i\sin\mathrm{A} - \cos\mathrm{A})].$$

Les droites isotropes qui joignent un point quelconque aux points cycliques font entre elles un angle dont la tangente est i. Pour le constater, il suffit de considérer celles qui sont menées par un des sommets du triangle de référence, par exemple par le sommet A, savoir

$$y\zeta_1 - z\eta_1 = \mathrm{o}, \quad y\zeta_2 - z\eta_2 = \mathrm{o},$$

et d'appliquer à ces droites la formule (10). L'équation des droites isotropes, passant par un point (x_1, y_1, z_1), sera

$$\begin{vmatrix} x & y & z \\ x_1 & y_1 & z_1 \\ \xi_1 & \eta_1 & \zeta_1 \end{vmatrix} \begin{vmatrix} x & y & z \\ x_1 & y_1 & z_1 \\ \xi_2 & \eta_2 & \zeta_2 \end{vmatrix} = 0,$$

ou, en développant,

$$[yz_1 - zy_1 - \cos C\,(zx_1 - xz_1) - \cos B\,(xy_1 - yx_1)]^2$$
$$+ [\sin C\,(zx_1 - xz_1) - \sin B\,(xy_1 - yx_1)]^2 = 0$$

et enfin

$$(17) \quad \begin{cases} (yz_1 - y_1 z)^2 + (zx_1 - x_1 z)^2 + (xy_1 - x_1 y)^2 \\ \qquad - 2\cos A\,(xy_1 - x_1 y)(zx_1 - xz_1) \\ \qquad - 2\cos B\,(yz_1 - y_1 z)(xy_1 - x_1 y) \\ \qquad - 2\cos C\,(yz_1 - y_1 z)(zx_1 - xz_1) = 0, \end{cases}$$

en tenant compte de l'identité

$$\cos A + \cos B \cos C - \sin B \sin C.$$

6. *Équations des bissectrices de l'angle de deux droites*

$$lx + my + nz = 0 \quad \text{et} \quad l'x + m'y + n'z = 0.$$

Les bissectrices formant avec les droites données un faisceau harmonique, leurs équations sont de la forme

$$lx + my + nz + k\,(l'x + m'y + n'z) = 0,$$
$$lx + my + nz - k\,(l'x + m'y + n'z) = 0.$$

De plus, elles doivent être perpendiculaires; donc, en vertu de la formule (14), on aura

$$(l + kl')(l - kl') + \ldots - 2\cos A$$
$$\times [(m + km')(n - kn') + (m - km')(n + kn')] - \ldots = 0,$$

ou simplement

$$P - P'k^2 = 0.$$

L'équation quadratique des bissectrices est donc

$$(18) \quad (lx + my + nz)^2 P' - (l'x + m'y + n'z)^2 P = 0 \,(^1).$$

7. *Angle de deux droites représentées par l'équation générale du second degré*

$$a x^2 + b y^2 + c z^2 + 2 f y z + 2 g z x + 2 h x y = 0.$$

(l, m, n), (l', m', n') étant les coefficients des équations séparées des deux droites, on a identiquement

$$ll' = a, \quad mm' = b, \quad nn' = c, \quad mn' + m'n = 2f, \quad \ldots$$

Le dénominateur de la formule (10) devient donc

$$2\,\mathrm{R}\,(a + b + c - 2f \cos \mathrm{A} - 2g \cos \mathrm{B} - 2h \cos \mathrm{C}) \quad \text{ou} \quad 2\,\mathrm{R.E.}$$

Élevons au carré le numérateur

$$\mathrm{D} = \mathbf{a}(mn' - m'n) + \mathbf{b}(nl' - n'l) + \mathbf{c}(lm' - l'm).$$

Le coefficient de $\mathbf{a}^2$ est

$$(mn' + m'n)^2 - 4 mm'nn' \quad \text{ou} \quad 4(f^2 - bc).$$

Celui de $2\mathbf{bc}$ peut s'écrire

$$(nl' - n'l)(lm' - l'm)$$
$$= 2\,ll'(mn' + m'n) - (nl' + n'l)(lm' + l'm) - 4(af - gh),$$

et ainsi de suite. On a ainsi

$$(19) \quad \begin{cases} \mathrm{D}^2 = -4\big[\mathbf{a}^2(bc - f^2) + \mathbf{b}^2(ca - g^2) + \mathbf{c}^2(ab - h^2) \\ \qquad\qquad + 2\mathbf{bc}(gh - af) + 2\mathbf{ca}(hf - bg) \\ \qquad\qquad\qquad + 2\mathbf{ab}(fg - ch)\big] \\[1em] \quad = -4 \begin{vmatrix} \mathbf{a} & a & h & g \\ \mathbf{b} & h & b & f \\ \mathbf{c} & g & f & c \\ \mathbf{o} & a & b & c \end{vmatrix} = -4\nabla. \end{cases}$$

(¹) Nous donnerons plus loin l'équation des bissectrices des deux droites représentées par l'équation générale du second degré (*voir* n° 22).

La formule (10) donne alors

$$(20) \qquad \operatorname{tang} V = \frac{\sqrt{-\nabla}}{R \cdot E}.$$

La condition pour que les deux droites soient perpendiculaires est $E = 0$ ou

$$(21) \qquad a + b + c - 2f \cos A - 2g \cos B - 2h \cos C = 0.$$

La condition pour qu'elles soient parallèles est $\nabla = 0$.

En outre, le discriminant Δ de la fonction $ax^2 + by^2 + \ldots$ doit être nul; si l'on avait $\nabla = 0$, sans que Δ fût nul, l'équation du second degré représenterait, comme nous le verrons, une parabole; si E seul était nul, on aurait une hyperbole équilatère.

Les deux fonctions E, ∇ jouent un rôle capital dans la théorie des coniques.

8. *Distance de deux points* (x_1, y_1, z_1), (x_2, y_2, z_2).

Menons par le point $O_1(x_1, y_1, z_1)$ des parallèles aux côtés AB, AC du triangle de référence, et abaissons du point O_2 les perpendiculaires $O_2 P$, $O_2 Q$ sur ces droites; le triangle $O_2 P Q$ donne

$$\overline{PQ}^2 = \overline{O_2 P}^2 + \overline{O_2 Q}^2 + 2 O_2 P \cdot O_2 Q \cos A$$
$$= (y_1 - y_2)^2 + (z_1 - z_2)^2 + 2(y_1 - y_2)(z_1 - z_2) \cos A.$$

Mais la distance $O_1 O_2 = d$ est le diamètre du cercle circonscrit au triangle $O_2 P Q$; on a donc

$$PQ = d \sin A$$

et, par suite,

$$d^2 = \frac{1}{\sin^2 A} \left[(y_1 - y_2)^2 + (z_1 - z_2)^2 + 2(y_1 - y_2)(z_1 - z_2) \right] \cos A.$$

Pour rendre cette expression symétrique par rapport aux coordonnées des deux points, nous remarquerons que les deux relations

$$2S = \mathbf{a} x_1 + \mathbf{b} y_1 + \mathbf{c} z_1, \quad 2S = \mathbf{a} x_2 + \mathbf{b} y_2 + \mathbf{c} z_2$$

donnent

$$2S(y_1 - y_2) = c(y_1 z_2 - y_2 z_1) - a(x_1 y_2 - x_2 y_1) = cX - aZ,$$

$$2S(z_1 - z_2) = a(z_1 x_2 - z_2 x_1) - b(y_1 z_2 - z_1 y_2) = aY - bX.$$

La substitution de ces valeurs de $y_1 - y_2$, $z_1 - z_2$ dans l'expression de d^2 donne ensuite

$$4S^2 d^2 \sin^2 A = X^2(b^2 + c^2 - 2bc\cos A) + a^2 Y^2 + a^2 Z^2 - 2YZ\cos A$$
$$- 2aZX(c - b\cos A) - 2aXY(b - c\cos A)$$

ou

$$(22) \quad d^2 = \frac{R^2}{S^2}(X^2 + Y^2 + Z^2 - 2YZ\cos A - 2ZX\cos B - 2XY\cos C).$$

Le polynôme entre parenthèses n'est autre chose que la fonction P des trois binômes

$$X = y_1 z_2 - y_2 z_1, \quad Y = z_1 x_2 - z_2 x_1, \quad Z - x_1 y_2 - x_2 y_1.$$

En introduisant les coordonnées des points cycliques, on peut écrire

$$(22') \quad \left\{ \begin{aligned} d^2 &= \frac{R^2}{S^2}(\xi_1 X + \eta_1 Y + \zeta_1 Z)(\xi_2 X + \eta_2 Y + \zeta_2 Z) \\ &= \frac{R^2}{S^2} \begin{vmatrix} x_1 & y_1 & z_1 \\ x_2 & y_2 & z_2 \\ \xi_1 & \eta_1 & \zeta_1 \end{vmatrix} \cdot \begin{vmatrix} x_1 & y_1 & z_1 \\ x_2 & y_2 & z_2 \\ \xi_2 & \eta_2 & \zeta_2 \end{vmatrix}. \end{aligned} \right.$$

Ainsi le carré de la distance de deux points s'obtient en formant l'équation des droites isotropes qui passent par l'un d'eux, en substituant dans cette équation les coordonnées du second point aux coordonnées courantes, et multipliant le résultat par $\dfrac{R^2}{S^2}$.

9. *Distance des deux points d'intersection d'une droite avec deux droites données.*

Soit

$$lx + my + nz = 0$$

une droite qui coupe

$$l_1 x + m_1 y + n_1 z = 0 \quad \text{et} \quad l_2 x + m_2 y + n_2 z = 0$$

en deux points dont on veut calculer la distance.

D'après les formules (6), les coordonnées des deux points sont

$$x_1 = \frac{2S}{D_{01}}(mn_1 - m_1 n), \quad \ldots, \quad x_2 = \frac{2S}{D_{02}}(mn_2 - m_2 n), \quad \ldots,$$

en posant

$$D_{01} = \begin{vmatrix} l & m & n \\ l_1 & m_1 & n_1 \\ a & b & c \end{vmatrix}, \quad D_{02} = \begin{vmatrix} l & m & n \\ l_2 & m_2 & n_2 \\ a & b & c \end{vmatrix}.$$

La formule (22′) donne, pour le carré de la distance cherchée,

$$d^2 = \frac{16 R^2 S^2}{D_{01}^2 D_{02}^2} \begin{vmatrix} (mn_1) & (nl_1) & (lm_1) \\ (mn_2) & (nl_2) & (lm_2) \\ \xi_1 & \eta_1 & \zeta_1 \end{vmatrix} \cdot \begin{vmatrix} (mn_1) & (nl_1) & (lm_1) \\ (mn_2) & (nl_2) & (lm_2) \\ \xi_2 & \eta_2 & \zeta_2 \end{vmatrix},$$

où (mn_1), (nl_1), $\ldots$ désignent les binômes $mn_1 - m_1 n$, $nl_1 - n_1 l$, $\ldots$.

En vertu de l'identité

$$(nl_1)(lm_2) - (lm_1)(nl_2) - l \begin{vmatrix} l & m & n \\ l_1 & m_1 & n_1 \\ l_2 & m_2 & n_2 \end{vmatrix} = l\, D_{012}$$

et de deux autres analogues, les déterminants qui entrent dans l'expression de d^2 sont les produits par D_{012} de $l\xi_1 + m\eta_1 + n\zeta_1$ et de $l\xi_2 + m\eta_2 + n\zeta_2$.

On a donc

$$(23) \qquad d^2 = 16 R^2 S^2 P \frac{D_{012}^2}{D_{01}^2 D_{02}^2}.$$

Supposons les droites (l_1, m_1, n_1), (l_2, m_2, n_2) définies par l'équation générale du second degré

$$a x^2 + b y^2 + \ldots = \varphi(x, y, z) = 0,$$

de sorte que

$$l_1 l_2 = a, \quad m_1 m_2 = b, \quad n_1 n_2 = c, \quad m_1 n_2 + m_2 n_1 = 2f, \quad \ldots$$

En transformant, comme au n° 7, le carré du déterminant D_{012}, on trouve

$$D_{012}^2 = -4 \begin{vmatrix} l & a & h & g \\ m & h & b & f \\ n & g & f & c \\ o & l & m & n \end{vmatrix} = -4\Phi(l, m, n).$$

On a ensuite

$$D_{01} D_{02} = l_1 l_2 (\mathbf{b}n - \mathbf{c}m)^2 + \ldots$$
$$+ (m_1 n_2 + m_2 n_1)(\mathbf{c}l - \mathbf{a}n)(\mathbf{a}m - \mathbf{b}l) + \ldots$$
$$= a(\mathbf{b}n - \mathbf{c}m)^2 + \mathbf{b}(\mathbf{c}l - \mathbf{a}n)^2 + \mathbf{c}(\mathbf{a}m - \mathbf{b}l)^2$$
$$+ 2f(\mathbf{c}l - \mathbf{a}n)(\mathbf{a}m - \mathbf{b}l)$$
$$+ 2g(\mathbf{a}m - \mathbf{b}l)(\mathbf{b}n - \mathbf{c}m)$$
$$+ 2h(\mathbf{b}n - \mathbf{c}m)(\mathbf{c}l - \mathbf{a}n).$$

Cette expression, que nous désignerons par ∇_1, peut se mettre sous forme de déterminant, de sorte que

$$(24) \qquad D_{01} D_{02} = \begin{vmatrix} a & h & g & l & \mathbf{a} \\ h & b & f & m & \mathbf{b} \\ g & f & c & n & \mathbf{c} \\ l & m & n & 0 & 0 \\ \mathbf{a} & \mathbf{b} & \mathbf{c} & 0 & 0 \end{vmatrix} = \nabla_1.$$

Ainsi l'on aura

$$(25) \qquad d^2 = -\frac{64\,\mathrm{R}^4 \mathrm{S}^2 \mathrm{P}}{\nabla_1^2}\,\Phi(l, m, n).$$

Nous verrons plus loin (n° 13) que l'expression de d^2 ne change pas quand l'équation $\varphi(x, y, z) = 0$ représente une conique quelconque.

10. *Distance d'un point à une droite. Coordonnées tangentielles.*

Nous avons donné au n° 4 l'équation (15) de la perpendiculaire abaissée du point (x_1, y_1, z_1) sur la droite $lx + my + nz = 0$.

Les coordonnées du pied de la perpendiculaire sont

$$x_2 = \frac{2S}{D'}\left[m(x_1 M - y_1 L) - n(z_1 L - x_1 N)\right],$$

$$y_2 = \frac{2S}{D'}\left[n(y_1 N - z_1 M) - l(x_1 M - y_1 L)\right],$$

$$z_2 = \frac{2S}{D'}\left[l(z_1 L - x_1 N) - m(y_1 N - z_1 M)\right];$$

L, M, N ont les valeurs (11); D′ est le déterminant (7) dans lequel l', m', n' doivent être remplacés par les coefficients de x, y, z dans l'équation (15). On trouve, après quelques réductions,

$$D' = (\mathbf{a}x_1 + \mathbf{b}y_1 + \mathbf{c}z_1)(l^2 + m^2 + n^2 - 2mn\cos A - \dots) = 2SP.$$

Les binômes X, Y, Z, qui figurent dans l'expression (22) de la distance des deux points (x_1, y_1, z_1), (x_2, y_2, z_2), ont ici pour valeurs

$$X = (lx_1 + my_1 + nz_1)(M z_1 - N y_1),$$
$$Y = (lx_1 + my_1 + nz_1)(N x_1 - L z_1),$$
$$Z = (lx_1 + my_1 + nz_1)(L y_1 - M x_1).$$

Un calcul laborieux, mais qui ne présente aucune difficulté, conduit au résultat suivant :

$$X^2 + Y^2 + Z^2 - 2YZ\cos A - 2ZX\cos B - 2XY\cos C$$
$$= P(x_1\sin A + y_1\sin B + z_1\sin C)^2(lx_1 + my_1 + nz_1)^2$$
$$- P\frac{S^2}{R^2}(lx_1 + my_1 + nz_1)^2.$$

Donc enfin, en vertu de la formule (22), la distance cherchée est [1]

$$\delta^2 = \frac{R^2}{S^2}\frac{PS^2}{R^2}\frac{(lx_1 + my_1 + nz_1)^2 4S^2}{4S^2 P^2} = \frac{(lx_1 + my_1 + nz_1)^2}{P}$$

---

[1] Cette formule et plusieurs autres peuvent être obtenues, peut-être plus simplement, par la transformation des formules correspondantes de la géométrie cartésienne ; mais nous avons préféré, dans a plupart des cas, donner des démonstrations directes.

ou

$$(26) \quad \delta = \pm \frac{l x_1 + m y_1 + n z_1}{\sqrt{l^2 + m^2 + n^2 - 2 mn \cos A - 2 nl \cos B - 2 lm \cos C}}.$$

Les distances des sommets du triangle de référence à la droite (l, m, n) sont respectivement, en désignant par h_1, h_2, h_3 les hauteurs abaissées des sommets A, B, C sur les côtés opposés,

$$\lambda = \frac{l h_1}{\sqrt{P}}, \quad \mu = \frac{m h_2}{\sqrt{P}}, \quad \nu = \frac{n h_3}{\sqrt{P}}$$

ou

$$\lambda = \frac{2 l S}{a \sqrt{P}}, \quad \mu = \frac{2 m S}{b \sqrt{P}}, \quad \nu = \frac{2 n S}{c \sqrt{P}}.$$

Ces trois distances proportionnelles à l, m, n sont les *coordonnées tangentielles absolues* de la droite (l, m, n) [1]. On a

$$\frac{l^2}{a^2 \lambda^2} = \frac{m^2}{b^2 \mu^2} = \frac{n^2}{c^2 \nu^2} = \frac{P}{4 S^2} - k^2.$$

En remplaçant l, m, n par $k a \lambda, k b \mu, k c \nu$ dans la relation

$$4 l^2 S^2 = a^2 \lambda^2 P = a^2 \lambda^2 (l^2 + m^2 + n^2 - 2 mn \cos A - \dots),$$

on a la formule

$$4 S^2 = a^2 \lambda^2 + b^2 \mu^2 + c^2 \nu^2 - 2 bc \mu \nu \cos A$$
$$- 2 ca \nu \lambda \cos B - 2 ab \lambda \mu \cos C.$$

Cette relation entre les coordonnées tangentielles absolues d'une droite correspond à la relation

$$a x_1 + b y_1 + c z_1 = 2 S$$

entre les coordonnées trilinéaires d'un point.

$l x_1 + m y_1 + n z_1 = 0$ est l'équation tangentielle du point (x_1, y_1, z_1); une équation du second degré en l, m, n représente

---

deux points quand elle est décomposable en deux facteurs. Ainsi P o représente les points cycliques.

11. *Surface d'un triangle.*

Soient (l, m, n), (l_1, m_1, n_1), (l_2, m_2, n_2) les coefficients des équations des côtés; la distance à la première droite du point de concours des deux autres est, d'après la formule (26),

$$h = \frac{2\,\mathrm{S}.\mathrm{D}_{012}}{\mathrm{D}_{12}\sqrt{\mathrm{P}}},$$

D_{12} étant le déterminant

$$\begin{vmatrix} l_1 & m_1 & n_1 \\ l_2 & m_2 & n_2 \\ a & b & c \end{vmatrix}$$

et D_{012} ayant la valeur indiquée au n° 9.

Donc, en vertu de l'expression (23) de la base du triangle, son aire est

$$(27) \qquad \Sigma = \frac{4\,\mathrm{R}\,\mathrm{S}^2\mathrm{D}_{012}^2}{\mathrm{D}_{01}\mathrm{D}_{02}\mathrm{D}_{12}}.$$

Si l'on donnait les coordonnées (x_1, y_1, z_1), (x_2, y_2, z_2), (x_3, y_3, z_3) des trois sommets, l'expression de l'aire du triangle serait

$$\Sigma = \frac{\mathrm{R}}{2\,\mathrm{S}} \begin{vmatrix} x_1 & y_1 & z_1 \\ x_2 & y_2 & z_2 \\ x_3 & y_3 & z_3 \end{vmatrix}.$$

§ II. — Formules fondamentales de la théorie des coniques.

12. *Équation de la tangente en un point d'une courbe algébrique. Polaire d'un point. Tangentes menées d'un point extérieur.*

Une des méthodes les plus simples et les plus élégantes pour traiter les questions relatives aux tangentes, aux polaires, etc., est celle de Joachimsthal, qui s'applique aussi bien aux coordonnées trilinéaires qu'aux coordonnées cartésiennes homogènes et conduit aux mêmes calculs dans les deux systèmes.

Soient $M(x_1, y_1, z_1)$, $A(x', y', z')$, $P(x, y, z)$ trois points en ligne droite, tels que $\dfrac{MA}{AP} = \lambda$; on aura

$$x' = \frac{\lambda x + x_1}{1 + \lambda}, \quad y' = \frac{\lambda y + y_1}{1 + \lambda}, \quad z' = \frac{\lambda z + z_1}{1 + \lambda}.$$

Si le point (x', y', z') est sur une courbe $\varphi(x, y, z) = 0$ d'ordre m, l'équation

$$\varphi(x_1 + \lambda x, y_1 + \lambda y, z_1 + \lambda z) = 0$$

donnera les valeurs du rapport λ pour les m points A_1, A_2, ... A_m, où la droite MP coupe la courbe.

On a, en développant par la formule de Taylor,

$$\varphi(x_1, y_1, z_1) + \lambda(x\varphi'_{x_1} + y\varphi'_{y_1} + z\varphi'_{z_1}) + \ldots$$
$$+ \lambda^{m-1}(x_1\varphi'_x + y_1\varphi'_y + z_1\varphi'_z) + \lambda^m \varphi(x, y, z) = 0.$$

Si le point M est sur la courbe, cette équation a une racine nulle; pour qu'elle ait une seconde racine nulle, le point P doit satisfaire à l'équation

$$x\varphi'_{x_1} + y\varphi'_{y_1} + z\varphi'_{z_1} = 0$$

qui est celle de la tangente en M, dans le cas où φ'_{x_1}, φ'_{y_1}, φ'_{z_1} ne sont pas nuls à la fois.

Lorsque $\varphi(x_1, y_1, z_1)$ n'est pas nul, l'équation

$$x\varphi'_{x_1} + \varphi y'_{y_1} + \varphi z'_{z_1} = 0$$

est celle de la polaire rectiligne du point M; c'est le lieu des points P tels que la somme des inverses des valeurs de λ est nulle pour chacun d'eux.

On a

$$\frac{PA_1}{MA_1} + \frac{PA_2}{MA_2} + \ldots = \frac{MP - MA_1}{MA_1} + \frac{MP - MA_2}{MA_2} + \ldots - 0$$

ou bien

$$\frac{1}{MA_1} + \frac{1}{MA_2} + \ldots = \frac{m}{MP}.$$

L'équation

$$x_1\varphi'_x + y_1\varphi'_y + z_1\varphi'_z = 0,$$

de degré $m-1$, est celle de la première polaire de M, lieu des points tels que la somme des produits $m-1$ à $m-1$ des inverses des valeurs de λ est nulle. Elle se confond avec l'équation de la polaire rectiligne quand $\varphi(x, y, z)$ est du second degré.

Le discriminant de l'équation en λ, égalé à zéro, donne l'équation du faisceau des tangentes issues de M. Dans le cas d'une conique, on trouve l'équation bien connue

$$(28)\qquad 4\varphi(x, y, z)\,\varphi(x_1, y_1, z_1) - (x\varphi'_{x_1} + y\varphi'_{y_1} + z\varphi'_{z_1})^2 = 0.$$

13. *Nature d'une conique représentée par l'équation générale du second degré.*

L'élimination d'une des variables x, y ou z entre l'équation de la conique

$$ax^2 + by^2 + \ldots = 0$$

et celle de la droite à l'infini (8) donne le faisceau des directions asymptotiques, ayant pour sommet un des sommets du triangle de référence. On trouve, par exemple, en éliminant z,

$$(29)\qquad \begin{cases} x^2(a\mathbf{a}^2 + c\mathbf{a}^2 - 2g\mathbf{ca}) + 2xy(h\mathbf{c}^2 + c\mathbf{ab} - f\mathbf{ca} - g\mathbf{bc}) \\ \qquad\qquad + y^2(b\mathbf{c}^2 + c\mathbf{b}^2 - 2f\mathbf{bc}) = 0. \end{cases}$$

Le discriminant de cette équation, divisé par $\mathbf{c}^2$ qui entre en facteur dans tous les termes, est la fonction ∇ (19).

Le faisceau asymptotique est réel, et l'on a une hyperbole si $\nabla < 0$; on a une ellipse si $\nabla > 0$, une parabole si $\nabla = 0$.

La condition pour que le faisceau soit rectangulaire s'obtiendra en égalant à zéro la fonction E (21) relative à l'équation du faisceau, c'est-à-dire en posant

$$a\mathbf{c}^2 + c\mathbf{a}^2 - 2g\mathbf{ca} + b\mathbf{c}^2 + c\mathbf{b}^2 - 2f\mathbf{bc}$$
$$- 2\cos C(h\mathbf{c}^2 + c\mathbf{ab} - f\mathbf{ca} - g\mathbf{bc}) = 0$$

ou

$$a\mathbf{c}^2 + b\mathbf{c}^2 + c(\mathbf{a}^2 + \mathbf{b}^2 - 2\mathbf{ab}\cos C)$$
$$- 2f\mathbf{c}(\mathbf{b} - \mathbf{a}\cos C) - 2g\mathbf{c}(\mathbf{a} - \mathbf{b}\cos C) - 2h\mathbf{c}^2\cos C = 0,$$

ce qui revient à

$$\mathbf{c}^2(a + b + c - 2f\cos A - 2g\cos B - 2h\cos C) = 0.$$

Ainsi la conique, représentée par l'équation générale du second degré, est une hyperbole équilatère quand on a $E = 0$.

Si l'on applique la formule (20) au calcul de l'angle des deux droites (29), on trouve d'abord, en désignant par a_1, b_1, h_1 les coefficients de x^2, de y^2 et de $2xy$ dans l'équation (29),

$$\nabla_1 = \mathbf{c}^2(a_1 b_1 - h_1^2) - \mathbf{c}^4\nabla,$$

et, comme d'ailleurs $E_1 = \mathbf{c}^2 E$, il vient

$$\tang V = \frac{\sqrt{-\nabla}}{RE}.$$

Ainsi la formule (20) donne l'angle des asymptotes de la conique représentée par l'équation générale, quelle que soit la nature de la courbe.

14. *Pôle d'une droite. Centre d'une conique. Droites conjuguées.*

Les coordonnées du pôle d'une droite s'obtiennent en identifiant l'équation de la droite

$$lx + my + nz = 0$$

avec celle de la polaire d'un point (x_1, y_1, z_1), savoir

$$x\varphi'_{x_1} + y\varphi'_{y_1} + z\varphi'_{z_1} = 0.$$

On a à résoudre le système

$$
\begin{aligned}
ax_1 + hy_1 + gz_1 + l\lambda &= 0,\\
hx_1 + by_1 + fz_1 + m\lambda &= 0,\\
gx_1 + fy_1 + cz_1 + n\lambda &= 0,\\
\mathbf{a}x_1 + \mathbf{b}y_1 + \mathbf{c}z_1 &= 2S.
\end{aligned}
$$

Soit

$$(30) \qquad U = \begin{vmatrix} \mathbf{a} & a & h & g \\ \mathbf{b} & h & b & f \\ \mathbf{c} & g & f & c \\ 0 & l & m & n \end{vmatrix}.$$

On aura

$$(31)\quad\begin{cases} x_1 = \dfrac{2S}{U}\,(A\,l + H\,m + G\,n) = \dfrac{2S}{U}\,\dfrac{dU}{da}, \\[2mm] y_1 = \dfrac{2S}{U}\,(H\,l + B\,m + F\,n) = \dfrac{2S}{U}\,\dfrac{dU}{db}, \\[2mm] z_1 = \dfrac{2S}{U}\,(G\,l + F\,m + C\,n) = \dfrac{2S}{U}\,\dfrac{dU}{dc}, \end{cases}$$

où $A = bc - f^2$, $B = ca - g^2$, $C = ab - h^2$, $F = gh - af$, $G = hf - bg$, $H = fg - ch$.

En exprimant que le pôle est sur la droite elle-même, on a la condition de contact ou l'équation tangentielle de la conique

$$(32)\quad\begin{cases} A\,l^2 + B\,m^2 + C\,n^2 + 2F\,mn + 2G\,nl + 2H\,lm \\[2mm] \qquad - \begin{vmatrix} l & a & h & g \\ m & h & b & f \\ n & g & f & c \\ 0 & l & m & n \end{vmatrix} = \Phi(l, m, n) = 0. \end{cases}$$

Nous rappellerons que l, m, n sont proportionnelles aux coordonnées tangentielles absolues de la droite

$$lx + my + nz = 0.$$

Si la droite donnée est à l'infini, son pôle est le centre de la conique; U devient ∇, puisque l, m, n sont remplacées par a, b, c, et l'on a, pour les coordonnées du centre,

$$(33)\qquad X_1 = \dfrac{2S}{\nabla}\,\dfrac{d\nabla}{da}, \quad Y_1 = \dfrac{2S}{\nabla}\,\dfrac{d\nabla}{db}, \quad Z_1 = \dfrac{2S}{\nabla}\,\dfrac{d\nabla}{dc}.$$

Deux droites (l, m, n), (l', m', n') sont conjuguées, si le pôle de l'une est sur l'autre, ce qu'on exprime de deux manières, en écrivant soit

$$l'\,\dfrac{dU}{da} + m'\,\dfrac{dU}{db} + n'\,\dfrac{dU}{dc} = 0,$$

soit

$$\dfrac{l\,dU'}{da} + m\,\dfrac{dU'}{db} + n\,\dfrac{dU'}{dc} = 0,$$

U′ étant la fonction U dans laquelle l', m', n' remplacent l, m, n.

15. *Distance des deux points d'intersection d'une droite et d'une conique.*

Soit

$$lx + my + nz = 0$$

la droite donnée; on trouve facilement pour l'équation quadratique des tangentes menées aux points où elle coupe une conique

$$(34) \qquad \varphi(x, y, z)\, \Phi(l, m, n) - \Delta(lx + my + nz)^2 = 0,$$

Δ étant le discriminant de la fonction $\varphi(x, y, z)$; il suffit d'écrire que le discriminant de

$$\varphi(x, y, z) + \lambda(lx + my + nz)^2$$

est nul, et ce discriminant est

$$\Delta + \lambda\,\Phi(l, m, n).$$

L'élimination de λ donne l'équation (34).

Appliquons maintenant la formule (25) au calcul de la distance des points d'intersection de la droite (l, m, n) avec le couple de droites (34).

La fonction de l, m, n qui entre au numérateur de d^2 et que nous désignerons par Φ_1 est

$$\Phi_1 = A_1 l^2 + B_1 m^2 + \ldots + 2 H_1 lm;$$

A_1, B_1, …, H_1 étant les coefficients tangentiels de l'équation des tangentes, savoir :

$$A_1 = (b\Phi - \Delta m^2)(c\Phi - \Delta n^2) - (f\Phi - \Delta mn)^2$$
$$\qquad - A\Phi^2 - \Delta\Phi(cm^2 + bn^2 - 2fmn),$$
$$B_1 = B\Phi^2 - \Delta\Phi(an^2 + cl^2 - 2gln),$$
$$C_1 = C\Phi^2 - \Delta\Phi(bl^2 + am^2 - 2hlm),$$
$$F_1 = (g\Phi - \Delta nl)(h\Phi - \Delta lm) - (a\Phi - \Delta l^2)(f\Phi - \Delta mn)$$
$$\qquad = F\Phi^2 - \Delta\Phi(-amn - fl^2 + glm + hnl),$$
$$G_1 = G\Phi^2 - \Delta\Phi(-bnl - gm^2 + hmn + flm),$$
$$H_1 = H\Phi^2 - \Delta\Phi(-clm - hn^2 + fnl + gmn).$$

Ces valeurs donnent

$$\Phi_1 = \Phi^2(A\,l^2 + B\,m^2 + \ldots + 2H\,lm) = \Phi^3.$$

Le dénominateur de d développé est

$$(a\Phi - \Delta\,l^2)(\mathbf{b}\,n - \mathbf{c}\,m)^2 + (b\Phi - \Delta\,m^2)(\mathbf{c}\,l - \mathbf{a}\,n)^2$$
$$+ (c\Phi - \Delta\,n^2)(\mathbf{a}\,m - \mathbf{b}\,n)^2$$
$$+ 2(f\Phi - \Delta\,mn)(\mathbf{c}\,l - \mathbf{a}\,n)(\mathbf{a}\,m - \mathbf{b}\,n) + \ldots$$

ou

$$\Phi\nabla_1 - \Delta[\,l^2(\mathbf{b}\,n - \mathbf{c}\,m)^2 + m^2(\mathbf{c}\,l - \mathbf{a}\,n)^2 + \ldots].$$

Le coefficient de Δ est identiquement nul, et il reste pour ce dénominateur le produit $\Phi.\nabla_1$, ∇_1 étant le déterminant (24). La distance des points d'intersection de la droite (l, m, n) avec la conique $\varphi(x, y, z) = 0$ est donc donnée par la formule

$$d^2 = -\frac{64\,R^2 S^2 P}{\nabla_1}\,\Phi(l, m, n),$$

démontrée au n° 9 pour une conique décomposable.

Lorsque la droite est une tangente, on a

$$\Phi(l, m, n) = 0 \quad \text{et} \quad d = 0;$$

la condition pour que la droite soit parallèle à une asymptote est $\nabla_1 = 0$.

16. *Longueur du diamètre d'une conique menée parallèlement à une droite donnée.*

Un diamètre parallèle à la droite (l, m, n) a une équation de la forme

$$lx + my + nz + \lambda(\mathbf{a}x + \mathbf{b}y + \mathbf{c}z) = 0;$$

puisqu'il passe par le centre, on a, en substituant à x, y, z les valeurs (33),

$$l\frac{d\nabla}{d\mathbf{a}} + m\frac{d\nabla}{d\mathbf{b}} + n\frac{d\nabla}{d\mathbf{c}} + \lambda\left(\mathbf{a}\frac{d\nabla}{d\mathbf{a}} + \mathbf{b}\frac{d\nabla}{d\mathbf{b}} + \mathbf{c}\frac{d\nabla}{d\mathbf{c}}\right) = 0$$

ou

$$U + \lambda.\nabla = 0,$$

U étant le déterminant (30).

L'équation du diamètre est donc

$$x(l\nabla - \mathbf{a}U) + y(m\nabla - \mathbf{b}U) + z(n\nabla - \mathbf{c}U) = 0.$$

Pour avoir la longueur du diamètre, il ne reste qu'à appliquer la formule (25) en remplaçant l, m, n par $l\nabla - \mathbf{a}U$, ... dans les fonctions P, ∇_1 et Φ.

Les valeurs que prennent ces fonctions sont alors

$$(\mathbf{P}) = \nabla^2.\mathbf{P}, \quad (\nabla_1) - \nabla^2.\nabla_1, \quad (\Phi) \quad \nabla(\nabla\Phi - U^2) = \nabla.\Delta.\nabla_1 \quad (^1).$$

Le carré du demi-diamètre parallèle à la droite (l, m, n) est donc

$$(35) \qquad d^2 = -64\mathbf{R}^2\mathbf{S}^2 \frac{\mathbf{P}\Delta}{\nabla\nabla_1}.$$

17. *Équation quadratique des asymptotes.*

Nous considérons les asymptotes comme les tangentes menées du centre; leur équation est donc

$$4\varphi(x, y, z)\,\varphi(\mathbf{X}_1, \mathbf{Y}_1, \mathbf{Z}_1) - (x\varphi'_{\mathbf{X}_1} + y\varphi'_{\mathbf{Y}_1} + z\varphi'_{\mathbf{Z}_1})^2 = 0.$$

Pour trouver la valeur de $\varphi(\mathbf{X}_1, \mathbf{Y}_1, \mathbf{Z}_1)$, reprenons les équa-

---

(^{1}) La relation

$$\nabla\Phi - U^2 = \Delta\nabla_1$$

résulte d'un théorème d'Algèbre pour la démonstration duquel nous renverrons le lecteur aux Traités spéciaux sur les déterminants :

Si D_{pr} est le mineur du premier ordre du déterminant D relatif à l'élément a_{pr}, $d_{pr}^{/s}$ le mineur du second ordre obtenu en supprimant les lignes et colonnes où se trouvent les éléments a_{pr}, a_{qs}, on a

$$D_{pr}D_{qs} - D_{ps}D_{qr} = D\,d_{pr}^{/s}.$$

Si D est symétrique, cette relation devient, en supposant $r - p$, $s - q$,

$$D_{pp}D_{qq} - (D_{pq})^2 = D\,d_{pp}^{qq}.$$

Or, dans l'expression (24) de ∇_1, les mineurs D_{44}, D_{55} relatifs aux éléments o de la diagonale principale sont les déterminants Φ et ∇, le mineur D_{45} est le déterminant U, et d_{44}^{55} est le discriminant Δ; ainsi

$$\nabla\Phi - U^2 = \Delta\nabla_1.$$

tions qui déterminent le centre, savoir

$$a X_1 + h Y_1 + g Z_1 + \mathbf{a}\lambda = 0,$$
$$h X_1 + b Y_1 + f Z_1 + \mathbf{b}\lambda = 0,$$
$$g X_1 + f Y_1 + c Z_1 + \mathbf{c}\lambda = 0,$$
$$\mathbf{a} X_1 + \mathbf{b} Y_1 + \mathbf{c} Z_1 \qquad = 2 S.$$

En ajoutant les trois premières multipliées par X_1, Y_1, Z_1, on a

$$\varphi(X_1, Y_1, Z_1) = -\lambda(\mathbf{a} X_1 + \mathbf{b} Y_1 + \mathbf{c} Z_1) = -2\lambda S;$$

mais les mêmes équations donnent

$$\lambda = -\frac{2 S \Delta}{\nabla};$$

ainsi

$$\varphi(X_1, Y_1, Z_1) = \frac{4 S^2 \Delta}{\nabla}.$$

On trouve ensuite

$$x \varphi'_{X_1} + y \varphi'_{Y_1} + z \varphi'_{Z_1} = -2\lambda(\mathbf{a} x + \mathbf{b} y + \mathbf{c} z)$$
$$= \frac{4 S \Delta}{\nabla}(\mathbf{a} x + \mathbf{b} y + \mathbf{c} z);$$

donc l'équation des asymptotes est

$$(36) \qquad \varphi(x, y, z) - \frac{\Delta}{\nabla}(\mathbf{a} x + \mathbf{b} y + \mathbf{c} z)^2 = 0.$$

18. *Conditions pour que l'équation du second degré représente un cercle.*

Il faut exprimer que la courbe passe par les points cycliques ou que les asymptotes sont des droites isotropes. Le faisceau (29) des directions asymptotiques doit donc coïncider avec les droites isotropes $x^2 + y^2 + 2 xy \cos C = 0$ qui passent par le sommet C du triangle de référence, ce qui donne

$$c \mathbf{a}^2 + a \mathbf{c}^2 - 2 g \mathbf{ca} = b \mathbf{c}^2 + c \mathbf{b}^2 - 2 f \mathbf{bc}$$
$$= \frac{1}{\cos C}(h \mathbf{c}^2 + c \mathbf{ab} - f \mathbf{ca} - g \mathbf{bc}).$$

Les deux autres faisceaux asymptotiques de sommets A et B donneraient de même

$$b\mathbf{c}^2 + c\mathbf{b}^2 - 2f\mathbf{bc} = a\mathbf{b}^2 + b\mathbf{a}^2 - 2h\mathbf{ab}$$

$$= \frac{1}{\cos B}(g\mathbf{b}^2 + b\mathbf{ca} - h\mathbf{bc} - f\mathbf{ab}),$$

$$a\mathbf{b}^2 + b\mathbf{a}^2 - 2h\mathbf{ab} = c\mathbf{a}^2 + a\mathbf{c}^2 - 2g\mathbf{ca}$$

$$= \frac{1}{\cos A}(f\mathbf{a}^2 + a\mathbf{bc} - g\mathbf{ab} - h\mathbf{ca}).$$

Ces conditions surabondantes se réduisent à deux; nous écrirons simplement

$$(37) \qquad \left\{ \begin{aligned} b\mathbf{c}^2 + c\mathbf{b}^2 - 2f\mathbf{bc} &= c\mathbf{a}^2 + a\mathbf{c}^2 - 2g\mathbf{ca} \\ &= a\mathbf{b}^2 + b\mathbf{a}^2 - 2h\mathbf{ab} = k. \end{aligned} \right.$$

On peut d'ailleurs vérifier que les trois expressions

$$\frac{1}{\cos C}(h\mathbf{c}^2 + c\mathbf{ab} - \ldots), \quad \ldots,$$

se réduisent à k. En effet, les équations (39) donnent

$$f = \frac{b\mathbf{c}^2 + c\mathbf{b}^2 - k}{2\mathbf{bc}}, \quad g = \frac{c\mathbf{a}^2 + a\mathbf{c}^2 - k}{2\mathbf{ca}}, \quad h = \frac{a\mathbf{b}^2 + b\mathbf{a}^2 - k}{2\mathbf{ab}};$$

donc

$$\frac{1}{\cos C}(h\mathbf{c}^2 + c\mathbf{ab} - f\mathbf{ca} - g\mathbf{bc}) = \frac{k}{2\mathbf{ab}\cos C}(\mathbf{a}^2 + \mathbf{b}^2 - \mathbf{c}^2) = k.$$

19. *Équation du cercle de rayon ρ et de centre (X_1, Y_1, Z_1).*

En remplaçant, dans la formule $(22')$ qui donne la distance de deux points, x_1, y_1, z_1 par les coordonnées courantes, x_2, y_2, z_2 par celles du centre, S par $\frac{1}{2}(\mathbf{a}x + \mathbf{b}y + \mathbf{c}z)$ pour établir l'homogénéité, on a l'équation du cercle sous la forme

$$(38) \qquad (\mathbf{a}x + \mathbf{b}y + \mathbf{c}z)^2 \rho^2 = 4R^2 \begin{vmatrix} x & y & z \\ X_1 & Y_1 & Z_1 \\ \xi_1 & \eta_1 & \zeta_1 \end{vmatrix} \cdot \begin{vmatrix} x & y & z \\ X_1 & Y_1 & Z_1 \\ \xi_2 & \eta_2 & \zeta_2 \end{vmatrix}.$$

20. *Cercle circonscrit au triangle de référence. Équation générale de tous les cercles du plan.*

Le cercle circonscrit au triangle de référence est nécessairement de la forme

$$f yz + g zx + h xy = 0.$$

En vertu des équations de condition (37), on a

$$f\,\mathbf{bc} = g\,\mathbf{ca} = h\,\mathbf{ab};$$

l'équation du cercle s'écrira donc

$$(39) \qquad \begin{cases} \mathbf{a}yz + \mathbf{b}zx + \mathbf{c}xy = 0 \\ \text{ou} \\ yz\sin A + zx\sin B + xy\sin C = 0. \end{cases}$$

Elle exprime que le triangle, dont les sommets sont les pieds des perpendiculaires abaissées d'un point de la circonférence sur les axes de référence, a une surface nulle ou que les pieds de ces perpendiculaires sont en ligne droite. Les coordonnées du centre sont $R\cos A$, $R\cos B$, $R\cos C$.

Il est évident que l'équation d'un cercle quelconque du plan peut être écrite sous la forme

$$(40) \qquad \begin{cases} k(\mathbf{a}yz + \mathbf{b}zx + \mathbf{c}xy) \\ \quad + (\mathbf{a}x + \mathbf{b}y + \mathbf{c}z)(lx + my + nz) = 0. \end{cases}$$

La droite $lx + my + nz = 0$ est l'axe radical de ce cercle et du cercle circonscrit au triangle de référence. L'équation (40) est très avantageuse lorsqu'on a à former l'équation d'un cercle assujetti à trois conditions données.

21. *Cercle directeur d'une conique à centre. Directrice d'une parabole.*

On obtient l'équation du cercle directeur d'une conique en écrivant que l'équation (28) des tangentes issues d'un point (x_1, y_1, z_1) représente deux droites rectangulaires. D'après le n° 13, la fonction E des coefficients de cette équation doit être nulle; on trouve, en la développant et supprimant les indices,

$$x^2(B + C + 2F\cos A)$$
$$+ y^2(C + A + 2G\cos B) + z^2(A + B + 2H\cos C)$$
$$+ 2yz(A\cos A - F - H\cos B - G\cos C)$$
$$+ 2zx(B\cos B - G - F\cos C - H\cos A)$$
$$+ 2xy(C\cos C - H - G\cos A - F\cos B) = 0.$$

Il est préférable de ramener cette équation à la forme (40).
L'identification donne

$$\mathbf{a}\,l = B + C + 2F\cos A, \quad \ldots,$$
$$k\mathbf{a} + \mathbf{b}n + \mathbf{c}m = 2A\cos A - 2F - 2H\cos B - 2G\cos C, \quad \ldots,$$

d'où

$$k\mathbf{abc} = A(2\mathbf{b}\cos A - \mathbf{b}^2 - \mathbf{c}^2) - B\mathbf{b}^2 - C\mathbf{c}^2 - 2F\mathbf{bc}$$
$$- 2G\mathbf{c}(\mathbf{b}\cos C + \mathbf{c}\cos B) - 2H\mathbf{b}(\mathbf{b}\cos C + \mathbf{c}\cos B)$$
$$= -(A\mathbf{a}^2 + B\mathbf{b}^2 + \ldots + 2H\mathbf{ab})$$
$$= -\nabla.$$

L'équation du cercle directeur est donc

$$(41) \quad
\begin{cases}
Q = (\mathbf{a}x + \mathbf{b}y + \mathbf{c}z)\left[\dfrac{x}{\mathbf{a}}(B + C + 2F\cos A) \right. \\
\qquad\qquad + \dfrac{y}{\mathbf{b}}(C + A + 2G\cos B) \\
\qquad\qquad \left. + \dfrac{z}{\mathbf{c}}(A + B + 2H\cos C) \right] \\
\qquad\qquad - \dfrac{\nabla}{\mathbf{abc}}(\mathbf{a}yz + \mathbf{b}zx + \mathbf{c}xy) = 0.
\end{cases}$$

Si $\nabla = 0$, la conique est une parabole, et l'on a la directrice

$$(42) \quad
\begin{cases}
\dfrac{x}{\mathbf{a}}(B + C + 2F\cos A) + \dfrac{y}{\mathbf{b}}(C + A + 2G\cos B) \\
\qquad\qquad + \dfrac{z}{\mathbf{c}}(A + B + 2H\cos C) = 0.
\end{cases}$$

22. *Équation des axes d'une conique.*

Le procédé le plus simple pour obtenir l'équation des axes

consiste à les envisager comme le lieu des points, tels que les polaires de chacun d'eux par rapport à la conique et au cercle directeur soient parallèles; il faut donc éliminer x, y, z entre les équations

$$\mathbf{a}\,x + \mathbf{b}\,y + \mathbf{c}\,z = 0,$$
$$x\,\varphi'_{x_1} + y\,\varphi'_{y_1} + z\,\varphi'_{z_1} = 0,$$
$$x\,Q'_{x_1} + y\,Q'_{y_1} + z\,Q'_{z_1} = 0$$

(Q désigne le premier membre de l'équation (41) du cercle directeur).

On a, en remplaçant x, y, z par les coordonnées courantes x, y, z,

$$(43) \qquad \begin{vmatrix} \varphi'_x & Q'_x & \mathbf{a} \\ \varphi'_y & Q'_y & \mathbf{b} \\ \varphi'_z & Q'_z & \mathbf{c} \end{vmatrix} = 0.$$

Lorsque $\varphi(x, y, z) = 0$ représente deux droites, l'équation (43) est celle de l'ensemble des bissectrices; $Q = 0$ est alors le faisceau des droites isotropes qui a pour sommet le point de concours des deux droites.

Lorsque $\varphi(x, y, z) = 0$ représente une parabole, Q se réduit à la directrice (42) et l'équation de l'axe est

$$(44) \qquad \begin{vmatrix} \varphi'_x & \dfrac{1}{\mathbf{a}}\,(B + C + 2F\cos A) & \mathbf{a} \\ \varphi'_y & \dfrac{1}{\mathbf{b}}\,(C + A + 2G\cos B) & \mathbf{b} \\ \varphi'_z & \dfrac{1}{\mathbf{c}}\,(A + B + 2H\cos C) & \mathbf{c} \end{vmatrix} = 0.$$

23. *Calcul des longueurs des axes d'une conique*

$$\varphi(x, y, z) = 0.$$

Lorsqu'une conique est représentée, en coordonnées cartésiennes, par l'équation

$$a'X^2 + b'Y^2 + c'^2 + 2f'Y + 2g'X + 2h'XY = 0,$$

les carrés des demi-axes sont donnés par les formules

$$\rho_1^2 + \rho_2^2 = \frac{a' + b'}{(a'b' - h'^2)^2}\,\Delta'; \quad \rho_1^2\rho_2^2 = \frac{\Delta'^2}{(a'b' - h'^2)^3}.$$

Si l'équation est donnée en coordonnées trilinéaires sous la forme

$$ax^2 + by^2 + \ldots = 0$$

et si l'on revient aux coordonnées cartésiennes par les formules de transformation

$$x = p - \mathrm{X}\cos\alpha - \mathrm{Y}\sin\alpha,$$
$$y = q - \mathrm{X}\cos\beta - \mathrm{Y}\sin\beta,$$
$$z = r - \mathrm{X}\cos\gamma - \mathrm{Y}\sin\gamma,$$

on aura identiquement

$$ax^2 + by^2 + \ldots = a'\mathrm{X}^2 + b'\mathrm{Y}^2 + \ldots$$

et, par suite,

$$
\begin{aligned}
a' = \ & \cos\alpha\,(a\cos\alpha + h\cos\beta + g\cos\gamma) \\
& + \cos\beta\,(h\cos\alpha + b\cos\beta + f\cos\gamma) \\
& + \cos\gamma\,(g\cos\alpha + f\cos\beta + c\cos\gamma),
\end{aligned}
$$

$$
\begin{aligned}
b' = \ & \sin\alpha\,(a\sin\alpha + h\sin\beta + g\sin\gamma) \\
& + \sin\beta\,(h\sin\alpha + b\sin\beta + f\sin\gamma) \\
& + \sin\gamma\,(g\sin\alpha + f\sin\beta + c\sin\gamma),
\end{aligned}
$$

$$
\begin{aligned}
h' = \ & \sin\alpha\,(a\cos\alpha + h\cos\beta + g\cos\gamma) \\
& + \sin\beta\,(h\cos\alpha + b\cos\beta + f\cos\gamma) \\
& + \sin\gamma\,(g\cos\alpha + f\cos\beta + c\cos\gamma) \\
= \ & \cos\alpha\,(a\sin\alpha + h\sin\beta + g\sin\gamma) \\
& + \cos\beta\,(h\sin\alpha + b\sin\beta + f\sin\gamma) \\
& + \cos\gamma\,(g\sin\alpha + f\sin\beta + c\sin\gamma).
\end{aligned}
$$

On conclut de là, en remarquant que les angles $\beta - \gamma$, $\gamma - \alpha$, $\alpha - \beta$ sont les suppléments des angles A, B, C du triangle de référence,

$$a' + b' = a + b + c - 2f\cos\mathrm{A} - 2g\cos\mathrm{B} - 2h\cos\mathrm{C} = \mathrm{E}.$$

Le calcul de $a'b' - h'^2$ conduit, en développant le carré h'^2 au moyen des deux formes différentes de h', à l'expression

$$a'b' - h'^2 = \frac{1}{4\mathrm{R}^2}\left(\mathrm{A}a^2 + \mathrm{B}b^2 + \mathrm{C}c^2 + 2\mathrm{F}bc + 2\mathrm{G}ca + 2\mathrm{H}ab\right) = \frac{\nabla}{4\mathrm{R}^2}$$

Enfin, le discriminant Δ' est égal au produit de Δ par le carré du module de la transformation linéaire ; ce module est

$$\begin{vmatrix} p & \cos\alpha & \sin\alpha \\ q & \cos\beta & \sin\beta \\ r & \cos\gamma & \sin\gamma \end{vmatrix} = -\,(p\sin A + q\sin B + r\sin C) = -\,\frac{S}{R}.$$

Donc

$$\Delta' = \Delta\,\frac{S^2}{R^2}.$$

La substitution des valeurs trouvées pour les trois fonctions $a'+b'$, $a'b'-h'^2$ et Δ', dans les expressions de $\rho_1^2+\rho_2^2$ et de $\rho_1^2\rho_2^2$ donne

$$(45)\qquad\begin{cases} \rho_1^2+\rho_2^2 = -\,16\,R^2 S^2\,\dfrac{\Delta E}{\nabla^2} = -\,a^2 b^2 c^2\,\dfrac{\Delta E}{\nabla^2}, \\[2mm] \rho_1^2\,\rho_2^2 \;=\; 64\,R^2 S^4\,\dfrac{\Delta^2}{\nabla^3} = \dfrac{a^4 b^4 c^4}{4\,R^2}\,\dfrac{\Delta^2}{\nabla^3}. \end{cases}$$

On peut obtenir directement les formules (45) en formant l'équation d'un cercle concentrique à la conique et en exprimant que les deux courbes sont bitangentes ; mais les calculs sont très laborieux.

24. *Calcul du rayon d'un cercle donné par l'équation générale. Puissance d'un point par rapport à un cercle.*

Si la conique φ est un cercle, la première des formules (45) donne, pour le carré du rayon,

$$\rho^2 = -\,8\,R^2 S^2\,\frac{\Delta E}{\nabla^2};$$

mais, comme la condition $\rho_1 = \rho_2$ donne

$$(\rho_1^2+\rho_2^2)^2 = 4\rho_1^2\rho_2^2,$$

la comparaison des deux formules (45) fait voir que $E^2 R^2 = \nabla$. On peut donc écrire

$$(46)\qquad\qquad \rho^2 = -\,8\,S^2\,\frac{\Delta}{E\nabla}.$$

La relation $E^2 R^2 = \nabla$, qui caractérise le cercle, s'obtient aussi en exprimant que les asymptotes sont isotropes ou que la tangente de leur angle est i (20).

La puissance d'un point (X', Y') par rapport au cercle représenté, en coordonnées cartésiennes, par l'équation

$$a'X^2 + a'Y^2 + \ldots = 0$$

est

$$\frac{1}{a'}(a'X'^2 + a'Y'^2 + \ldots).$$

On a trouvé, au n° 23,

$$a' + b' = E;$$

dans le cas où la conique est un cercle, a' devient $\frac{E}{2}$; l'expression de la puissance du point devient donc, en coordonnées trilinéaires,

$$(47) \qquad \Pi = \frac{2}{E}(ax'^2 + by'^2 + \ldots) = \frac{2}{E}\varphi(x', y', z').$$

25. *Foyers et directrices.*

On détermine les foyers, en coordonnées trilinéaires, par la méthode de Plücker; il suffit, comme on sait, d'écrire que l'équation des tangentes issues d'un point (x_1, y_1, z_1) présente les caractères analytiques du cercle. L'application des formules (37) à l'équation (28) développée donne, après la suppression des indices,

$$(48) \quad \begin{cases} b^2(Bx^2 + Ay^2 - 2Hxy) + c^2(Az^2 + Cx^2 - 2Gzx) \\ \quad + 2bc(Fx^2 + Ayz - Hzx - Gxy) \\ = c^2(Cy^2 + Bz^2 - 2Fyz) + a^2(Bx^2 + Ay^2 - 2Hxy) \\ \quad + 2ca(Gy^2 + Bzx - Fxy - Hyz) \\ = a^2(Az^2 + Cx^2 - 2Gzx) + b^2(Cy^2 + Bz^2 - 2Fyz) \\ \quad + 2ab(Hz^2 + Cxy - Gyz - Fzx. \end{cases}$$

Les directrices peuvent être considérées comme deux couples de cordes communes à la conique et au cercle directeur. Soient

$$\varphi'(X, Y) = a'X^2 + b'Y^2 + \ldots = 0,$$
$$Q' = C'X^2 + C'Y^2 - 2G'X - 2F'Y + A' + B' = 0$$

(*voir* Chap. IV, n° 12) une conique et son cercle directeur, en coordonnées cartésiennes; si l'on forme l'équation en λ pour le faisceau $\varphi' + \lambda Q' = o$, on trouve

$$\lambda^3 + 2\lambda^2(a' + b')$$
$$+ \lambda[a'b' - h'^2 + (a' + b')^2] + (a' + b')(a'b' - h'^2) = o.$$

Cette équation admet la racine $\lambda = -(a' + b')$ qui donne deux droites imaginaires passant par le centre; en divisant par $\lambda + a' + b'$, on obtient

$$\lambda^2 + \lambda(a' + b') + a'b' - h'^2 = o,$$

et les deux racines, toujours réelles, de cette équation correspondent aux directrices réelles et aux directrices imaginaires. Si maintenant on passe aux coordonnées trilinéaires, $\varphi'(\mathbf{X}, \mathbf{Y})$ devient $\varphi(x, y, z)$, Q' devient la fonction Q (41), l'équation en λ conserve les mêmes racines et prend la forme

$$\lambda^2 + \mathbf{E}\lambda + \frac{\nabla}{4\mathbf{R}^2} = o,$$

en vertu des identités $a' + b' = \mathbf{E}$, $a'b' - h'^2 = \dfrac{\nabla}{4\mathbf{R}^2}$, démontrées au n° 23. L'élimination de λ entre cette dernière équation et $\lambda\varphi + Q = o$ donne pour l'ensemble des quatre directrices

$$(49) \qquad \nabla\varphi^2 - 4\mathbf{R}^2\mathbf{E}Q\varphi - 4\mathbf{R}^2Q^2 = o.$$

On en déduit
$$\nabla\varphi = 2QR(RE \pm \sqrt{R^2E^2 - \nabla}),$$

et, comme d'après les formules (45) les carrés des demi-axes ont pour valeurs

$$(\rho_1^2, \rho_2^2) = -\frac{8RS^2\Delta}{\nabla^2}(RE \pm \sqrt{R^2E^2 - \nabla}),$$

on peut écrire séparément les équations des deux couples de directrices, savoir

$$\Delta\varphi + Q\frac{\nabla\rho_1^2}{4S^2} = o, \quad \Delta\varphi + Q\frac{\nabla\rho_2^2}{4S^2} = o.$$

On peut aussi déterminer les foyers au moyen de l'équation tangentielle. Si

$$\mathrm{A}\,l^2 + \mathrm{B}\,m^2 + \ldots + 2\,\mathrm{H}\,lm = 0$$

est l'équation tangentielle de la conique, et

$$l^2 + m^2 + n^2 - 2\,mn\cos\mathrm{A} - 2\,nl\cos\mathrm{B} - 2\,lm\cos\mathrm{C} = \mathrm{P} = 0$$

celle des points cycliques, il suffit de déterminer k, de telle sorte que $\mathrm{A}\,l^2 + \mathrm{B}\,m^2 + \ldots + k\mathrm{P}$ soit décomposable en deux facteurs. Le discriminant de cette forme est du second degré en k; l'une des racines de ce discriminant, égalé à zéro, donne les équations tangentielles des foyers réels et, par suite, leurs coordonnées; l'autre donne les foyers imaginaires.

CHAPITRE VII.

APPLICATIONS DES COORDONNÉES TRILINÉAIRES.

§ I. — Applications à la ligne droite et au cercle.

1. *Équations des bissectrices, des hauteurs, des médianes du triangle de référence, des droites qui joignent les pieds des hauteurs deux à deux, etc.*

On vérifiera sans difficulté les résultats suivants :

(a). Bissectrices :

$$y^2 - z^2 = 0, \quad z^2 - x^2 = 0, \quad x^2 - y^2 = 0.$$

(b). Hauteurs :

$$x \cos A - y \cos B = z \cos C.$$

Point de concours des hauteurs :

$$x = 2\,R \cos B \cos C, \quad y = 2\,R \cos C \cos A, \quad z = 2\,R \cos A \cos B.$$

(c). Médianes :

$$\mathbf{b}y - \mathbf{c}z = 0, \quad \mathbf{c}z - \mathbf{a}x = 0, \quad \mathbf{a}x - \mathbf{b}y = 0.$$

Centre de gravité :

$$x = \frac{2\,\mathrm{S}}{3\,\mathbf{a}}, \quad y = \frac{2\,\mathrm{S}}{3\,\mathbf{b}}, \quad z = \frac{2\,\mathrm{S}}{3\,\mathbf{c}}.$$

(d). Droites joignant les pieds D, E, F *des hauteurs abaissées des sommets* A, B, C :

(EF)	$-x \cos A + y \cos B + z \cos C = 0,$
(FD)	$x \cos A - y \cos B + z \cos C = 0,$
(DE)	$x \cos A + y \cos B - z \cos C = 0.$

(e). *Droites joignant les milieux des côtés du triangle* DEF :

$$x \sin A \sin B \sin C - y \sin C \cos^2 B - z \sin B \cos^2 C = 0,$$
$$- x \sin C \cos^2 A + y \sin A \sin B \sin C - z \sin A \cos^2 C = 0,$$
$$- x \sin B \cos^2 A - y \sin A \cos^2 B + z \sin A \sin B \sin C = 0.$$

(f). *Droite joignant le centre du cercle inscrit au centre du cercle circonscrit :*

$$x(\cos B - \cos C) + y(\cos C - \cos A) + z(\cos A - \cos B).$$

Coordonnées tangentielles absolues de cette droite (Chap. VI, n° 10) :

$$\lambda^2 - \frac{4R^2(1 - \cos B)(1 - \cos C)\sin^2 \frac{1}{2}(B - C)}{1 - 8 \sin \frac{A}{2} \sin \frac{B}{2} \sin \frac{C}{2}},$$

μ^2 et ν^2 se déduisent de λ^2 par permutation circulaire. On observera, pour le calcul de λ^2, que la fonction P [formule (12), Chap. VI], relative à la droite

$$x(\cos B - \cos C) + \ldots = 0,$$

se réduit à

$$2(1 + \cos A)(1 + \cos B)(1 + \cos C)\left(1 - 8 \sin \frac{A}{2} \sin \frac{B}{2} \sin \frac{C}{2}\right).$$

(g). *Droite joignant le centre du cercle circonscrit au centre de gravité et au centre des hauteurs :*

$$x \sin A \cos A \sin (B - C)$$
$$+ y \sin B \cos B \sin (C - A) + z \sin C \cos C \sin (A - B) = 0.$$

Coordonnées tangentielles absolues de cette droite :

$$\lambda = \frac{2R \cos A \sin (B - C)}{\sqrt{1 - 8 \cos A \cos B \cos C}}, \quad \ldots$$

La fonction P a pour valeur

$$\sin^2 A \sin^2 B \sin^2 C (1 - 8 \cos A \cos B \cos C).$$

2. *Équations des médianes antiparallèles. Propriétés du centre des médianes antiparallèles.*

On appelle *médiane antiparallèle* une droite menée par le

sommet d'un triangle et passant par les milieux des cordes antiparallèles au côté opposé. La droite antiparallèle au côté $BC(x = 0)$, menée par le sommet A, est

$$y \sin C + z \sin B = 0 \quad \text{ou} \quad cy + bz = 0;$$

la médiane correspondante est conjuguée harmonique de cette droite par rapport aux côtés $y = 0$, $z = 0$.

D'après cela, les équations des médianes antiparallèles sont

$$cy - bz = 0, \quad az - cx = 0, \quad bx - ay = 0.$$

Ces droites se coupent en un même point, centre des médianes antiparallèles, dont les coordonnées sont proportionnelles aux côtés du triangle et ont pour valeurs absolues

$$x = \frac{2\,a\,S}{a^2 + b^2 + c^2}, \quad y = \frac{2\,b\,S}{a^2 + b^2 + c^2}, \quad z = \frac{2\,c\,S}{a^2 + b^2 + c^2}.$$

Le centre des médianes antiparallèles jouit de plusieurs propriétés remarquables et d'une vérification facile :

1° *La somme des carrés de ses distances aux côtés du triangle est un minimum.* Car le minimum de la fonction $x^2 + y^2 + z^2$, lorsque x, y, z sont liés par la relation $ax + by + cz = 2S$, a lieu pour les valeurs de x, y, z proportionnelles à a, b, c.

2° *Les pieds des perpendiculaires, abaissées du centre des médianes antiparallèles sur les côtés du triangle, forment un nouveau triangle dont ce point est le centre de gravité.*

3° *Les droites qui joignent les milieux des côtés du triangle aux milieux des hauteurs correspondantes se coupent au centre des médianes antiparallèles.*

Ces droites ont pour équations

$$x \sin(B - C) + z \sin C - y \sin B = 0, \quad \ldots$$

3. *Équations des cercles tangents aux côtés du triangle de référence, du cercle polaire conjugué et du cercle des neuf points.*

(*a*). *Cercle inscrit.* — Une conique quelconque, tangente aux côtés du triangle, a une équation de la forme

$$\sqrt{p\,x} + \sqrt{q\,y} + \sqrt{r\,z} = 0$$

ou

$$p^2 x^2 + q^2 y^2 + r^2 z^2 - 2qr\,yz - 2rp\,zx - 2pq\,xy = 0.$$

Les équations de condition [(n° 37, Chap. VI)] deviennent

$$p^2\mathbf{b}^2 + q^2\mathbf{a}^2 + 2pq\,\mathbf{ab} = q^2\mathbf{c}^2 + r^2\mathbf{b}^2 + 2qr\,\mathbf{bc}$$
$$= r^2\mathbf{a}^2 + p^2\mathbf{c}^2 + 2rp\,\mathbf{ca}$$

ou

$$(p\sin\mathrm{B} + q\sin\mathrm{A})^2 = (q\sin\mathrm{C} + r\sin\mathrm{B})^2 = (r\sin\mathrm{A} + p\sin\mathrm{C})^2,$$

ce qui donne, en extrayant les racines et permutant les signes de toutes les manières possibles, quatre groupes de conditions. Si l'on prend

$$p\sin\mathrm{B} + q\sin\mathrm{A} = q\sin\mathrm{C} + r\sin\mathrm{B} = r\sin\mathrm{A} + p\sin\mathrm{C},$$

on trouve pour p, q, r des valeurs proportionnelles à $\cos^2\frac{\mathrm{A}}{2}$, $\cos^2\frac{\mathrm{B}}{2}$, $\cos^2\frac{\mathrm{C}}{2}$; ce sont les coefficients de l'équation du cercle inscrit

$$\sqrt{x\cos^2\frac{\mathrm{A}}{2}} + \sqrt{y\cos^2\frac{\mathrm{B}}{2}} + \sqrt{z\cos^2\frac{\mathrm{C}}{2}} = 0.$$

L'équation tangentielle est

$$mn\cos^2\frac{\mathrm{A}}{2} + nl\cos^2\frac{\mathrm{B}}{2} + lm\cos^2\frac{\mathrm{C}}{2} = 0.$$

(*b*). *Cercles exinscrits.* — En écrivant les conditions

$$p\sin\mathrm{B} + q\sin\mathrm{A} = -(q\sin\mathrm{C} + r\sin\mathrm{B}) = r\sin\mathrm{A} + p\sin\mathrm{C},$$

on trouvera le cercle exinscrit

$$\sqrt{-x\cos^2\frac{\mathrm{A}}{2}} + \sqrt{y\cos^2\frac{\mathrm{B}}{2}} + \sqrt{z\cos^2\frac{\mathrm{C}}{2}} = 0,$$

qui touche extérieurement le côté $x = 0$, car x doit toujours être négatif. On aura de même les deux autres cercles exinscrits.

(*c*). *Cercle polaire conjugué.* — Son équation est de la forme

$$ax^2 + by^2 + cz^2 = 0,$$

avec les conditions

$$b\,c^2 + c\,b^2 - c\,a^2 + a\,c^2 = a\,b^2 + b\,a^2,$$

qui donnent pour a, b, c des valeurs proportionnelles à

$$2\,a^2 b\,c \cos A, \quad 2\,a\,b^2 c \cos B, \quad 2\,a\,b\,c^2 \cos C$$

ou, plus simplement, à

$$\sin 2A, \quad \sin 2B, \quad \sin 2C.$$

L'équation du cercle est donc

$$x^2 \sin 2A + y^2 \sin 2B + z^2 \sin 2C = 0.$$

Les fonctions Δ, E, ∇ (Chap. VI, n° **7**) sont

$$\Delta = \sin 2A \sin 2B \sin 2C,$$
$$E = 4 \sin A \sin B \sin C,$$
$$\nabla = R^2 E^2 - 16 R^2 \sin^2 A \sin^2 B \sin^2 C.$$

La formule (46) donne pour le rayon l'expression connue

$$\rho^2 = -4 R^2 \cos A \cos B \cos C.$$

Il est facile de vérifier que le centre coïncide avec le point de concours des hauteurs.

(*d*). *Cercle des neuf points.* — En exprimant que le cercle

$$2\,yz \sin A + 2\,zx \sin B + 2\,xy \sin C$$
$$+ (x \sin A + y \sin B + z \sin C)(lx + my + nz) = 0$$

passe par les milieux des côtés du triangle, on reconnaît que l, m, n doivent être proportionnels à $-\cos A$, $-\cos B$, $-\cos C$. L'équation développée du cercle est

$$x^2 \sin 2A + y^2 \sin 2B + z^2 \sin 2C$$
$$- 2\,yz \sin A - 2\,zx \sin B - 2\,xy \sin C = 0.$$

On a ensuite

$$\Delta = -4 \sin A \sin B \sin C, \quad E = 8 \sin A \sin B \sin C,$$
$$\nabla = 64 R^2 \sin^2 A \sin^2 B \sin^2 C \quad \text{et} \quad \rho^2 = \frac{R^2}{4}.$$

Les coordonnées du centre sont

$$X_1 = \frac{R}{2}\cos(B - C), \quad Y_1 = \frac{R}{2}\cos(C - A), \quad Z_1 - \frac{R}{2}\cos(A - B).$$

Remarque. — On peut introduire de la manière suivante le rayon d'un cercle quelconque dans son équation tangentielle; la distance du centre à une tangente (l, m, n) est

$$\frac{l X_1 + m Y_1 + n Z_1}{\sqrt{P}} = \rho,$$

et, comme les coordonnées tangentielles absolues (n° 10, Chap. VI) sont $\lambda = \dfrac{2S}{a}\dfrac{l}{\sqrt{P}}, \ldots,$ cette relation devient

$$\lambda \mathbf{a} X_1 + \mu \mathbf{b} Y_1 + \nu \mathbf{c} Z_1 = 2\rho S,$$

et elle peut être considérée comme une forme de l'équation tangentielle du cercle.

Pour le cercle inscrit, comme

$$X_1 = Y_1 = Z_1 = \rho = \frac{2S}{\mathbf{a} + \mathbf{b} + \mathbf{c}},$$

on aura

$$\lambda \mathbf{a} + \mu \mathbf{b} + \nu \mathbf{c} = 2S;$$

de même, pour le cercle polaire conjugué,

$$\lambda \operatorname{tang} A + \mu \operatorname{tang} B + \nu \operatorname{tang} C = \frac{2R \sin A \sin B \sin C}{\sqrt{-\cos A \cos B \cos C}},$$

et, pour le cercle des neufs points,

$$\lambda \sin A \cos(B - C) + \mu \sin B \cos(C - A) + \nu \sin C \cos(A - B)$$
$$= 2R \sin A \sin B \sin C.$$

4. *Le cercle des neuf points d'un triangle est tangent au cercle inscrit et aux cercles exinscrits; les quatre tangentes communes à ces quatre cercles et au cercle des neuf points (en leurs points de contact) touchent aussi l'ellipse tangente aux côtés du triangle en leurs milieux.*

Les équations du cercle inscrit et du cercle des neuf points peuvent s'écrire

$$4\,\mathbf{abc}\,(\mathbf{a}\,yz + \mathbf{b}\,zx + \mathbf{c}\,xy) - (\mathbf{a}\,x + \mathbf{b}\,y + \mathbf{c}\,z)$$
$$\times\,[\mathbf{a}\,x(\mathbf{b}+\mathbf{c}-\mathbf{a})^2 + \mathbf{b}\,y(\mathbf{c}+\mathbf{a}-\mathbf{b})^2 + \mathbf{c}\,z(\mathbf{a}+\mathbf{b}-\mathbf{c})^2] = 0,$$
$$4\,\mathbf{abc}\,(\mathbf{a}\,yz + \mathbf{b}\,zx + \mathbf{c}\,xy)$$
$$- 2\,\mathbf{abc}\,(\mathbf{a}\,x + \mathbf{b}\,y + \mathbf{c}\,z)(x\cos A + y\cos B + z\cos C) = 0.$$

L'axe radical

$$\mathbf{a}\,x[(\mathbf{b}+\mathbf{c}-\mathbf{a})^2 - 2\,\mathbf{bc}\cos A] + \ldots = 0$$

ou

$$\frac{\mathbf{a}\,x}{\mathbf{b}-\mathbf{c}} + \frac{\mathbf{b}\,y}{\mathbf{c}-\mathbf{a}} + \frac{\mathbf{c}\,z}{\mathbf{a}-\mathbf{b}} = 0$$

est tangent au cercle inscrit, car les coefficients de son équation satisfont à la relation

$$mn\cos^2\frac{A}{2} + nl\cos^2\frac{B}{2} + lm\cos^2\frac{C}{2} = 0,$$

équation tangentielle de ce cercle. Les coordonnées (x_1, y_1, z_1) du point de contact P_1 des deux cercles vérifient les équations

$$\frac{x_1}{\sin^2\frac{1}{2}(B-C)} = \frac{y_1}{\sin^2\frac{1}{2}(C-A)} = \frac{z_1}{\sin^2\frac{1}{2}(A-B)}.$$

On verrait de même que le cercle des neuf points touche les cercles exinscrits; on a, pour déterminer les coordonnées des points de contact P_2, P_3, P_4,

$$\frac{x_2}{\sin^2\frac{1}{2}(B-C)} = \frac{y_2}{-\cos^2\frac{1}{2}(C-A)} = \frac{z_2}{-\cos^2\frac{1}{2}(A-B)}$$

et deux autres groupes de formules analogues.

Les tangentes communes aux points P_2, P_3, P_4 sont

$$\frac{\mathbf{a}\,x}{\mathbf{b}-\mathbf{c}} + \frac{\mathbf{b}\,y}{\mathbf{c}+\mathbf{a}} - \frac{\mathbf{c}\,z}{\mathbf{a}+\mathbf{b}} = 0,$$
$$-\frac{\mathbf{a}\,x}{\mathbf{b}+\mathbf{c}} + \frac{\mathbf{b}\,y}{\mathbf{c}-\mathbf{a}} + \frac{\mathbf{c}\,z}{\mathbf{a}+\mathbf{b}} = 0,$$
$$\frac{\mathbf{a}\,x}{\mathbf{b}+\mathbf{c}} - \frac{\mathbf{b}\,y}{\mathbf{c}+\mathbf{a}} + \frac{\mathbf{c}\,z}{\mathbf{a}-\mathbf{b}} = 0.$$

L'ellipse tangente aux côtés du triangle en leurs milieux a pour équation ponctuelle (n° 13)

$$a^2 x^2 + b^2 y^2 + c^2 z^2 - 2bc\,yz - 2ca\,zx - 2ab\,xy = 0,$$

et pour équation tangentielle

$$\mathbf{a}\,mn + \mathbf{b}\,nl + \mathbf{c}\,lm = 0;$$

les tangentes en P_1, P_2, P_3, P_4 au cercle des neuf points touchent évidemment cette ellipse.

5. *Équation du cercle ayant pour centre un point* (X_1, Y_1, Z_1) *et coupant à angle droit un cercle donné* $U = 0$.

L'équation de ce cercle est de la forme

$$\lambda U + (\mathbf{a}x + \mathbf{b}y + \mathbf{c}z)(X_1 U'_x + Y_1 U'_y + Z_1 U'_z) = 0,$$

car l'axe radical est la polaire de (X_1, Y_1, Z_1) par rapport à U. En exprimant que la polaire de (X_1, Y_1, Z_1) par rapport au cercle cherché est la droite à l'infini, on trouve

$$(\mathbf{a}x + \mathbf{b}y + \mathbf{c}z)(X_1 U'_x + Y_1 U'_y + Z_1 U'_z)$$
$$- U(\mathbf{a}X_1 + \mathbf{b}Y_1 + \mathbf{c}Z_1) = 0.$$

6. *Équations de la droite qui passe par les milieux des trois diagonales d'un quadrilatère et de l'axe radical des cercles décrits sur ces diagonales comme diamètres.*

Nous prendrons pour triangle de référence le triangle des diagonales; les équations des côtés sont

$$(1) \qquad\qquad px + qy + rz = 0,$$
$$(2) \qquad\qquad px + qy - rz = 0,$$
$$(3) \qquad\qquad px - qy + rz = 0,$$
$$(4) \qquad\qquad -px + qy + rz = 0.$$

Les coordonnées absolues des milieux des diagonales étant

$$x_1 = 0, \quad y_1 = -\frac{2\mathbf{b}r^2 S}{\mathbf{c}^2 q^2 - \mathbf{b}^2 r^2}, \quad z_1 = \frac{2\mathbf{c}q^2 S}{\mathbf{c}^2 q^2 - \mathbf{b}^2 r^2}, \quad \ldots,$$

la droite qui joint ces points a pour équation

$$\text{(A)} \qquad \frac{p^2 x}{\mathbf{a}} + \frac{q^2 y}{\mathbf{b}} + \frac{r^2 z}{\mathbf{c}} = 0.$$

On trouve l'axe radical du cercle circonscrit au triangle de référence et du cercle qui a pour diamètre la diagonale $x = 0$, en exprimant que l'x du centre de ce cercle est nul et qu'il passe par les deux points

$$(x = 0, \ qy + rz = 0), \quad (x = 0, \ qy - rz = 0).$$

L'équation du cercle est

$$(\mathbf{b}^2 r^2 - \mathbf{c}^2 q^2)(\mathbf{a} yz + \mathbf{b} zx + \mathbf{c} xy)$$
$$+ (\mathbf{a} x + \mathbf{b} y + \mathbf{c} z)[\mathbf{bc} x(q^2 - r^2) + \mathbf{ca} q^2 y - \mathbf{ab} r^2 z) = 0.$$

Les équations des deux autres cercles s'écrivent par permutation circulaire, et celle de l'axe radical commun est

$$\text{(B)} \qquad \left\{ \begin{aligned} & \frac{x}{\mathbf{a}}\left[p^2(\mathbf{b}^2 - \mathbf{c}^2) - \mathbf{a}^2(q^2 - r^2)\right] \\ & + \frac{y}{\mathbf{b}}\left[q^2(\mathbf{c}^2 - \mathbf{a}^2) - \mathbf{b}^2(r^2 - p^2)\right] \\ & + \frac{z}{\mathbf{c}}\left[r^2(\mathbf{a}^2 - \mathbf{b}^2) - \mathbf{c}^2(p^2 - q^2)\right] = 0. \end{aligned} \right.$$

7. Lorsqu'un côté d'un quadrilatère passe par le centre d'un des quatre cercles tangents aux trois diagonales, les trois autres côtés passent chacun par un des centres des autres cercles; les cercles décrits sur les diagonales comme diamètres sont tangents entre eux, et leur point de contact est sur la circonférence circonscrite au triangle des diagonales.

Mêmes notations qu'au n° 6. Si le côté (1) passe par le centre du cercle inscrit dans le triangle de référence ($x = y = z$), on aura $p + q + r = 0$. Donc le côté (2) passe par le centre du cercle exinscrit qui touche extérieurement le côté $z = 0$ et dont les coordonnées sont $x = y = -z$, ... Si l'on cherche le point de concours de la droite (A) qui joint les milieux des diagonales et de la droite (B), axe radical des cercles décrits sur les diagonales comme diamètres, on trouve

$$\frac{x}{\mathbf{a}\left[q^{2}r^{2}(\mathbf{c}^{2}+\mathbf{b}^{2}-2\mathbf{a}^{2})+\mathbf{b}^{2}r^{2}p^{2}+\mathbf{c}^{2}p^{2}q^{2}-\mathbf{b}^{2}r^{4}-\mathbf{c}^{2}q^{4}\right]}$$
$$=\frac{y}{\mathbf{b}\left[r^{2}p^{2}(\mathbf{a}^{2}+\mathbf{c}^{2}-2\mathbf{b}^{2})+\ldots\right]}$$
$$=\frac{z}{\mathbf{c}\left[p^{2}q^{2}(\mathbf{b}^{2}+\mathbf{a}^{2}-2\mathbf{c}^{2})+\ldots\right]}.$$

En tenant compte de la relation $p+q+r=0$, on reconnaît que les trois dénominateurs contiennent en facteurs $\mathbf{a}^{2}qr+\mathbf{b}^{2}rp+\mathbf{c}^{2}pq$, et l'on peut écrire

$$\frac{x}{\mathbf{a}\,qr}=\frac{y}{\mathbf{b}\,rp}=\frac{z}{\mathbf{c}\,pq}.$$

Ce point est sur le cercle circonscrit; il est aussi sur la droite

$$\mathbf{bc}\,x(q^{2}-r^{2})+\mathbf{ca}\,q^{2}y-\mathbf{ab}\,r^{2}z=0,$$

axe radical du cercle circonscrit et du cercle décrit sur la diagonale $x=0$ comme diamètre; il est donc sur ce dernier cercle et aussi sur les deux autres qui ont pour diamètres les diagonales $y=0$ et $z=0$. Ainsi ces trois cercles sont tangents entre eux, et leur point de contact est sur le cercle circonscrit. L'axe radical (B), tangente commune aux trois cercles, passe par le centre du cercle circonscrit. Enfin la droite (A) est tangente au cercle circonscrit; ses coefficients $l=\dfrac{p^{2}}{\mathbf{a}}, \ldots$ vérifient l'équation tangentielle de ce cercle, qui peut s'écrire

$$\sqrt{\mathbf{a}\,l}+\sqrt{\mathbf{b}\,m}+\sqrt{\mathbf{c}\,n}=0.$$

8. *Les côtés du triangle* DEF *qui a pour sommets les pieds des hauteurs du triangle* ABC *sont prolongés jusqu'à la rencontre des côtés de* ABC *en* A′, B′, C′; *démontrer que les cercles décrits sur* AA′, BB′, CC′ *comme diamètres ont même axe radical, et trouver leur condition de contact* (*fig.* 10).

Les trois points A′, B′, C′ sont en ligne droite; leurs coordonnées sont respectivement proportionnelles à

$$(0,\ \cos C,\ -\cos B),\quad (-\cos C,\ 0,\ \cos A),\quad (\cos B,\ -\cos A,\ 0).$$

Les côtés BC, CA, AB du triangle de référence et la droite A'B'C' sont les côtés d'un quadrilatère dont les diagonales sont AA', BB', CC' et forment le triangle MNP. Les cercles

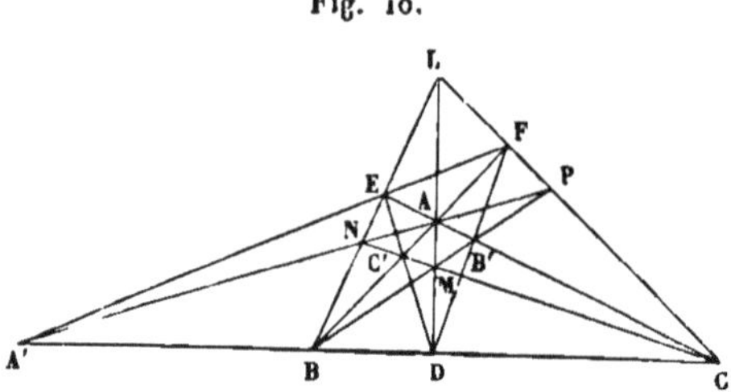

Fig. 10.

décrits sur AA', BB', CC' comme diamètres ont donc même axe radical. Leurs équations sont

$$\sin(B - C)(yz \sin A + zx \sin B + xy \sin C)$$
$$- (x \sin A + y \sin B + z \sin C)(y \cos^2 B \sin C - z \cos^2 C \sin B) = 0$$

et deux autres analogues. Celles de A'B'C' et de l'axe radical sont

$$x \cos A + y \cos B + z \cos C = 0,$$
$$x \cos^2 A \sin(B - C) + y \cos^2 B \sin(C - A)$$
$$+ z \cos^2 C \sin(A - B) = 0.$$

D'après le n° 7, pour que les trois cercles se touchent, il faut que l'un des côtés du quadrilatère passe par le centre d'un des cercles tangents aux côtés de MNP. Les distances respectives d'un point (x', y', z') aux droites AA', BB', CC' ont pour expressions

$$\frac{y' \cos B + z' \cos C}{\sqrt{\cos^2 B + \cos^2 C - 2 \cos A \cos B \cos C}},$$
$$\frac{z' \cos C + x' \cos A}{\sqrt{\cos^2 C + \cos^2 A - 2 \cos A \cos B \cos C}},$$
$$\frac{x' \cos A + y' \cos B}{\sqrt{\cos^2 A + \cos^2 B - 2 \cos A \cos B \cos C}};$$

ces trois distances devant être égales, et le point (x', y', z')

étant sur la droite $A'B'C'$, on aura, pour la condition cherchée,

$$\sqrt{\cos^2 B + \cos^2 C - 2\cos A \cos B \cos C}$$
$$\pm \sqrt{\cos^2 C + \cos^2 A - 2\cos A \cos B \cos C}$$
$$\pm \sqrt{\cos^2 A + \cos^2 B - 2\cos A \cos B \cos C} = 0$$

ou

$$\cos^2 B \cos^2 C + \cos^2 C \cos^2 A + \cos^2 A \cos^2 B$$
$$+ 7\cos^2 A \cos^2 B \cos^2 C - 2\cos A \cos B \cos C = 0.$$

Aucun triangle réel ne peut satisfaire à cette condition. En effet, d'abord tous les angles doivent être aigus, sans quoi le terme $-2\cos A \cos B \cos C$ serait positif; mais, si tous les angles sont aigus, les cercles se coupent nécessairement et ne peuvent se toucher, puisqu'ils passent par les sommets du triangle et par les points D, E, F, situés entre les sommets.

9. *Trouver les points tels que leurs distances aux sommets du triangle de référence soient proportionnelles aux côtés opposés.*

Les équations

$$\frac{\overline{MA}^2}{a^2} = \frac{\overline{MB}^2}{b^2} = \frac{\overline{MC}^2}{c^2}$$

donnent

$$\frac{y^2 + z^2 + 2yz \cos A}{a^4} = \frac{z^2 + x^2 + 2zx \cos B}{b^4} = \frac{x^2 + y^2 + 2xy \cos C}{c^4}.$$

Les points cherchés sont les deux points communs aux trois cercles

$$x^2(b^4 - c^4) + b^4 y^2 - c^4 z^2$$
$$- 2c^4 zx \cos B - 2b^4 xy \cos C = 0, \quad \ldots$$

ou

$$\mathbf{a}yz + \mathbf{b}zx + \mathbf{c}xy + (\mathbf{a}x + \mathbf{b}y + \mathbf{c}z)$$
$$\times \left[-x\frac{b^2 + c^2}{bc} - y\frac{ab^2}{c(b^2 - c^2)} + z\frac{ac^2}{b(b^2 - c^2)} \right] = 0, \quad \ldots$$

Leur axe radical est

$$\mathbf{a}x(\mathbf{b^2-c^2})(\mathbf{b^2+c^2-a^2})$$
$$+\,\mathbf{b}y(\mathbf{c^2-a^2})(\mathbf{c^2+a^2-b^2})+\mathbf{c}z(\mathbf{a^2-b^2})(\mathbf{a^2+b^2-c^2})=\mathrm{o},$$

ou

$$x\sin\mathrm{A}\cos\mathrm{A}\sin(\mathrm{B-C})$$
$$+\,y\sin\mathrm{B}\cos\mathrm{B}\sin(\mathrm{C-A})+z\sin\mathrm{C}\cos\mathrm{C}\sin(\mathrm{A-B})=\mathrm{o}.$$

C'est la droite qui passe par le centre de gravité du triangle, le centre du cercle circonscrit et le point de concours des hauteurs.

Les trois cercles se construisent de la manière suivante : menons CA′, BA′ (*fig.* 11) parallèles à AB, AC, puis les bis-

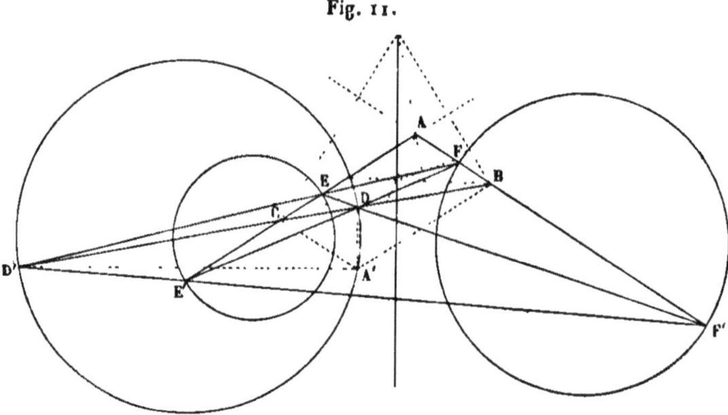

Fig. 11.

sectrices de l'angle CA′B ; elles déterminent sur BC les points D, D′ extrémités du diamètre du premier cercle, lieu des points dont le rapport des distances aux sommets B, C est égal à $\dfrac{\mathbf{b}}{\mathbf{c}}$.

On obtient de même les diamètres EE′, FF′ des deux autres cercles. Le triangle ABC est formé par les diagonales du quadrilatère dont les côtés sont les droites D′EF, D′E′F′, EDF′, E′DF, représentées par les équations

$$\mathbf{a^2}x+\mathbf{b^2}y+\mathbf{c^2}z=\mathrm{o},\quad \mathbf{a^2}x+\mathbf{b^2}y-\mathbf{c^2}z=\mathrm{o},\quad \dots$$

Il résulte du n° 7 que les cercles se touchent si l'une des

conditions $\mathbf{a}^2+\mathbf{b}^2=\mathbf{c}^2$, $\mathbf{b}^2+\mathbf{c}^2=\mathbf{a}^2$, $\mathbf{c}^2+\mathbf{a}^2=\mathbf{b}^2$ est remplie, c'est-à-dire si le triangle est rectangle. Les cercles se coupent en deux points réels si les angles A, B, C sont aigus, en deux points imaginaires, s'il y a un angle obtus.

10. *Étant donné un triangle* ABC, *déterminer deux points* F, F', *tels que les angles* FBC, FCA, FAB *soient égaux, ainsi que les angles* F'CB, F'AC, F'BA ; *trouver l'équation du cercle qui passe par les points* F, F' *et le centre du cercle circonscrit au triangle* (*fig.* 12).

On a

$$\mathrm{BFC}=\pi-\mathrm{C}, \quad \mathrm{CFA}=\pi-\mathrm{A}, \quad \mathrm{AFB}=\pi-\mathrm{B}.$$

Les équations des segments capables des angles $\pi-\mathrm{C}$, $\pi-\mathrm{A}$,

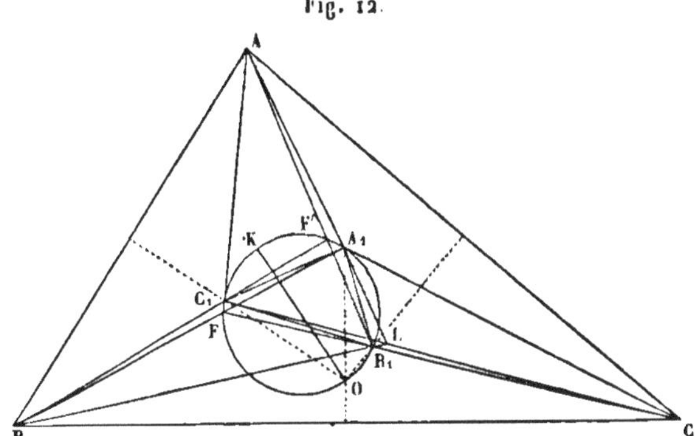
Fig. 12.

$\pi-\mathrm{B}$, décrits sur les côtés BC, CA, AB du triangle de référence comme cordes, sont

$$yz\sin\mathrm{A}+zx\sin\mathrm{B}+xy\sin\mathrm{C}-(x\sin\mathrm{A}+y\sin\mathrm{B}+z\sin\mathrm{C})\frac{\sin\mathrm{B}}{\sin\mathrm{C}}=0,$$

$$yz\sin\mathrm{A}+zx\sin\mathrm{B}+xy\sin\mathrm{C}-(x\sin\mathrm{A}+y\sin\mathrm{B}+z\sin\mathrm{C})\frac{\sin\mathrm{C}}{\sin\mathrm{A}}=0,$$

$$yz\sin\mathrm{A}+zx\sin\mathrm{B}+xy\sin\mathrm{C}-(x\sin\mathrm{A}+y\sin\mathrm{B}+z\sin\mathrm{C})\frac{\sin\mathrm{A}}{\sin\mathrm{B}}=0.$$

Ces trois cercles sont tangents respectivement aux côtés CA,

AB, BC; ils se coupent au point F, intersection de leurs axes radicaux

$$y \sin^2 C - x \sin A \sin B = 0,$$
$$z \sin^2 A - y \sin B \sin C = 0,$$
$$x \sin^2 B - z \sin C \sin A = 0.$$

Les coordonnées absolues de F sont, en posant

$$(1) \qquad \Sigma - \sin^2 B \sin^2 C + \sin^2 C \sin^2 A + \sin^2 A \sin^2 B,$$

$$(2) \qquad x_1 = \frac{S}{R\Sigma} \sin A \sin^2 C, \quad y_1 = \frac{S}{R\Sigma} \sin B \sin^2 A, \quad z_1 = \frac{S}{R\Sigma} \sin C \sin^2 B$$

ou

$$x_1 = \frac{2 a c^2 S}{b^2 c^2 + c^2 a^2 + a^2 b^2}, \quad y_1 = \frac{2 S b a^2}{b^2 c^2 + c^2 a^2 + a^2 b^2}, \quad z_1 = \frac{2 S c b^2}{b^2 c^2 + c^2 a^2 + a^2 b^2}.$$

En appelant θ l'angle constant $FBC = FCA = FAB$; posant $AF = p$, $BF = q$, $CF = r$, on voit que

$$\sin \theta = \frac{x_1}{q} = \frac{y_1}{r} = \frac{z_1}{p}.$$

D'ailleurs,

$$p = \frac{1}{\sin A} \sqrt{y_1^2 + z_1^2 + 2 y_1 z_1 \cos A},$$

$$q = \frac{1}{\sin B} \sqrt{z_1^2 + x_1^2 + 2 z_1 x_1 \cos B},$$

$$r = \frac{1}{\sin C} \sqrt{x_1^2 + y_1^2 + 2 x_1 y_1 \cos C}$$

et

$$y_1^2 + z_1^2 + 2 y_1 z_1 \cos A$$
$$= \frac{S^2}{R^2 \Sigma^2} (\sin^2 B \sin^4 A + \sin^2 C \sin^4 B + 2 \sin^3 B \sin^2 A \sin C \cos A)$$
$$= \frac{S^2 \sin^2 B}{R^2 \Sigma^2} (\sin^2 B \sin^2 C + \sin^2 C \sin^2 A + \sin^2 A \sin^2 B)$$
$$= \frac{S^2 \sin^2 B}{R^2 \Sigma}.$$

Donc

$$p = \frac{S}{R\sqrt{\Sigma}}\,\frac{\sin B}{\sin A}$$

et, de même,

$$q = \frac{S}{R\sqrt{\Sigma}}\,\frac{\sin C}{\sin B}, \quad r = \frac{S}{R\sqrt{\Sigma}}\,\frac{\sin A}{\sin C}.$$

On en conclut

$$(3) \qquad \sin\theta = \frac{x_1}{q} = \frac{\sin A \sin B \sin C}{\sqrt{\Sigma}}.$$

Les coordonnées du point F' se déterminent de la même manière que celles du point F; leurs valeurs sont

$$(4) \qquad x_2 = \frac{S}{R\Sigma}\sin A \sin^2 B, \quad y_2 = \frac{S}{R\Sigma}\sin B \sin^2 C, \quad z_2 = \frac{S}{R\Sigma}\sin C \sin^2 A$$

et l'on a

$$AF' = p' = \frac{S}{R\sqrt{\Sigma}}\,\frac{\sin C}{\sin A},$$

$$BF' = q' = \frac{S}{R\sqrt{\Sigma}}\,\frac{\sin A}{\sin B},$$

$$CF' = r' = \frac{S}{R\sqrt{\Sigma}}\,\frac{\sin B}{\sin C}.$$

Soit

$$yz \sin A + zx \sin B + xy \sin C$$
$$+ (x \sin A + y \sin B + z \sin C)(lx + my + nz = 0)$$

le cercle qui passe par F, F' et le centre O du cercle circonscrit; l, m, n sont donnés par les équations

$$l \sin A \sin^2 C + m \sin B \sin^2 A + n \sin C \sin^2 B - \sin A \sin B \sin C,$$

$$l \sin A \sin^2 B + m \sin B \sin^2 C + n \sin C \sin^2 A - \sin A \sin B \sin C,$$

$$l \cos A + m \cos B + n \cos C$$
$$= \frac{\sin A \cos B \cos C + \sin B \cos C \cos A + \sin C \cos A \cos B}{\sin A \cos A + \sin B \cos B + \sin C \cos C} = \frac{1}{2}.$$

On trouve

$$l = \frac{\sin B \sin C}{\sin^2 A + \sin^2 B + \sin^2 C}, \quad \cdots,$$

et l'équation du cercle se ramène à la forme

$$(5) \quad \left\{ \begin{array}{l} \sin A \sin B \sin C (x^2 + y^2 + z^2) \\ - yz \sin^3 A - zx \sin^3 B - xy \sin^3 C = 0. \end{array} \right.$$

Les fonctions E, ∇, Δ ont les valeurs suivantes :

$$E - 3 \sin A \sin B \sin C + \cos A \sin^3 A + \cos B \sin^3 B + \cos C \sin^3 C$$
$$= 2 \sin A \sin B \sin C (\sin^2 A + \sin^2 B + \sin^2 C),$$
$$\nabla - R^2 E^2 = 4 R^2 \sin^2 A \sin^2 B \sin^2 C (\sin^2 A + \sin^2 B + \sin^2 C)^2,$$
$$4\Delta - \quad \sin A \sin B \sin C (3 \sin^2 A \sin^2 B \sin^2 C - \sin^6 A - \sin^6 B - \sin^6 C)$$
$$- - \sin A \sin B \sin C (\sin^2 A + \sin^2 B + \sin^2 C)$$
$$\times (\sin^4 A + \sin^4 B + \sin^4 C - \sin^2 B \sin^2 C - \sin^2 C \sin^2 A - \sin^2 A \sin^2 B)$$
$$- \sin A \sin B \sin C (\sin^2 A + \sin^2 B + \sin^2 C)$$
$$\times [(\sin^2 A + \sin^2 B + \sin^2 C)^2 - 3\Sigma].$$

Le rayon ρ est donné par la formule

$$\rho^2 = - 8 S^2 \frac{\Delta}{E \nabla} \quad \text{(Chap. VI, n}^\circ 24),$$

c'est-à-dire

$$\rho^2 = R^2 \frac{(\sin^2 A + \sin^2 B + \sin^2 C)^2 - 3\Sigma}{(\sin^2 A + \sin^2 B + \sin^2 C)^2},$$

Σ ayant la valeur (1).

On peut exprimer ρ en fonction de l'angle θ; il suffit de transformer la formule précédente au moyen de l'identité

$$(\sin^2 A + \sin^2 B + \sin^2 C)^2$$
$$= 4(1 + \cos A \cos B \cos C)^2$$
$$= 4 + 4(1 - \sin^2 A)(1 - \sin^2 B)(1 - \sin^2 C) + 8 \cos A \cos B \cos C$$
$$= 4 \cos^2 A + 4 \cos^2 B + 4 \cos^2 C + 8 \cos A \cos B \cos C$$
$$\quad + 4\Sigma - 4 \sin^2 A \sin^2 B \sin^2 C - 4$$
$$= 4\Sigma - 4 \sin^2 A \sin^2 B \sin^2 C.$$

Il vient alors, en ayant égard à la valeur (3) de $\sin\theta$,

$$\rho^2 \quad \frac{R^2}{4}\,\frac{1-4\sin^2\theta}{\cos^2\theta}\cdot$$

Les points F, F′ et le cercle OFF′ ont été signalés par M. Brocard, capitaine du Génie; ils jouissent de propriétés nombreuses et intéressantes dont l'étude est plutôt du ressort de la Géométrie pure que de la Géométrie analytique. Nous nous bornerons à indiquer les principales, en renvoyant pour plus de détails aux Mémoires de MM. Brocard, Neuberg, etc., et à une *Étude sur le cercle de Brocard,* publiée par M. Morel dans le *Journal de Mathématiques élémentaires et spéciales* en 884.

1° *Les couples de droites* (BF, CF′), (CF, AF′), (AF, BF′) *déterminent trois points* A_1, B_1, C_1 *situés sur le cercle* OFF′, *et le triangle* $A_1B_1C_1$ *est semblable à* ABC.

Les coordonnées de A_1, B_1, C_1 satisfont aux équations

$$\frac{x_1}{\sin A\,\sin B\,\sin C}=\frac{y_1}{\sin^3 C}=\frac{z_1}{\sin^3 B},$$

$$\frac{x_2}{\sin^3 C}=\frac{y_2}{\sin A\,\sin B\,\sin C}=\frac{z_2}{\sin^3 A},$$

$$\frac{x_3}{\sin^3 B}=\frac{y_3}{\sin^3 A}=\frac{z_3}{\sin A\,\sin B\,\sin C},$$

et ces valeurs vérifient l'équation (5).

On voit sur la figure que B_1C_1 et FF′ sont données par les formules

$$\overline{B_1C_1}^2=\overline{AB_1}^2+\overline{AC_1}^2-2AB_1\,AC_1\cos(A-2\theta)$$

$$=\frac{1}{4\cos^2\theta}[b^2+c^2-2bc\cos(A-2\theta)],$$

$$\overline{FF'}^2=p^2+p'^2-2pp'\cos(A-2\theta)$$

$$=\frac{S^2}{R^2\Sigma}\left[\frac{\sin^2 B}{\sin^2 A}+\frac{\sin^2 C}{\sin^2 A}-\frac{2\sin B\,\sin C}{\sin^2 A}\cos(A-2\theta)\right]$$

$$=\frac{S^2}{R^2 a^2\Sigma}[b^2+c^2-2bc\cos(A-2\theta)].$$

Donc

$$\frac{\overline{B_1C_1}^2}{a^2}=\frac{R^2\Sigma}{4S^2\cos^2\theta}\,\overline{FF'}^2.$$

Les rapports $\dfrac{\overline{C_1A_1}^2}{b^2}$, $\dfrac{\overline{A_1B_1}^2}{c^2}$ ont la même valeur.

2° *Le centre* K *des médianes antiparallèles du triangle* ABC (voir n° 2) *est sur le cercle* OFF′, *et il est diamétralement opposé au centre* O *du cercle circonscrit.*

Les coordonnées de K sont proportionnelles à $\sin A$, $\sin B$, $\sin C$, et elles vérifient l'équation (5); on constate ensuite que les droites FK, FO sont perpendiculaires [formule (14) du Chap. VI], ou bien que OK est égal au diamètre de OFF′.

3° *Les droites* AA_1, BB_1, CC_1 *se coupent en un même point* L *dont les coordonnées vérifient les équations*

$$x \sin^3 A = y \sin^3 B = z \sin^3 C,$$

et qui est un centre d'homologie pour les triangles ABC, $A_1 B_1 C_1$.

L'axe d'homologie est la droite

$$\frac{x \sin A}{\sin^4 A - \sin^2 B \sin^2 C} + \frac{y \sin B}{\sin^4 B - \sin^2 C \sin^2 A} + \frac{z \sin C}{\sin^4 C - \sin^2 A \sin^2 B} = 0.$$

4° *Les triangles* ABC, $A_1 B_1 C_1$ *ont même centre de gravité.*

5° *Les droites qui joignent les milieux des côtés homologues des deux triangles se coupent en un même point qui est le milieu de* FF′.

§ II. — Applications aux sections coniques.

11. *Lieu des centres des hyperboles équilatères circonscrites à un triangle.*

L'équation générale des coniques circonscrites au triangle de référence étant

$$2 f y z + 2 g z x + 2 h x y = 0,$$

on doit avoir (n° 13, Chap. VI)

$$E = f \cos A + g \cos B + h \cos C = 0;$$

l'élimination de f, g, h entre cette dernière équation et celles qui déterminent le centre (n° 14, Chap. VI) donne, pour le lieu demandé, le cercle des neuf points du triangle. La condition $E = 0$ exprime que les hyperboles équilatères circonscrites passent par le point de concours des hauteurs.

12. *Équations de l'ellipse minimum circonscrite à un triangle et de l'ellipse maximum inscrite.*

D'après les formules (45) du Chap. VI, le produit des carrés des demi-axes de la conique circonscrite

$$2fyz + 2gzx + 2hxy = 0$$

est

$$\rho_1^2\rho_2^2 = \frac{a^4 b^4 c^4 f^2 g^2 h^2}{R^2(-a^2 f^2 - b^2 g^2 - c^2 h^2 + 2bc\,gh + 2ca\,hf + 2ab\,fg)^3}.$$

En égalant à zéro les dérivées partielles de $\rho_1^2\rho_2^2$ par rapport à f, g, h, on trouvera pour les conditions du minimum

$$af = bg = ch;$$

l'équation de l'ellipse minimum circonscrite est donc

$$\frac{yz}{a} + \frac{zx}{b} + \frac{xy}{c} = 0.$$

Les tangentes aux sommets du triangle sont parallèles aux côtés opposés.

L'équation d'une conique inscrite est

$$p^2 x^2 + q^2 y^2 + r^2 z^2 - 2qr\,yz - 2rp\,zx - 2pq\,xy = 0;$$

on a

$$\rho_1^2\rho_2^2 = \frac{a^4 b^4 c^4}{16\,R^2}\,\frac{pqr}{(pbc + qca + rab)^3}.$$

La recherche du maximum ou du minimum de la fonction $\rho_1^2\rho_2^2$ des trois variables p, q, r conduit aux équations

$$bcp = caq = abr;$$

p, q, r doivent donc être proportionnelles à a, b, c, et l'examen des dérivées secondes montre que l'on a un maximum. L'ellipse inscrite d'aire maximum est donc

$$a^2 x^2 + b^2 y^2 + c^2 z^2 - 2bc\,yz - 2ca\,zx - 2ab\,xy = 0.$$

Elle touche les côtés du triangle en leurs milieux.

13. *Calcul de l'excentricité et du rayon du cercle directeur* *d'une conique inscrite, circonscrite au triangle de référence, ou polaire conjuguée par rapport à ce triangle.*

(*a*). *Conique inscrite :*

$$p^2 x^2 + q^2 y^2 + r^2 z^2 - 2qr yz - \ldots = 0.$$

Le carré du rayon du cercle directeur est (Chap. VI, n° **23**)

$$\rho^2 = \rho_1^2 + \rho_2^2 = \frac{\mathbf{a}^2 \mathbf{b}^2 \mathbf{c}^2}{4} \frac{p^2 + q^2 + r^2 + 2qr \cos A + 2rp \cos B + 2pq \cos C}{(p\,\mathbf{bc} + q\,\mathbf{ca} + r\,\mathbf{ab})^2},$$

Les coordonnées du centre (X_1, Y_1, Z_1) sont proportionnelles à $\mathbf{b}r + \mathbf{c}q,\ \mathbf{c}p + \mathbf{a}r,\ \mathbf{a}q + \mathbf{b}p$, de sorte que l'on peut poser

$$p = \mathbf{a}(-\mathbf{a}X_1 + \mathbf{b}Y_1 + \mathbf{c}Z_1),$$
$$q = \mathbf{b}(\mathbf{a}X_1 - \mathbf{b}Y_1 + \mathbf{c}Z_1),$$
$$r = \mathbf{c}(\mathbf{a}X_1 + \mathbf{b}Y_1 - \mathbf{c}Z_1)$$

et écrire

$$\rho^2 = \frac{\mathbf{abc}(\mathbf{a}X_1^2 \cos A + \mathbf{b}Y_1^2 \cos B + \mathbf{c}Z_1^2 \cos C)}{(\mathbf{a}X_1 + \mathbf{b}Y_1 + \mathbf{c}Z_1)^2}.$$

ρ^2 peut s'exprimer aussi en fonction de la distance δ du centre au point de concours des hauteurs du triangle. Cette distance est donnée par la formule

$$\delta^2 = \frac{4R^4}{S^2}\left[X_1^2 \sin^2 A \cos^2 A + \ldots - 2\cos A \cos B \cos C (Y_1 Z_1 \sin B \sin C + \ldots)\right].$$

D'autre part, on peut écrire

$$\rho^2 = \frac{4R^4}{S^2} \sin A \sin B \sin C (X_1^2 \sin A \cos A + \ldots)$$

et, en vertu de l'identité

$$\sin^2 A \cos B \cos C = \sin^2 A \cos^2 A + \sin^2 A \cos A \cos B \cos C$$

et de deux autres analogues, il vient

$$\rho^2 = \frac{4R^4}{S^2}\Big\{ X_1^2 \sin^2 A \cos^2 A + \ldots + \cos A \cos B \cos C$$
$$\times [(X_1 \sin A + Y_1 \sin B + Z_1 \sin C)^2 - 2 Y_1 Z_1 \sin B \sin C - \ldots]\Big\}$$
$$= \delta^2 + \frac{4R^4}{S^2} \cos A \cos B \cos C (X_1 \sin A + Y_1 \sin B + Z_1 \sin C)^2$$

et enfin

$$\rho^2 = \delta^2 + 4\,\mathrm{R}^2 \cos \mathrm{A} \cos \mathrm{B} \cos \mathrm{C}.$$

Cette formule exprime que le carré du rayon du cercle directeur d'une conique inscrite est égal à la puissance de son centre par rapport au cercle polaire conjugué relatif au triangle circonscrit. Le cercle directeur a un rayon minimum lorsque le centre de la conique est le centre du cercle polaire conjugué, c'est-à-dire le point de concours des hauteurs du triangle. L'expression de l'aire de la conique est alors, d'après le n° 13,

$$\pi\rho_1\rho_2 = 2\pi\mathrm{R}^2\sqrt{(\cos\mathrm{A}-\cos\mathrm{B}\cos\mathrm{C})(\cos\mathrm{B}-\cos\mathrm{C}\cos\mathrm{A})(\cos\mathrm{C}-\cos\mathrm{A}\cos\mathrm{B})}.$$

Elle est réelle si l'on a à la fois $\cos\mathrm{A}-\cos\mathrm{B}\cos\mathrm{C} > 0$, $\cos\mathrm{B}-\cos\mathrm{C}\cos\mathrm{A} > 0$ et $\cos\mathrm{C}-\cos\mathrm{A}\cos\mathrm{B} > 0$, c'est-à-dire si le segment compris sur chacune des hauteurs entre le sommet du triangle et le point de concours est plus grand que le segment compris entre le point de concours et la base.

(*b*). *Conique circonscrite :*

$$2fyz + 2gzx + hxy = 0.$$

On trouve

$$\rho^2 = \rho_1^2 + \rho_2^2$$
$$= \frac{4\mathrm{a}^2\mathrm{b}^2\mathrm{c}^2 fgh(f\cos\mathrm{A}+g\cos\mathrm{B}+h\cos\mathrm{C})}{(-\mathrm{a}^2f^2 - \mathrm{b}^2g^2 - \mathrm{c}^2h^2 + 2\mathrm{bc}\,gh + 2\mathrm{ca}\,hf + 2\mathrm{ab}\,fg)^2}.$$

On pourrait introduire dans cette expression les coordonnées du centre, car

$$f = \mathrm{X}_1(-\mathrm{a}\mathrm{X}_1 + \mathrm{b}\mathrm{Y}_1 + \mathrm{c}\mathrm{Z}_1),$$
$$g = \mathrm{Y}_1(\mathrm{a}\mathrm{X}_1 - \mathrm{b}\mathrm{Y}_1 + \mathrm{c}\mathrm{Z}_1),$$
$$h = \mathrm{Z}_1(\mathrm{a}\mathrm{X}_2 + \mathrm{b}\mathrm{Y}_1 - \mathrm{c}\mathrm{Z}_1).$$

(*c*). *Conique polaire conjuguée :*

$$ax^2 + by^2 + cz^2 = 0.$$

On a

$$\rho^2 = \rho_1^2 + \rho_2^2 = -\frac{\mathrm{a}^2\mathrm{b}^2\mathrm{c}^2\,abc(a+b+c)}{(\mathrm{a}^2bc + \mathrm{b}^2ca + \mathrm{c}^2ab)^2},$$
$$\rho_1^2\rho_2^2 = \frac{\mathrm{a}^4\mathrm{b}^4\mathrm{c}^4}{4\mathrm{R}^2}\,\frac{a^2b^2c^2}{(\mathrm{a}^2bc + \mathrm{b}^2ca + \mathrm{c}^2ab)^3}.$$

Les coordonnées du centre étant proportionnelles à $\dfrac{\mathbf{a}}{a}$, $\dfrac{\mathbf{b}}{b}$, $\dfrac{\mathbf{c}}{c}$, on peut écrire

$$\rho^2 = -\frac{\mathbf{abc}\,(\mathbf{a}\,Y_1 Z_1 + \mathbf{b}\,Z_1 X_1 + \mathbf{c}\,X_1 Y_1)}{(\mathbf{a}\,X_1 + \mathbf{b}\,Y_1 + \mathbf{c}\,Z_1)^2},$$

$$\rho_1^2\,\rho_2^2 = \frac{\mathbf{a}^3\mathbf{b}^3\mathbf{c}^3\,X_1 Y_1 Z_1}{4\,R^2(\mathbf{a}\,X_1 + \mathbf{b}\,Y_1 + \mathbf{c}\,Z_1)^3}.$$

Il est facile de voir que ρ^2 est égal à la puissance du centre de la conique conjuguée par rapport au cercle circonscrit au triangle de référence.

Connaissant $\rho_1^2 + \rho_2^2$ et $\rho_1^2 \rho_2^2$, on obtient immédiatement l'excentricité par la formule

$$\frac{(e^2 - 2)^2}{1 - e^2} = \frac{(\rho_1^2 + \rho_2^2)^2}{\rho_1^2 \rho_2^2}.$$

14. *On détermine dans le plan d'un triangle les deux points* F, F' *tels que les angles* FBC, FCA, FAB *soient égaux, ainsi que les angles* F'BA, F'CB, F'AC (*points de Brocard*), *et on les prend pour foyers d'une conique inscrite. Calculer les axes de cette conique et trouver ses points de contact avec les côtés du triangle.*

Lorsqu'on donne un des foyers $F(x_1, y_1, z_1)$ d'une conique inscrite dans le triangle de référence, on a immédiatement l'axe focal ρ_1 qui est le rayon du cercle circonscrit au triangle PQR formé par les pieds des perpendiculaires abaissées de F sur les axes de référence. Les coordonnées (x_2, y_2, z_2) du second foyer F' sont proportionnelles à $\dfrac{1}{x_1}$, $\dfrac{1}{y_1}$, $\dfrac{1}{z_1}$, parce que les droites F'A, F'B, F'C font avec les axes de référence les mêmes angles que FA, FB, FC; on peut donc calculer les valeurs absolues de x_2, y_2, z_2, et le carré de l'axe non focal est

$$\rho_2^2 = x_1 x_2 = y_1 y_2 = z_1 z_2.$$

Dans le cas particulier où F, F' sont les *points de Brocard* dont nous avons calculé les coordonnées au n° **11**, on trouve

$$\rho_1 = \frac{S}{2\,R\sqrt{\Sigma}}, \qquad \rho_2 = \frac{S}{R\,\Sigma}\sin A \sin B \sin C,$$

Σ étant la fonction symétrique $\sin^2 B \sin^2 C + \dots$. On déduit de là

$$\frac{\rho^2}{2\rho_1} = \frac{\sin A \sin B \sin C}{\sqrt{\Sigma}} = \sin\theta - \sin FBC, \quad 2\rho_1^2 = \rho_2 R.$$

On peut écrire

$$\rho_1 = 2R \sin\theta, \quad \rho_2 = 4R \sin^2\theta.$$

Les relations (48) (Chap. VI) permettent de déterminer les coefficients tangentiels de l'équation de la conique inscrite dont on donne un foyer (x_1, y_1, z_1); on a

$$A = o, \quad B = o, \quad C = o, \quad F = p, \quad G = q, \quad H = r,$$

et l'on trouve

$$\frac{p}{x_1(y_1^2 + z_1^2 + 2y_1 z_1 \cos A)} = \frac{q}{y_1(z_1^2 + x_1^2 + 2 z_1 x_1 \cos B)}$$
$$= \frac{r}{z_1(x_1^2 + y_1^2 + 2 x_1 y_1 \cos C)}.$$

Lorsque les foyers sont les *points de Brocard*, x_1, y_1, z_1 sont proportionnels à $\sin A \sin^2 C$, $\sin B \sin^2 A$, $\sin C \sin^2 B$ ou bien à c^2a, a^2b, b^2c; donc

$$\frac{p}{bc} = \frac{q}{ca} = \frac{r}{ab}$$

et l'équation de la conique peut se mettre sous la forme simple

$$\sqrt{\frac{x}{a}} + \sqrt{\frac{y}{b}} + \sqrt{\frac{z}{c}} = o.$$

Les droites qui joignent les sommets du triangle aux points de contact des côtés opposés passent par les pôles de ces côtés par rapport au cercle circonscrit; ce sont les médianes antiparallèles.

15. *D'un même point comme centre on décrit deux coniques, l'une circonscrite à un triangle, l'autre polaire conjuguée par rapport au triangle qui a pour sommet les mi-*

lieux des côtés du premier. Démontrer que les deux courbes sont semblables et semblablement placées.

Soient (X_1, Y_1, Z_1) les coordonnées du centre par rapport au premier triangle, (X'_1, Y'_1, Z'_1) ses coordonnées par rapport au second; on a les relations

$$2\,\mathbf{a}\,X'_1 = -\,\mathbf{a}\,X_1 + \mathbf{b}\,Y_1 + \mathbf{c}\,Z_1,$$
$$2\,\mathbf{b}\,Y'_1 = \quad \mathbf{a}\,X_1 - \mathbf{b}\,Y_1 + \mathbf{c}\,Z_1,$$
$$2\,\mathbf{c}\,Z'_1 = \quad \mathbf{a}\,X_1 + \mathbf{b}\,Y_1 - \mathbf{c}\,Z_1.$$

L'équation de la première conique rapportée au premier triangle est

$$\mathbf{a}\,X_1 X'_1\,yz + \mathbf{b}\,Y_1 Y'_1\,zx + \mathbf{c}\,Z_1 Z'_1\,xy = 0.$$

Celle de la seconde rapportée au second triangle est

$$\frac{\mathbf{a}}{X'_1}\,x'^2 + \frac{\mathbf{b}}{Y'_1}\,y'^2 + \frac{\mathbf{c}}{Z'_1}\,z'^2 = 0$$

ou, en revenant aux coordonnées primitives,

$$\frac{(-\,\mathbf{a}\,x+\mathbf{b}\,y+\mathbf{c}\,z)^2}{\mathbf{a}\,X'_1} + \frac{(\mathbf{a}\,x-\mathbf{b}\,y+\mathbf{c}\,z)^2}{\mathbf{b}\,Y'_1} + \frac{(\mathbf{a}\,x+\mathbf{b}\,y-\mathbf{c}\,z)^2}{\mathbf{c}\,Z'_1} = 0.$$

D'après le n° **14**, si l'on calcule en fonction des coordonnées du centre la somme des carrés des axes et leur produit pour chacune des coniques, on trouvera que les rapports $\dfrac{\rho'_1\rho'_2}{\rho_1\rho_2}$ et $\dfrac{\rho'^2_1 + \rho'^2_2}{\rho^2_1 + \rho^2_2}$ ont la même valeur $\dfrac{X'_1 Y'_1 Z'_1}{X_1 Y_1 Z_1}$; donc les deux coniques sont semblables. Pour démontrer qu'elles sont semblablement placées, il suffit de former les équations des faisceaux asymptotiques menés par deux sommets homologues des deux triangles. On obtient pour les faisceaux de sommets A et A' la même équation

$$Z_1 Z'_1\,y^2 + Y_1 Y'_1\,z^2 + 2\,Y'_1 Z'_1\,yz = 0,$$

en prenant successivement les deux triangles pour triangles de référence.

16. *Lieu des points tels que chacun d'eux puisse être pris* *pour centre de deux coniques semblables, l'une circonscrite, l'autre inscrite au même triangle.*

Si ρ_1, ρ_2 sont les axes de la conique inscrite, ρ'_1, ρ'_2 ceux de la conique circonscrite, X_1, Y_1, Z_1 les coordonnées de leur centre commun, on trouve, en égalant les valeurs de $\dfrac{\rho_1^2 \rho_2^2}{\rho_1'^2 \rho_2'^2}$ et de $\dfrac{\rho_1^2 + \rho_2^2}{\rho_1'^2 + \rho_2'^2}$ exprimées en fonction de X_1, Y_1, Z_1 (n° 14),

$$(a\,Y_1 Z_1 + b\,Z_1 X_1 + c\,X_1 Y_1 - a\,X_1^2 \cos A - b\,Y_1^2 \cos B - c\,Z_1^2 \cos C)^2$$
$$- (a\,X_1^2 \cos A + b\,Y_1^2 \cos B + c\,Z_1^2 \cos C)^2 = 0.$$

La décomposition de cette équation donne le cercle circonscrit et un autre cercle qui a pour diamètre la droite joignant le centre de gravité du triangle au point de concours des hauteurs.

17. *Lorsqu'une parabole est conjuguée par rapport à un triangle, elle touche les droites qui joignent les milieux des côtés, sa directrice passe par le centre du cercle circonscrit, et son foyer est sur le cercle des neuf points. Si le foyer est un des points d'intersection du cercle des neuf points et du cercle circonscrit, les pôles des côtés du triangle par rapport à ce dernier cercle forment un triangle inscrit dans la parabole.*

L'équation de la parabole est

$$a x^2 + b y^2 + c z^2 = 0$$

avec la condition $\nabla = 0$ (n° 13, Chap. VI) ou

$$bc\,a^2 + ca\,b^2 + ab\,c^2 = 0 ;$$

son équation tangentielle

$$l^2 bc + m^2 ca + n^2 ab = 0$$

est vérifiée par les coefficients des équations des droites qui joignent les milieux des côtés du triangle, savoir

$$- a x + b y + c z = 0, \quad \dots$$

La directrice est (n° 21, Chap. VI)

$$bc\,a(b+c)x + ca\,b(c+a)y + ab\,c(a+b)z = 0,$$

et les coordonnées du foyer, pôle de cette droite, sont proportionnelles à $\dfrac{b+c}{a}$, $\dfrac{c+a}{b}$, $\dfrac{a+b}{c}$; ces formules permettent de vérifier les théorèmes énoncés.

18. *Lieu des centres des coniques circonscrites à un triangle et telles que les normales aux trois sommets soient concourantes; lieu du point de concours des normales.*

Les normales à la conique $2fyz + 2gzx + 2hxy = 0$ aux points A, B, C sont

$$y(g - h\cos A) - z(h - g\cos A) = 0,$$
$$z(h - f\cos B) - x(f - h\cos B) = 0,$$
$$x(f - g\cos C) - y(g - f\cos C) = 0;$$

la condition pour qu'elles se rencontrent étant

$$f\,bc(g^2 - h^2) + g\,ca(h^2 - f^2) + h\,ab(f^2 - g^2) = 0,$$

on trouve, pour le lieu de leur point de concours, la cubique

$$x(y^2 - z^2)(\cos B \cos C - \cos A)$$
$$+ y(z^2 - x^2)(\cos C \cos A - \cos B)$$
$$+ z(x^2 - y^2)(\cos A \cos B - \cos C) = 0.$$

Le lieu des centres a pour équation, en posant

$$X = -ax + by + cz, \quad Y = ax - by + cz, \quad Z = ax + by - cz,$$
$$bcxX(y^2Y^2 - z^2Z^2) + cayY(z^2Z^2 - x^2X^2)$$
$$+ abzZ(x^2X^2 - y^2Y^2) = 0$$

ou

$$ayzYZ(czZ - byY) + bzxZX(axX - czZ)$$
$$+ cxyXY(byY - axX) = 0,$$

ce qui se réduit, en vertu des identités

$$czZ - byY = -X(by - cz)\ldots$$

et par la suppression du facteur XYZ, à

$$bcx(y^2 - z^2) + cay(z^2 - x^2) + abz(x^2 - y^2) = 0.$$

19. *Lieu des centres des coniques inscrites dans un triangle et telles que les normales aux points de contact soient concourantes; lieu du point de concours des normales.*

Les coefficients p, q, r de l'équation d'une conique inscrite doivent satisfaire à la condition

$$p^2(q \cos B \sin^2 C - r \cos C \sin^2 B)$$
$$+ q^2(r \cos C \sin^2 A - p \cos A \sin^2 C)$$
$$+ r^2(p \cos A \sin^2 B - q \cos B \sin^2 A) = 0$$

pour que les normales aux points de contact soient concourantes. On trouve pour les lieux demandés les mêmes équations qu'au n° 19.

20. *Deux coniques sont, l'une inscrite, l'autre circonscrite au même triangle et leurs axes ont les mêmes directions; trouver le lieu de leurs centres.*

Soient (X_1, Y_1, Z_1) les coordonnées du centre;

$$L = - a X_1 + b Y_1 + c Z_1,$$
$$M = \quad a X_1 - b Y_1 + c Z_1,$$
$$N = \quad a X_1 + b Y_1 - c Z_1;$$

les équations des deux coniques sont

$$a^2 L^2 x^2 + b^2 M^2 y^2 + c^2 N^2 z^2 - 2 bc MN yz$$
$$- 2 ca NL zx - 2 ab LM xy = 0,$$

$$L X_1 yz + M Y_1 zx + N Z_1 xy = 0.$$

On formera les équations des deux faisceaux asymptotiques passant par un des sommets du triangle de référence, puis, d'après le n° 22 du Chap. VI, celles des faisceaux des bissectrices ou des parallèles aux axes, et l'on exprimera que les deux dernières équations obtenues représentent les mêmes droites. L'équation de condition est, en remplaçant X_1, Y_1, Z_1 par x, y, z,

$$\frac{b(a x + b y - c z)[ca x - bc y + z(a^2 - b^2)]}{- a^2 x^2 + b^2 y^2 + z^2(a^2 - b^2)}$$
$$= \frac{c(a x - b y + c z)[ab x + y(a^2 - c^2) - bc z]}{- a^2 x^2 + y^2(a^2 - c^2) + c^2 z^2}.$$

La droite à l'infini $\mathbf{a}x + \mathbf{b}y + \mathbf{c}z = 0$ fait partie du lieu, car on peut toujours trouver deux paraboles, l'une inscrite, l'autre circonscrite au triangle, et dont les axes sont parallèles à une direction donnée quelconque. Après la suppression du facteur $\mathbf{a}x + \mathbf{b}y + \mathbf{c}z$, il reste

$$\mathbf{bc}x(y^2 - z^2) + \mathbf{ca}y(z^2 - x^2) + \mathbf{ab}z(x^2 - y^2) = 0.$$

C'est la cubique, lieu des centres des coniques inscrites ou circonscrites, telles que les normales aux points de contact ou aux sommets soient concourantes (n°s 19, 20).

21. *Lieu des centres des coniques inscrites dans un triangle et passant* (a) *par le centre du cercle circonscrit;* (b) *par le point de concours des hauteurs.*

(a). On trouve facilement l'équation

$$\sqrt{\mathbf{a}\cos A(-\mathbf{a}x + \mathbf{b}y + \mathbf{c}z)} + \sqrt{\mathbf{b}\cos B(\mathbf{a}x - \mathbf{b}y + \mathbf{c}z)}$$
$$+ \sqrt{\mathbf{c}\cos C(\mathbf{a}x + \mathbf{b}y - \mathbf{c}z)} = 0.$$

Cette conique touche les droites $-\mathbf{a}x + \mathbf{b}y + \mathbf{c}z = 0$, ... qui joignent les milieux des côtés du triangle; il est avantageux de prendre pour nouveau triangle de référence celui qui est formé par ces trois droites. Les nouvelles coordonnées sont

$$x' = \frac{-\mathbf{a}x + \mathbf{b}y + \mathbf{c}z}{2\mathbf{a}},$$
$$y' = \frac{\mathbf{a}x - \mathbf{b}y + \mathbf{c}z}{2\mathbf{b}},$$
$$z' = \frac{\mathbf{a}x + \mathbf{b}v - \mathbf{c}z}{2\mathbf{c}},$$

et l'équation transformée est

$$\sqrt{x'\sin^2 A\cos A} + \sqrt{y'\sin^2 B\cos B} + \sqrt{z'\sin^2 C\cos C} = 0.$$

La recherche des foyers de cette conique par la méthode de l'équation tangentielle (n° 25, Chap. VI) conduit à l'équation

$$8k^2 - k(1 + 8\cos A\cos B\cos C) + \cos A\cos B\cos C = 0,$$

dont les racines sont

$$k_1 = \cos A \cos B \cos C, \quad k_2 = \tfrac{1}{8}.$$

La première permet de décomposer l'équation tangentielle

$$mn \sin^2 A \cos A + nl \sin^2 B \cos B + lm \sin^2 C \cos C$$
$$+ k(l^2 + m^2 + n^2 - 2mn \cos A - 2nl \cos B - 2lm \cos C) = 0$$

en deux facteurs réels, savoir

$$l \cos A + m \cos B + n \cos C = 0,$$
$$l \cos B \cos C + m \cos C \cos A + n \cos A \cos B = 0.$$

Les coordonnées des foyers sont donc proportionnelles à $(\cos A, \cos B, \cos C)$ et à $(\cos B \cos C, \cos C \cos A, \cos A \cos B)$. Le premier est le centre du cercle circonscrit au nouveau triangle de référence ou le centre du cercle des neuf points du triangle primitif; le second est le point de concours des hauteurs du nouveau triangle ou le centre du cercle circonscrit à l'ancien. Le carré de la distance des foyers est

$$R'^2(1 - 8 \cos A \cos B \cos C),$$

R' étant le rayon du cercle circonscrit au nouveau triangle, de sorte que $2R' = R$.

Le produit des distances des foyers à l'un des côtés de ce triangle est $2R'^2 \cos A \cos B \cos C$; les carrés des demi-axes sont donc

$$\rho_1'^2 = \frac{R'^2}{4} = \frac{R^2}{16} \quad \text{et} \quad \rho_2'^2 = \frac{R^2}{2} \cos A \cos B \cos C.$$

(b). On trouve encore une conique tangente aux droites qui joignent les milieux des côtés du triangle de référence et dont l'équation, rapportée à ces trois droites, est

$$\sqrt{x' \sin^2 A \cos B \cos C} + \sqrt{y' \sin^2 B \cos C \cos A}$$
$$+ \sqrt{z' \sin^2 C \cos A \cos B} = 0.$$

Les fonctions E, ∇, Δ ont pour valeurs

$$E = \sin^2 A \sin^2 B \sin^2 C (1 - 4 \cos A \cos B \cos C),$$
$$\nabla = 4R'^2 \sin^2 A \sin^2 B \sin^2 C,$$
$$\Delta = - 4 \sin^4 A \sin^4 B \sin^4 C \cos^4 A \cos^4 B \cos^4 C.$$

Les carrés des demi-axes sont donnés par les formules

$$\rho_1'^2 + \rho_2'^2 = R'^2(1 - 4\cos A \cos B \cos C),$$
$$\rho_1'^2 \rho_2'^2 = 4 R^4 \cos^2 A \cos^2 B \cos^2 C,$$

de sorte que

$$\rho_1' + \rho_2' = R' = \frac{R}{2}, \quad \rho_1' - \rho_2' = \frac{R}{2}\sqrt{1 - 8\cos A \cos B \cos C}.$$

Le centre de la conique est le centre du cercle des neuf points du premier triangle de référence. (On ne trouve pas de valeurs simples pour les coordonnées des foyers, parce que l'équation en k n'a pas de racines rationnelles.)

22. *Trouver la condition à laquelle doivent satisfaire les coefficients de l'équation d'une conique polaire conjuguée par rapport à un triangle pour qu'un des foyers soit sur un des côtés du triangle.*

Si l'un des foyers est sur le côté $x = 0$, ses coordonnées y, z vérifient les équations (n° 48) du Chap. VI, et l'élimination de y et z donne

$$b^2 c^2 \sin^4 A - c^2 a^2 \sin^2 B \cos^2 B - a^2 b^2 \sin^4 C \cos^2 C$$
$$+ a^2 bc (2 \sin B \cos B \sin C \cos C - \sin^4 A)$$
$$+ ab^2 c (2 \sin^2 C \sin^2 A - \sin^4 A) + abc^2 (2 \sin^2 B \sin^2 A - \sin^4 A) = 0,$$

en introduisant les sinus des angles du triangle à la place des côtés, et en remarquant que les coefficients tangentiels de l'équation d'une conique polaire conjuguée

$$ax^2 + by^2 + cz^2 = 0$$

sont bc, ca, ab.

L'équation précédente se décompose en deux :

$$(1) \qquad bc \sin^2 A + ca \sin^2 B + ab \sin^2 C = 0,$$
$$(2) \qquad bc \sin^2 A - ca \cos^2 B - ab \cos^2 C = 0.$$

La première donne un foyer à l'infini sur $x = 0$, car les coniques qui y satisfont sont des paraboles; la seconde donne un foyer à distance finie, déterminé par l'équation

$$\frac{y^2}{z^2} = \frac{c(b\mathbf{a}^2 + a\mathbf{b}^2 - a\mathbf{c}^2)}{b(c\mathbf{a}^2 - a\mathbf{b}^2 + a\mathbf{c}^2)}$$

$$= \frac{ca\cos^2 B + ab\cos^2 C + ca\sin^2 B - ca\sin^2 C}{ca\cos^2 B + ab\cos^2 C - ab\sin^2 B + ab\sin^2 C} = \frac{\cos^2 C}{\cos^2 B}.$$

On doit prendre $y\cos B = z\cos C$ pour satisfaire aux équations des foyers.

Donc les coniques polaires conjuguées par rapport au triangle de référence et dont les coefficients a, b, c satisfont à la relation (2) ont toutes pour foyer le pied de la hauteur abaissée du sommet A sur le côté $x = 0$. Le lieu de leurs centres est la droite

$$x\sin A - y\cos B\cot B - z\cos C\cot C = 0,$$

qui passe par les milieux des côtés A′B′, A′C′ du triangle formé en joignant les pieds des hauteurs du triangle de référence. Le lieu du second foyer variable est la droite B′C′

$$(3) \qquad\qquad - x\cos A + y\cos B + z\cos C = 0.$$

En cherchant directement le lieu des foyers des coniques $ax^2 + by^2 + cz^2 = 0$, lorsque a, b, c satisfont à la relation (2), sans passer par l'intermédiaire du lieu des centres, on trouve un lieu du troisième ordre

$$x\sin^2 A(-x^2\cos A + yz + zx\cos C + xy\cos B)$$
$$- y\cos^2 B(-y^2\cos B + yz\cos C + zx + xy\cos A)$$
$$- z\cos^2 C(-z^2\cos C + yz\cos B + zx\cos A + xy) = 0.$$

Cette équation se décompose en deux facteurs; on a la droite (3) et les deux droites imaginaires

$$x^2\sin^2 A + (y\cos B - z\cos C)^2 = 0.$$

Toutes les coniques du système sont tangentes aux quatre droites représentées par l'équation

$$x\sin A \pm y\cos B \pm z\cos C = 0.$$

23. *Discussion de l'équation générale des coniques tangentes à quatre droites.*

Soient

$$px + qy + rz - 0, \quad -px + qy + rz - 0,$$
$$px - qy + rz - 0, \quad px + qy - rz - 0$$

les quatre droites rapportées au triangle formé par les diagonales du quadrilatère complet dont elles sont les côtés. Les coefficients de l'équation tangentielle d'une conique inscrite dans le quadrilatère doivent satisfaire aux équations

$$A p^2 + B q^2 + C r^2 + 2 F qr + 2 G rp + 2 H pq = 0,$$
$$A p^2 + B q^2 + C r^2 + 2 F qr - 2 G rp - 2 H pq - 0,$$
$$A p^2 + B q^2 + C r^2 \quad 2 F qr + 2 G rp - 2 H pq \quad 0,$$
$$A p^2 + B q^2 + C r^2 - 2 F qr - 2 G rp + 2 H pq \quad 0$$

qui donnent

$$G r + H q - 0, \quad G r - H q - 0,$$
$$H p + F r - 0, \quad H p - F r = 0,$$
$$F q + G p = 0, \quad F q - G p = 0$$

et, par suite,

$$F = G \quad H \quad 0 \quad \text{ou} \quad gh - af = hf - bg = fg - ch = 0.$$

On ne peut prendre $a = \dfrac{gh}{f}, \dots,$ car la conique serait une droite double ; on satisfait aux équations de condition en prenant $f = g - h = 0$, et, par conséquent, l'équation générale des coniques est

$$ax^2 + by^2 + cz^2 = 0,$$

a, b, c étant liés par la relation

$$ap^2 + bq^2 + cr^2 - 0.$$

Le lieu des centres est la droite

$$p^2 \mathbf{bc}.x + q^2 \mathbf{ca}y + r^2 \mathbf{ab}z - 0$$

qui passe par les milieux des diagonales du quadrilatère.

La conique est une hyperbole ou une ellipse suivant que ∇ est négatif ou positif, c'est-à-dire suivant que l'on a

$$\mathbf{a}^2 bc + \mathbf{b}^2 ca + \mathbf{c}^2 ab < 0 \quad \text{ou} \quad \mathbf{a}^2 bc + \mathbf{b}^2 ca + \mathbf{c}^2 ab > 0.$$

Par l'introduction des coordonnées du centre X_1, Y_1, Z_1, ∇ prend la forme

$$\nabla = 2\,S\,\sqrt[3]{\frac{\mathbf{abc}\,a^2\,b^2\,c^2}{X_1\,Y_1\,Z_1}}.$$

On peut donc dire que la conique est une hyperbole ou une ellipse suivant que le produit $X_1\,Y_1\,Z_1$ est négatif ou positif; il est facile d'interpréter géométriquement cette condition.

Soient DHF, DIG, FEI, HEG (*fig.* 13) les quatre droites

Fig. 13.

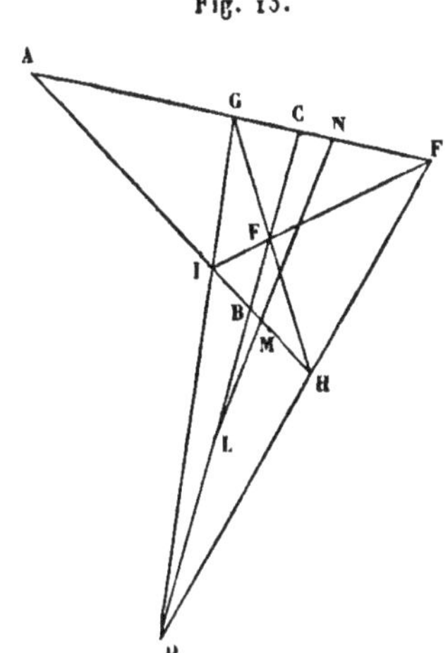

rangées dans l'ordre où nous avons écrit plus haut leurs équations; en supposant p, q, r positifs, la droite

$$p\,x + q\,y + r\,z = 0$$

coupe les prolongements des côtés de ABC; c'est la droite DHF; de même $-p\,x + q\,y + r\,z = 0$ est la droite DIG, etc. Si L, M, N sont les milieux des diagonales, on voit que toutes les coniques dont les centres sont au-dessous du point L sont des hyperboles, car les coordonnées Y_1 de leurs centres sont négatives, tandis que les X_1 et les Z_1 sont positives. De même on a une ellipse quand le centre est entre L et M, une hyperbole quand il est entre M et N, enfin une ellipse quand il est au-dessus du point N.

24. *Lieu des centres des coniques passant par deux points et tangentes à deux droites, et lieu du pôle de la droite joignant les points fixes, par rapport aux coniques du système.*

Nous supposons les coniques tangentes aux droites $x = o$, $y = o$; si elles coupent $z = o$ en deux points fixes définis par l'équation

$$lx^2 + my^2 + 2nxy = o,$$

leur équation générale pourra s'écrire

$$lx^2 + my^2 + \lambda^2 z^2 \pm 2\lambda\sqrt{m}\,yz \pm 2\lambda\sqrt{n}\,zx + 2nxy = o.$$

Le lieu du pôle de $z = o$ est le couple de droites

$$m(lx + ny)^2 - l(nx + my)^2 = o.$$

On voit aussi que la polaire du point C d'intersection des deux tangentes fixes passe soit par l'intersection de $z = o$ avec $x\sqrt{l} + y\sqrt{m} = o$, soit par l'intersection de $z = o$ avec $x\sqrt{l} - y\sqrt{m} = o$.

Le lieu des centres se compose des deux coniques

$$[x(\mathbf{b}l - \mathbf{a}n) + y(\mathbf{b}n - \mathbf{a}m)]^2$$
$$= (\mathbf{b}\sqrt{l} - \mathbf{a}\sqrt{m})\{(x\sqrt{l} + y\sqrt{m})[x(\mathbf{b}l - \mathbf{a}n) + y(\mathbf{b}n - \mathbf{a}m)]$$
$$+ \mathbf{c}yz(m\sqrt{l} - n\sqrt{m}) + \mathbf{c}zx(n\sqrt{l} - l\sqrt{m})\},$$

$$[x(\mathbf{b}l - \mathbf{a}n) + y(\mathbf{b}n - \mathbf{a}m)]^2$$
$$= (\mathbf{b}\sqrt{l} + \mathbf{a}\sqrt{m})\{(x\sqrt{l} - y\sqrt{m})[x(\mathbf{b}l - \mathbf{a}n) + y(\mathbf{b}n - \mathbf{a}m]$$
$$+ \mathbf{c}yz(m\sqrt{l} + n\sqrt{m}) + \mathbf{c}zx(n\sqrt{l} + l\sqrt{m})\}.$$

Elles ont trois points communs que ces équations mettent en évidence, savoir le point

$$C(x = o,\ y = o),$$

et les points d'intersection de $z = o$ avec

$$\mathbf{a}x - \mathbf{b}y = o \quad \text{et avec} \quad x(\mathbf{b}l - \mathbf{a}n) + y(\mathbf{b}n - \mathbf{a}m) = o.$$

Le quatrième point d'intersection est sur la droite

$$x(\mathbf{b}l + \mathbf{a}n) + y(\mathbf{b}n + \mathbf{a}m) = o.$$

25. *Étant donnés une conique et un point* A, *si l'on mène par ce point deux droites conjuguées et qu'on joigne deux de leurs points d'intersection avec la conique, le rapport de l'aire du triangle ainsi formé au produit des distances de ses sommets à la polaire de* A *est constant.*

Nous prendrons pour triangle de référence un triangle polaire conjugué quelconque ayant le point A pour un de ses sommets, de sorte que l'équation de la conique sera

$$a x^2 + b y^2 + c z^2 = 0.$$

Soit $l x + m y + n z = 0$ une droite qui coupe la courbe en deux points D, E tels que AD, AE soient conjuguées ; on aura, d'après la formule (25) du Chap. VI,

$$DE = \frac{8\,RS\,\sqrt{P}\,\sqrt{bcl^2 + cam^2 + abn^2}}{a(\mathbf{b} n - \mathbf{c} m)^2 + b(\mathbf{c} l - \mathbf{a} n)^2 + c(\mathbf{a} m - \mathbf{b} l)^2}.$$

La hauteur du triangle ADE étant $\dfrac{2\,S\,l}{\mathbf{a}\sqrt{P}}$, sa surface a pour expression

$$\Sigma = \frac{8\,RS^2\,l\,\sqrt{bcl^2 + cam^2 + abn^2}}{\mathbf{a}[a(\mathbf{b} n - \mathbf{c} m)^2 + b(\mathbf{c} l - \mathbf{a} n)^2 + c(\mathbf{a} m - \mathbf{b} l)^2]}.$$

Les distances des points D, E à la polaire de A, c'est-à-dire au côté $x = 0$ du triangle de référence, sont racines de l'équation

$$x^2[a(\mathbf{b} n - \mathbf{c} m)^2 + \ldots]$$
$$+ 4 S x[bn(\mathbf{c} l - \mathbf{a} m) - cm(\mathbf{a} m - \mathbf{b} l)] + 4 S^2 (bn^2 + cm^2) = 0 ;$$

donc le produit des distances des points A, D, E à la polaire de A est

$$\Pi = \frac{8\,S^3(bn^2 + cm^2)}{\mathbf{a}[a(\mathbf{b} n - \mathbf{c} m)^2 + \ldots]}$$

et, par suite,

$$\frac{\Sigma}{\Pi} = \frac{R\,l}{S}\,\frac{\sqrt{bcl^2 + cam^2 + abn^2}}{bn^2 + cm^2}.$$

Si AD, AE sont conjugués, on aura

$$2\,bcl^2 + cam^2 + abn^2 = 0,$$

ce qui réduit l'expression précédente à la valeur constante

$$\frac{\Sigma}{\Pi} = \frac{R}{2S}\sqrt{\frac{a^2}{-bc}} - \frac{R}{2S}\sqrt{\frac{a^3}{-\Delta}},$$

puisque $\Delta = abc$.

26. *Les polaires des milieux des côtés d'un triangle par rapport à toute conique inscrite déterminent un triangle dont l'aire est égale à celle du triangle donné.*

Les polaires des milieux des côtés du triangle de référence par rapport à une conique inscrite

$$p^2 x^2 + q^2 y^2 + \ldots - 2pq\,xy = 0$$

sont

$$-px(\mathbf{c}q + \mathbf{b}r) + qy(\mathbf{c}q - \mathbf{b}r) - rz(\mathbf{c}q - \mathbf{b}r) = 0, \ldots.$$

Les déterminants qui entrent dans l'expression (27) (Chap. VI) de l'aire du triangle formé par trois droites ont pour valeurs

$$D_{012} = -8\,\mathbf{abc}\,p^2 q^2 r^2, \quad D_{12} = 4\,\mathbf{abc}\,p^2 qr,$$
$$D_{02} \quad 4\,\mathbf{abc}\,pq^2 r, \quad D_{01} = 4\,\mathbf{abc}\,pqr^2;$$

la surface du triangle est donc

$$\Sigma = \frac{4\,\mathrm{RS}^2}{\mathbf{abc}} = \mathrm{S}.$$

27. *On donne une conique et deux cordes conjuguées AB, CD, un point fixe O; d'un point P de la conique on mène les droites PA, PB qui coupent CD en A′, B′, puis les droites OA′, OB′ qui coupent PB, PA en Q, R; trouver l'enveloppe de QR.*

Nous prendrons pour lignes de référence celle des deux cordes qui coupe la conique en deux points réels (l'une d'elles au moins remplit cette condition), et les tangentes en ces points; soit $z = 0$ la corde AB; $xy = z^2$ sera l'équation de la courbe. On aura $lx + my = 0$ pour la corde CD, et le point O sera défini par $\dfrac{x}{\alpha} = \dfrac{y}{\beta} = \dfrac{z}{\gamma}$. Les droites AP, BP sont de la forme $\mu x + z = 0$, $y + \mu z = 0$, et l'on trouve, pour l'équation de QR,

$$x[\beta\gamma m \mu^2 + \mu(\beta^2 m - \gamma^2 l) - \beta\gamma l]$$
$$-y[\gamma^2 m \mu^2 + \mu(\gamma^2 m - \alpha^2 l) - \alpha\gamma l]$$
$$+z(\alpha l + \beta m)(\alpha\mu^2 + 2\gamma\mu + \beta) = 0.$$

L'enveloppe de cette droite est une conique dont l'équation, assez compliquée, peut s'écrire immédiatement. Si le point O est sur la conique donnée, l'enveloppe se réduit aux deux droites

$$x^2(\beta^2 m + \gamma^2 l)^2 - 2\gamma^2 xy(\alpha^2 l^2 + \beta^2 m^2) + y^2(\gamma^2 m + \alpha^2 l)^2 = 0.$$

Si le point O est sur AB, on a aussi deux droites

$$(\beta^2 m x - \alpha^2 l y)^2 - 4\alpha\beta z^2(\alpha l + \beta m)^2 = 0.$$

28. *Une conique* U *est tangente aux trois côtés d'un triangle* ABC; O, O_1, O_2, O_3 *sont les centres des cercles inscrit et exinscrits. Une conique* V *passe par les points* B, C, O, O_1 *et par l'un des foyers de* U; *une autre conique* W *passe par les points* B, C, O_2, O_3 *et par le même foyer. Démontrer que le quatrième point d'intersection de* V *et* W *est le second foyer de* U; *que, si la conique* W *est fixe,* V *étant variable, la corde commune de ces deux courbes, qui est associée à* BC, *passe par un point fixe.*

Si (α, β, γ) est l'un des foyers de U, les équations de V, W sont

$$x(y - z)(\gamma - \alpha)(\alpha + \beta) + \alpha(\gamma - \beta)(z - x)(x + y) = 0,$$
$$x(y + z)(\gamma + \alpha)(\beta + \alpha) - \alpha(\beta + \gamma)(z + x)(x + y) = 0.$$

La corde commune associée à $x = 0$ est

$$\alpha x(\beta^2 - \gamma^2) + \beta y(\gamma^2 - \alpha^2) + \gamma z(\alpha^2 - \beta^2) = 0;$$

elle passe par le point $(\alpha\beta\gamma)$ et coupe de nouveau V et W en un point dont les coordonnées sont proportionnelles à $\frac{1}{\alpha}$, $\frac{1}{\beta}$, $\frac{1}{\gamma}$; c'est donc le second foyer d'une conique inscrite dans le triangle de référence et ayant pour foyer donné $(\alpha\beta\gamma)$.

Écrivons les équations de V et de W sous les formes

$$x(y-z) + \lambda(z-x)(x+y) = 0,$$
$$x(y+z) + \mu(z+x)(x+y) = 0.$$

Leur seconde corde commune est

$$\mu(y-z) - \lambda(y+z) - 2\lambda\mu(x+y) = 0;$$

si μ est constant et λ variable, la corde passe par un point fixe situé sur la bissectrice intérieure de l'angle A.

29. *On donne quatre droites* (A), (B), (C), (D), *un point fixe* P, *et l'on décrit quatre coniques, telles que chacune d'elles ait pour triangle polaire conjugué un des triangles formés par les quatre droites, et que de plus le point* P *ait pour polaire par rapport à cette conique la quatrième droite. Démontrer que les quatre coniques ont deux tangentes communes qui passent en* P.

Soient $(\alpha\beta\gamma)$ le point P,

$$(A) = px + qy + rz = 0, \quad (B) = -px + qy + rz = 0,$$
$$(C) = px - qy + rz = 0, \quad (D) = px + qy - rz = 0$$

les quatre droites, (a), (b), (c), (d) les résultats des substitutions des coordonnées de P dans (A), (B), ... On trouve pour les quatre coniques

$$\frac{(B)^2}{(b)} + \frac{(C)^2}{(c)} + \frac{(D)^2}{(d)} = 0, \quad -\frac{(A)^2}{(a)} + \frac{(C)^2}{(c)} + \frac{(D)^2}{(d)} = 0,$$
$$-\frac{(A)^2}{(a)} + \frac{(B)^2}{(b)} + \frac{(D)^2}{(d)} = 0, \quad -\frac{(A)^2}{(a)} + \frac{(B)^2}{(b)} + \frac{(C)^2}{(c)} = 0.$$

Les tangentes issues de P sont représentées pour chacune d'elles par la même équation, savoir

$$-\frac{(A)^2}{(a)} + \frac{(B)^2}{(b)} + \frac{(C)^2}{(c)} + \frac{(D)^2}{(d)} = 0$$

ou

$$p^2\alpha(\beta x - \alpha y)(\gamma x - \alpha z)$$
$$+ q^2\beta(\gamma y - \beta z)(\alpha y - \beta x) + r^2\gamma(\alpha z - \gamma x)(\beta x - \alpha y) = 0.$$

30. *Deux coniques se coupent en quatre points,* M, N, P, Q ; *d'un point* O *de la corde* MN *on mène les tangentes* OR, OS *à la première conique,* OR', OS' *à la seconde. Démontrer que* RR', SS' *se coupent en un point fixe,* RS' *et* R'S *en un autre point fixe ; que ces deux points ne changent pas quand on prend le point* O *sur la corde* PQ *associée à* MN. *Les six points fixes ainsi obtenus, en considérant successivement les trois couples de cordes communes, sont les ombilics des deux coniques.*

Soient

$$a x^2 + b y^2 + c z^2 = 0, \quad a' x^2 + b' y^2 + c' z^2 = 0$$

les deux coniques rapportées au triangle polaire conjugué commun. Les systèmes de cordes communes sont

(I) $\qquad y^2(ab' - ba') - z^2(ca' - ac') = 0,$

(II) $\qquad z^2(bc' - cb') - x^2(ab' - ba') = 0,$

(III) $\qquad x^2(ca' - ac') - y^2(bc' - cb') = 0.$

Il est avantageux d'employer les coordonnées tangentielles ; l'équation d'un point pris sur la droite

$$y\sqrt{ab' - ba'} - z\sqrt{ca' - ac'}$$

du système (I), et dont la coordonnée x est proportionnelle à λ, sera

$$\lambda l + m\sqrt{ab' - ba'} + n\sqrt{ca' - ac'} = 0.$$

La polaire de ce point par rapport à la première conique a ses coordonnées proportionnelles à

$$\lambda a, \quad b\sqrt{ca' - ac'}, \quad c\sqrt{ab' - ba'},$$

et l'équation quadratique des points de contact R, S des tangentes issues du point λ est

$$(bcl^2 + cam^2 + abn^2)(\lambda^2 + cb' - bc')$$
$$- bc(\lambda l + m\sqrt{ca' - ac'} + n\sqrt{ab' - ba'})^2 = 0.$$

De même l'équation des points R', S' est

$$(b'c'l^2 + c'a'm^2 + a'b'n^2)(\lambda^2 + cb' - bc')$$
$$- b'c'(\lambda l + m\sqrt{ca' - ac'} + n\sqrt{ab' - ba'})^2 = 0.$$

L'élimination de λ entre ces équations donne

$$cc' m^2 (ab' - ba') + bb' n^2 (ac' - ca') = 0$$

pour l'enveloppe des tangentes communes aux deux couples de points, autrement dit pour l'enveloppe des droites qui les joignent deux à deux. Comme cette dernière équation est décomposable, on voit que les droites en question passent par deux points fixes situés sur $x = 0$, et dont les coordonnées y, z sont données par

$$\frac{y}{\sqrt{cc'(ab' - ba')}} = \pm \frac{z}{\sqrt{bb'(ca' - ac')}}.$$

Ces points ne changent pas quand le point mobile est sur la seconde corde du système (I). Les équations tangentielles prouvent que ce sont les points de concours des tangentes communes, puisque l'équation quadratique des deux points est le résultat de l'élimination de l entre les équations tangentielles des coniques

$$bc\,l^2 + \ldots = 0, \quad b'c'\,l^2 + \ldots = 0.$$

On trouverait de même les autres couples d'ombilics.

Quant aux équations ponctuelles des tangentes communes, elles s'obtiennent en formant les équations quadratiques des tangentes menées successivement à l'une des coniques par deux ombilics d'un même couple; les quatre tangentes sont comprises dans l'équation

$$x\sqrt{aa'(bc' - cb')} \pm y\sqrt{bb'(ca' - ac')} \pm z\sqrt{cc'(ab' - ba')} = 0.$$

Remarque. — On peut considérer comme un corollaire du théorème qui vient d'être démontré le suivant : *Si deux coniques se touchent et que par un point de la tangente commune au point de contact on mène une autre tangente à chacune d'elles, la droite joignant les deux points de contact passe par le point de concours des deux autres tangentes communes.*

La démonstration directe se fait très simplement en rapportant les deux coniques au triangle formé par les trois tangentes.

31. *Si par un des ombilics de deux coniques on mène une droite rencontrant la première en* P, Q, *la seconde en* P', Q', *les tangentes aux points* P, P' *et* Q, Q' *d'une part, aux points* P, Q' *et* P', Q *de l'autre, se coupent sur deux des cordes communes.*

Ce théorème, corrélatif de celui du n° 30, se démontre de la même manière, en faisant usage des coordonnées ponctuelles.

32. *Étant données deux coniques* U *et* V *et deux tangentes à* V, *les six droites qui joignent les quatre points où ces tangentes rencontrent* U *sont deux à deux tangentes à une même conique du faisceau ponctuel* (U, V).

En prenant pour lignes de référence les deux tangentes à V et la corde des contacts, on pourra représenter les deux coniques par les équations

$$U = cz^2 + 2hxy = 0,$$
$$V = (lx + my + nz)(l'x + m'y + n'z) + 2h'xy = 0.$$

La conique $hU - h'V = 0$ satisfait aux conditions de l'énoncé.

33. *On donne une conique fixe* U *et une conique variable* V *passant par deux points fixes de la première et tangente à deux droites qui se coupent sur cette même conique. Trouver l'enveloppe de la corde commune associée à celle qui joint les deux points fixes.*

Nous supposons les deux points communs à U et V définis par $z = 0$ et $ax^2 + by^2 + 2hxy = 0$; les deux tangentes fixes à la conique V sont $x = 0$, $y = 0$. Les deux courbes auront alors pour équations

$$U = ax^2 + by^2 + 2fyz + 2gzx + 2hxy = 0,$$
$$V = ax^2 + by^2 + \lambda z^2 \pm 2yz\sqrt{b\lambda} \pm 2zx\sqrt{a\lambda} + 2hxy = 0;$$

l'enveloppe de la corde commune est

$$ax^2 + by^2 + 2fyz + 2gzx \pm 2xy\sqrt{ab} = 0.$$

34. *Deux coniques* U *et* V *ont un double contact, et d'un point quelconque* C *de leur corde de contact on mène les tangentes* CA, CB *à* U, CA′, CB′ *à* V ; *on construit une conique* W *passant par* A′, B′, *et tangente à* CA, CB. *Démontrer que les tangentes à* W *aux points où elle rencontre* U *sont aussi tangentes à* V.

ABC étant pris pour triangle de référence, les équations de U et V seront

$$\text{U}\quad z^2 + 2h^2 xy = 0, \quad \text{V} = z^2 + 2h^2 xy + (\alpha x + \beta y)^2;$$

les points A′, B′ sont les intersections de $z = 0$ avec

$$\alpha^2 x^2 + \beta^2 y^2 + 2xy(h^2 + \alpha\beta) = 0.$$

La conique W aura l'une des formes

$$(\text{I}) \qquad 2xy(h^2 + \alpha\beta) + (\alpha x - \beta y + \lambda z)^2 = 0$$

ou

$$(\text{II}) \qquad 2h^2 xy + (\alpha x + \beta y + \lambda z)^2 = 0,$$

λ étant un paramètre arbitraire. Si l'on prend la première forme, on voit qu'une des cordes communes à U et W est

$$\alpha h x - \beta h y + z\left(\lambda h - \sqrt{h^2 + 2\alpha\beta}\right) = 0 ;$$

son pôle par rapport à W est donné par les équations

$$\frac{x_1}{\lambda\beta} = \frac{y_1}{-\lambda\alpha} = \frac{z_1}{h^2 + \lambda h \sqrt{h^2 + 2\alpha\beta}}.$$

Si de ce point on mène les tangentes à W et V, on trouvera qu'elles sont représentées par la même équation quadratique, ce qui démontre le théorème.

La forme (II) conduirait au même résultat.

On peut remarquer que la corde de contact de la conique (II) avec les côtés CA, CB du triangle de référence passe par le point P où le côté BC est coupé par la corde de contact de U et V. La corde de contact de la conique (I) avec CA, CB coupe BC en un point P′, conjugué harmonique de P par rapport aux points A et B.

35. *Deux coniques ayant un double contact, si par le pôle de contact* C *on mène une transversale coupant la première en* M, N, *la seconde en deux points dont l'un est* M', *le rapport anharmonique des points* C, M, N, M' *est constant.*

Soient $z^2 + hxy = 0$, $z^2 + h'xy = 0$ les deux coniques, $x + \lambda y = 0$ une droite passant par le pôle de $z = 0$; la valeur constante du rapport anharmonique des quatre points est

$$\frac{\sqrt{h'} - \sqrt{h}}{\sqrt{h'} + \sqrt{h}},$$

quel que soit λ. C'est le rapport anharmonique du faisceau des droites

$$y = 0, \quad z + y\sqrt{\lambda h} = 0, \quad z - y\sqrt{\lambda h} = 0, \quad z + y\sqrt{\lambda h'} = 0.$$

36. *Si trois coniques sont telles qu'un point de leur plan ait la même polaire par rapport à chacune d'elles, il existe deux coniques qui ont un double contact avec chacune des trois premières.*

Soit $(x = 0, y = 0)$ le point qui a la même polaire $z = 0$ par rapport aux trois coniques

$$(1) \qquad U = ax^2 + b'y^2 + cz^2 + 2fyz = 0,$$
$$(2) \qquad U + (my + nz)(m'y + n'z) = 0,$$
$$(3) \qquad U + (py + qz)(p'y + q'z) = 0.$$

Une conique bitangente à (1) et (2) a une équation de la forme

$$(4) \qquad [\mu(my + nz) + m'y + n'z]^2 - 4\mu U = 0.$$

On a de même, pour une conique bitangente à (1) et (3),

$$(4') \qquad [\nu(py + qz) + p'y + q'z]^2 - 4\nu U = 0.$$

Les équations (4) et (4') coïncideront, si l'on a

$$\sqrt{\nu}(m\mu + m') \pm \sqrt{\mu}(p\nu + p') = 0,$$
$$\sqrt{\nu}(n\mu + n') \pm \sqrt{\mu}(q\nu + q') = 0.$$

L'élimination de μ entre ces équations de condition conduit à une équation du second degré en v

$$v^2(pn - qm)(pn' - qm')$$
$$+ v[(mn' - m'n)^2 + 2\,nn'pp' + 2\,mm'qq' - (mn' + m'n)(pq' + p'q)]$$
$$+ (p'n - q'm)(p'n' - q'm') = 0.$$

Il existe donc deux coniques bitangentes aux trois coniques données.

37. *Étant données deux coniques bitangentes* U *et* V, *si l'on mène d'un point* O *les tangentes* (OM, ON) *et* (OM', ON') *à* U *et à* V, *on peut construire une conique* W, *passant par* M', N' *et ayant avec* U *un double contact suivant* MN.

Si l'on prend les équations de U et de V sous les formes

$$U = ax^2 + 2fyz = 0, \quad V = a'x^2 + 2f'yz = 0,$$

et si les coordonnées du point O sont x', y', z', on trouve, pour l'équation de W,

$$x'^2(af' - a'f)(ax^2 + 2fyz) - f'(axx' + fyz' + fy'z)^2 = 0.$$

38. *On donne une conique* U *et une famille de coniques* V *bitangentes à* U *et passant par deux points fixes. Si d'un point* I *de la droite qui joint ces deux points on mène les tangentes aux coniques du système, le lieu des points de contact est une conique* W *bitangente à* U, *et le point* I *est le pôle de contact.*

Nous supposerons que les deux points fixes sont

$$(x = 0, \ z = 0), \quad (y = 0, \ z = 0),$$

que la conique U est représentée par l'équation générale; soit $(x', y', 0)$ le point I.

L'équation des coniques V est

$$(x\sqrt{a} \pm y\sqrt{b} + \lambda z)^2 - U = 0;$$

on voit que les cordes de contact passent par deux points fixes situés sur $z = 0$ et définis par

$$x\sqrt{a} \pm y\sqrt{b} = 0.$$

Il y a donc deux systèmes de coniques bitangentes; considérons celui pour lequel $\sqrt{b}$ est pris avec le signe $+$. Le lieu des points de contact des tangentes menées du point I à ces coniques est

$$\mathrm{P}^2 - \mathrm{U}\left(x'\sqrt{a} + y'\sqrt{b}\right)^2 = 0,$$

$\mathrm{P} = 0$ étant la polaire de I par rapport à $\mathrm{U} = 0$.

La deuxième famille de coniques V conduit à l'équation

$$\mathrm{P}^2 - \mathrm{U}\left(x'\sqrt{a} - y'\sqrt{b}\right)^2 = 0.$$

39. *Lorsque deux coniques sont bitangentes, et que d'un point de l'une on mène des tangentes à l'autre, elles déterminent avec la corde de contact un triangle tel que le rapport de sa surface au produit des perpendiculaires abaissées de ses sommets sur la corde de contact des deux coniques est constant.*

Soient $x^2 + 2fyz = 0$, $x^2 + 2f'yz = 0$ les deux coniques qui ont $x = 0$ pour corde de contact, (x', y', z') un point de la seconde, d'où l'on mène des tangentes à la première; la polaire de ce point est

$$xx' + fz'y + fy'z = 0,$$

et la longueur de la corde comprise dans la conique

$$x^2 + 2fyz = 0$$

est, d'après la formule (25) du Chap. VI,

$$= \frac{8\,\mathrm{R}\mathrm{S}\sqrt{x'^2 + 2fy'z'}\,\sqrt{\mathrm{P}}}{-2\,\mathbf{bc}\,x'^2 + \mathbf{b}^2 fy'^2 + \mathbf{c}^2 fz'^2 - 2\,\mathbf{a}^2 f^2 y'z' + 2\,\mathbf{ac}\,fz'x' + 2\,\mathbf{ab}\,fx'y'}$$

où

$$\mathrm{P} = x'^2 + f^2 y'^2 + f^2 z'^2$$
$$- 2f^2 y'z'\cos\mathrm{A} - 2fx'y'\cos\mathrm{B} - 2fx'z'\cos\mathrm{C}.$$

La distance de (x', y', z') à la polaire est $\dfrac{x'^2 + 2fy'z'}{\sqrt{\mathrm{P}}}$, et, par suite, la surface du triangle formé par la polaire et les tangentes est

$$\Sigma = \frac{4\,\mathrm{RS}\,(x'^{2} + 2 f y' z')^{\frac{3}{2}}}{\nabla_{1}},$$

∇_{1} étant le dénominateur de l'expression de λ.

Le produit des distances à la corde de contact $x = 0$ des deux points où la polaire de (x', y', z') coupe $x^{2} + 2 f y z = 0$ s'obtient au moyen des équations

$$x x' + f z' y + f y' z = 0, \quad x^{2} + f y z = 0, \quad \mathbf{a} x + \mathbf{b} y + \mathbf{c} z = 2\,\mathrm{S},$$

qui donnent, par l'élimination de y, z,

$$\nabla_{1} x^{2} + 4\,\mathrm{S} f x \left[y' (\mathbf{a} f z' - \mathbf{b} x') - z' (\mathbf{c} x' - \mathbf{a} f y') \right] - 8\,\mathrm{S}^{2} f^{2} y' z' = 0.$$

Le produit des racines est

$$x_{1} x_{2} - \frac{8\,\mathrm{S}^{2} f^{2} v' z'}{\nabla_{1}} = \frac{4\,\mathrm{S}^{2} f^{2} x'^{2}}{f' \nabla_{1}},$$

puisque $x'^{2} + 2 f' y' z' = 0$.

On conclut de là

$$\Sigma = \frac{4\,\mathrm{RS}\, x_{1} x_{2} \left(x'^{2} - \dfrac{f x'^{2}}{f'} \right)^{\frac{3}{2}}}{4\,\mathrm{S}^{2} f^{2} \dfrac{x'^{2}}{f'}}$$

ou

$$\frac{\Sigma}{x' x_{1} x_{2}} = \frac{\mathrm{R}}{\mathrm{S}} \frac{(f' - f)^{\frac{3}{2}}}{f^{2} \sqrt{f'}} - \text{const.}$$

40. *Une conique étant circonscrite à un triangle, calculer le rayon du cercle osculateur en un de ses sommets et trouver l'équation de ce cercle.*

Une conique osculatrice à la conique donnée

$$f y z + g z x + h x y = 0$$

au sommet A du triangle de référence est

$$f y z + g z x + h x y + (\lambda y + \mu z)(h y + g z) = 0.$$

On aura λ et μ en identifiant cette équation avec celle d'un cercle passant en A, savoir

$$\mathbf{a}\,yz + \mathbf{b}\,zx + \mathbf{c}\,xy + (\mathbf{a}\,x + \mathbf{b}\,y + \mathbf{c}\,z)(\beta y + \gamma z) = 0;$$

l'équation du cercle osculateur sera

$$(g^2 + h^2 - 2gh\cos A)[\mathbf{b}\,h y^2 + \mathbf{c}\,g z^2 + yz(\mathbf{b}\,g + \mathbf{c}\,h) + \mathbf{a}\,g zx + \mathbf{a}\,h xy]$$
$$- \mathbf{a}\,fgh(y^2 + z^2 + 2yz\cos A) = 0.$$

La valeur de la fonction E (n° 7, Chap. VI) est

$$- 2\mathbf{a}\,fgh\sin^2 A;$$

le carré du rayon est

$$\rho^2 = \frac{S^2}{4R^2}\,\frac{(g + h^2 - 2gh\cos A)^3}{f^2 g^2 h^2 \sin^6 A}.$$

41. *On circonscrit à un triangle une conique telle que la tangente à chaque sommet soit parallèle au côté opposé; démontrer que les cercles osculateurs aux trois sommets se coupent en un même point situé sur la circonférence circonscrite au triangle.*

La conique circonscrite est

$$\mathbf{bc}\,yz + \mathbf{ca}\,zx + \mathbf{ab}\,xy = 0.$$

D'après le n° 45, on a, pour les trois cercles osculateurs,

$$\mathbf{a}\,yz + \mathbf{b}\,zx + \mathbf{c}\,xy$$
$$+ \frac{1}{\mathbf{a}}(\mathbf{a}\,x + \mathbf{b}\,y + \mathbf{c}\,z)\left(\frac{\mathbf{a}^2 - \mathbf{c}^2}{\mathbf{c}}\,y + \frac{\mathbf{a}^2 - \mathbf{b}^2}{\mathbf{b}}\,z\right) = 0$$

et deux équations analogues. Les axes radicaux de ces cercles et du cercle circonscrit sont

$$\mathbf{b}\,y(\mathbf{a}^2 - \mathbf{c}^2) + \mathbf{c}\,z(\mathbf{a}^2 - \mathbf{b}^2) = 0,$$
$$\mathbf{c}\,z(\mathbf{b}^2 - \mathbf{a}^2) + \mathbf{a}\,x(\mathbf{b}^2 - \mathbf{c}^2) = 0,$$
$$\mathbf{a}\,x(\mathbf{c}^2 - \mathbf{b}^2) + \mathbf{b}\,y(\mathbf{c}^2 - \mathbf{a}^2) = 0;$$

ils se coupent au point

$$\frac{(\mathbf{b}^2 - \mathbf{c}^2)x_1}{\mathbf{bc}^2} = \frac{(\mathbf{c}^2 - \mathbf{a}^2)y_1}{\mathbf{ca}^2} = \frac{(\mathbf{a}^2 - \mathbf{b}^2)z_1}{\mathbf{ab}^2}$$

qui appartient au cercle circonscrit. Les rayons des trois cercles sont $\dfrac{a^3}{4S}$, $\dfrac{b^3}{4S}$, $\dfrac{c^3}{4S}$.

42. *Un triangle est polaire conjugué par rapport à une conique* U, *deux de ses sommets se meuvent sur une conique* V; *trouver le lieu du sommet libre et l'enveloppe du côté opposé* ([1]).

Les deux coniques rapportées au triangle polaire conjugué commun sont

$$U = ax^2 + by^2 + cz^2 = 0, \quad V = a'x^2 + b'y^2 + c'z^2 = 0.$$

Nous emploierons les coordonnées tangentielles et nous chercherons d'abord l'enveloppe du côté du triangle mobile dont les extrémités s'appuient sur la conique V; soient λ, μ, ν les coordonnées de ce côté. L'équation quadratique de ses points de rencontre avec V est

$$(b'c'l^2 + c'a'm^2 + a'b'n^2)(b'c'\lambda^2 + c'a'\mu^2 + a'b'\nu^2)$$
$$- (b'c'\lambda l + c'a'\mu m + a'b'\nu n)^2 = 0.$$

Il faut exprimer que la polaire d'un de ces points par rapport à U passe par l'autre; or, si l'on a deux points

$$pl + qm + rn = 0, \quad p'l + q'm + r'n = 0,$$

la condition pour qu'ils soient conjugués par rapport à U est

$$app' + bqq' + crr' = 0.$$

Dans le cas actuel cette condition devient

$$a(c'\mu^2 + b'\nu^2) + b(a'\nu^2 + c'\lambda^2) + c(b'\lambda^2 + a'\mu^2) = 0;$$

c'est l'équation tangentielle de l'enveloppe en regardant λ, μ, ν comme des coordonnées courantes. L'équation ponc-

---

([1]) Pour la démonstration des formules dont il est fait usage dans ce numéro et les suivants, nous renverrons le lecteur au Chapitre XVIII du *Traité des Sections coniques* de M. Salmon.

tuelle correspondante est

$$\frac{x^2}{bc'+cb'} + \frac{y^2}{ca'+ac'} + \frac{z^2}{ab'+ba'} = 0.$$

Le lieu du sommet libre du triangle mobile est la polaire réciproque de cette enveloppe par rapport à U, c'est-à-dire

$$\mathrm{W} = a^2 x^2 (bc'+cb') + b^2 y^2 (ca'+ac') + c^2 z^2 (ab'+ba') = 0.$$

On peut écrire

$$\mathrm{W} = \mathrm{U}(bca'+cab'+abc') - abc\,\mathrm{V} = \theta\mathrm{U} + \Delta\mathrm{V} = 0,$$

θ étant un des invariants de U, V, et Δ le discriminant de U.

Remarque. — La conique $l^2(bc'+cb') + \ldots = 0$ n'est autre chose que l'enveloppe des droites divisées harmoniquement par U et V.

43. *Un triangle est polaire conjugué par rapport à une conique* V, *deux de ses côtés touchent une conique* U ; *trouver l'enveloppe du côté libre et le lieu du sommet opposé.*

Mêmes notations qu'au n° 42. En opérant de suite en coordonnées ponctuelles, on trouve pour le lieu du sommet opposé au côté libre

$$aa'\,x^2(bc'+cb') + bb'y^2(ca'+ac') + cc'z^2(ab'+ba') = 0;$$

c'est le lieu des points d'où l'on peut mener à U et à V des tangentes formant un faisceau harmonique. L'enveloppe du côté libre est

$$\frac{a'x^2}{a(bc'+b'c)} + \frac{b'y^2}{b(ca'+c'a)} + \frac{c'z^2}{c(ab'+a'b)} = 0.$$

Υ et Υ' étant les premiers membres des équations tangentielles de U et V, on peut écrire l'équation tangentielle de l'enveloppe sous la forme $\theta\Upsilon' + \Delta\Upsilon = 0.$

44. *On donne trois coniques* U, V, W *inscrites dans le même quadrilatère; si une tangente roule sur* W, *et si par les points où elle coupe* U *et* V *on mène des tangentes à ces* *courbes, les tangentes à la première coupent les tangentes à la seconde en quatre points dont le lieu est une conique passant par les quatre points d'intersection de* U *et de* V.

Soient

$$U = ax^2 + by^2 + cz^2 = 0, \quad V = a'x^2 + b'y^2 + c'z^2 = 0;$$

l'équation tangentielle de W est de la forme

$$l^2(kbc + k'b'c') + m^2(kca + k'c'a') + n^2(kab + k'a'b') = 0.$$

Si l'on considère une tangente à W, $lx + my + nz = 0$, les tangentes menées à U et à V aux points où cette droite rencontre ces courbes auront pour équations quadratiques

$$U(bcl^2 + cam^2 + abn^2) - abc(lx + my + nz)^2 = 0,$$
$$V(b'c'l^2 + c'a'm^2 + a'b'n^2) - a'b'c'(lx + my + nz)^2 = 0;$$

l'élimination de l, m, n entre ces équations et l'équation tangentielle de W donne pour le lieu des points d'intersection des tangentes

$$kabc\,V + k'a'b'c'\,U = 0 \quad \text{ou} \quad k\,\Delta V + k'\Delta'U = 0.$$

45. *On donne deux coniques* U *et* V; *une droite mobile les rencontre en* (M, N), (M', N'); *soient d, d' les longueurs des diamètres des deux courbes parallèles à cette droite. Si le rapport* $\dfrac{MN}{d^2} : \dfrac{M'N'}{d'^2}$ *conserve une valeur constante, la droite* MNM'N' *enveloppe une conique faisant partie du faisceau tangentiel* (U, V); *les tangentes en* M, N *à la courbe* U *rencontrent les tangentes en* M', N' *à* V *sur une conique du faisceau ponctuel* (U, V).

Ces théorèmes sont une conséquence immédiate des formules (25) et (35) du Chap. VI; si l, m, n sont les coordonnées tangentielles de la droite mobile, on aura

$$MN - \frac{8RS}{\nabla_1}\sqrt{\Upsilon}\sqrt{P}, \quad d^2 = 64R^2S^2\frac{\Delta P}{\nabla\nabla_1},$$

Υ désignant le résultat de la substitution de l, m, n dans l'équation tangentielle de U; donc

$$\frac{MN}{d^2} = \frac{1}{8RS} \frac{\sqrt{\Gamma}}{\sqrt{P}} \frac{\nabla}{\Delta}.$$

De même

$$\frac{M'N'}{d'^2} = \frac{1}{8RS} \frac{\sqrt{\Gamma'}}{\sqrt{P}} \frac{\nabla'}{\Delta'}.$$

La relation

$$\frac{MN}{d^2} : \frac{M'N'}{d'^2} = k$$

devient

$$\Gamma \nabla^2 \Delta'^2 - k^2 \Gamma' \Delta^2 \nabla'^2 = 0;$$

c'est l'équation tangentielle de l'enveloppe de la droite mobile; elle fait partie du faisceau tangentiel (U, V).

Les tangentes à U et à V aux points où ces coniques sont coupées par la droite (l, m, n) ont pour équations

$$U\Gamma + \Delta(lx + my + nz)^2 = 0, \quad V\Gamma' + \Delta'(lx + my + nz)^2 = 0;$$

on en conclut.

$$U\Gamma\Delta' - V\Gamma'\Delta = 0$$

et, par suite, en vertu de la relation qui lie Γ et Γ',

$$k^2 U \Delta \nabla'^2 - V \Delta' \nabla^2 = 0.$$

Cette équation du lieu des intersections des tangentes représente une conique du faisceau ponctuel (U, V).

46. *Quand trois coniques passent par quatre points, les tangentes à l'une en ces points et les quatre tangentes communes aux deux autres touchent une même conique.*

Soient

$$U = 0, \quad V = 0, \quad U + kV = 0$$

les trois coniques;

$$\Gamma = 0, \quad \Gamma' = 0, \quad \Gamma + k\Phi + k^2\Gamma' = 0$$

leurs équations tangentielles ($\Phi = 0$ représente l'enveloppe des droites divisées harmoniquement par U et V). L'équation biquadratique des points d'intersection de U, V est

$$\Phi^2 - 4\,\Upsilon\Upsilon' = 0.$$

Soit maintenant $\Upsilon + \lambda\Upsilon' = 0$ une conique du faisceau tangentiel (Υ, Υ'); elle touchera les tangentes menées à $U + kV = 0$ aux points déterminés par $\Phi^2 - 4\,\Upsilon\Upsilon' = 0$, si l'on prend $\lambda = -k^2$. Ainsi la conique $\Upsilon - k^2\Upsilon' = 0$ satisfait aux conditions de l'énoncé; elle a pour équation ponctuelle

$$\Delta U - k^2 F + k^4 \Delta' V = 0,$$

$F = 0$ désignant le lieu des points d'où l'on peut mener à U et V des tangentes formant un faisceau harmonique.

47. *Quand trois coniques sont inscrites dans un quadrilatère, les quatre points de contact de l'une d'elles avec les côtés du quadrilatère et les quatre points d'intersection des deux autres sont huit points d'une même conique.*

Si les trois coniques données ont pour équations tangentielles

$$\Upsilon = 0, \quad \Upsilon' = 0, \quad \Upsilon + k\Upsilon' = 0,$$

et pour équations ponctuelles

$$U = 0, \quad V = 0, \quad \Delta U + k F + k^2 \Delta' V = 0,$$

la conique $\Delta U - k^2 \Delta' V = 0$ satisfait aux conditions de l'énoncé.

48. *Étant données deux coniques* U *et* V, *on construit une troisième conique* W *osculatrice à* U, V; *trouver le lieu du pôle de contact et l'enveloppe de la corde de contact.*

Considérons une position particulière du triangle formé par les tangentes x, y à U et V aux points d'osculation et par la corde z qui joint les contacts, et prenons ce triangle pour triangle de référence. Les équations des coniques seront

$$U = ax^2 + cz^2 + 2gzx + 2hxy = 0,$$
$$V = b'y^2 + c'z^2 + 2f'yz + 2h'xy = 0,$$
$$W = c''z^2 + 2h''xy = 0.$$

Les équations en λ pour les systèmes (U, W), (V, W) sont

$$(c + \lambda c'')(h + \lambda h'')^2 = 0 \quad \text{et} \quad (c' + \lambda c'')(h' + \lambda h'')^2 = 0;$$

pour qu'il y ait osculation, on doit avoir

$$\frac{c}{c''} = \frac{h}{h''}, \quad \frac{c'}{c''} = \frac{h'}{h''}$$

et, par suite,

$$\frac{c}{h} = \frac{c'}{h'} \quad \text{ou} \quad \frac{c^3}{\Delta} = \frac{c'^3}{\Delta'},$$

puisque

$$\Delta = -ch^2, \quad \Delta' = -c'h'^2.$$

Mais c, c' sont proportionnels aux résultats des substitutions des coordonnées du pôle de contact ($x = 0$, $y = 0$) dans les équations de U et V. On en conclut que le lieu de ce pôle est

$$\Delta' U^3 - \Delta V^3 = 0.$$

Pour trouver l'enveloppe de la corde z, il suffit de remarquer qu'en opérant sur les équations tangentielles $\Upsilon = 0$, $\Upsilon' = 0$, on trouverait

$$\Delta'_1 \Upsilon^3 - \Delta_1 \Upsilon'^3 = 0,$$

Δ_1, Δ'_1 étant les discriminants de Υ et de Υ', qui sont égaux à Δ^2, Δ'^2. L'équation ponctuelle de l'enveloppe est

$$\Delta \Delta'^{\frac{4}{3}} U + \Delta' \Delta^{\frac{4}{3}} V - F(\Delta \Delta')^{\frac{2}{3}} = 0$$

ou

$$\Delta \Delta'^2 U^3 + \Delta^2 \Delta' V^3 + 3 \Delta \Delta' U V F = F^3.$$

Le lieu et l'enveloppe se composent chacun d'une conique réelle et de deux coniques imaginaires.

49. *Étude d'un système de deux coniques, tel que le lieu des points d'où l'on peut leur mener deux couples de tangentes formant un faisceau harmonique se réduise à deux droites.*

Nous prendrons les coniques sous les formes

$$U = ax^2 + by^2 + cz^2, \quad V = a'x^2 + b'y^2 + c'z^2;$$

le covariant F, qui, égalé à zéro, donne le lieu des points d'où l'on peut mener à **U** et **V** des tangentes formant un faisceau harmonique, est

$$F = aa'x^2(bc' + cb') + bb'y^2(ca' + c'a) + cc'z^2(ab' + a'b).$$

Son discriminant peut s'écrire

$$\Delta_F = abca'b'c'[(bca' + cab' + abc')(b'c'a + c'a'b + a'b'c) - abca'b'c']$$
$$= \Delta\Delta'(\theta\theta' - \Delta\Delta').$$

Si donc les coniques **U** et **V** ont des discriminants différents de zéro, la condition pour que **F** se réduise à un couple de droites est

$$(1) \qquad\qquad \theta\theta' - \Delta\Delta' = 0.$$

Lorsque cette condition est remplie, l'enveloppe des droites divisées harmoniquement par les deux coniques, savoir

$$\Phi = l^2(bc' + b'c) + m^2(ca' + c'a) + n^2(ab' + a'b) = 0,$$

se réduit à un couple de points situés sur le côté du triangle de référence opposé au sommet qui est le point de concours des droites **F**.

La relation (1) est générale, puisque les fonctions θ, θ', Δ, Δ' sont des invariants. Supposons que le triangle de référence soit polaire conjuguée par rapport à la conique **U** seulement, et cherchons quelle forme doit avoir l'équation de **V** pour que la condition (1) soit remplie. On peut toujours écrire

$$V = ax^2 + by^2 + cz^2$$
$$+ 2\lambda(px + qy + rz)(p'x + q'y + r'z) = 0;$$

si l'on pose

$$M = bcpp' + caqq' + abrr',$$
$$N = a(qr' - q'r)^2 + b(rp' - r'p)^2 + c(pq' - p'q)^2,$$

on trouve

$$\theta\theta' - \Delta\Delta' = (3\Delta + 2\lambda M)(3\Delta + 4\lambda M \quad \lambda^2 N) - \Delta(\Delta + 2\lambda M - \lambda^2 N).$$

Cette fonction s'annule pour $\lambda = -\dfrac{\Delta}{M}$; on aura donc

$$V = U(bcpp' + caqq' + abrr')$$
$$- 2abc(px + qy + rz)(p'x + q'y + r'z) = 0.$$

Un choix convenable des lignes de référence permet de ramener toujours les équations de U et de V aux formes

$$ax^2 + by^2 + cz^2 = U = 0, \quad z^2 + 2h'xy = V = 0.$$

Il suffit de prendre pour sommet (x, y) du triangle le point d'intersection toujours réel des droites F, pour côtés $x = 0$, $y = 0$ un des couples de tangentes menées de ce point à U et à V (l'un au moins des deux couples est réel), et enfin pour côté $z = 0$ la corde de contact. On a alors

$$F = ch'(ax^2 + by^2) - 2abxy, \quad \Phi = bl^2 + am^2 - 2ch'lm.$$

Les droites F coupent U et V, l'une aux points P, Q, P', Q', l'autre aux points R, S, R', S'; ce sont les points de contact des tangentes communes aux deux coniques. Considérons le quadrangle formé par les points P, Q, R, S situés sur U; les trois couples de droites qui joignent ces points deux à deux sont le couple F et les deux couples

$$\sqrt{ab}(x\sqrt{a} - y\sqrt{b})^2 + cz^2(\sqrt{ab} - ch') = 0,$$
$$\sqrt{ab}(x\sqrt{a} + y\sqrt{b})^2 + cz^2(\sqrt{ab} + ch') = 0.$$

Les trois points diagonaux ou sommets du quadrangle sont

$$(x = 0, y = 0),$$
$$(x\sqrt{a} - y\sqrt{b} = 0, z = 0,$$
$$(x\sqrt{a} + y\sqrt{b} = 0, z = 0);$$

ce sont les sommets du triangle polaire conjugué commun à U et V. Le quadrangle P'Q'R'S' a les mêmes points diagonaux que PQRS. On trouve aussi les mêmes points diagonaux pour le quadrangle formé par les points d'intersection de la conique U avec les droites $x = 0$, $y = 0$; les trois couples de droites de ce dernier quadrangle sont

$$(x = 0, y - 0),$$
$$(x\sqrt{a} + y\sqrt{b})^2 + cz^2 - 0,$$
$$(x\sqrt{a} - y\sqrt{b})^2 + cz^2 = 0.$$

Les deux groupes de quatre droites (PS, QR, P'S', Q'R'), (PR, QS, P'R', Q'S') constituent deux faisceaux ayant pour sommets les points

$$\left(x\sqrt{a} + y\sqrt{b} = 0, z = 0\right) \quad \text{et} \quad \left(x\sqrt{a} - y\sqrt{b} = 0, z = 0\right);$$

on conclut de là que *les deux séries de quatre points* P, Q, P', Q' *et* R, S, R', S' *situés sur chacune des deux droites* F *ont même rapport anharmonique.*

La considération des équations tangentielles conduit aux théorèmes corrélatifs :

Les tangentes menées des deux points Φ *à* U *et à* V *touchent ces coniques en leurs points d'intersection; elles forment deux quadrilatères dont les diagonales sont les côtés du triangle polaire conjugué commun. Le quadrilatère formé par les tangentes menées à la conique* U *des points* (y, z), (z, x) *a les mêmes diagonales que les deux précédents. Les deux faisceaux de quatre tangentes ayant pour sommets les points* Φ *ont même rapport anharmonique.*

Intersection des coniques U *et* V. — On vérifie sans peine que les quatre points d'intersection sont réels, si l'on a à la fois $ab > 0$, $c < 0$, $c^2 h'^2 - ab > 0$, et alors les quatre tangentes communes sont imaginaires; ab étant toujours positif, si les deux dernières inégalités ne sont pas satisfaites, on a quatre points imaginaires et quatre tangentes réelles. Enfin, si ab est négatif, il y a deux points et deux tangentes réelles, deux points et deux tangentes imaginaires.

Les systèmes des deux coniques qui satisfont à la relation

$$\Theta\Theta' - \Delta\Delta' = 0$$

donnent lieu à divers théorèmes particuliers. Nous mentionnerons les suivants :

1° *Si une hyperbole* V *a pour asymptotes deux diamètres conjugués d'une conique* U, *les points de contact avec l'hyperbole des tangentes communes aux deux courbes sont sur une conique semblable à* U.

Soient

$$U = ax^2 + by^2 + c = 0, \quad V = 2h'xy + c' \quad 0$$

les équations des deux courbes en coordonnées cartésiennes obliques; on a

$$F = cah'x^2 + bch'y^2 - 2abc'xy = 0;$$

la conique $h'F + abc'V = 0$ est semblable à U et passe par les intersections de V et de F, c'est-à-dire par les points de contact de V avec les tangentes communes.

$2°$ *Lorsque les rayons* r, r' *et la distance des centres* d *de deux cercles sont liés par une des relations*

$$2r^2 + 2r'^2 = d^2 \quad \text{ou} \quad r^2 + r'^2 = d^2,$$

les points de contact des tangentes communes sont quatre par quatre sur deux droites, car les deux cercles satisfont à la condition

$$\Theta\Theta' - \Delta\Delta' = 0.$$

La seconde relation donne des cercles orthogonaux.

$3°$ Si l'on donne un cercle fixe $x^2 + y^2 = r^2$ et des cercles variables ayant leurs centres sur un diamètre du premier et satisfaisant à la condition

$$2r^2 + 2r'^2 = d^2,$$

l'enveloppe de ces derniers cercles est l'hyperbole équilatère

$$x^2 - y^2 = r^2.$$

Les droites F relatives au cercle fixe et à l'un des cercles variables, de rayon $r' = \sqrt{\dfrac{d^2 \quad 2r^2}{2}}$, ont pour équation cartésienne

$$d^2y^2 - d^2x^2 + 4r^2dx - 4r^4 = 0;$$

elles sont parallèles aux asymptotes de l'hyperbole et coupent l'axe transverse au point $T\left(x = \dfrac{2r^2}{d}\right)$. Si l'on considère la normale à l'hyperbole qui coupe l'axe transverse au point $G(x = d)$, c'est-à-dire la normale au point P dont l'abscisse est $\dfrac{d}{2}$, elle sera le rayon du cercle mobile tangent en P à son enveloppe, et la tangente en P au cercle et à l'hyperbole passera par le point T. Ces remarques donnent le théorème suivant :

Si en un point P *d'une hyperbole équilatère on mène la tangente et la normale qui coupent l'axe transverse en* T *et* G, *et si l'on décrit le cercle de centre* G *et de rayon* GP, *les parallèles aux asymptotes menées par* T *passent par les points de contact des tangentes communes à ce cercle et au cercle principal de l'hyperbole.*

50. *Étude de trois coniques formant un système harmonique.*

1° *Lorsqu'une droite divisée harmoniquement par deux coniques* U *et* V *est telle que son pôle par rapport à chacune des coniques est situé sur l'autre, il existe une infinité de droites jouissant de la même propriété; les invariants* θ, θ' *sont nuls, et les covariants* F *et* Φ *coïncident.*

Prenons pour lignes de référence la droite donnée ($z = 0$) et les tangentes aux points où elle coupe une des coniques, V par exemple (deux des quatre points d'intersection de $z = 0$ avec les coniques sont nécessairement réels).

On aura

$$V = c'z^2 + 2h'xy = 0;$$

U devant passer par le point (x, y), pôle de $z = 0$ par rapport à V, et de plus couper harmoniquement la corde (xz), (yz); son équation est de la forme

$$U = ax^2 + by^2 + 2fyz + 2gzx = 0.$$

Le pôle de z par rapport à U est déterminé par les proportions

$$\frac{\alpha}{-bg} = \frac{\beta}{-af} = \frac{\gamma}{ab},$$

et, comme ce pôle est sur V, on a

$$c'ab + 2h'fg = 0 \quad \text{ou} \quad \theta = 0.$$

L'invariant θ' est d'ailleurs identiquement nul.

Comme l'équation ponctuelle de Φ est

$$\theta V + \theta' U + F = 0,$$

elle se réduit à $F = 0$. Ainsi l'enveloppe des droites divisées harmoniquement par U et V se confond avec le lieu des points d'où l'on peut leur mener des tangentes formant un faisceau harmonique.

On a d'ailleurs

$$F = g^2 h' x^2 + f^2 h' y^2 + 2 f g c' z^2$$
$$+ 2 b g c' y z + 2 a f c' z x + 2 x y (a b c' + f g h') \ (^1).$$

En vertu de la relation

$$c' a b + 2 h' f g = 0,$$

on peut écrire

$$F = a b g^2 x^2 + a b f^2 y^2 - 4 f^2 g^2 z^2$$
$$- 4 b f g^2 y z - 4 a f^2 g z x - 2 a b f g x y$$

et

$$V = 2 f g z^2 - 2 a b x y.$$

Un calcul simple montre que U et V sont polaires réciproques par rapport à F, ce qui démontre la première partie de l'énoncé.

On trouve, pour le lieu des pôles des tangentes à V, par rapport à F, l'équation

$$(a f^2 + b g^2) U = 0.$$

Nous dirons que les trois coniques U, V, F forment un *système harmonique*.

2° *Lorsque trois coniques* U, V, F *forment un système harmonique :*

Chacune d'elles est le lieu des points d'où l'on peut mener aux deux autres des tangentes formant un faisceau harmonique, et en même temps l'enveloppe des droites divisées harmoniquement par celles-ci;

Deux quelconques des trois coniques sont polaires réciproques l'une de l'autre par rapport à la troisième;

Enfin, si l'on considère deux quelconques des trois coniques, on peut inscrire ou circonscrire à l'une une infinité de triangles polaires conjugués par rapport à l'autre, inscrire

---

(¹) Voir, pour l'expression générale de F, le *Traité des coniques* de M. Salmon, p. 486.

*ou circonscrire à l'une une infinité de triangles circonscrits
ou inscrits à l'autre.*

Rapportons U et V à leur triangle polaire conjugué commun, de sorte que

$$U = ax^2 + by^2 + cz^2, \quad V = a'x^2 + b'y^2 + c'z^2,$$
$$F = aa'(bc' + b'c)x^2 + \ldots;$$

comme on a par hypothèse

$$\theta = bca' + cab' + abc' = 0, \quad \theta' = b'c'a + c'a'b + a'b'c = 0,$$

F peut prendre l'une ou l'autre des formes

$$a^2 b'c'x^2 + b^2 c'a'y^2 + c^2 a'b'z^2 = 0,$$
$$a'^2 bc x^2 + b'^2 ca y^2 + c'^2 ab z^2 = 0.$$

Si maintenant on calcule les invariants θ, θ' pour les deux systèmes de coniques (U, F), (V, F), on trouve que ces quatre nouveaux invariants sont nuls; ainsi

$$\theta(U, F) = abc(ab'c' + bc'a' + ca'b') = abc\theta' = 0, \quad \ldots$$

De là on conclut tous les théorèmes énoncés; car la polaire réciproque de U par rapport à V est $\theta V - F = 0$ ou $F = 0$, celle de V par rapport à U est $\theta'U - F = 0$ ou $F = 0$. La condition $\theta = 0$ exprime qu'on peut inscrire dans V une infinité de triangles polaires conjugués par rapport à U, circonscrire à U une infinité de triangles polaires conjugués par rapport à V (n°ˢ 42, 43). De même $\theta' = 0$ exprime qu'on peut inscrire dans U des triangles polaires conjugués par rapport à V, circonscrire à V des triangles polaires conjugués par rapport à U. Enfin les conditions

$$\theta'^2 - 4\theta\Delta' = 0, \quad \theta^2 - 4\theta'\Delta = 0,$$

toutes deux vérifiées quand θ et θ' sont nuls, expriment, la première qu'on peut inscrire dans U une infinité de triangles circonscrits à V, la seconde qu'on peut inscrire dans V une infinité de triangles circonscrits à U [1].

---

[1] *Voir* Salmon, p. 493.

3° *Lorsque trois coniques forment un système harmonique, on peut, par un choix convenable du triangle de référence, ramener de deux manières différentes leurs équations aux formes*

$$x^2 + 2fyz = 0, \quad y^2 + 2g'zx = 0, \quad z^2 + 2h''xy = 0.$$

Deux coniques satisfaisant aux conditions $\theta = 0$, $\theta' = 0$ ne peuvent se couper évidemment qu'en deux points réels et deux points imaginaires; car l'équation en λ obtenue en égalant à zéro le discriminant de $U + \lambda V$ se réduit à

$$\Delta\lambda^3 + \Delta' = 0;$$

de même il y a deux tangentes communes réelles et deux imaginaires. Prenons pour droite $x = 0$ une des tangentes réelles et plaçons le sommet (y, z) du triangle de référence en un des points d'intersection réels. Les équations de U et V seront

$$y^2 + 2g'zx + 2h'xy = 0, \quad z^2 + 2g''zx + 2h''xy = 0,$$

et l'on aura

$$\theta = h'^2 + 2g'g'' = 0, \quad \theta' = g''^2 + 2h'h'' = 0.$$

Ces deux dernières équations sont vérifiées en prenant $h' = 0$, $g'' = 0$. Nous allons faire voir que, si l'on suppose h' et g'' différents de zéro, et si l'on considère le point d'intersection P de U et de V distinct du point (y, z), les tangentes en P aux deux coniques passent par les sommets (z, x), (x, y).

Remplaçons g'', h'' par $-\dfrac{h'^2}{2g'}$, $-\dfrac{h'^3}{8g'^2}$; V devient

$$4g'^2 z^2 - 4g'h'^2 zx - h'^3 xy = 0.$$

La racine réelle de l'équation en λ est $-\dfrac{4g'^2}{h'^2}$, et les cordes communes correspondantes sont

$$h'y + 2g'z = 0, \quad h'y + 3x - 2g'z = 0;$$

la première donne le second point réel d'intersection P dont les coordonnées sont proportionnelles à $(2\,g',\ -2\,g'h',\ h'^2)$, et les tangentes en P aux deux courbes ont pour équations

$$2\,g'z - h'^2 x = 0, \quad h'x + y = 0.$$

Il résulte de cette discussion qu'on peut toujours trouver deux triangles de référence tels que les coniques se ramènent aux formes

$$U = y^2 + 2\,g'zx, \quad V = z^2 + 2\,h''xy.$$

Il suffit de prendre pour ligne $x = 0$ une des tangentes communes, pour sommets (x, y), (x, z) les deux points de contact; le troisième sommet sera un des deux points d'intersection des deux courbes, obtenu en menant de (x, y) la seconde tangente à V, de $(x,\ z)$ la seconde tangente à U. L'autre tangente commune donne le second triangle de référence. Si l'on calcule le covariant F pour les équations réduites, on trouve

$$x^2 + \frac{2}{g'h''}\,yz = 0 \quad \text{ou} \quad x^2 + 2fyz = 0;$$

les trois coefficients f, g', h'' des équations réduites sont tels que $fg'h'' = 1$.

4° *Trois coniques* U_1, U_2, U_3 *formant un système harmonique, si* $a_1 b_1 c_1$ *est un triangle inscrit dans* U_1 *et dont les côtés touchent* U_2 *en* a_2, b_2, c_2, *les côtés du triangle* $a_2 b_2 c_2$ *touchent* U_3 *en* a_3, b_3, c_3, *et les côtés du triangle* $a_3 b_3 c_3$ *touchent* U_1 *en* a_1, b_1, c_1. *Les groupes de trois droites*

$$(a_2 a_3,\ b_2 b_3,\ c_2 c_3),\ (a_3 a_1,\ b_3 b_1,\ c_3 c_1),\ (a_1 a_2,\ b_1 b_2,\ c_1 c_2)$$

concourent en trois points situés respectivement sur U_2, U_3, U_1.

On peut disposer des paramètres de référence de façon à mettre les équations des coniques sous les formes

$$U_1 = x^2 + 2yz = 0, \quad U_2 = y^2 + 2zx = 0, \quad U_3 = z^2 + 2xy = 0.$$

Un point quelconque de U_1 peut être défini par un paramètre t en posant

$$x = 2tz, \quad y = -2t^2 z;$$

de même on définira un point de U_2 par

$$y = 2tx, \quad z = -2t^2x,$$

et un point de U_3 par

$$z = 2ty, \quad x = -2t^2y.$$

Soient λ_1, μ_1, ν_1 les paramètres des points a_1, b_1, c_1; les équations des droites b_1c_1, c_1a_1, a_1b_1 sont

$$x(\mu_1 + \nu_1) + y - 2\mu_1\nu_1 z = 0,$$
$$x(\nu_1 + \lambda_1) + y - 2\nu_1\lambda_1 z = 0,$$
$$x(\lambda_1 + \mu_1) + y - 2\lambda_1\mu_1 z = 0.$$

Les conditions de contact de ces droites avec U_2 sont

$$4\mu_1\nu_1(\mu_1 + \nu_1) = 1, \quad 4\nu_1\lambda_1(\lambda_1 + \nu_1) = 1, \quad 4\lambda_1\mu_1(\lambda_1 + \mu_1) = 1;$$

la troisième de ces équations est une conséquence des deux autres, ce qui devait être ($2°$), et l'on peut écrire simplement

$$\lambda_1 + \mu_1 + \nu_1 = 0, \quad 4\lambda_1\mu_1\nu_1 + 1 = 0$$

pour exprimer que le triangle $a_1b_1c_1$ est inscrit dans U_1 et circonscrit à U_2.

Le point de contact a_2 de b_1c_1 avec U_2 est défini par

$$2x = -4\mu_1\nu_1, \quad y = -16\mu_1^2\nu_1^2 z$$

ou, à cause de la relation $4\lambda_1\mu_1\nu_1 + 1 = 0$,

$$2x = \frac{y}{\lambda_1} = \frac{z}{-\lambda_1^2}.$$

De même, pour les points b_2, c_2,

$$2x = \frac{y}{\mu_1} = \frac{z}{-\mu_2}, \quad 2x = \frac{y}{\nu_1} = \frac{z}{-\nu_1^2}.$$

Les côtés b_2c_2, c_2a_2, a_2b_2 touchent U_3 aux points a_3, b_3, c_3 dont les paramètres relatifs à U_2 ont encore pour valeurs λ_1, μ_1, ν_1; enfin les côtés du triangle $a_3b_3c_3$ touchent U_1 en a_1, b_1, c_1. Les équations des côtés des triangles $a_1b_1c_1$, $a_2b_2c_2$, $a_3b_3c_3$, et les valeurs des coordonnées de leurs points de contact avec U_1, U_2, U_3 s'écrivent de suite et se déduisent les unes des autres par permutation circulaire.

La droite $a_1 a_2$, dont l'équation est

$$2\lambda_1 x(2\lambda_1^3 - 1) + y(1 + 4\lambda_1^3) + 6\lambda_1^2 z = 0,$$

coupe U_1 en deux points dont les paramètres sont λ_1 et

$$k_1 = -\frac{3\lambda_1}{1 + 4\lambda_1^3}.$$

De même les paramètres des seconds points d'intersection de $b_1 b_2$ et de $c_1 c_2$ avec U_1 sont

$$-\frac{3\mu_1}{1 + 4\mu_1^3}, \quad -\frac{3\nu_1}{1 + 4\nu_1^3}.$$

Mais on a

$$\frac{\lambda_1}{1 + 4\lambda_1^3} = \frac{\mu_1}{1 + 4\mu_1^3},$$

car on conclut de cette égalité

$$\lambda_1 - \mu_1 = 4\lambda_1\mu_1(\lambda_1^2 - \mu_1^2) \quad \text{ou} \quad 4\lambda_1\mu_1(\lambda_1 + \mu_1) = 1,$$

égalité qui a lieu par hypothèse. De même

$$\frac{\lambda_1}{1 + 4\lambda_1^3} = \frac{\nu_1}{1 + 4\nu_1^3};$$

donc les droites $a_1 a_2$, $b_1 b_2$, $c_1 c_2$ concourent en un même point de U_1. De même $a_2 a_3$, $b_2 b_3$, $c_2 c_3$ concourent en un point de U_2, et $a_3 a_1$, $b_3 b_1$, $c_3 c_1$ en un point de U_3.

La valeur du paramètre k du point de concours de $a_1 a_2$, $b_1 b_2$, $c_1 c_2$ peut s'écrire

$$k = -\frac{3\lambda_1}{4\lambda_1^3 - 4\lambda_1\mu_1\nu_1} = -\frac{3}{4\lambda_1^2 - 4\mu_1\nu_1}$$

$$= \frac{3}{4\lambda_1(\mu_1 + \nu_1) + 4\mu_1\nu_1} = \frac{-3\lambda_1\mu_1\nu_1}{\mu_1\nu_1 + \nu_1\lambda_1 + \lambda_1\mu_1},$$

à cause des relations $\lambda_1 + \mu_1 + \nu_1 = 0$, $\lambda_1\mu_1\nu_1 = -\frac{1}{4}$. On a donc

$$\frac{3}{k} = -\left(\frac{1}{\lambda_1} + \frac{1}{\mu_1} + \frac{1}{\nu_1}\right),$$

c'est-à-dire que k est, au signe près, la moyenne harmonique de λ_1, μ_1, ν_1.

5° *Lorsque deux des coniques d'un système harmonique sont un cercle et une hyperbole équilatère, la troisième est une parabole ayant pour foyer le centre de l'hyperbole, et pour directrice la tangente à cette courbe en un point qui est le centre du cercle.*

Prenons un des triangles de référence indiqués ci-dessus (3°) et soient

$$x^2 + 2fyz = 0, \quad y^2 + 2g'zx = 0$$

le cercle et l'hyperbole. On doit avoir (Chap. VI, n° 18)

$$-2f\,\mathbf{bc} = \mathbf{c}^2 = \mathbf{b}^2;$$

ainsi le triangle de référence est isoscèle, ce qui est évident géométriquement, puisque les côtés $\mathbf{b}$ et $\mathbf{c}$ sont tangents au cercle en C, B; il résulte de là $2f = -1$.

Pour l'hyperbole, la fonction E doit être nulle, ce qui donne

$$2g' \cos \mathrm{B} = 1.$$

Ainsi l'équation du cercle est

$$x^2 - yz = 0,$$

et celle de l'hyperbole

$$y^2 \cos \mathrm{B} - zx = 0;$$

en vertu de la relation $fg'h'' = 1$, la troisième conique du système est

$$z^2 - 8\cos \mathrm{B}\,xy = 0,$$

et c'est une parabole, car

$$\nabla = 8\mathbf{b}\cos \mathrm{B}\,(\mathbf{a} - 2\mathbf{b}\cos \mathrm{B}) = 0.$$

Les coordonnées du centre du cercle

$$\mathrm{X}_1 = -2\mathrm{R}\cos^2\mathrm{B}, \quad \mathrm{Y}_1 = \mathrm{Z}_1 = 2\mathrm{R}\cos \mathrm{B}$$

vérifient l'équation de l'hyperbole; la directrice de la parabole (Chap. VI, n° 21) est

$$2\mathbf{b}x + 2\mathbf{a}y - \mathbf{a}z = 0 \quad \text{ou} \quad x + 2y\cos B - z\cos B = 0;$$

elle touche l'hyperbole en (X_1, Y_1, Z_1).

Enfin les coordonnées du foyer, pôle de cette droite, sont fournies par les relations

$$\frac{x}{2\cos B} = y = \frac{z}{4\cos^2 B},$$

auxquelles satisfont aussi les coordonnées du centre de l'hyperbole.

Le paramètre de la parabole, distance du foyer à la directrice, est

$$p = \frac{32\,R\cos^2 B\,\sin^3 B}{(1 + 8\cos^2 B)^{\frac{3}{2}}}.$$

Les formules (45) du Chap. VI donnent, pour le carré du demi-axe transverse de l'hyperbole,

$$\rho^2 = \frac{32\,R^2\sin^3 B\cos^3 B}{(1 + 8\cos^2 B)^{\frac{4}{3}}},$$

et, comme le rayon du cercle est $r = 2R\cos B$, on a entre les éléments des trois courbes la relation

$$pr = 2\rho^2.$$

Les trois coniques se coupent deux à deux en trois points réels autres que les sommets du triangle de référence; soient (x_1, y_1, z_1), (x_2, y_2, z_2), (x_3, y_3, z_3) les coordonnées de ces points A_1, B_1, C_1, intersections de l'hyperbole et de la parabole, de la parabole et du cercle, du cercle et de l'hyperbole. On trouve

$$4x_1(\cos B)^{\frac{1}{3}} = 2y_1(\cos B)^{\frac{2}{3}} = -z_1,$$

$$2x_2(\cos B)^{\frac{1}{3}} = 4y_2(\cos B)^{\frac{2}{3}} = z_2,$$

$$x_3(\cos B)^{\frac{1}{3}} = -y_3(\cos B)^{\frac{2}{3}} = -z_3.$$

Nous avons vu que A_1, B_1, C_1 pouvaient être pris pour sommets d'un second triangle de référence tel que les équations des courbes conservent leurs formes simples. Les équations des côtés de ce triangle, secondes tangentes communes réelles aux trois courbes deux à deux, sont

$$B_1 C_1 \ldots\ldots\ldots \quad x(\cos B)^{\frac{1}{3}} + 2y(\cos B)^{\frac{2}{3}} - z = 0,$$

$$C_1 A_1 \ldots\ldots\ldots \quad 2x(\cos B)^{\frac{1}{3}} + y(\cos B)^{\frac{2}{3}} + z = 0,$$

$$A_1 B_1 \ldots\ldots\ldots \quad 4x(\cos B)^{\frac{1}{3}} - 4y(\cos B)^{\frac{2}{3}} - z = 0.$$

Le sinus et le cosinus de l'angle B_1 ont pour expressions (Chap. VI, n° 4)

$$\sin B_1 = \frac{3(\cos B)^{\frac{1}{3}} \left[1 + (\cos B)^{\frac{2}{3}} + (\cos B)^{\frac{4}{3}} \right]^{\frac{1}{2}}}{\left[1 + 2(\cos B)^{\frac{2}{3}} \right]^{\frac{3}{2}}},$$

$$\cos B_1 = \left[\frac{1 - (\cos B)^{\frac{2}{3}}}{1 + 2(\cos B)^{\frac{2}{3}}} \right]^{\frac{3}{2}}.$$

On peut écrire

$$2 \cos B)^{\frac{2}{3}} (\cos B_1)^{\frac{2}{3}} + (\cos B)^{\frac{2}{3}} + (\cos B_1)^{\frac{2}{3}} = 1$$

ou, en multipliant par 2 les deux membres et ajoutant l'unité de part et d'autre,

$$\left[2(\cos B_1)^{\frac{2}{3}} + 1 \right] \left[2(\cos B)^{\frac{2}{3}} + 1 \right] = 3.$$

L'angle C_1 est égal à B_1, et l'on a

$$\sin^2 \frac{A_1}{2} = \cos^2 B_1;$$

comme d'ailleurs

$$\sin^2 \frac{A}{2} = \cos^2 B,$$

les angles A, A_1 sont liés par la relation

$$\left[2 \left(\sin \frac{A_1}{2} \right)^{\frac{2}{3}} + 1 \right] \left[2 \left(\sin \frac{A}{2} \right)^{\frac{2}{3}} + 1 \right] = 3.$$

CHAPITRE VIII.

THÉORIE GÉOMÉTRIQUE DES CONIQUES. — TRANSFORMATION DES FIGURES.

1. *On donne quatre points* A, B, C, D *sur une conique; par le point* D *on mène une droite qui coupe la conique en* d, *les côtés du triangle* ABC *en* a, b, c; *démontrer que le rapport anharmonique* (abcd) *est égal à celui du faisceau* O(ABCD), O *étant un point quelconque de la conique.*

Plaçons le point O en d, et considérons les faisceaux $d(ABCD)$, $A(abcd)$; on a $A(abcd) = d(DCBA)$, car ces faisceaux ont le rayon commun Ad, et les trois autres couples de rayons se coupent en trois points, a, C, B, en ligne droite; comme

$$d(DCBA) \quad d(ABCD),$$

il en résulte

$$d(ABCD) = A(abcd).$$

2. *Étant donnés un triangle* ABC *et un point* O, *on mène par ce point des sécantes qui coupent* BC, CA, AB *en* a, b, c; *trouver le lieu du conjugué harmonique de* a *par rapport à* b *et* c.

Le lieu est une conique circonscrite au quadrilatère ABCO; P étant le point de concours de AO, BC, si l'on prend sur BC le conjugué harmonique Q du point P par rapport à B, C, sur AO le conjugué R de P par rapport à O, A, les droites QO, QA, RB, RC sont les tangentes à la conique en O, A, B, C.

3. *Les côtés d'un triangle* ABC *touchent une conique en* A', B', C'; *une tangente en un point quelconque* O *coupe les côtés*

des triangles ABC, A′B′C′ *en* a, b, c, a', b', c'; *démontrer l'égalité des rapports anharmoniques* $(Oabc)$ *et* $(Oa'b'c')$.

Le point O est conjugué harmonique de a' par rapport à b
et c, de b' par rapport à c et a, de c' par rapport à a et b; on
en conclut facilement l'égalité des deux rapports anharmoniques. En outre, comme le rapport anharmonique du faisceau $M(OA'B'C')$ est constant, le sommet M étant un point
quelconque de la conique, on a les égalités

$$A'(OA'B'C') = (Oac'b'),$$
$$B'(OA'B'C') = (Oc'ba'),$$
$$C'(OA'B'C') = (Ob'a'c)$$

et

$$(Oac'b') = (Oc'ba') = (Ob'a'c) = (Oabc) = (Oa'b'c').$$

4. *Trois tangentes fixes à une conique forment un triangle*
ABC; *sur la tangente en un point quelconque* P *on prend un
point* O *tel que le faisceau* O(PABC) *ait un rapport anharmonique donné; trouver le lieu du point* O.

Le point O est sur une tangente fixe T à la conique, et
cette droite est telle que le rapport anharmonique constant
des quatre points où une tangente quelconque coupe les tangentes fixes T, BC, CA, AB est égal au rapport donné.

5. *Sur la normale à une ellipse en* P *on prend deux points*
O, O′, *tels que* PO.PO′ *soit égal au produit des rayons vecteurs de* P, *et de ces points on mène les tangentes à la courbe;
trouver le lieu des points d'intersection de ces tangentes.*

Les points O, O′ forment sur la normale une série en involution dont P est le point central; le lieu cherché est donc
une conique passant par les points doubles de l'involution R,
R′. On voit facilement que cette conique doit passer par les
points Q, Q′ où la tangente en P coupe le cercle directeur,
et que la droite QQ′ est un axe; enfin, comme le produit
PQ.PQ′ est égal à celui des rayons vecteurs de P, on a

$$PQ.PQ' = \overline{PR}^{2} = \overline{PR'}^{2},$$

et, par conséquent, la conique lieu est le cercle décrit sur QQ′ comme diamètre.

6. *Par tous les points d'une droite on mène des couples de tangentes à une conique; elles rencontrent deux tangentes fixes en quatre points. Trouver l'enveloppe des droites qui joignent ces points deux à deux (fig. 14).*

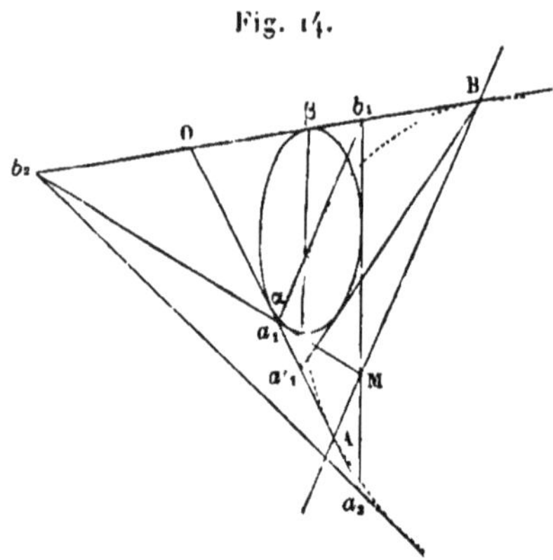

Fig. 14.

Soient OA, OB les tangentes fixes qui touchent la conique en α, β, et AB la droite fixe; à tout point M de la droite correspondent deux positions $a_1 b_1$, $a_2 b_2$ de la droite dont on cherche l'enveloppe; les points a_1, b_1 (ou a_2, b_2) forment sur OA, OB deux divisions homographiques, et l'enveloppe cherchée est une conique. Lorsque M se rapproche de B, la corde $a_1 b_1$ tend vers la position $a'_1 \beta$ (Ba'_1 étant la seconde tangente menée de B à la conique); la corde $a_2 b_2$ tend vers OB, et le point B est la position limite du point de concours de deux cordes infiniment voisines. Donc l'enveloppe touche OB en B, et de même elle touche OA en A; on obtient facilement son point de contact avec $a'_1 \beta$.

7. *Par deux points fixes* O, O′ *on mène un couple de droites conjuguées par rapport à une conique* U; *trouver le lieu de leur point de rencontre. Problème corrélatif.*

Les couples de droites conjuguées menées par O, O′ constituent deux faisceaux homographiques ayant pour sommets O, O'. Le lieu des intersections des rayons homologues est une conique V passant par ces deux points; la droite conjuguée d'une des tangentes issues de O est la droite menée de O' au point de contact. Le lieu passe donc par les points de contact P, Q, P', Q' des quatre tangentes menées à U de O et O'. Il est évident que la conique V peut être considérée comme le lieu des intersections des tangentes à U qui divisent harmoniquement le segment OO'.

Corrélativement : l'enveloppe des droites qui joignent les couples de points conjugués pris sur deux droites Ω, Ω' est une conique V' tangente à ces droites et aussi aux quatre tangentes menées à U aux points où cette courbe rencontre Ω et Ω'. Lorsque Ω, Ω' sont les polaires des points O, O' considérés en premier lieu, V' est la polaire réciproque de V par rapport à U.

Remarque. — D'après le mode de génération indiqué pour V, lorsque le rayon mobile du faisceau de centre O passe en O', son correspondant passe par le pôle de OO', c'est-à-dire par l'intersection de PQ, P'Q'; ce rayon correspondant est la tangente à V en O'. La tangente à V en O passe de même par l'intersection de PQ, P'Q'.

De même les pôles de Ω, Ω' et les points de contact de V' avec ces deux droites sont quatre points en ligne droite.

8. *Étant donnés une conique* U *et deux points fixes* O, O', *on construit la conique* V, *lieu des points de concours des droites conjuguées menées par* O, O'. *Démontrer :* 1° *que, si l'on inscrit dans* V *des triangles dont deux côtés sont tangents à* U, *les troisièmes côtés de tous ces triangles passent par le pôle de* OO' (*ce pôle étant le même pour les deux coniques*); 2° *que les tangentes à* U *aux points où elle coupe* OO' *rencontrent* V *aux points de contact des tangentes communes à* U *et* V.

L'enveloppe du troisième côté d'un triangle inscrit dans V, et dont deux côtés touchent U, est une conique passant par les points d'intersection de U et de V (*voir* Chap. I, n° 4). Dans le cas actuel, les cordes de contact PQ, P'Q' des tan-

gentes menées à U des points O et O′ sont les troisièmes
côtés de deux triangles OPQ, O′P′Q′ satisfaisant aux conditions indiquées ; l'enveloppe est donc le couple de droites PQ,
P′Q′ ; en d'autres termes, les côtés libres de tous les triangles
passent par le point R, intersection de PQ, P′Q′, et pôle
de OO′ par rapport à U et V. La démonstration de la seconde
partie du théorème résulte immédiatement de cette remarque.

9. *Trouver les conditions auxquelles doivent satisfaire deux
points* O, O′ *pour que la conique passant par ces points et par
les points de contact des tangentes menées de* O, O′ *à une
conique donnée soit un cercle.*

1° La conique donnée est une ellipse ou une hyperbole.
Soient FF′, $\varphi\varphi′$, $jj′$ les trois diagonales d'un quadrilatère
circonscrit à une conique, O un point quelconque. Menons la
droite conjuguée de jO par rapport à $j\varphi$F, $j\varphi′$F′ et la conjuguée de $j′$O par rapport à $j′\varphi$F, $j′\varphi′$F′ ; ces droites se coupent
en O′, et la conique V (n° 7), lieu des intersections des
couples de droites conjuguées menées par O, O′, passera
en j, $j′$. On voit que, si α est le point de concours de $\varphi\varphi′$, FF′,
les droites $\varphi\varphi′$, FF′, αO et αO′ sont harmoniques, car les
couples $(j\text{F}, j\text{F}′)$ et $(j′\varphi, j′\varphi′)$ sont deux coniques qui déterminent sur OO′ une involution dont O, O′ sont les points
doubles ; le couple (FF′, $\varphi\varphi′$) est une autre conique passant
par les mêmes points que les deux premiers couples ; donc il
divise harmoniquement OO′. Supposons maintenant que j, $j′$
soient les points cycliques ; F, F′ seront les foyers réels, φ, $\varphi′$
les foyers imaginaires. Le point α sera le centre C de la conique donnée ; d'après ce qui précède, les droites CO, CO′,
conjuguées par rapport aux axes FF′, $\varphi\varphi′$, seront symétriques
par rapport à ces axes ; si les coordonnées de O sont ξ, η,
celles de O′ seront

$$\xi′ = \frac{c^2\xi}{\xi^2 + \eta^2}, \quad \eta′ = -\frac{c^2\eta}{\xi^2 + \eta^2},$$

et, par conséquent, on aura

$$CO \cdot CO′ = c^2.$$

Ainsi les points O, O' doivent être sur deux droites symétriques par rapport aux axes, menées par le centre, et le produit de leurs distances au centre doit être égal au carré de la demi-distance focale.

2° Si la conique donnée est une parabole, la condition cherchée est que la droite OO' passe par le foyer et soit divisée par ce point en deux parties égales.

La démonstration est analogue à la précédente.

10. *On prend deux points fixes* A, B *sur une conique* U *et on les joint à un point variable* P *d'une droite* L; *les droites* PA, PB *coupent la conique en* Q, R; *trouver l'enveloppe de la droite* QR.

L'enveloppe est une conique bitangente à U suivant la corde CD interceptée par la droite L, et de plus tangente à la droite AB. Pour construire le point de contact, on prend le conjugué harmonique de l'intersection F de AB et de L par rapport aux deux points où AB rencontre les tangentes en C et D à la conique U.

11. *Si deux triangles* ABC, A'B'C' *sont polaires conjugués par rapport à une même conique* U, *leurs six côtés sont tangents à une même conique, leurs six sommets sont sur une autre conique.*

Soient D, E les points où A'B', A'C' rencontrent BC, D', E' les points où B'C' est coupée par AB, AC. Les polaires des points B, C, D, E sont les droites AC, AB, AC', AB' qui rencontrent B'C' aux points E', D', C', B'. Le système de ces quatre droites et celui de leurs quatre pôles ont même rapport anharmonique; c'est-à-dire que l'on a

$$(BCDE) = (E'D'C'B') \quad \text{ou} \quad (BCDE) - (D'E'B'C').$$

Ainsi, les quatre droites AB, AC, A'B', A'C' coupent BC et B'C' en deux systèmes de quatre points ayant même rapport anharmonique. Les six côtés des deux triangles forment donc un hexagone de Brianchon. Mais les deux faisceaux A'(BCB'C'), A(BCB'C') ont aussi même rapport anharmonique, de sorte que les six sommets des mêmes triangles forment un hexagone de Pascal.

12. *Le centre d'une hyperbole équilatère est sur la circon-férence du cercle circonscrit à tout triangle polaire con-jugué.*

Ce théorème peut être considéré comme un cas particulier du précédent; la démonstration directe n'offre pas de diffi-culté.

13. *Si sur les trois diagonales d'un quadrilatère complet on prend trois couples de points divisant harmoniquement les diagonales, ces six points forment un hexagone de Pascal (fig. 15).*

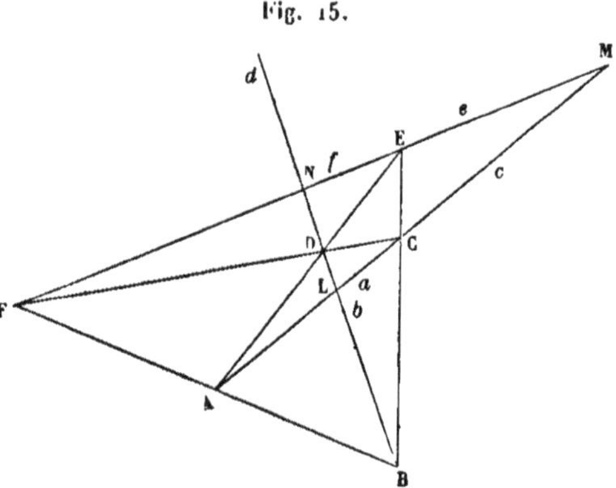

Fig. 15.

Soient AC, BD, EF les trois diagonales qui forment le triangle LMN; le faisceau des coniques qui touchent en D, E les droites BD, FE détermine sur AC une involution dont A est un point double, puisque la droite double EDA fait partie du faisceau; l'autre est C, conjugué harmonique de A par rapport à L et M, extrémités d'un des segments de l'involu-tion. Considérons un des segments ac, et le faisceau des co-niques passant par a, c et tangentes à EF en E; il détermine sur BD une autre involution dont les points doubles sont D et B. Soit bd un des segments de cette seconde involution; les coniques qui passent par a, c, b, d déterminent sur EF une troisième involution dont un des segments est MN, un des points doubles E, et l'autre F. Une conique quelconque de ce dernier faisceau coupe EF en deux points e, f, extrémités d'un des segments de la troisième involution ; ainsi e, f sont conjugués harmoniques par rapport à E, F, comme b, d le sont par rapport à B, D, et a, c par rapport à A, C. Le théorème est donc démontré.

14. *Toutes les coniques conjuguées par rapport à un triangle et passant par un point forment un faisceau ponctuel; il en est de même pour les coniques conjuguées par rapport à un triangle et qui déterminent sur une droite donnée des segments en involution.*

Si les coniques doivent passer par un point O, on trouve sur les droites OA, OB, OC, menées aux sommets du triangle polaire conjugué ABC, trois points P, Q, R qui appartiennent à toutes les coniques du système ; A, B, C sont les points de concours des diagonales et les points de concours des côtés opposés du quadrilatère OPQR, ou mieux les points diagonaux du quadrangle OPQR.

Si les coniques déterminent une involution sur une droite, considérons deux d'entre elles et leurs quatre points d'intersection O, P, Q, R. Toutes les coniques du faisceau OPQR déterminent une involution sur la droite, et les deux involutions ayant deux segments communs coïncident.

Comme par deux points on ne peut faire passer qu'une seule conique conjuguée par rapport à un triangle, le théorème est démontré.

De même les coniques conjuguées par rapport à un triangle et tangentes à une droite forment un faisceau tangentiel; elles forment aussi un faisceau tangentiel, si les couples de tangentes menées à chacune d'elles d'un point donné sont en involution.

15. *Étant données deux coniques* U *et* U′, *on peut déterminer quatre coniques telles que, par rapport à chacune d'elles,* U *et* U′ *soient polaires réciproques.*

Nous allons faire voir d'abord que, si U et U′ sont polaires réciproques par rapport à V, U, U′ et V admettent un même triangle polaire conjugué : U′ étant l'enveloppe des polaires des points de U par rapport à V, les tangentes à V aux points où elle rencontre U sont les tangentes communes à V et à U'. Ces quatre tangentes forment un quadrilatère dont les diagonales sont les côtés du triangle polaire conjugué commun à V et à U'. Mais, en vertu d'un théorème bien connu, ce triangle n'est autre chose que celui des points diagonaux du quadrangle formé par les points d'intersection de U et de V; c'est donc le triangle polaire conjugué commun à U et V.

Cela posé, donnons-nous *a priori* les coniques U et U' qui se coupent en *a*, *b*, *c*, *d* et dont les tangentes communes sont A, B, C, D; si une conique V est telle que U et U' soient, par rapport à V, polaires réciproques l'une de l'autre, elle sera conjuguée par rapport au triangle des points diagonaux du quadrangle *abcd* (ou des diagonales du quadrilatère ABCD). Comme la polaire par rapport à V d'un des points communs à U et U' est nécessairement tangente commune à ces deux courbes, on déterminera V par la condition que le point *a*, par exemple, soit le pôle d'une des quatre droites A, B, C, D, et il y aura quatre coniques V répondant à la question.

Remarque. — On est ramené à ce problème très simple : *Construire une conique conjuguée par rapport à un triangle et telle qu'un point donné du plan soit par rapport à cette conique le pôle d'une droite donnée.*

16. *Si une conique* U *est circonscrite à un triangle conjugué par rapport à une autre conique* U', *celle-ci est inscrite dans un triangle conjugué par rapport à la première, et réciproquement.*

Soit *abc* un triangle inscrit dans U et conjugué par rapport à U'; si V est une des coniques par rapport auxquelles U et U' sont polaires réciproques, et si les droites BC, CA, AB sont les polaires de *a*, *b*, *c* par rapport à V, le triangle ABC sera circonscrit à U'. Il s'agit de faire voir qu'il sera conjugué par rapport à U. Or *a* est le pôle de *bc* par rapport à U'; *a*, A sont les pôles de BC, *bc* par rapport à V. Soient *d*, *e* les points de rencontre de U' avec *bc*; le pôle A de *bc* par rapport à V est l'intersection des polaires de *d*, *e*, ou l'intersection des deux tangentes à U aux points qui sont les pôles de *ad*, *ae* par rapport à V. De même le pôle de BC par rapport à U est l'intersection des tangentes à U aux points où BC la rencontre ; mais ces points sont les pôles de *ad, ae* par rapport à V. Donc enfin A est le pôle de BC par rapport à U ; de même B, C sont les pôles de CA, AB.

17. *Le lieu des centres des cercles circonscrits aux triangles polaires conjugués par rapport à une parabole est la directrice.*

D'après le théorème du n° 16, si un triangle inscrit dans un cercle est polaire conjugué par rapport à une parabole, celle-ci est inscrite dans un triangle conjugué par rapport au cercle. Le point de concours des hauteurs de ce triangle est le centre du cercle, et l'on sait que le point de concours des hauteurs de tout triangle circonscrit à une parabole est sur la directrice.

18. *On donne un triangle et un point* F ; *trouver le lieu des centres des coniques conjuguées par rapport au triangle et vues de F sous un angle droit.*

Comme les côtés des angles droits dont F est le sommet forment un faisceau de rayons en involution, il résulte du n° 14 que les coniques du système forment un faisceau tangentiel ; le lieu de leurs centres est une droite. Traçons le cercle circonscrit à ABC ; soient F' le conjugué de F sur le diamètre qui passe par ce point, L la perpendiculaire au milieu de FF'. Cette droite L est le lieu des centres : en effet, prenons l'intersection D du côté BC avec L, décrivons le cercle de centre D qui passe en F, F' et coupe orthogonalement le cercle circonscrit à ABC ; il rencontre BC en G, H, et ce couple de points est une des coniques du système, car l'angle GFH est droit, et G, H sont conjugués par rapport à B, C. D'ailleurs D est le centre de la conique ou plutôt du couple de points (G, H). De même les intersections de AC, AB avec L sont les centres de deux autres coniques réduites à des couples de points.

19. *Si un triangle ABC est polaire conjugué par rapport à une hyperbole équilatère, et si* F *est le foyer d'une conique* *inscrite dans* ABC, *la polaire de* F *par rapport à l'hyperbole passe par l'autre foyer de la conique.*

Ce théorème se déduit du précédent par polaires réciproques, en transformant la figure par rapport à un cercle de centre F. En projetant la nouvelle figure de manière que les points cycliques deviennent deux points conjugués quelconques par rapport à la conique, transformée de l'hyperbole, on arrive à cet énoncé général :

Un triangle est polaire conjugué par rapport à une conique U *et circonscrit à une conique* V ; *si par deux points a, a', conjugués par rapport à* U, *on mène des couples de tangentes à* V, *les points de rencontre* (*b, b'*), (*c, c'*) *de ces tangentes sont deux autres couples de points conjugués par rapport à* U.

20. *D'un point* O *on mène une tangente* OP *à une conique inscrite dans un quadrilatère* ABCD, *par le point de contact* P *une droite conjuguée harmonique de* PO *par rapport à* PA, PC (A, C *étant les extrémités d'une des diagonales*). *Trouver l'enveloppe de cette droite* PQ.

Si autour d'un point fixe on fait tourner une transversale, l'enveloppe de la droite, lieu des pôles de cette transversale par rapport aux coniques inscrites dans le quadrilatère, est une conique qui coïncide avec l'enveloppe des polaires du point fixe ; elle touche les trois diagonales ([1]). Si OP est une transversale menée par O, P est son pôle par rapport à la conique du système qui la touche ; le point Q pris sur AC, de telle sorte que PQ, PO soient conjuguées par rapport à PA, PC, est le pôle de OP par rapport à la conique du système réduite au couple des points A, C. Donc la droite PQ est le lieu des pôles de OP par rapport aux coniques inscrites dans le quadrilatère, et son enveloppe est l'enveloppe des polaires de O. On en connaît cinq tangentes *a priori,* savoir les trois diagonales et les tangentes aux deux coniques qui passent en O.

---

[1] CHASLES, *Traité des Sections coniques,* p. 208.

21. *Une conique* U *passe par quatre points* A, B, C, D; BC, AD *se coupent en* α; CA, BD *en* β; AB, CD *en* γ, *et* O *est le centre de la conique. Le faisceau* M(ABCD) *pour cette conique a le même rapport anharmonique que le faisceau* M′(αβγO) *relatif à la conique* V, *lieu des centres de toutes les coniques circonscrites au quadrilatère* ABCD (M *et* M′ *désignent deux points quelconques des deux courbes considérées*).

Menons dans le plan une transversale quelconque L, et soit *a* le point où la tangente en A à la conique U rencontre cette droite. La droite αO coupe L en ω; à chaque position de la tangente A*a* qui définit une conique du faisceau correspond une position de O sur la conique V, lieu des centres, et réciproquement; à chaque position de *a* sur la transversale correspond un point ω, et à un point ω correspond un point *a*. Donc les points *a*, ω décrivent sur L deux divisions homographiques, et le rapport anharmonique de quatre points *a* est égal à celui des quatre points ω qui leur correspondent.

Les droites AB, AC, AD coupent L en B′, C′, D′; ce sont trois positions particulières de *a* relatives aux coniques (AB, CD), (AC, BD), (AD, BC). Comme les centres de ces trois coniques sont les points γ, β, α, on aura les points ω correspondants en joignant αγ, αβ, et en menant la tangente en α à la conique V; on a ainsi les points γ′, β′, α′ sur la transversale L. Les rapports anharmoniques (*a*B′C′D′), (ωγ′β′α′) sont égaux; ce sont précisément ceux des faisceaux M(ABCD) et M′(Oγβα) ou M(αβγO).

22. *On mène des tangentes à une conique en quatre points* A, B, C, D; *elles forment un quadrilatère dont les diagonales sont* aa′, bb′, cc′; *les tangentes en* A, B, C *forment le triangle* abc, *et sont coupées en* a′, b′, c′ *par la quatrième tangente. Soient enfin* A′, B′, C′ *les milieux des diagonales,* O *le centre de la conique qui est sur la droite* A′B′C′. *Démontrer que le rapport anharmonique* (A′B′C′O) *est égal à celui du faisceau* M(ABCD), M *étant un point quelconque de la conique* (*fig.* 16).

Les quatre points A′, B′, C′, O sont les pôles de la droite à l'infini par rapport à quatre coniques inscrites dans le quadrilatère ABCD, savoir les coniques infiniment aplaties (ou couples de points) aa', bb', cc' et la conique donnée. Considérons le faisceau M(ABCD) construit en plaçant M en A; les quatre droites du faisceau coupent aa' en a', β, γ, δ, de sorte que M(ABCD) $= (a'\beta\gamma\delta)$; mais ces quatre points sont les pôles de la droite $\alpha a'$ par rapport aux coniques aa', bb',

Fig. 16.

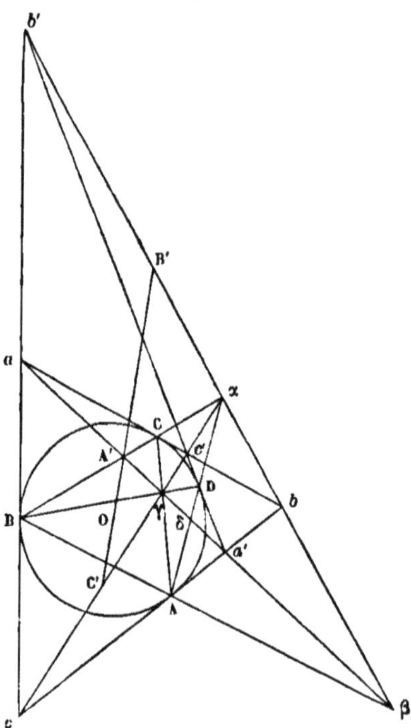

cc' et à la conique donnée. Comme les pôles de la droite à l'infini et ceux de la droite $\alpha a'$ par rapport aux quatre coniques inscrites dans le quadrilatère ont le même rapport anharmonique, le théorème est démontré.

23. *Deux tangentes à une conique issues d'un point* O *rencontrent une droite en* L, M; *d'un point* F *de* LM *on mène deux autres tangentes qui coupent les premières en* A, A';

B, B′. *Démontrer que toute conique touchant en* L, M *les deux tangentes* OL, OM, *et touchant en outre une des droites* AB, A′B′, *sera aussi tangente à la seconde de ces droites* (*fig.* 17).

Pour déterminer le point de contact C d'une conique tangente à OL, OM et en outre à AB, il faut prolonger AB jusqu'à la rencontre de LM en D, et prendre le conjugué C du point D, par rapport à A et B. On a de même le point de contact C′ d'une conique tangente à OL, OM et en outre à A′B′.

Fig. 17.

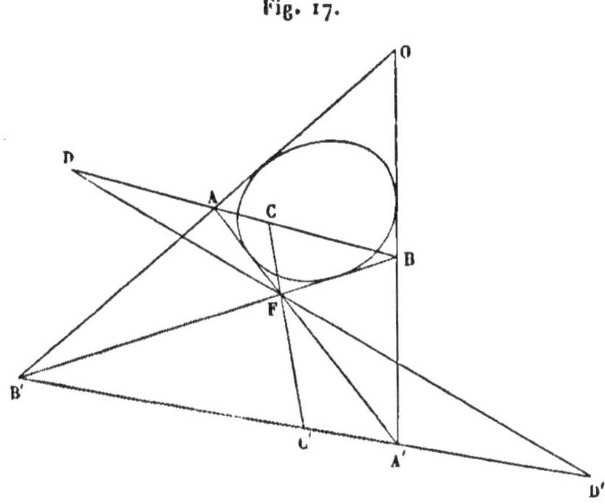

Les points C, C′ sont en ligne droite avec F, car les faisceaux F(ACBD), F(A′D′B′C′) sont tous deux harmoniques. On voit qu'une conique tangente à AL, AC en L et C et tangente à A′B′ touchera cette droite en C′.

24. *Lieu des points d'intersection des tangentes menées aux coniques inscrites dans un quadrilatère par deux points pris sur une diagonale.*

Soient O, O′ les deux points donnés sur la diagonale AC du quadrilatère ABCD; considérons les points doubles P, P′ de l'involution déterminée par les segments OO′, AC, et une certaine conique U du système donné. La conique V, lieu des points d'où l'on peut mener à U des couples de tangentes divisant harmoniquement PP′ (*voir* n° 7), passe par P, P′ et aussi par les quatre points d'intersection des tangentes issues de O, O', puisque O, O', P, P' sont harmoniques. Enfin elle passe par les extrémités B, D, E, F des deux autres diagonales du quadrilatère. Quelle que soit la conique U considérée, V ne changera pas; c'est précisément le lieu cherché.

On vérifiera sans peine les remarques suivantes :

1° Les tangentes à une conique quelconque U du système aux points où elle coupe V passent en P, P'.

2° Leurs quatre autres points d'intersection deux à deux sont sur une conique V' qui passe par A, C et par les points de contact de U avec les côtés du quadrilatère.

25. *Lieu des centres des coniques dont les sommets sont sur quatre droites données.*

Soient A, B, C, D les quatre droites; (a, b), (a, c), ... les six sommets du quadrilatère complet; supposons que deux sommets opposés doivent être sur A et B, les deux autres sur C et D.

Soit maintenant p un point quelconque de la droite C; si l'on joint le sommet (ab) au milieu μ d'une transversale quelconque $\alpha\beta$ menée par ce point entre A et B, qu'on élève en p une perpendiculaire sur $\alpha\beta$, l'intersection h de $(ab)\mu$ et de la perpendiculaire décrira une conique lorsque $\alpha\beta$ tournera autour de p; cette conique est une hyperbole équilatère passant par les points (ab), p et dont les asymptotes sont parallèles aux bissectrices de A et B. Si du point p on abaisse une perpendiculaire sur D, que par le milieu de cette perpendiculaire on mène D' parallèle à D, les intersections de D' et de l'hyperbole seront les centres de deux coniques satisfaisant aux conditions de l'énoncé.

Lorsque p se déplacera sur C, les hyperboles correspondantes auront toujours leurs asymptotes parallèles aux bissectrices de A et B; elles passeront toutes par le point (ab) et par un autre point fixe c' sur la droite C; ce point est tel que la perpendiculaire à C, comprise entre A et B, a son milieu en c'.

Il résulte de là que les hyperboles forment un faisceau de coniques ayant quatre points communs (dont deux à l'infini); à chacune d'elles correspond une droite D' parallèle à D. Le

lieu des intersections du faisceau d'hyperboles et du faisceau
de droites D′ pivotant autour du point à l'infini sur D est une
courbe du troisième ordre ; mais elle se réduit à une conique
et à la droite de l'infini ; car la droite D, qui correspond au
point p situé à l'infini sur C, est elle-même à l'infini ; l'hyperbole correspondante se réduit à la droite $(ab)c'$ et à la droite
de l'infini : cette dernière fait donc partie du lieu du troisième
ordre.

On aura facilement six points de la conique-lieu, d'abord
les trois (ab), (cd), c', puis trois autres a', b', d' situés respectivement sur A, B, D ; a' s'obtient, comme c', en cherchant sur A un point tel que la perpendiculaire à cette droite,
comprise entre C et D, ait son milieu en ce point.

Les sommets opposés des coniques du système peuvent
être groupés de deux autres manières, soit sur les droites A
et C, B et D, soit sur les droites A et D, B et C. Ces deux
autres groupements donnent deux nouvelles coniques passant
l'une par les points (ac), (bd), l'autre par (ad), (bc). En
définitive, le lieu des centres est du sixième ordre et il se
décompose en trois coniques.

26. *Étant donnés une conique* U, *un point* O, *sa polaire* Ω
et un point quelconque F, *on mène par* F *deux droites conju-*
guées qui rencontrent Ω *en* P, Q ; *démontrer que, si l'on fait*
passer par F *une conique* V *tangente en* P, Q *aux droites* OP,
OQ, *elle coupera la première en des points situés sur les po-*
laires de P *et de* Q (*fig.* 18).

Soient

OSR la polaire de P ;
O′ le point où elle coupe Ω ;
G′ le pôle de PF, intersection de OSR et de FQ ;
G l'intersection de OSR et de FP.

Les points S, R sont les points doubles de l'involution dont
OO′, GG′ sont deux segments ; on a donc

$$(O\,O'G\,R) = (O'\,O\,G'R) = (O'\,ORG) ;$$

et les faisceaux P(OQFR), Q(OPRF) ont même rapport anharmonique. Comme ils ont le rayon commun PQ, les trois autres couples de rayons correspondants (PO, QO), (PF, QR), (PR, QF) se coupent en trois points en ligne droite; cette droite est une droite de Pascal pour l'hexagone PPFQQR.

Fig. 18.

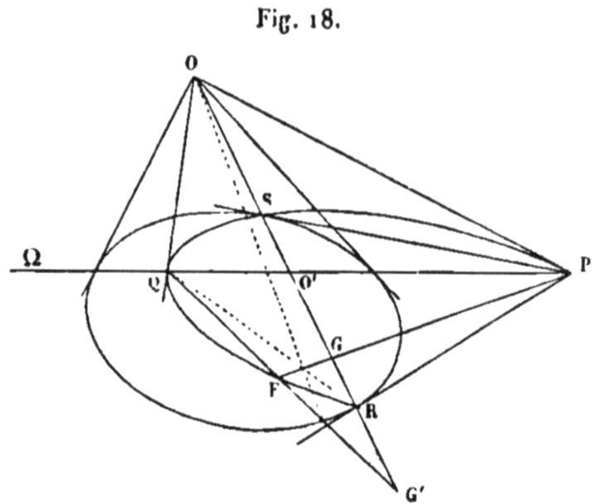

Donc le point R est sur la conique V qui passe en F et touche OP, OQ en P et Q; de même S appartient à cette conique.

27. *Une conique passe par cinq points* A, B, C, D, R; *soient* E, F, G *les intersections de* (AC, BD), (AB, CD), (AD, BC); *on fait passer par* R *deux coniques tangentes aux quatre droites* BE, AE, AB, CD; *démontrer que les tangentes en* R *à ces deux coniques rencontrent* EF *aux points où cette droite coupe la première conique.*

Les deux tangentes sont les rayons doubles de l'involution déterminée par les couples (RA, RD), (RB, RC); d'autre part, les intersections de EF avec la première conique sont les points de contact des tangentes issues de G. Comme les cordes BC, AD se coupent en G, les couples de rayons (RA, RD), (RB, RC) déterminent une involution dont les rayons doubles passent par les points de contact des tangentes issues de G.

28. *Une conique touche les côtés* CB, CD *d'un quadrilatère* ABCD *aux points* E, F; *la droite* EF *rencontre les deux autres côtés en* G, H. *Démontrer que la conique inscrite dans le qua-*

drilatère et tangente en **G** *au côté* **AB** *touchera* **AD** *en* **H**
(*fig.* 19).

Le point E étant pris arbitrairement sur BC, pour trouver
le point F, il faut joindre AC, DE qui se coupent en I, puis
mener BI qui coupe CD en F.

Si maintenant G est le point de contact de AB avec la seconde conique, le point H s'obtiendra en joignant GD, puis BK.

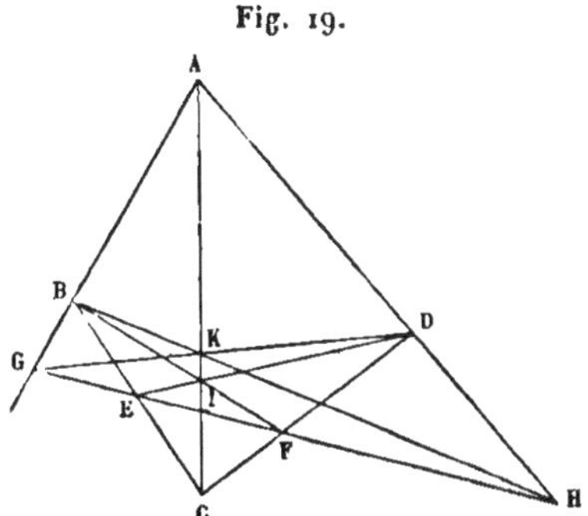

Fig. 19.

On a deux faisceaux B(AKIC) et D(AKIC) ayant même rapport anharmonique et dont les points d'intersection des rayons
homologues sont sur AD. Mais on peut grouper les rayons
homologues de la manière suivante : B(AKIC), D(KACI); les
points de concours G, H, F, E des couples homologues seront
en ligne droite.

29. *Une conique* U *passe par quatre points* A, B, C, D; P *et* Q
sont les pôles des cordes AB, CD; *si l'on construit la conique* V
passant par A, B, C, D *et tangente à* CP *au point* C, *elle touchera les droites* PD, QA, QB.

Soient M, N les intersections de PC, PD avec la conique U;
la droite MN passe par le point E, intersection de AB, CD. La
tangente Dx à la conique V est définie par la condition

$$C(PABD) - D(CABx);$$

mais on a

$$D(CABP) = N(EABD)$$

et, en considérant les quatre points M, A, B, D de la conique U,

$$C(MABD) = N(MABD);$$

on peut donc écrire

$$C(PABD) = D(CABP),$$

et, par conséquent, la tangente Dx n'est autre chose que DP. On verrait de même que QA, QB sont les tangentes en A et B.

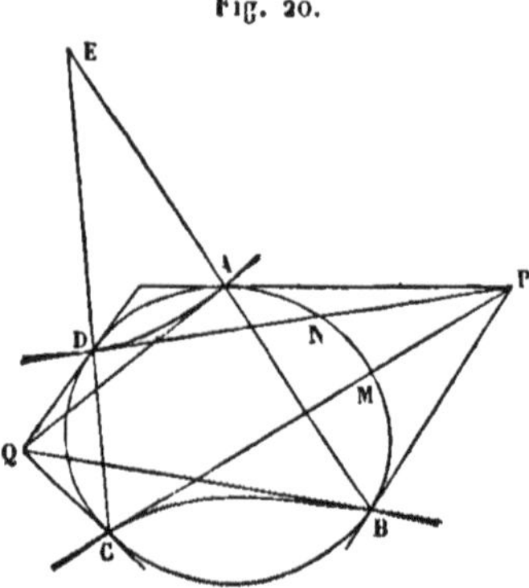

Fig. 20.

Ce théorème peut être énoncé ainsi :

Deux coniques U *et* V *se coupant en* A, B, C, D, *si le pôle de* AB *par rapport à* U *coïncide avec le pôle de* CD *par rapport à* V, *le pôle de* CD *par rapport à* U *coïncidera avec le pôle de* AB *par rapport à* V.

30. *On décrit quatre coniques passant par les sommets d'un triangle* ABC *et ayant pour foyer un point* P *du cercle circonscrit. Démontrer que les directrices correspondantes passent chacune par un des centres des cercles tangents aux côtés du triangle.*

Pour obtenir une des directrices, on mène les bissectrices PM, PN des angles CPA, APB, qui rencontrent AC, AB en D, E ; DE sera une directrice. Soient BB', CC' les bissectrices intérieures des angles B et C ; les deux groupes de quatre points (AC'DB), (ACEB') ont même rapport anharmonique, parce qu'ils résultent des intersections des droites AB, AC avec les faisceaux N(ACPB), M(ACPB); donc les droites BB', CC', DE sont concourantes. On verrait de même que les autres directrices passent par les centres des cercles exinscrits.

31. *Construire une conique osculatrice à une conique* U *en un point donné et passant par deux points ou tangente à deux droites.*

Soient

p le point donné sur la conique U;

a, b les deux points par lesquels doit passer la conique demandée;

m le point d'intersection de ab avec la tangente en p;

px la seconde corde commune des deux coniques;

y le point où elle rencontre ab.

La conique U, la conique à construire et le couple de droites (pm, pxy) sont trois coniques d'un faisceau; donc les points (a, b), (c, d), (m, y) sont en involution; on est ramené à construire le sixième point d'une involution dont on connaît cinq points. Connaissant y et x, on aura à construire une conique passant par a, b, x et tangente à la droite pm en p.

Si, au lieu de deux points a, b, on donne deux tangentes, le problème se ramènera d'abord à la construction du sixième rayon d'une involution, puis à la construction d'une conique, connaissant quatre tangentes et le point de contact de l'une d'elles.

32. *Construire une conique osculatrice à une conique* U *au point* p, *coupant celle-ci en un autre point* a *et passant par un point* b *(ou ayant une tangente commune avec* U *et une autre tangente donnée).*

On mènera par le point b une droite quelconque; le second point x, où elle coupe la conique cherchée, sera le sixième point d'une involution. Solution analogue pour le problème corrélatif.

33. *On donne un cercle* O, *une droite* L *qui ne le coupe pas en des points réels et les deux cercles points* F, F' *qui ont cette* *droite pour axe radical commun avec le cercle donné. Démontrer que les deux coniques osculatrices au cercle en un point p et qui ont respectivement F et F' pour foyer ont même directrice (fig. 21).*

Pour construire la conique de foyer F, il faut abaisser du point O, centre du cercle osculateur, la perpendiculaire Oa sur le rayon vecteur Fp, puis ab perpendiculaire à Op; b est le pied de la normale en p, et Fb est l'axe focal.

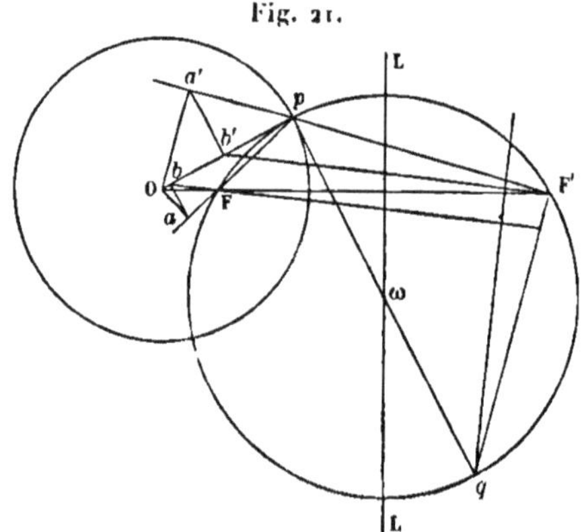

La perpendiculaire élevée en F sur le rayon vecteur pF coupe la tangente en p au point q qui appartient à la directrice. En faisant les mêmes constructions pour la conique de foyer F', on trouve l'axe focal F'b'; la perpendiculaire en F' au rayon F'p coupe la tangente en p en un point de la directrice de la seconde conique.

Ce point coïncide avec q; en effet, l'axe radical L de tous les cercles du système dont F, F' sont les cercles points est le lieu des centres des cercles orthogonaux à ceux du système; en particulier, le cercle circonscrit au triangle FF'p est un de ces cercles orthogonaux; son centre est en ω sur la droite L. On a

$$\omega p = \omega F = \omega F',$$

et l'extrémité q du diamètre $p\omega$ n'est donc autre chose que l'intersection des perpendiculaires élevées en F, F' sur Fp, F'p.

Maintenant on voit facilement que $\mathrm{F}\,b$, $\mathrm{F}'\,b'$ sont parallèles, car on a

$$\frac{\mathrm{O}\,b}{\mathrm{O}\,a} = \frac{\mathrm{F}\,p}{pq}, \quad \frac{\mathrm{O}\,b'}{\mathrm{O}\,a'} = \frac{\mathrm{F}'p}{pq}$$

et, par suite,

$$\frac{\mathrm{O}\,b}{\mathrm{O}\,b'} = \frac{\mathrm{O}\,a}{\mathrm{O}\,a'}\frac{\mathrm{F}\,p}{\mathrm{F}'p} = \frac{\mathrm{OF}\sin p\,\mathrm{FF}'}{\mathrm{OF}'\sin p\,\mathrm{F}'\mathrm{F}}\frac{\mathrm{F}\,p}{\mathrm{F}'p} = \frac{\mathrm{OF}}{\mathrm{OF}'}.$$

Il résulte de là que les deux directrices coïncident, puisqu'elles passent par un même point et que les axes focaux sont parallèles.

34. *Si une conique* V *est osculatrice à une conique donnée* U *au point p et passe par les foyers f, f' de celle-ci, les tangentes en f, f' se coupent au centre du cercle osculateur en p (fig. 22).*

Fig. 22.

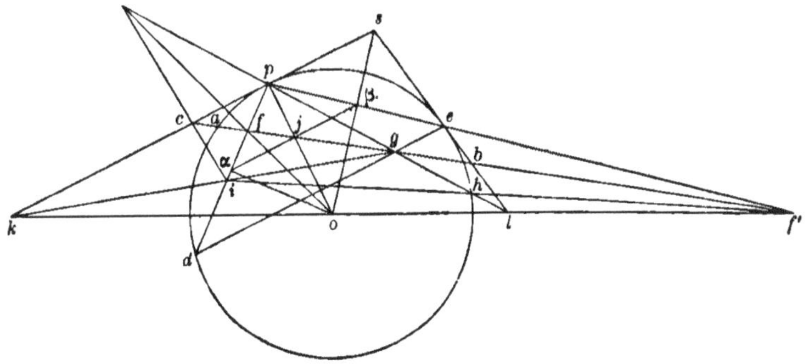

On sait que, pour construire le centre du cercle osculateur en p, il faut au point j, où la normale coupe ff', mener une perpendiculaire à la normale qui rencontre en α, β les rayons pf, pf', élever en α, β les perpendiculaires aux rayons vecteurs; ces deux perpendiculaires se coupent sur la normale au point cherché o.

Construisons la corde commune au cercle osculateur et à la conique qui passe par f, f' et est osculatrice en p au cercle et à la conique donnée. Soient

g le point inconnu où cette corde coupe ff';

c le point où la tangente en p coupe ff' ;
a et b les intersections de ff' avec le cercle.

Les segments cg, ff', ab sont en involution; mais le cercle, le couple de droites pf, pf' et le couple formé par la tangente en p et la corde de parallèle à cette tangente, déterminent une involution ab, ff', cg'; donc le point g n'est autre chose que l'intersection de ff' et de la corde de; par conséquent, la conique à construire passe par le point h, où pg coupe le cercle. Il faut remarquer, en outre, que la tangente au cercle en e et la droite pgh se coupent en l sur of'; en effet, les quatre points (p, β, e, f') et les quatre points (c, j, g, f') ont même rapport anharmonique à cause du parallélisme de pc, βj, ge; les deux faisceaux $p(c, j, g, f')$, $s(p, \beta, e, f')$ ont donc même rapport anharmonique, ils ont un rayon commun spc, et les points de concours o, l, f' des trois autres couples de rayons sont en ligne droite.

La conique osculatrice à construire est déterminée, d'après ce qui précède, par la tangente en p et par les points f, f', h. Pour construire la tangente en f', il faut joindre pf, $f'h$ qui se coupent en i, ff' et ph qui se coupent en g, joindre gi qui rencontre en k la tangente en p; $f'k$ sera tangente au point f'.

Les faisceaux $p(e, h, d, k)$, $e(p, h, d, l)$ ont même rapport anharmonique, et le second peut être remplacé par $f'(p, f, i, l)$; les rayons pe, $f'p$ coïncidant, les points d'intersection g, i, k' des trois autres couples de rayons du premier et du troisième faisceau sont en ligne droite; ainsi les points k, k' coïncident, et la tangente en f' passe au centre o du cercle. On verrait de même que la tangente en f passe par o, en comparant les faisceaux $p(d, h, e, k)$, $f(p, f', i, l)$.

Si la conique V, qui passe par les foyers de U, est seulement tangente au point p, les deux tangentes en f, f' se coupent sur la normale en ce point; ce théorème a été démontré par le calcul (Chap. V, n° 7) et la démonstration géométrique peut être calquée sur la précédente.

La transformation par polaires réciproques donne lieu à quelques résultats intéressants :

1° Prenons les polaires réciproques des coniques U, V et du cercle osculateur C par rapport à un cercle de rayon arbitraire ayant le foyer f pour centre.

U devient un cercle U′ dont le centre est sur ff', et le point f lui est intérieur ; f' devient une droite L perpendiculaire à ff' et partageant en deux parties égales la distance de f à son conjugué par rapport à U′, de sorte que f et son conjugué sont deux cercles points qui ont cette droite L pour axe radical commun avec U′.

La conique V se transforme en une parabole V′ osculatrice à U′ et tangente à L.

Le cercle C se transforme en une conique C′ de foyer f dont la directrice est la droite, transformée du centre o. Les trois coniques U′, V′, C′ sont d'ailleurs osculatrices, comme U, V, C. Puisque les tangentes à V en f, f' se coupent au point o, la directrice de la conique C′ passe au point de contact de la droite L et de la parabole. En rapprochant ce résultat de celui du n° 33, on obtient le théorème suivant :

Étant donnés un cercle et deux points conjugués f, f', si l'on construit deux coniques ayant respectivement un de ces points pour foyer, et osculatrices au cercle en p, leur directrice commune coupe la perpendiculaire L au milieu de ff' au point de contact d'une parabole tangente à la droite L et osculatrice en p aux deux coniques et au cercle.

2° Supposons que la conique U soit une parabole, la conique V une hyperbole osculatrice en p, passant par le foyer f et ayant une asymptote parallèle à l'axe de la parabole; le centre du cercle osculateur C en p sera le point de concours de l'asymptote et de la tangente à l'hyperbole en f. En transformant la figure, on a cet énoncé :

Une ellipse C′ est osculatrice à un cercle U′ en p et a un de ses foyers en un point f du cercle; si une parabole V′ est osculatrice au même cercle en p et touche la tangente au cercle menée au point f, la directrice de l'ellipse (polaire de f) sera parallèle à l'axe de la parabole et passera par le point de contact de cette courbe avec la tangente en f.

33. *On donne une conique U, une droite qui la rencontre en* A, B *et un point* P; *par ce point on mène des couples de droites conjuguées harmoniques par rapport à* PA, PB : 1° *trouver l'enveloppe des cordes* CD *interceptées dans la conique par ces couples de droites;* 2° *la corde* CD *rencontrant* AB *en* F, *trouver le lieu du conjugué harmonique* F′ *de* F *par rapport à* C *et* D.

L'enveloppe des cordes CD est une conique V inscrite dans le quadrilatère formé par PA, PB et les tangentes à U en A et B; le lieu du point F′ est une autre conique W qui passe par A, B et est bitangente à V, la corde de contact étant la droite qui joint le point P au pôle de AB par rapport à U. Ces résultats s'obtiennent très simplement en examinant le cas où la conique U est un cercle et où la droite AB est à l'infini; on projette ensuite la figure de manière que le cercle devienne une conique quelconque.

36. *On décrit quatre coniques ayant pour foyer commun un point* P *et passant par les sommets d'un triangle. Démontrer que le paramètre de l'une est égal à la somme des paramètres des trois autres; que, si l'on construit une conique* U *tangente aux directrices des quatre premières coniques, la polaire du point donné par rapport à* U *sera tangente à une autre conique* V *inscrite dans le triangle et ayant pour foyer le point donné; enfin que la conique* U *est vue de ce point sous un angle droit.*

Il suffit, pour établir ces propriétés, de prendre la polaire réciproque, par rapport à un cercle ayant P pour centre, de la figure composée d'un triangle et des quatre cercles inscrit et exinscrits. Comme on a entre les rayons de ces quatre cercles la relation

$$\frac{1}{r} \quad \frac{1}{r_a} + \frac{1}{r_b} + \frac{1}{r_c},$$

et comme les paramètres des coniques, transformées de ces cercles, sont proportionnels aux inverses des rayons, on a, entre ces paramètres, la relation

$$p \quad p_a + p_b + p_c.$$

Une conique quelconque passant par les centres des cercles est une hyperbole équilatère, puisque le centre du cercle inscrit est le point de concours des hauteurs du triangle formé par les trois autres centres. Cette hyperbole devient une conique U tangente aux directrices des quatre coniques, transformées des cercles, car ces directrices sont les transformées des centres.

L'hyperbole ayant ses asymptotes rectangulaires, la conique U est vue du point P sous un angle droit. Le lieu des

centres des hyperboles est le cercle circonscrit au triangle
donné ; en effet, les trois sommets du triangle sont les centres des trois couples de bissectrices qui ne sont autre chose
que trois des hyperboles du système. De plus, les milieux des
droites qui joignent les centres des cercles exinscrits deux
à deux, les milieux des distances du centre du cercle inscrit
au centre des cercles exinscrits sont six autres points du
lieu des centres des hyperboles. Donc, enfin, ce lieu est le
cercle des neuf points du triangle formé par les centres des
cercles exinscrits, c'est-à-dire le cercle circonscrit au triangle
donné. Ce cercle devient l'enveloppe des polaires du point P
par rapport aux coniques U, et il se transforme, par conséquent, en une conique V ayant P pour foyer et tangente aux
côtés du triangle transformé. Le rayon du cercle circonscrit
est

$$R = \tfrac{1}{4}\left(r_a + r_b + r_c - r\right);$$

comme le paramètre x de V est proportionnel à $\dfrac{1}{R}$, on trouvera, pour ce paramètre, la valeur

$$x = \frac{4pp_a p_b p_c}{pp_b p_c + pp_c p_a + pp_a p_b - p_a p_b p_c}$$
$$= \frac{4pp_a p_b p_c}{(p_b + p_c)(p_c + p_a)(p_a + p_b)}.$$

37. *Résultats de transformations par polaires réciproques.*

Le lecteur vérifiera sans peine les transformations suivantes ; nous indiquons dans la colonne de droite les transformations des théorèmes énoncés dans la colonne de gauche

(*a*). Les angles des tangentes à deux cercles en leurs points d'intersection sont égaux ou supplémentaires.	(*a'*). Si deux coniques ont un foyer commun F et deux tangentes communes qui touchent l'une en P, Q, l'autre en P', Q', les angles PFP', QFQ' sont égaux ou supplémentaires.
(*b*). On donne un cercle fixe, deux points conjugués A, A' sur un de ses diamètres, et un cercle va-	(*b'*). On donne une conique fixe U dont F est un foyer, deux droites L et L' perpendiculaires à l'axe focal

riable passant en A et dont le centre se meut sur la circonférence du premier ; les deux cercles sont vus du point A' sous le même angle.

(*c*). Toute conique circonscrite à un triangle et passant par le point de concours des hauteurs a ses asymptotes rectangulaires.

(*d*). Soient deux cercles O, O', tels que le centre O' de l'un est sur la circonférence de l'autre, F le point diamétralement opposé à O' sur le cercle O ; une droite quelconque menée par F détermine une corde AA' du cercle O' dont le milieu B est sur la circonférence O.

(*e*). Si l'on considère un cercle quelconque de centre O et des cercles égaux ayant leurs centres sur la circonférence de celui-ci, l'axe radical de deux de ces cercles passe en O, leurs tangentes communes extérieures sont parallèles entre elles et perpendiculaires à l'axe radical.

et conjuguées par rapport à la conique ; on décrit une autre conique V, tangente à L, ayant F pour foyer et pour directrice une tangente à V ; quelle que soit la conique V construite d'après ces conditions, le segment qu'elle intercepte sur L' est vu du foyer F sous le même angle que le segment intercepté par la conique fixe.

(*c'*). On joint un point O aux sommets d'un triangle ABC, on mène les perpendiculaires à OA, OB, OC par le point O ; elles déterminent sur BC, CA, AB trois points en ligne droite A', B', C'. Toute conique tangente aux côtés du triangle et à la droite A'B'C' est vue du point O sous un angle droit.

(*d'*). Une parabole et une hyperbole ont un foyer et un axe communs ; la parabole touche la directrice de l'hyperbole. Toute droite menée par le foyer commun est divisée harmoniquement par une tangente quelconque à la parabole et par les deux tangentes à l'hyperbole menées parallèlement à la première tangente.

(*e'*). Si l'on décrit des coniques de même paramètre ayant pour foyer commun un foyer F d'une conique donnée U, pour directrices correspondantes des tangentes à cette conique, les tangentes communes à deux d'entre elles se coupent sur la directrice de U qui correspond au foyer F, en un point P, tel que FP est perpendiculaire à l'une des cordes communes, et que cette corde passe en F.

(f). Étant donnés un cercle O de rayon R et un point H, on peut construire une infinité de triangles inscrits ayant H pour point de concours des hauteurs; ils ont tous le même cercle polaire, et le même cercle des neuf points, ce dernier étant le cercle principal d'une conique fixe qui a le point H pour foyer.

(f'). Si l'on mène à une conique trois tangentes telles que le point de concours des hauteurs du triangle qu'elles forment soit un des foyers, le cercle circonscrit au triangle variable et le cercle polaire sont fixes. Les parallèles aux côtés de ce triangle menées par les sommets opposés touchent une conique fixe, et cette conique touche aussi les droites conjuguées harmoniques des hauteurs du triangle par rapport aux côtés pris deux à deux

(g). On a entre le rayon r du cercle inscrit dans un triangle, le rayon ρ du cercle polaire et la distance δ de leurs centres, la relation

$$\delta^2 = 2r^2 + \rho^2.$$

(g'). Si deux coniques U_1, U_2, qui ont un foyer commun, sont telles qu'on puisse inscrire dans U_1 des triangles polaires conjugués par rapport à U_2, on aura, entre les excentricités e_1, e_2, et les paramètres p_1, p_2 des deux courbes, la relation

$$p_1^2 + 2p_2^2 = e_1^2 p_2^2 + c_2^2 p_1^2 - 2p_1 p_2 e_1 e_2 \cos \alpha,$$

α étant l'angle des axes focaux.

(h). On a entre les rayons R, r des cercles circonscrit et inscrit ou exinscrit à un triangle la relation

$$d^2 = \mathrm{R}^2 \pm 2\mathrm{R}r$$

(d étant la distance des centres), et il est possible de circonscrire à l'un des cercles une infinité de triangles inscrits dans l'autre.

(h'). Si deux coniques U_1 et U_2, qui ont un foyer commun, sont telles qu'on puisse inscrire dans U_1 des triangles circonscrits à U_2, on aura entre les excentricités et les paramètres des deux courbes, la relation

$$p_1^2 + 2p_1 p_2 = e_1^2 p_2^2 + c_2^2 p_1^2 - 2p_1 p_2 c_1 c_2 \cos \alpha,$$

α étant l'angle des axes focaux.

(i). Si F est un point de la cir-

(i''). Si x, y, z sont les distances

conférence du cercle circonscrit à un triangle ABC, on a la relation

$$\overline{AF}^2 \sin 2A + \overline{BF}^2 \sin 2B + \overline{CF}^2 \sin 2C = 4 \text{ surf. ABC.}$$

du foyer d'une parabole aux côtés d'un triangle ABC formé par trois tangentes, on a la relation

$$\frac{\sin 2A}{x^2} + \frac{\sin 2B}{y^2} + \frac{\sin 2C}{z^2} = \frac{8}{p^2} \sin A \sin B \sin C,$$

p étant le paramètre de la parabole.

(j). Si F est un point de la circonférence du cercle inscrit à un triangle ABC, et r le rayon du cercle, on a

$$\overline{AF}^2 \sin A + \overline{BF}^2 \sin B + \overline{CF}^2 \sin C$$
$$= r^2 \left(\sin A + \sin B + \sin C + 2 \cot \frac{A}{2} \cot \frac{B}{2} \cot \frac{C}{2} \right).$$

(j'). Si x, y, z sont les distances du foyer d'une parabole aux côtés d'un triangle inscrit, A, B, C les angles sous lesquels on voit du foyer les côtés du triangle, on a la relation

$$\frac{\sin A}{x^2} + \frac{\sin B}{y^2} + \frac{\sin C}{z^2}$$
$$= \frac{1}{p^2} \left(\sin A + \sin B + \sin C + 2 \tan g \frac{A}{2} \tan g \frac{B}{2} \tan g \frac{C}{2} \right).$$

38. *On donne un faisceau de coniques passant par les quatre points* ABCD, *une droite fixe* L; *soient* OP, OQ *les tangentes à l'une des coniques aux points où elle rencontre la droite fixe. Démontrer que les coniques tangentes aux droites fixes* L, AB, CD, *et aux droites variables* OP, OQ *forment un faisceau tangentiel. Théorème corrélatif.*

Projetons la figure de manière que L passe à l'infini et que la conique ABCDPQ soit un cercle. La deuxième conique devient une parabole dont le foyer est le centre ω du cercle et qui touche deux cordes A_1B_1, C_1D_1 (projections de AB, CD); si du centre on mène les perpendiculaires ωE_1, ωF_1 sur les cordes, la droite E_1F_1 sera la tangente au sommet de la parabole; E_1, F_1 sont les milieux de A_1B_1, C_1D_1. Si maintenant on revient à la figure primitive, la conique dont la parabole est la transformée aura pour tangente une droite EF qui, avec la droite L, divise harmoniquement les segments AB,

CD. Cette tangente EF est fixe, quels que soient les points P, Q qui servent à construire la deuxième conique. Donc cette conique fait partie d'un faisceau tangentiel.

Le théorème corrélatif s'énoncera immédiatement d'après ce qui précède.

Il comprend, comme cas particulier, cette propriété d'un système de coniques homofocales très facile à établir par le calcul.

Si, d'un point fixe L, *on mène des tangentes à des coniques homofocales, les cercles circonscrits aux triangles formés par les tangentes et les cordes de contact ont même axe radical. Cet axe est perpendiculaire à la droite qui joint les centres de courbure des deux coniques du système qui passent par le point* L.

39. *Trois coniques* U, V, W *sont doublement tangentes deux à deux en des points différents; démontrer que les cordes de contact de* V *et de* W *avec* U *passent par l'intersection de deux tangentes communes à* V, W, *et forment avec celles-ci un faisceau harmonique.*

Si l'on considère deux cercles concentriques V_1, W_1, une ellipse U_1 bitangente à chacun d'eux, les cordes de contact de V_1 et de W_1 avec U_1 sont les axes de cette ellipse; elles passent par le centre, point de concours des droites isotropes qui sont tangentes communes aux deux cercles, et de plus les axes sont conjugués harmoniques par rapport aux droites isotropes. La figure, composée des deux cercles et de l'ellipse, peut être considérée comme une projection de la figure composée de trois coniques quelconques U, V, W bitangentes deux à deux ([1]).

Corollaire. — *Si deux ellipses sont concentriques et homothétiques* (c'est-à-dire bitangentes avec la droite à l'infini pour corde de contact), *toute conique qui a, avec chacune d'elles, un double contact les touche en des points tels que les cordes de contact sont des diamètres conjugués.*

([1]) *Voir,* pour la démonstration directe de ce théorème, le *Traité des Sections coniques* de Chasles, p. 337 et 338.

40. *On donne deux coniques* U *et* V *(fig.* 23*) ayant un double contact; d'un point fixe* O *de leur corde de contact on mène* OP, OP' *tangentes à* U, OQ, OQ' *tangentes à* V; *sur la droite* OP, *on prend un point* A *et l'on fait passer par ce point deux coniques* W_1, W_2 *passant l'une et l'autre par* Q, Q', *tangentes à* OP *en* A *et à* OP', *l'une en* B_1, *l'autre en* B_2 *(ces points* B_1, B_2 *divisent harmoniquement* OP'*). Démontrer les propriétés suivantes :*

1° *Le pôle* β *d'une des coniques* (W_2) *par rapport à* QQ' *est sur la droite* OR, *conjuguée harmonique de la corde de contact de* U *et de* V *par rapport aux droites* OP, OP' *et* OQ, OQ'.

Fig. 23.

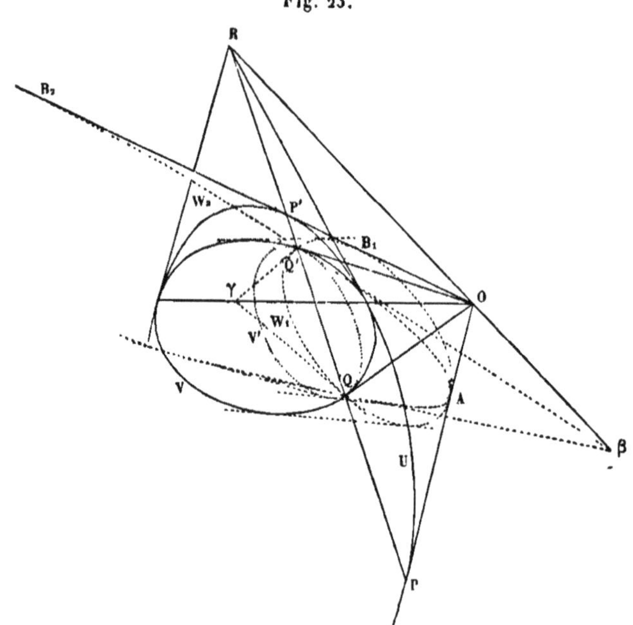

Le pôle γ *de* QQ', *par rapport à l'autre conique* (W_1), *est sur la corde de contact de* U *et de* V.

2° *Les tangentes à* W_1, *aux points où elle rencontre* U, *touchent aussi la conique* V.

3° *Les tangentes à* W_2, *aux points où elle rencontre* U, *touchent une conique* V' *bitangente à* U *et à* V; *la corde de contact de* V *et de* V' *est* QQ'; *celle de* V' *et de* U *est la droite* OR.

On transforme par projection les coniques U et V en deux cercles concentriques; les droites OP, OP', OQ, OQ' seront des tangentes parallèles aux extrémités d'un diamètre commun. Les points B_1, B_2 viendront à égale distance de P' sur la tangente en ce point, de telle sorte que $P'B_1 - P'B_2 = PA$; une des droites AB_1, AB_2 sera parallèle à $PQP'Q'$. On aura à s'appuyer, pour la démonstration des propriétés indiquées, sur les n°s 4 et 5 du Chap. II.

41. *On donne quatre points* A, B, C, D *et une droite* L; *on décrit quatre coniques telles que trois des points donnés forment, par rapport à chacune d'elles, un triangle polaire conjugué, et que le quatrième soit le pôle de* L. *Ces quatre coniques coupent la droite* L *aux mêmes points qui sont les points de contact des deux coniques du faisceau* (ABCD) *tangentes à* L.

Projetons la figure de telle sorte que la conique, par rapport à laquelle ABC est un triangle polaire conjugué, devienne un cercle et que L passe à l'infini; alors D est le centre du cercle et le point de concours des hauteurs de ABC. Les trois autres coniques sont aussi des cercles dont les centres sont A, B, C; C est le point de concours des hauteurs de ABD, etc. Ces quatre cercles coupent la droite à l'infini aux mêmes points. Les coniques circonscrites à ABCD sont des hyperboles équilatères; parmi elles se trouvent deux paraboles imaginaires qui touchent la droite à l'infini aux points cycliques.

42. *Les côtés d'un triangle* ABC *sont coupés par une transversale en* A', B', C'; *la droite qui joint* A *au point de concours de* BB', CC' *coupe* BC *en* a; *on détermine de même les points* b *et* c *sur* CA, AB, *et l'on décrit quatre coniques tangentes aux côtés de* ABC *et rencontrant la transversale aux mêmes points* δ *et* δ'. *Démontrer que les autres cordes communes à ces coniques prises deux à deux passent en* a, b, c; *que ces six cordes communes se coupent trois par trois en quatre points, pôles de* *la transversale par rapport aux quatre coniques qui touchent les côtés du triangle abc et passent en δ, δ'.*

Ces propriétés dérivent par projection des propriétés des cercles tangents aux côtés d'un triangle. En projetant de telle sorte que la transversale passe à l'infini et qu'une des quatre coniques soit un cercle, on aura le cercle inscrit J dans le triangle projeté, et les cercles exinscrits J_a, J_b, J_c. Les points a, b, c seront les milieux de BC, CA, AB. Les axes radicaux de (J, J_a), (J, J_b), (J, J_c) forment un triangle $\alpha\beta\gamma$, dont les côtés passent en a, b, c et sont perpendiculaires aux bissectrices extérieures de ABC. Les axes radicaux de (J_b, J_c), (J_c, J_a), (J_a, J_b) sont les hauteurs de $\alpha\beta\gamma$; ils se coupent en ε, et les points a, b, c sont les pieds de ces hauteurs. Ainsi les quatre points α, β, γ, ε, où se coupent les six axes radicaux trois par trois, sont les centres des cercles tangents à abc. Il est facile de démontrer ces résultats par la Géométrie élémentaire, et ils conduisent par transformation projective à l'énoncé ci-dessus.

43. *Si quatre coniques passent par trois points donnés et touchent deux droites données, leurs six ombilics sont trois par trois sur quatre droites formant un quadrilatère complet dont les diagonales passent par les points d'intersection des quatre coniques.*

On peut toujours projeter les coniques de telle sorte qu'elles aient pour foyer commun la projection du point de concours des tangentes communes. Les propriétés de quatre coniques ayant un foyer commun et passant par trois points se déduisent alors par la méthode des polaires réciproques de celles des cercles tangents aux côtés d'un triangle. On peut aussi les démontrer directement.

APPENDICE.

SUR LES TRIANGLES ET POLYGONES DONT LES COTÉS ENVELOPPENT DES
CONIQUES ET DONT LES SOMMETS SE MEUVENT SUR D'AUTRES CONIQUES
FIXES.

———

1. *Un triangle est circonscrit à une conique, et deux de ses sommets
glissent sur deux coniques fixes; trouver le lieu du sommet libre. Lorsque
les trois coniques données font partie d'un même faisceau tangentiel, le
lieu se compose de deux coniques du même faisceau.*

Pour aborder ce problème, nous ferons usage d'un système de coordonnées signalé par M. Darboux. Étant donnée une conique

$$U = y^2 - 4xz = 0,$$

on obtient toutes ses tangentes en faisant varier le paramètre μ dans
l'équation

$$\mu^2 x + \mu y + z = 0;$$

si la tangente doit passer au point (x', y', z), μ est donné par

$$\mu^2 x' + \mu y' + z' = 0,$$

et, en désignant par ρ et ρ_1 les racines de cette équation, on aura

$$(1) \qquad x' = -\ \frac{y'}{\rho + \rho_1} = \frac{z'}{\rho \rho_1}.$$

Ces quantités ρ, ρ_1 peuvent être regardées comme les coordonnées du
point (x', y', z'); ce sont les valeurs du paramètre μ qui caractérisent
les deux tangentes menées de (x', y', z') à la *conique base* $U = 0$.

Les relations (1) permettent de passer immédiatement d'une équation
entre ρ et ρ_1 à l'équation correspondante en coordonnées trilinéaires ou
inversement.

Ainsi la conique U est représentée par $(\rho - \rho_1)^2 = 0$; une conique bitangente à U ayant pour équation trilinéaire

$$U - (ax + by + cz)^2 = 0,$$

son équation dans le nouveau système est

$$(\rho - \rho_1)^2 - [a - b(\rho + \rho_1) + c\rho\rho_1]^2 = 0,$$

et elle rentre dans la forme générale

$$A \rho \rho_1 + B \rho + C \rho_1 + D = 0,$$

qui représente une droite si $B = C$.

Il est facile de trouver *a priori* le degré de l'équation trilinéaire d'une courbe $f(\rho, \rho_1) = 0$. Supposons d'abord que la fonction f ne soit pas symétrique, et soient m son degré par rapport à ρ; m_1 son degré par rapport à ρ_1. Le degré de la courbe est égal au nombre des points où elle rencontre une tangente quelconque à la conique base; cette tangente est définie par $\rho = a$ ou $\rho_1 = a$. A l'hypothèse $\rho = a$ correspondent m_1 valeurs de ρ_1 et, par suite, m_1 points; à l'hypothèse $\rho_1 = a$ correspondent m valeurs de ρ et m autres points. La courbe est donc de l'ordre $m + m_1$. Si la fonction f est symétrique en ρ et ρ_1, les hypothèses $\rho = a$ et $\rho_1 = a$ donnent évidemment les mêmes points; la courbe est d'ordre m.

Ces préliminaires étant posés, arrivons au problème général qui fait l'objet de cet article. Nous supposons que la conique base

$$U = y^2 + 4zx = 0 \quad \text{ou} \quad (\rho - \rho_1)^2 = 0$$

est la conique inscrite dans le triangle mobile, et soient

$$f(\rho, \rho_1) = 0, \quad f'(\rho, \rho_1) = 0$$

les deux coniques sur lesquelles se meuvent deux des sommets du triangle.

Si ρ, ρ_1, ρ_2 désignent les paramètres des trois tangentes à U qui sont les côtés du triangle, les coordonnées des sommets sont (ρ, ρ_1), (ρ, ρ_2) et (ρ_1, ρ_2); le second et le troisième étant sur les coniques f et f', on aura

$$f(\rho, \rho_2) = 0, \quad f'(\rho_1, \rho_2) = 0,$$

et l'élimination de ρ_2 entre ces équations donnera l'équation du lieu du sommet libre.

Si les coniques (f) et (f') sont, en coordonnées trilinéaires,

$$ax^2 + by^2 + cz^2 + 2fyz + 2gzx + 2hxy = 0$$

et

$$a'x^2 + b'y^2 + \ldots = 0,$$

on aura

$$f(\rho, \rho_1) = \rho^2(b - 2f\rho_1 + c\rho_1^2)$$
$$- 2\rho[h - \rho_1(b + g) + f\rho_1^2] + a - 2h\rho_1 + b\rho_1^2,$$
$$f'(\rho, \rho_1) = \rho^2(b' - 2f'\rho_1 + c'\rho_1^2)$$
$$- 2\rho[h' - \rho_1(b' + g') + f'\rho_1^2] + a' - 2h'\rho_1 + b'\rho_1^2;$$

ces fonctions sont symétriques en ρ, ρ_1.

Posons

$$A = b \quad 2f\rho - c\rho^2, \quad B = h - \rho(b+g) + f\rho^2, \quad C = a - 2h\rho + b\rho^2;$$
$$A'_1 - b' \quad 2f'\rho_1 \quad c'\rho_1^2, \quad B'_1 = h' - \rho_1(b'+g') - f'\rho_1^2, \quad C'_1 - a' - 2h'\rho_1 + b'\rho_1^2$$

et, par suite,

$$f(\rho, \rho_2) = A\rho_2^2 - 2B\rho_2 + C, \quad f'(\rho_1, \rho_2) = A'_1\rho_2^2 - 2B'_1\rho_2 + C'_1 = 0.$$

L'équation du lieu sera

$$(C) \qquad (AC'_1 - A'_1C)^2 = 4(AB'_1 - A'_1B)(BC'_1 - B'_1C).$$

Elle est du quatrième degré en ρ et ρ_1, mais n'est pas symétrique par rapport à ces variables; donc la courbe est du huitième ordre. Pour obtenir ses intersections avec $U = 0$, il faut faire $\rho = \rho_1$; on obtient ainsi, en désignant par A', B', C' ce que deviennent les polynômes A'_1, B'_1, C'_1 quand on y remplace ρ_1 par ρ,

$$(AC' - A'C)^2 - 4(AB' - A'B)(BC' - B'C) - 0,$$

équation du huitième degré.

Ainsi la courbe (C) et la conique U se coupent en huit points qui comptent chacun pour deux intersections; ce sont des points de contact ou des points doubles de la courbe (C).

L'équation

$$(AC' - A'C)^2 - 4(AB' - A'B)(BC' - B'C) = 0$$

résulterait de l'élimination de ρ_1 entre $f(\rho, \rho_1) = 0$ et $f'(\rho, \rho_1) = 0$; elle donne donc les paramètres ρ (ou ρ_1) des huit tangentes à la conique U qui passent par les points d'intersection de (f) et de (f'). En d'autres termes, les points communs à (C) et à U sont situés sur les polaires par rapport à U des quatre points d'intersection des deux autres coniques.

Il reste à discuter la nature de ces points communs; pour cela, il est avantageux de prendre pour sommet (x, z) du triangle de référence un des points d'intersection de (f) et de (f'). Alors b et b' sont nuls; si l'on pose

$$M = y^2(ca' - c'a) + 2yz(ch' - c'h)$$
$$+ 2zx(4fh' - 4f'h - ca' + c'a) + 2xy(a'f - af'),$$
$$N - 2y^2(ch' - c'h) - 4z^2(cf' - c'f) + 2yz(cg' - c'g)$$
$$+ 4zx(2fg' - 2f'g - ch' + c'h) + 4xy(fh' - f'h),$$
$$P = 4x^2(ha' - h'a) + 2y^2(fa' - f'a) + 4yz(fh' - f'h)$$
$$+ 4zx(2gh' - 2g'h - fa' + f'a) + 2xy(ga' - g'a),$$
$$\alpha = 2x(af' + a'f) + y(ca' + c'a) - 2z(ch' + c'h),$$
$$\beta = 4x(fh' + f'h) + 2y(ch' + c'h) + 2z(cg' + c'g - 4ff'),$$
$$\gamma = 2x(ga' + g'a - 4hh') + 2y(fa' + f'a) + 2z(fh' + f'h),$$

l'équation de la courbe du huitième ordre, obtenue en éliminant ρ et ρ_1 entre l'équation (C) et les relations (1), prend la forme

$$[M^2 - NP + (y^2 - 4zx)(\alpha^2 - \beta\gamma)]^2 - (y^2 - 4zx)(2M\alpha - N\gamma - P\beta)^2 = 0.$$

On reconnaît tout d'abord que, dans le cas le plus général, les termes en x^8, z^8, x^7y, z^7y manquent dans l'équation, de sorte que la courbe passe, comme on le savait déjà, par les points (z,y), (x,y); ces points sont simples et les tangentes sont les droites z et x. Ainsi, en général, U et (C) se touchent en huit points.

Lorsqu'on a $fh' + f'h = 0$, les termes x^7z, z^7x manquent aussi; les deux points (z,y), (x,y) deviennent doubles, et. comme les coefficients de x^6 et de z^6 sont les carrés de deux fonctions linéaires en y, z et en x, y, on a deux points de rebroussement. La tangente de rebroussement au point (y,z) est

$$y(fh' - f'h)(ga' + g'a - 4hh')$$
$$+ z[(ga' + g'a - 4hh')(2fg' - 2f'g - ch' + c'h) + 2(af' + a'f)^2] = 0.$$

Cette condition $fh' + f'h = 0$ signifie que les tangentes en (x,z) aux coniques (f) et (f') forment un faisceau harmonique avec les tangentes menées du même point à la conique U.

Enfin, si $ha' - h'a = 0$, le point (y,z) est encore un point de rebroussement avec $z = 0$ pour tangente; $z = 0$ est, dans ce cas, une des cordes communes aux courbes (f), (f').

De même, si $ch' - c'h = 0$, le point (x,y) est un point de rebroussement avec $x = 0$ pour tangente.

Cas particulier où les trois coniques font partie du même faisceau tangentiel. — Nous prendrons pour côtés x, z du triangle de référence deux des tangentes communes; alors les équations trilinéaires de (f) et (f') sont

$$(x + by + cz)^2 - 2dzx = 0, \quad (x + b'y + c'z)^2 - 2d'zx = 0,$$

celle de U étant toujours

$$y^2 - 4zx = 0.$$

En passant aux coordonnées ρ, ρ_1, on aura

$$f(\rho, \rho_1) = \rho^2(c\rho_1 - b)^2 - 2\rho[(b\rho_1 - 1)(c\rho_1 - b) + d\rho_1] + (b\rho_1 - 1)^2 = 0,$$
$$f'(\rho, \rho_1) = \rho^2(c'\rho_1 - b')^2 - \dots\dots\dots\dots\dots\dots\dots\dots\dots = 0.$$

Il faut exprimer maintenant que U, (f), (f') sont inscrites dans le même quadrilatère; pour cela, cherchons les tangentes communes à (f) et U.

Si l'on donne à ρ une valeur arbitraire α, les valeurs de ρ_1, qui correspondent aux intersections de la tangente $\rho = \alpha$ à la conique U avec $(f) = 0$, sont données en faisant $\rho = \alpha$ dans $f(\rho, \rho_1) = 0$. Si α est tangente commune, il faut que l'équation en ρ_1 ainsi obtenue ait une racine double, d'où la condition

$$[(b\rho_1 - 1)(c\rho_1 - b) + d\rho_1]^2 - (b\rho_1 - 1)(c\rho_1 - b)^2 = 0$$

ou

$$2bc\rho_1^2 + \rho_1(d - 2c - 2b^2) - 2b = 0.$$

Les racines de cette équation sont les coordonnées ρ, ρ_1 du point de concours des tangentes communes à (f) et U, autres que les droites x et z.

En formant l'équation correspondante pour les coniques (f') et U, on doit avoir les mêmes points, si les trois coniques sont inscrites dans le même quadrilatère; les conditions cherchées sont donc

$$\frac{bc}{b'c'} = \frac{d - 2c - 2b^2}{d' - 2c' - 2b'^2} - \frac{b}{b'} = \frac{1}{\lambda}$$

ou

$$(2) \qquad b' = \lambda b, \quad c' = c, \quad d' \quad d\lambda - 2(\lambda - 1)(\lambda b^2 - c).$$

Posons

$$c\rho - b = C, \quad b\rho - 1 = B, \quad c'\rho_1 - b' = C', \quad b'\rho_1 - 1 = B'.$$

L'équation de la courbe lieu sera le résultat de l'élimination de ρ_2 entre

$$\rho_2^2 C^2 - 2\rho_2(BC + d\rho) + B^2 = 0 \quad \text{et} \quad \rho_2^2 C'^2 - 2\rho_2(B'C' + d'\rho_1) + B'^2 = 0.$$

On obtient, après quelques transformations faciles,

$$[(CB' - C'B)^2 - 2d\rho B'C' - 2d\rho_1 BC]^2 = 4 dd' \rho\rho_1(BC' + B'C)^2$$

ou, en remplaçant b', c', d' par les valeurs (2),

$$\left\{ \begin{aligned} &b^2 c^2(\lambda - 1)^2 \rho^2 \rho_1^2 + (\rho - \rho_1)^2(\lambda b^2 - c)^2 \\ &\quad + b^2(\lambda - 1)^2 - 2bc\rho\rho_1(\rho + \rho_1)[(\lambda - 1)(\lambda b^2 - c) + \lambda d] \\ &\quad - 2b(\rho + \rho_1)[(\lambda - 1)(\lambda b^2 - c) + \lambda d] \\ &\quad + 2\rho\rho_1[d(\lambda + 1)(\lambda b^2 + c) + (\lambda - 1)(2\lambda b^4 - 2c^2 + b^2 c\lambda - b^2 c)] \end{aligned} \right\}^2$$
$$= 4 d\rho\rho_1[2(\lambda - 1)(\lambda b^2 - c) + \lambda d]$$
$$\times [bc(\lambda + 1)\rho\rho_1 - (\lambda b^2 + c)(\rho + \rho_1) + b(\lambda + 1)]^2.$$

Cette équation est du quatrième degré en ρ et ρ_1, mais elle est symétrique par rapport aux deux variables; donc elle représente une courbe du quatrième ordre. On a, en revenant aux coordonnées trilinéaires, par les substitutions $x = -\dfrac{y}{\rho+\rho_1} = \dfrac{z}{\rho\rho_1}$,

$$(3)\ \left\{\begin{aligned}&\left\{\begin{aligned}&b^2c^2(\lambda-1)^2z^2+(\lambda b^2-c)^2y^2+b^2(\lambda-1)^2x^2\\&+2bcyz[(\lambda-1)(\lambda b^2-c)+\lambda d]+2bxy[(\lambda-1)(\lambda b^2-c)+\lambda d]\\&+2xz[d(\lambda+1)(\lambda b^2+c)-2\lambda(b^4+c^2)+b^2c(\lambda+1)^2]\end{aligned}\right\}^2\\&=4dzx[2(\lambda-1)(\lambda b^2-c)+\lambda d][bc(\lambda+1)z+(\lambda b^2+c)y+b(\lambda+1)x]^2.\end{aligned}\right.$$

On voit immédiatement que la courbe touche les droites x et z, chacune en deux points, et il est évident qu'elle admet aussi pour tangentes doubles les deux autres côtés du quadrilatère circonscrit aux trois coniques.

En faisant $z = 0$, on a

$$\left\{(\lambda b^2-c)^2y^2+b^2(\lambda-1)^2x^2+2bxy[(\lambda-1)(\lambda b^2-c)+\lambda d]\right\}^2 = 0.$$

Le trinôme entre parenthèses se décompose en deux facteurs de la forme $x+\lambda_1 by$, $x+\lambda_2 by$, λ_1 et λ_2 étant les racines de l'équation en Λ,

$$(4)\quad \Lambda^2 b^4(\lambda-1)^2-2\Lambda b^2[(\lambda-1)(\lambda b^2-c)+\lambda d]+(\lambda b^2-c)^2 = 0,$$

et l'on reconnaît que l'équation du quatrième degré (3) est décomposable en deux facteurs du second degré [1]

$$(5)\quad (x+\lambda_1 by+cz)^2-2d_1 xz = 0,\quad (x+\lambda_2 by+cz)^2-2d_2 xz = 0;$$

d_1 et d_2 ont pour valeurs

$$d_1 = d\lambda_1+2(\lambda_1-1)(\lambda_1 b^2-c),\quad d_2 = d\lambda_2+2(\lambda_2-1)(\lambda_2 b^2-c).$$

Donc, *lorsque les trois coniques* U, (f), (f') *sont inscrites dans le même quadrilatère, si deux sommets d'un triangle circonscrit à l'une d'elles glissent sur les deux autres, le lieu du sommet libre se compose de deux coniques inscrites dans le même quadrilatère que les trois premières.*

Nous allons déterminer les équations de ces deux coniques en fonction des invariants des coniques données.

L'équation tangentielle de (f) est

$$(\varphi) = m^2(2cd-d^2)-2bdmn+2b^2dnl-2bcdlm = 0;$$

---

[1] La discussion géométrique donnée plus loin met en évidence l'existence de quatre points doubles, et, par conséquent, la courbe du quatrième ordre est l'ensemble de deux coniques. La décomposition directe de l'équation (3) exige des calculs très pénibles.

celle de U est

$$\Upsilon = -\,4m^2 + 4nl = 0,$$

l, m, n étant les coefficients de l'équation d'une droite $lx + my + nz = 0$. On doit avoir, si $(\varphi') = 0$ est l'équation tangentielle de (f'),

$$\varphi + \alpha\Upsilon = \beta.\varphi'$$

et, par suite,

$$2cd - d^2 - 4\alpha = \beta(2cd' - d'^2), \quad + 2bd = \beta\lambda bd', \quad \ldots;$$

d'où

$$\beta = \frac{d}{\lambda d'}, \quad 4\alpha = 2cd - d^2 - \frac{d}{\lambda d'}(2cd' - d'^2),$$

et, en remplaçant d' par sa valeur (2),

$$\lambda = \frac{2\alpha + b^2 d}{b^2 d}.$$

Les coniques (5) ont des équations tangentielles de la forme

$$\varphi + \gamma\Upsilon = 0,$$

γ étant lié à Λ par la relation

$$\Lambda = \frac{2\gamma + b^2 d}{b^2 d}.$$

Remplaçons, dans l'équation (4) Λ et λ par les valeurs précédentes, nous aurons, pour déterminer les deux quantités γ_1, γ_2 et, par suite, .es équations tangentielles des deux coniques (5),

$$16\alpha^2\Gamma^2 + 4\Gamma[2b^2 d^2 \alpha(c - b^2 - d) - b^4 d^4]$$
$$- 4\alpha b^4 d^4 + b^4 d^4(b^2 - c)^2 - 2b^6 d^3 = 0.$$

Pour retrouver dans l'équation ci-dessus les invariants de U et de (f), il est nécessaire d'introduire dans l'équation $U = 0$ des coefficients littéraux. Si l'on écrit

$$U = p^2 y^2 - 4q zx,$$

toutes les tangentes s'obtiennent en faisant varier μ dans l'équation $\mu^2 x + \mu p y + q z = 0$; on a, pour le passage des coordonnées trilinéaires aux coordonnées ρ et ρ_1, les formules

$$x = -\frac{py}{\rho + \rho_1} = \frac{qz}{\rho\rho_1}.$$

L'équation en ρ, ρ_1 de la conique (f) devient

$$\left[1 - \frac{b}{p}(\rho+\rho_1) + \frac{c}{q}\,\rho\rho_1 \right]^2 - \frac{2d}{q}\,\rho\rho_1 = 0.$$

Il faut remplacer b, c, d par $\dfrac{b}{p}$, $\dfrac{c}{q}$, $\dfrac{d}{q}$, et l'équation en Γ prend la forme

$$16\,\alpha^2\,\Gamma^2 + 4\,\Gamma\,\frac{b^2 d^2}{p^2 q^2}\left[\frac{2\,\alpha(cp^2 - bq^2 - dp^2)}{p^2 q} - \frac{b^2 d^2}{p^2 q^2} \right]$$
$$- 4\,\alpha\,\frac{b^4 d^4}{p^4 q^4} + \frac{b^4 d^4}{p^4 q^4}\,\frac{(b^2 q - cp^2)^2}{p^4 q^2} - \frac{2\,b^6 d^5}{p^6 q^5} = 0,$$

Maintenant les invariants de (f) et de (U) sont

$$\Delta(f) = -b^2 d^2, \qquad \Theta = 2cdp^2 - d^2 p^2 - 4b^2 dq,$$
$$\Delta'(U) = -4p^2 q^2, \qquad \Theta' = 4(p^2 qc - p^2 qd - q^2 b^2).$$

Donc

$$\frac{2\,\alpha(cp^2 - b^2 q - dp^2)}{p^2 q} - \frac{b^2 d^2}{p^2 q^2} = -\frac{2\,\alpha\Theta' + 4\Delta}{\Delta'}.$$

On a ensuite

$$\frac{\Theta'^2}{16} = (cp^2 q - b^2 q^2)^2 + p^4 q^2 d^2 - 2p^2 qd(p^2 qc - q^2 b^2)$$

et

$$(b^2 q^2 - p^2 cq)^2 - 2b^2 dp^2 q^3$$
$$= \frac{\Theta'^2}{16} - p^4 q^2 d^2 + 2p^4 q^2 cd - 4b^2 dpq^3 = \frac{\Theta'^2}{16} - \frac{\Theta\Delta'}{4},$$

et, en vertu de cette identité, les deux derniers termes de l'équation en Γ s'écrivent

$$\frac{b^4 d^4}{p^8 q^8}\,\frac{\Theta'^2 - 4\Theta\Delta'}{16} \quad \text{ou} \quad \frac{16\Delta^2}{\Delta'^4}(\Theta'^2 - 4\Theta\Delta').$$

Ainsi les valeurs de γ, qui donnent les équations tangentielles des deux coniques $\varphi + \gamma_1 \Upsilon = 0$, $\varphi + \gamma_2 \Upsilon = 0$, lieux du sommet libre du triangle mobile, sont les racines de l'équation

$$16\,\alpha^2\,\Gamma^2 - \frac{16\Delta}{\Delta'^2}\,\Gamma(2\,\alpha\Theta' + 4\Delta) - \frac{64\,\alpha\Delta^2}{\Delta'^2} + \frac{16\Delta^2}{\Delta'^4}(\Theta'^2 - 4\Theta\Delta') = 0$$

ou

$$(\Gamma) \quad \alpha^2 \Delta'^4 \Gamma^2 - 2\Gamma\Delta\Delta'^2(\alpha\Theta' + 2\Delta) - 4\,\alpha\Delta^2\Delta'^2 + \Delta^2(\Theta'^2 - 4\Theta\Delta') = 0.$$

2. Problème corrélatif. — *Les trois sommets d'un triangle se meuvent sur une conique fixe* U; *deux de ses côtés enveloppent deux coniques f et f'; trouver l'enveloppe du troisième côté.*

En partant de l'équation tangentielle d'une conique $m^2 - 4nl = 0$, on voit qu'une droite quelconque du plan $lx + my + nz = 0$ peut être représentée par deux coordonnées b, b_1, analogues aux coordonnées ρ, ρ_1 imaginées par M. Darboux.

On obtient, en effet, tous les points de la conique base en faisant varier μ dans l'équation $\mu^2 l + \mu m + n = 0$; les coordonnées b, b_1 de la droite seront les paramètres des deux points où elle coupe la conique.

D'après cela, on traitera le problème actuel comme son corrélatif. En vertu du principe de dualité, on peut de suite énoncer les théorèmes suivants :

L'enveloppe du côté libre du triangle mobile est une courbe de la huitième classe qui touche en général la conique U *aux huit points où elle est rencontrée par les tangentes communes à f et f'. Dans le cas particulier où f, f', U ont quatre points communs, l'enveloppe dégénère en deux coniques qui font partie du même faisceau.*

Si f' est de la forme $f + \alpha U = 0$, les deux coniques enveloppes seront $f + \gamma_1 U = 0$, $f + \gamma_2 U = 0$, γ_1 et γ_2 étant encore donnés par l'équation (Γ), mais dans laquelle il faut remplacer Δ, Δ', Θ, Θ' par les invariants (Δ), (Δ'), (Θ), (Θ') relatifs aux équations tangentielles qui ont servi de point de départ à tous les calculs. Comme on a

$$(\Delta) = \Delta^2, \quad (\Delta') = \Delta'^2, \quad (\Theta) = \Delta.\Theta', \quad (\Theta') = \Delta'.\Theta,$$

l'équation en Γ sera, après la suppression du facteur Δ'^2,

$$(\Gamma') \quad \alpha^2 \Delta'^6 \Gamma^2 - 2\Gamma\Delta^2\Delta'^2(\alpha\Theta\Delta' + 2\Delta^2) - 4\alpha\Delta^4\Delta'^2 + \Delta^4(\Theta^2 - 4\Delta\Theta') = 0.$$

Exemple. — Les coniques données sont trois cercles ayant même axe radical, savoir :

$$U = x^2 + y^2 + 2g'x + c',$$
$$f = x^2 + y^2 + 2gx + c,$$
$$f' = x^2 + y^2 + 2g''x + c'' - \frac{g - g'}{g'' - g}\left(f + \frac{g - g''}{g'' - g'}U\right) \quad 0.$$

On formera l'équation (Γ') en prenant

$$\Delta - c - g^2, \quad \Delta' = c - g'^2,$$
$$\Theta = 3c - g^2 - 2gg', \quad \Theta' = 3c - g'^2 - 2g'g,$$
$$\alpha = \frac{g - g''}{g'' - g'}.$$

L'enveloppe du troisième côté du triangle mobile inscrit dans le cercle U, et dont deux côtés touchent f et f', se compose de deux cercles ayant même axe radical que les cercles donnés.

M. Chasles a démontré géométriquement ce théorème (*Géométrie supérieure*); mais sa démonstration ne montre pas l'existence des deux cercles enveloppes.

3. *Solution géométrique des problèmes des n°s 1 et 2* (¹).

Supposons que les sommets A, B du triangle circonscrit à U se meuvent respectivement sur les coniques f et f' et que C soit le sommet libre dont on cherche le lieu. Pour connaître le degré de la courbe, il suffit de chercher le nombre de ses points situés sur une tangente quelconque à la conique U. Si une tangente t est prise pour le côté (a) du triangle, elle coupe f' en deux points B; de chacun d'eux on peut mener une tangente à U; elles donnent quatre points A sur f', et les tangentes à U, issues de ces points, donnent sur la droite t quatre positions de C. De même, si l'on considère la tangente t comme le côté (b) du triangle. on trouvera quatre autres points C. Donc la courbe (C) est du huitième ordre.

Si t passe par un des points d'intersection de f et f', deux des points C situés sur cette droite viennent se confondre avec le point où elle touche U.

La courbe possède toujours des points doubles, et nous allons en chercher le nombre dans le cas général où il n'existe aucune relation de position entre les trois coniques données.

Soit MNPQ un quadrilatère circonscrit à U et dont deux sommets opposés M, P sont sur f, les deux autres N, Q sur f'; MN, PQ se coupent en C_1, MQ, NP en C_2; ce sont des points de la courbe. Mais le point C_1 s'obtient de deux manières différentes, soit en prenant pour le côté (c) du triangle mobile la droite NP, soit en prenant MQ. Dans le premier cas, on aura la tangente en C_1 en cherchant la position infiniment voisine C_1' de C_1 qui correspond à une position $N_1 P_1$ infiniment voisine de NP; la position limite de $C_1 C_1'$ est la tangente. Si l'on répète la construction en remplaçant NP par MQ, il est évident qu'on ne trouvera pas en général la même tangente. Donc C_1 est un point double, et il en est de même de C_2. Le nombre des points doubles obtenus de cette manière est double du nombre des quadrilatères qu'on peut construire en satisfaisant aux conditions indiquées.

(¹) M. Cayley a traité géométriquement le problème général qui consiste à trouver l'enveloppe du côté libre d'un triangle inscrit dans une conique et dont deux côtés touchent deux courbes quelconques (*Quarterly Journal of Mathematics*, t. I).

Pour trouver ce nombre, soit un pentagone (1 2 3 4 5) circonscrit à U, les sommets 1 et 3 étant sur f, les sommets 2 et 4 sur f'; le cinquième sommet décrira une certaine courbe V. Aux points communs à V et U correspondent des pentagones réduits à des quadrilatères de l'espèce considérée. Po⁴ un pareil point les côtés 1 5, 4 5 se confondent suivant la tangente 1 5 4 à U; 5 est alors un point de contact de V et de U, tout au moins dans le sens analytique; car le point de V infiniment voisin de 5 est l'intersection de deux tangentes à U infiniment voisines de 1 5 4. Maintenant des considérations analogues à celles qui ont fait trouver l'ordre de (C) montrent que V est du trente-deuxième ordre; elle coupe U en 64 points. Il faut observer que le quadrilatère peut se réduire aux deux tangentes menées à U de chacun des points d'inter-section de f et f', ce qui donne 8 points de contact; il reste donc 48 in-tersections ou 24 contacts de U et de V; comme chaque côté d'un qua-drilatère peut être pris pour le premier côté, il y a 6 quadrilatères et 12 points doubles.

Les points doubles peuvent encore se produire d'une autre manière. Considérons un quadrilatère MNPQ circonscrit à U, tel que le premier et le deuxième sommet soient sur f, le troisième et le quatrième sur f'; alors le point d'intersection de MN et de PQ est un point double de (C). Il y a autant de points doubles nouveaux que de quadrilatères de cette deuxième espèce. Soit un pentagone (1 2 3 4 5) circonscrit à U, dont les sommets 1 et 2 sont sur f, les sommets 3 et 4 sur f'. Le sommet 5 dé-crit une courbe W et, lorsque W rencontre U, le pentagone devient un quadrilatère de deuxième espèce. On trouve que la courbe W est du huitième ordre; W et U ont donc 16 points communs qui comptent pour deux chacun; en d'autres termes, elles se touchent en 8 points, il y a 4 quadrilatères et, par suite, 4 points doubles. Le nombre total des points doubles est donc 16, et la classe de (C) est $8.7 - 2.16 = 24$.

Nous supposerons maintenant que les trois coniques sont inscrites dans un même quadrilatère, et nous allons faire voir que il existe dans ce cas une infinité de quadrilatères de la première espèce étudiée ci-dessus.

Si MNPQ (*fig.* 24) est un quadrilatère circonscrit à U et dont les som-mets opposés M, P sont sur f, et, si R est le point de concours des tan-gentes à f en ces points, les droites QM, QP et les tangentes QM', QP' à f déterminent une involution dont QR est un des rayons doubles (l'autre est la droite menée de Q au point de concours des cordes MP, M'P'); QM, QP étant tangentes à U, on voit qu'il est possible de con-struire une conique du faisceau tangentiel (U, f), tangente à QR au point R. De même, on peut faire passer une conique du même faisceau tangente en N à NR. Enfin, les couples de droites (RM, RP), (RN, RQ) menées aux sommets opposés du quadrilatère MNPQ circonscrit à U et les tangentes à cette conique issues du même point R sont en involution

(théorème corrélatif de celui de Desargues)et, comme RM, RP touchent f, on peut mener une conique du faisceau tangentiel (U, f) passant par N, Q. On voit que les trois coniques dont il vient d'être question n'en forment qu'une, et l'on peut énoncer ce théorème :

Si un quadrilatère MNPQ est circonscrit à une conique U et a deux sommets opposés sur une conique f, on peut construire une conique f' faisant partie du même faisceau tangentiel, passant par les deux autres sommets N, Q, et tangente en ces points aux droites NR, QR qui les joignent à l'intersection R des tangentes à f en M et P.

Fig. 24.

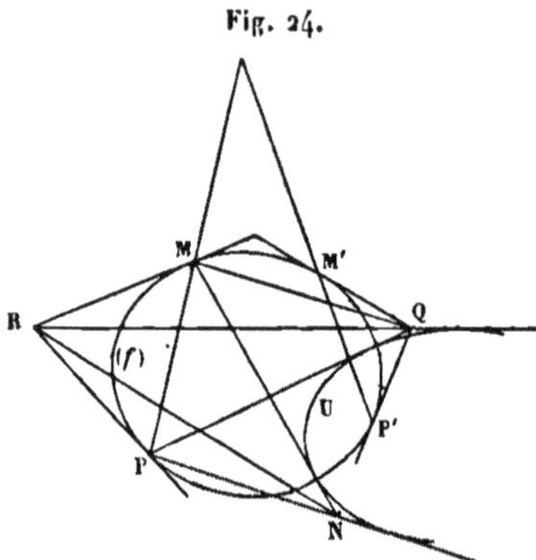

Inversement, supposons que l'on donne les trois coniques U, f, f' et que l'on prenne un point M sur f; une des tangentes menées de M à U coupe f' en Q; la tangente en Q à f' coupe la tangente en M à f au point R. La seconde tangente menée de R à f détermine le point P, et QP sera tangente à U; enfin les deux tangentes menées à U des points M, P se coupent en N sur f' et NR sera tangente à f'. Le quadrilatère de première espèce MNPQ se trouve ainsi déterminé; on peut même en construire un second en prenant le point M pour point de départ; car la droite MQ, tangente à U, coupe f' en un second point Q_1.

Il résulte de ce qui précède que, dans le cas particulier où U, f, f' sont inscrites dans le même quadrilatère, tout point de f peut être pris comme premier sommet de deux quadrilatères de la première espèce; il y a donc une infinité de ces quadrilatères, et, par suite, tous les points de la courbe (C) sont des points doubles. Cette courbe est donc du quatrième ordre seulement, ou plutôt elle est une courbe double du quatrième ordre.

Elle a quatre points doubles et est, par suite, décomposable en deux coniques.

En effet, soit une des tangentes communes t aux trois coniques, qui touche f en A, f' en A' (*fig.* 25); les tangentes menées de ces points à U donnent par leur intersection un point C du lieu. Une tangente à U infiniment voisine de t donne sur f et f' les couples de points A_1, A_2 et A'_1, A'_2 ; en prenant les intersections deux à deux des quatre tangentes menées à la conique U par ces quatre points, on obtient quatre points infiniment voisins de C et, par suite, deux éléments de courbe qui se croisent en C : donc C est un point double. Les quatre côtés du quadrilatère circonscrit aux trois coniques donnent donc quatre points doubles de la courbe (C); ce sont les intersections des deux coniques qui constituent le lieu du quatrième ordre, et leur construction est immédiate.

Fig. 25.

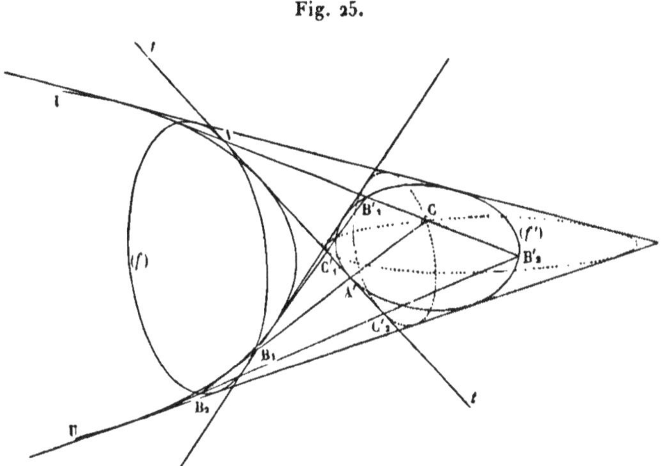

Il reste maintenant à faire voir que les deux coniques (C) sont inscrites dans le même quadrilatère que U, f, f'. Pour cela, cherchons les points du lieu situés sur une des tangentes communes t. D'après la théorie générale, il faut mener du point de contact A de t avec f une tangente à U qui coupe f' en B'_1, B'_2 ; les deux autres tangentes menées de ces points à U donnent sur t deux points du lieu C'_1, C'_2. De même une tangente à U menée du point de contact A' de t avec f' coupe f en deux points B_1, B_2 et, par suite, on a deux nouveaux points C_1 et C_2 sur t. Mais ils coïncident avec les deux premiers : en effet, les tangentes t, $A B'_1 B'_2$, $B'_1 C'_1$ et $A' B_1 B_2$ constituent un quadrilatère de première espèce dont deux sommets A', B'_1 sont situés sur f'; le sommet A étant sur f, le sommet opposé, intersection de $B'_1 C'_1$ et de $A' B_1 B_2$, est aussi sur f. Il en est de même de l'intersection de $B'_2 C'_2$ et de $A' B_1 B_2$; ces deux derniers points ne sont autre chose que les points B_1, B_2, et, par conséquent, C_1, C_2 se confondent avec C'_1, C'_2.

D'après cela, pour construire les deux coniques (C), il suffira de faire passer par leurs quatre points d'intersection qui sont connus les deux coniques tangentes à l'un des côtés du quadrilatère circonscrit à U, f, f'; les deux points de contact sont donnés par la construction précédente de C_1, C_2.

En transformant par voie de dualité la discussion précédente, le lecteur restituera facilement la solution géométrique du problème corrélatif.

4. *Si deux sommets d'un triangle mobile circonscrit à une conique se meuvent respectivement sur deux coniques bitangentes à celle-ci, le lieu du sommet libre se compose de quatre autres coniques bitangentes à la première.*

Soient

$$U = y^2 - 4zx = 0$$

la conique inscrite dans le triangle mobile;

$$y^2 - 4zx - (a\,x + b\,y + c\,z)^2 = f = 0,$$
$$y^2 - 4zx - (a'x + b'y + c'z)^2 = f' = 0$$

les deux autres.

Avec les coordonnées ρ, ρ_1, l'équation de f sera

$$(\rho - \rho_1)^2 \quad [a - b(\rho + \rho_1) + c\rho\rho_1]^2 = 0,$$

et elle pourra prendre l'une des deux formes

$$\rho_1(c\rho \quad b + 1) - \rho(b + 1) + a = 0$$

ou

$$\rho_1(c\rho - b - 1) - \rho(b - 1) + a = 0.$$

Le lieu du sommet libre s'obtient, comme au n° 1, en éliminant ρ_2 entre $f(\rho_1, \rho_2) = 0$, $f'(\rho_1, \rho_2) = 0$, et comme f, f' peuvent être prises chacune sous deux formes différentes, on aura les quatre coniques

$$\rho\rho_1(bc' - cb' + c' - c) + \rho_1(bb' + b - b' - 1 - ac')$$
$$+ \rho(ca' - bb' + b - b' + 1) + ab' - ba' - a + a' = 0,$$

$$\rho\rho_1(bc' - cb' + c' + c) + \rho_1(bb' - b - b' + 1 - ac')$$
$$+ \rho(ca' - bb' - b - b' - 1) + ab' - ba' + a + a' = 0,$$

$$\rho\rho_1(bc' - cb' - c' - c) + \rho_1(bb' + b + b' + 1 - ac')$$
$$+ \rho(ca' - bb' + b + b' - 1) + ab' - ba' - a - a' = 0.$$

$$\rho\rho_1(bc' - cb' - c' + c) + \rho_1(bb' - b + b' - 1 - ac')$$
$$+ \rho(ca' - bb' - b + b' + 1) + ab' - ba' + a - a' = 0.$$

A une équation

$$A \rho \rho_1 + B \rho + C \rho_1 + D = o$$

correspond, en coordonnées trilinéaires,

$$[2Dx - y(B+C) + 2Az]^2 - (C-B)^2(y^2 - 4zx) = o.$$

Le lieu cherché se compose donc de quatre coniques bitangentes à U, savoir :

$$2x(ab' - ba' - a + a') + y(ac' - a'c - 2b + 2b')$$
$$+ 2z(bc' - b'c - c + c') - 4(y^2 - 4zx)(bb' - ac' - a'c - 1)^2 = o,$$
$$2x(ab' - ba' + a + a') + y(ac' - a'c + 2b + 2b')$$
$$+ 2z(bc' - b'c + c + c') - 4(y^2 - 4zx)(bb' - ac' - a'c + 1)^2 = o,$$
$$2x(ab' - ba' - a - a') + y(ac' - a'c - 2b - 2b')$$
$$+ 2z(bc' - b'c - c - c') - 4(y^2 - 4zx)(bb' - ac' - a'c + 1)^2 = o,$$
$$2x(ab' - ba' + a - a') + y(ac' - a'c + 2b - 2b')$$
$$+ 2z(bc' - b'c + c - c') - 4(y^2 - 4zx)(bb' - ac' - a'c - 1)^2 = o.$$

Solution géométrique. — L'étude géométrique faite au n° 3 a montré que la courbe (C) est du huitième ordre et de la vingt-quatrième classe. Si l'on considère la tangente à U en un de ses points de contact avec f ou f', cette droite coupe f' ou f en deux points qui sont des points doubles de (C); il y a donc huit nouveaux points doubles, et (C) est seulement de la huitième classe. Donc, elle se décompose en quatre coniques. De plus (C) touche la conique U aux huit points de contact des tangentes menées à U des quatre points d'intersection de f et f'; donc, chacune des quatre coniques a un double contact avec U.

5. *Deux sommets d'un triangle se meuvent sur une conique f, deux côtés touchent une conique U', le troisième enveloppe une conique f' du faisceau U, f; trouver le lieu du sommet libre.*

Nous nous appuierons sur les théorèmes suivants, corrélatifs de ceux qui ont été démontrés au n° 3, page 281.

I. *Si un quadrilatère $b\,c\,c'b'$ (fig. 26) est inscrit dans une conique f et a deux côtés opposés bc, $b'c'$ tangents en a, a' à une conique f', on peut construire une autre conique U passant par les points d'intersection de f, f' et tangente aux deux autres côtés opposés bb', cc', aux points d, d', où ils sont rencontrés par la droite aa'.*

II. Inversement, *si l'on donne les trois coniques U, f, f' d'un même faisceau, on peut déterminer deux quadrilatères satisfaisant aux conditions précédentes et ayant un côté donné abc tangent à f' en a; car si l'on mène la tangente $c\,c'd$ à U, la droite da déterminera un point a'*

sur f', un point d' sur U; les tangentes en ces points achèveront le quadrilatère $b\,c\,c'b'$. La seconde tangente cg, que l'on peut mener à U du point c, détermine de la même manière le second quadrilatère $b\,c\,c'_1\,b'_1$.

Cela posé, considérons la tangente abc à f' comme le troisième côté du triangle mobile; nous pourrons construire quatre triangles satisfaisant aux conditions de l'énoncé, ayant pour base commune bc et pour sommets opposés les points m_1, m_2, p_1, p_2, intersections des tangentes menées à U des points b, c. Ce sont quatre points du lieu cherché. Les points m_1, m_2, pôles des droites dad', gag' par rapport à U, sont associés et font partie d'un lieu spécial.

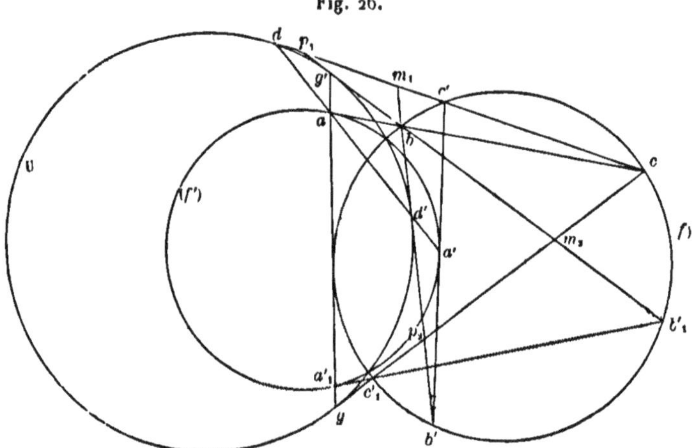

Fig. 26.

C'est le lieu des points tels que si de chacun d'eux on mène deux tangentes à U et que l'on construise les droites qui joignent deux à deux les intersections de ces tangentes avec f, *deux* de ces dernières droites soient tangentes à f'. L'existence d'un pareil lieu, qui semblerait, au premier abord, défini par des conditions surabondantes, ressort des théorèmes I et II.

On reconnaît de suite que ce lieu (M) est une conique; car, par un point quelconque de U passent deux droites telles que dad', gag'; l'enveloppe de ces droites est donc de seconde classe, et le lieu (M), polaire réciproque de cette enveloppe par rapport à U, est du second ordre. On peut construire sur chaque tangente à U deux points m, car chacun des points c, c', où cette tangente coupe f en fournit un. Si l'on prend une des tangentes communes à U et à f, les deux points c, c' se confondent; il en est de même des points m; donc la conique (M) est inscrite dans le même quadrilatère que U et f.

Pour obtenir maintenant le lieu (P) des points p_1, p_2, il suffit de se reporter au problème traité au n° 1 : le triangle $c\,p_1 m_1$ (ou $cp_2 m_2$) est circonscrit à U, deux de ses sommets c, m_1 se meuvent sur les deux coniques f et M; (U), (f), (M) faisant partie du même faisceau tangentiel, le lieu (P) se compose de deux coniques de ce même faisceau.

Équation de la conique (M). — Nous prendrons f et U sous les formes simples

$$f = ax^2 + by^2 + cz^2 = 0, \quad U = a'x^2 + b'y^2 + c'z^2 = 0;$$

soit

$$f' = \alpha f + \alpha' U.$$

L'équation des deux tangentes menées du point m, (x_1, y_1, z_1) à U est

$$UU_1 - P^2 = 0,$$

$P = 0$ étant la polaire de m_1, U_1 le résultat de la substitution des coordonnées x_1, y_1, z_1 dans U. Les cordes communes à f et à ce couple de tangentes sont représentées par

$$UU_1 - P^2 + \lambda f = 0,$$

sous la condition que le discriminant du premier membre de cette équation soit nul, ce qui donne

$$\Delta \lambda^2 + \lambda F_1 + \Delta' U_1 f_1 = 0$$

(Δ est le discriminant de f, Δ' celui de U). Il faut exprimer que ce couple de droites est bitangent à $\alpha f + \alpha' U$, c'est-à-dire qu'il peut se mettre sous la forme

$$\alpha f + \alpha' U + k(lx + my + nz)^2 = 0,$$

ou bien que $UU_1 - P^2 + \lambda f + \mu(\alpha f + \alpha' U)$ est un carré parfait. Les coefficients A, B, C, F, G, H de ce polynôme sont

$$A = a'(b'y_1^2 + c'z_1^2) + \lambda a + \mu(\alpha a + \alpha' a'), \quad F = -b'c'y_1 z_1.$$
$$B = b'(c'z_1^2 + a'x_1^2) + \lambda b + \mu(\alpha b - \alpha' b'), \quad G = c'a'z_1 x_1,$$
$$C = c'(a'x_1^2 + b'y_1^2) + \lambda c + \mu(\alpha c - \alpha' c'), \quad H = -a'b'x_1 y_1.$$

On doit avoir

$$GH - AF = 0, \quad HF - BG = 0, \quad FG - CH = 0$$

ou

$$a'(a'x_1^2 + b'y_1^2 + c'z_1^2) + \lambda a + \mu(\alpha a + \alpha' a') = 0,$$
$$b'(a'x_1^2 + b'y_1^2 + c'z_1^2) + \lambda b + \mu(\alpha b + \alpha' b') = 0,$$
$$c'(a'x_1^2 + b'y_1^2 + c'z_1^2) + \lambda c + \mu(\alpha c + \alpha' c') = 0$$

et, en outre,

$$\Delta\lambda^2 + \lambda F_1 + \lambda^2 U_1 f_1 = o.$$

Les trois premières équations se réduisent à deux, car on tire de deux d'entre elles

$$\lambda = \frac{\alpha U_1}{\alpha'}, \quad \mu = -\frac{U_1}{\alpha'},$$

et ces valeurs vérifient la troisième. En substituant $\lambda = \frac{\alpha U_1}{\alpha'}$ dans la quatrième équation et supprimant les indices, on a, pour le lieu (M),

$$\alpha x' F + \Delta' \alpha'^2 f + \Delta x^2 U = o.$$

Equation du lieu (P). — L'équation tangentielle de (M) est

$$\varphi + \frac{\Delta x}{\Delta' \alpha'} \Upsilon = o.$$

Donc, pour avoir les coniques (P), il faudra remplacer dans l'équation (Γ) du n° 1 α par $\frac{\Delta x}{\Delta' \alpha'}$, ce qui donne

$$\Delta'^2 x^2 \Gamma^2 - 2\Gamma \Delta' \alpha'(\alpha\Theta' + 2 x'\Delta') - 4\alpha x' \Delta\Delta' + \alpha'^2(\Theta'^2 - 4\Theta\Delta') = o.$$

Les deux racines γ_1, γ_2 de cette équation donnent les équations tangentielles des deux coniques P sous la forme

$$\varphi + \gamma_1 \Upsilon = o, \quad \varphi + \gamma_2 \Upsilon = o.$$

M. Salmon (*Traité des Coniques*, p. 494) indique une méthode exclusivement analytique pour résoudre ce problème; elle consiste à exprimer que le couple des droites $UU' - P^2 + \lambda f = o$ est tangent à $\alpha f + \alpha' U$, puis à éliminer λ entre l'équation de condition ainsi obtenue et

$$\Delta\lambda^2 + \lambda F + \lambda^2 U f = o.$$

Les calculs, extrêmement laborieux, conduisent à une équation du quatrième degré entre U, f et le covariant F, et, par suite, du huitième degré en x, y, z. Elle contient en facteur $(\alpha x' F + \Delta' \alpha'^2 f + \Delta x^2 U)^2$; l'autre facteur peut s'écrire en posant, pour abréger, $\flat = \Theta'^2 - 4\Theta\Delta'$, $\gamma = \Theta\alpha + 2\Delta'\alpha'$, $\delta = 4x\Delta\Delta' - \alpha'\flat$,

$$\alpha^2\alpha'\delta F^2 - \alpha^4\Delta^2\Delta'^2 f^2 - \alpha'^2\delta^2 U^2 - 2x^2\alpha'\gamma\Delta\Delta' Ff$$
$$- 2\Delta\Delta' f U(2x'^2\gamma^2 + \alpha^2\alpha'\delta) + 2x'^2\gamma\delta FU = o.$$

Le discriminant de cette fonction homogène en F, f, U est nul, de sorte qu'elle se décompose en deux facteurs; ce sont les deux coniques P

6. *Si les n côtés d'un polygone touchent une conique fixe* U *et si* $n-1$ *sommets se meuvent sur une conique* f, *le lieu du sommet libre est une conique inscrite dans le même quadrilatère que les deux premières.*

On sait que le théorème est vrai dans le cas d'un triangle ([1]); considérons un quadrilatère circonscrit à U, et dont les sommets 1, 2, 3 sont sur f; le point d'intersection a des côtés 2 3, 1 4 forme avec 3 et 4 un triangle circonscrit à U et dont le sommet 3 se meut sur f, le sommet a sur une conique f'_3 du faisceau tangentiel (U, f), puisque a est le sommet libre du triangle circonscrit 1 2 a. Donc, en vertu du théorème du n° 1, le lieu du point 4 se compose de deux coniques appartenant au même faisceau tangentiel; mais ici l'une d'elles est évidemment la conique f elle-même, puisque le point 1 peut être considéré comme faisant partie du lieu. Il reste donc pour le lieu du sommet libre du quadrilatère 1 2 3 4 une seule conique f'_4.

Soit maintenant un pentagone dont les sommets 1, 2, 3, 4 glissent sur f, et qui est circonscrit à U; les côtés (1 5), (3 4) se coupent en b sur la conique f'_4.

Le lieu du point 5, considéré comme sommet libre du triangle b 4 5, se compose de deux coniques du faisceau tangentiel U, f. Mais l'une d'elles est f'_3; car le point c, intersection des droites b 5 1 et 3 2, est un point du lieu, et c'est le sommet libre d'un triangle c 1 2 circonscrit à U et dont les deux sommets 1, 2 sont sur f. Il reste une seule conique f'_5 pour le lieu du cinquième sommet du pentagone.

Le même raisonnement se continue de proche en proche, et l'on voit que le lieu du $n^{\text{ième}}$ sommet du polygone de n côtés se compose d'une conique f'_n et de la conique f'_{n-2} qui se rapporte au polygone de $n-2$ côtés et constitue une solution étrangère.

Les coniques f et f'_n se coupant en quatre points, il semble que le problème qui consisterait à inscrire dans f un polygone de n côtés circonscrit à U soit susceptible de quatre solutions. Nous allons examiner en quoi consistent ces solutions; pour cela, il faut distinguer deux cas :

1° Supposons n pair et égal à 6, pour fixer les idées. Soit a un des points d'intersection de U et de f; menons au point a la tangente à U qui coupe f en b, du point b la tangente à U qui coupe f en c, et enfin du point c une troisième tangente qui coupe f en d. Si nous considérons la tangente cd comme le premier côté d'un hexagone circonscrit à U et le point c comme le premier sommet, il est évident que le contour $cbabcd$ sera un hexagone *infiniment aplati,* circonscrit à U et inscrit dans f; le sixième sommet d est un des points d'intersection de f et de f'_6. On

---

([1]) *Voir* au n° 4 du Chapitre I une démonstration géométrique du théorème corrélatif.

trouvera de même *a priori* les trois autres intersections de ces deux coniques en partant des trois autres points d'intersection de f et de U.

2° Supposons n impair et égal à 7. Soit a' un des points de contact avec f des tangentes communes à f et U; menons du point a' la seconde tangente à U qui coupe f en b', de b' une tangente à U qui coupe f en c', enfin de c' une troisieme tangente à U rencontrant f en d'; désignons par a'_1, a'_2 les deux points infiniment voisins de f qui se réunissent en a' sur la tangente commune. Si nous considérons $c'd'$ comme le premier côté, c' comme le premier sommet d'un heptagone circonscrit à U, le contour $c'b'a'_1 b'_2 b'c'd'$ sera un heptagone infiniment aplati, circonscrit à U et inscrit dans f: le septième sommet d' est un des points d'intersection de f et de f'_7. Les trois autres tangentes communes à f et U fournissent les trois autres points d'intersection.

Puisque les quatre points d'intersection de f et de f'_n sont ainsi déterminés *a priori*, il est évident que, en général, les seuls polygones de n côtés circonscriptibles à U et inscriptibles dans f sont les polygones infiniment aplatis dont la construction vient d'être indiquée. S'il existait un cinquième polygone, f et f'_n auraient un cinquième point commun et, par suite, elles coïncideraient: le nombre des polygones, à la fois inscriptibles et circonscriptibles, serait infini. On conclut de là ce théorème de Poncelet :

Si les n sommets d'un polygone circonscrit à une conique sont situés sur une autre conique, il existe une infinité de polygones jouissant de la même propriété.

Les équations des coniques f'_n se calculent très facilement de proche en proche, en partant des résultats donnés au n° 1.

1° *Calcul de f'_3.* — Si $\varphi = 0$, $\Upsilon = 0$ sont les équations tangentielles de f et de U, celle de f'_3 est de la forme

$$\varphi \quad \lambda_3 \Upsilon = 0,$$

λ_3 étant donné par l'équation (Γ) du numéro cité, dans laquelle il faudra faire $\alpha = 0$, puisque les deux coniques φ et $\varphi + \varkappa \Upsilon$, sur lesquelles glissent deux sommets du triangle mobile, se confondent avec φ. On a ainsi

$$4\Delta'^2 \lambda_3 - (\Theta'^2 - 4\Theta\Delta') = 0$$

et, par suite,

$$\varphi'_3 = 4\Delta'^2\varphi + (\Theta'^2 - 4\Theta\Delta')\Upsilon = 0.$$

Comme, en général, l'équation ponctuelle qui répond à $\varphi + \lambda\Upsilon = 0$ est

$$\Delta f \quad \lambda F - \lambda^2 \Delta' U = 0,$$

on aura

$$f'_3 = 16\,\Delta\Delta'^3 f + 4\,\Delta'(\Theta'^2 - 4\,\Theta\Delta')\,F + U(\Theta'^2 - 4\,\Theta\Delta')^2 = 0.$$

(Les discriminants Δ, Δ' se rapportent respectivement à f et U; F = 0 désigne la conique lieu des points d'où l'on peut mener à f et à U des tangentes formant un faisceau harmonique.)

Si la condition $\Theta'^2 - 4\,\Theta\Delta' = \beta = 0$ est remplie, on pourra construire une infinité de triangles circonscrits à U et inscrits dans f.

2° *Calcul de f'_4.* — D'après les considérations géométriques exposées plus haut, f'_4 est le lieu du sommet libre d'un triangle circonscrit à U et dont deux sommets se meuvent sur f et f'_3. Ainsi

$$\varphi'_4 = \varphi + \lambda_4\,\Upsilon,$$

λ_4 étant donné par l'équation (Γ), dans laquelle il faut faire $\alpha = \lambda_3$; cette équation se réduit à

$$\beta^2\lambda_4^2 - 8\,\Delta\lambda_4(\beta\Theta' + 8\,\Delta'^2\Delta) = 0.$$

La solution $\lambda_4 = 0$ donne $\varphi'_4 = \varphi$, ce qui devait être; l'autre valeur donne

$$\varphi'_4 = \beta^2\varphi + 8\,\Delta(\beta\Theta' + 8\,\Delta\Delta'^2)\,\Upsilon = 0.$$

La condition

$$\beta\Theta' + 8\,\Delta\Delta'^2 = 0 \quad \text{ou} \quad \Theta'^3 - 4\,\Theta\Theta'\Delta' + 8\,\Delta\Delta'^2 = 0$$

exprime qu'on peut construire une infinité de quadrilatères circonscrits à U et inscrits dans f.

3° *Calcul de f'_5.* — L'équation en λ_5 est

$$\frac{64\,\Delta^2\Delta'^4}{\beta^4}(\beta\Theta' + 8\,\Delta\Delta'^2)^2\lambda_5^2 - 2\lambda_5\frac{\Delta\Delta'^2}{\beta^2}[8\,\Delta\Theta'(\beta\Theta' + 8\,\Delta'^2\Delta) + 2\Delta\beta^2]$$
$$+ \beta\Delta^2 - \frac{32\,\Delta^3\Delta'^2}{\beta^2}(\beta\Theta' + 8\,\Delta'^2\Delta) = 0.$$

Elle est vérifiée pour $\lambda_5 = \lambda_3 = \dfrac{\beta}{4\,\Delta'^2}$ comme on devait le prévoir, puisque, en général, la recherche de f'_n fait retrouver en même temps f'_{n-2}.

L'autre racine est

$$\lambda_5 = \frac{\beta(\beta^3 - 32\,\Delta\Delta'^2\gamma)}{16\,\Delta'^2\gamma^2},$$

en posant

$$\gamma = \beta\Theta' + 8\,\Delta'^2\Delta.$$

Ainsi

$$\varphi'_5 = 16\,\Delta'^2\gamma^2\varphi + \beta(\beta^3 - 32\,\Delta\Delta'^2\gamma)\,\Upsilon.$$

La condition

$$\beta^3 - 32\,\Delta\Delta'^2\gamma = 0 \quad \text{ou} \quad (\Theta'^2 - 4\,\Theta\Delta')^3 - 32\,\Delta\Delta'^2(\Theta'^3 - 4\,\Theta\Theta'\Delta' + 8\,\Delta\Delta'^2) = 0$$

exprime qu'on peut circonscrire à U une infinité de pentagones inscrits dans f.

Les calculs se continueraient ainsi de proche en proche; ils sont simplifiés par cette remarque que l'équation en λ_n admet toujours pour racine λ_{n-2}; d'après l'équation générale (Γ), on a, entre λ_{n-2}, λ_{n-1}, λ_n, la relation

$$\Delta'^4\lambda_n\lambda_{n-1}^2\lambda_{n-2} = \Delta^2\beta - 4\lambda_{n-1}\Delta^2\Delta'^2.$$

CHAPITRE IX.

COURBES D'ORDRE SUPÉRIEUR.

§ I. — Coordonnées cartésiennes.

1. *Le sommet d'un triangle inscrit dans un cercle est fixe et l'angle au sommet est constant; trouver les lieux des centres des cercles tangents aux côtés du triangle.*

Le sommet fixe étant pris pour origine, soient

$$x^2 + y^2 - 2\,\mathrm{R}y = 0$$

le cercle circonscrit au triangle mobile, A l'angle constant; le lieu du centre du cercle inscrit et en même temps le lieu du centre du cercle tangent extérieurement au côté a est la courbe du quatrième ordre

$$(x^2 + y^2 - 2\,\mathrm{R}y)^2 = 4\,\mathrm{R}^2 \sin^2 \frac{\mathrm{A}}{2}(x^2 + y^2).$$

Le lieu des centres des deux autres cercles exinscrits est

$$(x^2 + y^2 + 2\,\mathrm{R}y)^2 = 4\,\mathrm{R}^2 \cos^2 \frac{\mathrm{A}}{2}(x^2 + y^2).$$

2. *Lieu des milieux des cordes communes à une ellipse $a^2 y^2 + b^2 x - a^2 b^2 = 0$ et à un cercle de centre fixe et de rayon variable $(x - \alpha)^2 + (y - \beta)^2 - r^2 = 0$.*

On trouve un lieu du sixième ordre

$$c^4 x^2 y^2 (a^2 y^2 - b^2 x^2) + 2 a^2 b^2 c^4 x^2 y^2 (\alpha x + \beta y)$$
$$+ (a^2 y^2 + b^2 x^2)(\beta^2 b^4 x^2 - \alpha^2 a^4 y^2) = 0,$$

qui se compose de l'hyperbole des normales relative au

point (α, β) et d'une courbe du quatrième ordre

$$c^2 xy(a^2 y^2 - b^2 x^2) + (a^2 y^2 + b^2 x^2)(\alpha a^2 y + \beta b^2 x) = 0.$$

L'hyperbole des normales est aussi le lieu des points d'intersection des cordes communes.

3. *Lieu des points d'intersection des cordes communes à une ellipse $a^2 y^2 + b^2 x^2 - a^2 b^2 = 0$ et à un cercle de rayon constant* R *dont le centre se meut sur un diamètre $y - mx = 0$.*

$$c^2 xy(y - mx)(b^2 x + a^2 my)$$
$$+ (mb^2 x - a^2 y)[a^2 b^2(y - mx) + R^2(mb^2 x - a^2 y)] = 0.$$

4. *Lieu des centres des cercles tangents à la parabole $y^2 - 2px = 0$ et à sa directrice, et lieu du point de concours des tangentes communes.*

On trouve, pour l'équation du lieu des centres,

$$27 p^2 \left(x + \frac{p}{2}\right)^4 + 4\left(x^2 - y^2 + 3px + \frac{p^2}{4}\right)^3$$
$$- 36 p\left(x + \frac{p}{2}\right)^3 \left(x^2 - y^2 + 3px + \frac{p^2}{4}\right)$$
$$+ 32 p\left(x + \frac{p}{2}\right)^3 - 4\left(x + \frac{p}{2}\right)^2 \left(x^2 - y^2 + 3px + \frac{p^2}{4}\right)^2 = 0.$$

On peut construire deux cercles tangents à la directrice et à la parabole au point dont l'ordonnée est β. Les coordonnées de leurs centres ont pour valeurs

$$x = \frac{\beta^4 + \beta^2 p^2 + p^4 \pm p(\beta^2 + p^2)^{\frac{3}{2}}}{2p\beta^2},$$
$$y = \frac{p(\beta^2 - p^2) \mp (\beta^2 + p^2)^{\frac{3}{2}}}{2p\beta}.$$

Il est facile de discuter la courbe au moyen de ces formules; elle a deux points de rebroussement

$$x = \frac{23}{8} p, \quad y = \pm \frac{5\sqrt{5}}{8} p,$$

où la tangente a pour coefficient angulaire $\pm \dfrac{1}{\sqrt{5}}$.

Les coordonnées du point de concours des tangentes communes au cercle et à la parabole sont

$$x = -\frac{p}{2\beta^4}\left[2\beta^4 + 3p^2\beta^2 + 2p^4 \pm 2p(\beta^2 + p^2)^{\frac{3}{2}}\right],$$

$$y = -\frac{p}{2\beta}\left[p^3 \pm (\beta^2 + p^2)^{\frac{3}{2}}\right].$$

Le lieu de ce point est la courbe du huitième ordre

$$16y^4(x + p)^4 + 8p^2y^2(p^4 - 9p^2x^2 - 18px^3 - 12x^4)$$
$$+ p^3(p^2 + 2px + 4x^2)^2(8x + 5p) = 0.$$

5. *Lieu des centres des cercles tangents à une parabole* $y^2 - 2px = 0$ *et passant par le foyer, et lieu des points de concours des tangentes communes.*

β étant l'ordonnée du point de contact, le lieu des centres des cercles est la cubique unicursale définie par les équations

$$4px = 3\beta^2 + p^2, \quad 4p^2y = 3p^2\beta - \beta^3.$$

Le lieu des points de concours des tangentes est une quartique unicursale

$$8p^3x = 3p^4 + 6p^2\beta^2 - \beta^4, \quad p^2y = p^2\beta \quad \beta^3.$$

Cette dernière courbe a un seul point double réel

$$(x = p, \ y = 0).$$

6. *Lieu des points d'intersection des tangentes communes à une parabole et aux cercles tangents à la courbe et dont les centres sont sur la directrice.*

Quartique unicursale définie par les équations

$$2p^3x + \beta^4 + 3p^2\beta^2 + 3p^4 = 0, \quad p^2y - \beta(\beta^2 + 2p^2) = 0,$$

β étant l'ordonnée du point de contact du cercle et de la parabole. L'équation de la courbe peut s'écrire

$$y^4 - 2pxy^2 + p(2x + p)^2(2x + 3p) = 0;$$

elle a un seul point double réel

$$\left(x=-\frac{p}{2},\ y=0\right).$$

7. *On donne un cercle fixe dont le centre est sur l'axe d'une parabole; on mène à ce cercle deux tangentes parallèles. Trouver le lieu des points de concours des cordes déterminées dans la parabole par ces tangentes. Même problème en remplaçant la parabole par une ellipse et en supposant que le centre du cercle soit sur le grand axe.*

Dans le premier cas, si l'équation du cercle est

$$(x-d)^2 + y^2 - R^2 = 0,$$

on trouve la cubique

$$y^2(px + dp - R^2) - p^2(x^2 - d^2 + R^2) = 0.$$

Dans le second cas, l'équation du cercle étant la même et l'ellipse étant rapportée à ses axes, on obtient la courbe du quatrième ordre

$$\begin{aligned}
a^2 b^6 (x^2 + y^2 - dx)^2 &- b^2(x^2 + y^2 - dx)\\
&\times [b^4 x^2(R^2 + a^2 - d^2) + a^4 y^2(b^2 + R^2)]\\
&+ R^2(a^4 y^2 + b^4 x^2)(a^2 y^2 + b^2 x^2) = 0.
\end{aligned}$$

8. *D'un point* P *pris sur une parabole, on mène des normales qui coupent la courbe en* Q, Q'; *trouver l'enveloppe du cercle circonscrit au triangle* PQQ'.

Si m est le coefficient angulaire de la tangente en P, l'équation du cercle est

$$2m^2(x^2 + y^2 - px) - mpy - px = 0,$$

et son enveloppe est la cubique circulaire

$$y^2(p + 8x) - 8x^2(p - x) = 0.$$

L'origine A, sommet de la parabole, est un foyer double de la cubique; en exprimant qu'une droite $y = i(x - \lambda)$ touche la courbe, on trouve deux autres foyers réels sur l'axe des x;

l'un est le foyer F de la parabole, l'autre est le point fixe
$C(x=-p)$ par lequel passent toutes les cordes telles que QQ'.
Soit $y=\mu x$ une droite menée par le sommet A et coupant la
cubique en M; les distances du point M aux trois foyers sont

$$AM = \frac{(8-\mu^2)p}{8\sqrt{1+\mu^2}}, \quad FM = \frac{(\mu^2+4)p}{8\sqrt{1+\mu^2}}, \quad CM = \frac{(\mu^2+16)p}{8\sqrt{1+\mu^2}}.$$

On voit que, si $\mu^2-8<0$, on aura $CM=2\,FM+AM$; si
$\mu^2-8<0$, $CM=2\,FM-AM$. Dans le premier cas, M est sur
la boucle de la cubique située du côté des x positifs; dans le
second cas, il est sur une des branches infinies asymptotes à
la droite $8x+p=0$.

9. *Enveloppe des cercles ayant pour diamètres les cordes
d'une ellipse menées par un point fixe pris sur le grand axe.*

Soit ka la distance du point fixe au centre (a est le demi-
grand axe de l'ellipse); en prenant ce point pour origine et
le grand axe pour axe des x, l'équation générale des cercles
est

$$(a) \quad \begin{cases} (x^2+y^2)(a^2\lambda^2+b^2) \\ \quad + 4kab^2(x+\lambda y)+a^2b^2(k^2+1)(\lambda^2+1)=0, \end{cases}$$

λ étant le coefficient angulaire de la corde variable. L'enveloppe est la quartique bicirculaire

$$(1) \quad \begin{cases} [x^2+y^2+b^2(k^2-1)] \\ \quad \times [x^2+y^2+2kax+a^2(k^2-1)]-k^2b^2y^2=0. \end{cases}$$

On peut aussi écrire cette équation sous la forme

$$(2) \quad \begin{cases} (x^2+y^2)[x^2+y^2+2kax+a^2(k^2-1)-b^2] \\ \quad\quad\quad + b^2[kx+a(k^2-1)]^2=0, \end{cases}$$

ce qui montre que la courbe peut être regardée comme l'enveloppe des cercles

$$(b) \quad \begin{cases} \mu^2[x^2+y^2+2kax+a^2(k^2-1)-b^2] \\ \quad + 2\mu[bkx+ab(k^2-1)]-(x^2+y^2)=0. \end{cases}$$

Un calcul simple permet de déterminer les foyers réels de la quartique. Il suffit de chercher les valeurs de λ et de μ pour lesquelles les cercles des deux systèmes (a) et (b) se réduisent à des couples de droites isotropes; les centres de ces cercles-points seront les foyers. On trouve d'abord l'origine des coordonnées et le point $\left(x_1 = 0,\ y_1 = \dfrac{2\,ab^2 k}{c^2} \right)$; si k est plus petit que l'unité, les cercles (b) donnent sur l'axe des x deux autres foyers réels

$$x_2 - \frac{\sqrt{1-k^2}}{k}\,(b + a\sqrt{1-k^2}), \quad x_3 = -\frac{\sqrt{1-k^2}}{k}\,(b - a\sqrt{1-k^2}).$$

Si k est plus grand que l'unité, ces deux derniers points sont imaginaires; mais les cercles (a) donnent les foyers réels

$$x = -\frac{a}{k}\,(k^2 - 1), \quad y = \pm\, b\sqrt{k^2 - 1}.$$

Il faut ajouter les deux foyers doubles

$$x = -\frac{k}{2}\,(a \pm c), \quad y = 0,$$

qui ne sont autre chose que les points d'intersection des deux couples d'asymptotes imaginaires conjuguées. On sait que toute quartique bicirculaire possède quatre foyers réels simples et deux foyers doubles.

10. *Enveloppe des cercles polaires des triangles inscrits dans un cercle donné et circonscrits à un autre cercle.*

Si $x^2 + y^2 - r^2 = 0$ est l'équation du cercle inscrit dans le triangle mobile, celle du cercle circonscrit sera

$$x^2 + y^2 - 2dx - 2Rr = 0,$$

car on a, entre les rayons R, r et la distance des centres, la relation

$$d^2 = R^2 - 2Rr.$$

Soit maintenant

$$x^2 + y^2 + 2gx + 2fy + c = 0$$

un des cercles polaires. On sait que, si l'invariant

$$\Theta = a'(bc - f^2) + b'(ca - g^2) + \ldots$$

des deux coniques

$$S = ax^2 + by^2 + \ldots, \quad S' = a'x^2 + b'y^2 + \ldots$$

est nul, tout triangle inscrit dans S' est polaire conjugué par rapport à S, et tout triangle circonscrit à S est polaire conjugué par rapport à S'. On devra donc égaler à zéro l'invariant Θ pour le système formé par le cercle polaire (S) et le cercle circonscrit (S'), et pour le système formé par le cercle inscrit (S) et le cercle polaire (S'); les paramètres variables g, f, c sont donc liés par les relations

$$2c - f^2 - g^2 + 2dg - 2Rr = 0 \quad \text{et} \quad l - 2r^2 = 0.$$

L'enveloppe du cercle polaire est

$$(x^2 + y^2)^2 + 4(x^2 + y^2)(dx + 2Rr - 3r^2) + 8dr^2x - 4d^2y^2 + 4r^4 = 0,$$

quartique bicirculaire et cartésienne. Les points cycliques sont des points de rebroussement, et le point $(x = d,\ y = 0)$, où se coupent les asymptotes doubles imaginaires, est un foyer triple.

L'équation précédente peut s'écrire

$$(x^2 + y^2 + 2dx + 4Rr - 6r^2 - 2d^2)^2 + 8dx(4r^2 + d^2 - 2Rr) + 4r^4 - (4Rr - 6r^2 - 2d^2)^2 = 0$$

ou $C^2 + L = 0$. C'est la forme à laquelle peuvent toujours se ramener les ovales de Descartes; on voit que la courbe peut être regardée comme l'enveloppe du cercle

$$\lambda^2 L + 2\lambda C - 1 = 0.$$

En procédant comme au n° **9**, on trouvera deux foyers simples situés sur l'axe des x et dont les abscisses sont racines de l'équation

$$d(x + d)^2 + 2(x + d)(3Rr - R^2 - r^2) + d(R - 2r)^2 = 0$$

11. *Lieu des intersections des cercles osculateurs à une parabole aux extrémités des cordes focales.*

Le cercle osculateur en un point de la parabole

$$y^2 - 2px = o,$$

dont l'ordonnée est β, a pour équation

$$3\beta^4 - 8\beta^3 y + 12\beta^2 px + 8p^3 x - 4x^2 - 4y^2 = o.$$

En tenant compte de la relation $\beta\beta' + p^2 = o$ qui existe entre les ordonnées des extrémités d'une corde focale, on trouve pour l'équation du lieu

$$(4x^2 + 4y^2 - 8px + 3p^2)^2 (4x^2 + 4y^2 - 20px - 3p^2)$$
$$+ 64p^2 y^2 (4x^2 + 4y^2 - 8px) = o.$$

En transportant l'origine au foyer, on constate la présence du facteur $x^2 + y^2$, et il reste

$$(x^2 + y^2)(x^2 + y^2 - 6px - 3p^2)$$
$$+ 9p^2 x^2 + 4p^2 y^2 + 2p^3 x - 3p^4 = o.$$

C'est une quartique bicirculaire et unicursale qui admet comme points doubles, outre les points cycliques, le point isolé situé sur l'axe de la parabole à une distance $+p$ du foyer. La courbe se réduit à un ovale, et elle est osculatrice à la parabole aux extrémités de l'ordonnée du point isolé.

12. *Enveloppe des axes radicaux des cercles osculateurs aux extrémités des couples de diamètres conjugués d'une ellipse.*

En prenant pour variable l'angle excentrique de l'extrémité d'un diamètre, on a, pour les coordonnées d'un point de l'enveloppe,

$$x = -\frac{a}{4} \frac{(\cos\alpha - \sin\alpha)(7\sin^2\alpha + \cos^2\alpha + 4\sin\alpha\cos\alpha)}{\cos\alpha\sin\alpha},$$

$$y = \frac{b}{4} \frac{(\sin\alpha + \cos\alpha)^3}{\sin\alpha\cos\alpha}.$$

La courbe est une sextique unicursale dont l'équation peut s'écrire

$$a^2 b^2 x^2 y^2 (4 a^2 y^2 + 4 b^2 x^2 - 6 a^2 b^2) - (a^2 y^2 + b^2 x^2 - 2 a^2 b^2)^3 = 0.$$

Elle a deux points doubles à l'infini, intersections des asymptotes parallèles

$$ay + bx = \pm \tfrac{3}{2} ab \quad \text{et} \quad ay - bx = \pm \tfrac{3}{2} ab,$$

quatre points de rebroussement sur les axes, savoir

$$x = 0, \quad y = \pm b \sqrt{2}$$

et

$$x = \pm a \sqrt{2}, \quad y = 0;$$

enfin, quatre points doubles isolés sur les diagonales du rectangle des axes; ils sont déterminés par les équations

$$\frac{x^2}{a^2} = \frac{y^2}{b^2} = \tfrac{2}{3}.$$

13. *En chaque point d'une ellipse, on mène la tangente qui coupe les axes en* P *et* Q; *trouver l'enveloppe de la parabole tangente aux axes en ces points, les lieux du foyer et du sommet de cette parabole.*

L'enveloppe de la parabole est

$$\left(\frac{x}{a} \right)^{\frac{2}{3}} + \left(\frac{y}{b} \right)^{\frac{2}{3}} = 1,$$

développée de l'ellipse

$$c^4 (a^2 x^2 + b^2 y^4) - a^4 b^4 = 0;$$

le lieu du foyer est la podaire de l'ellipse par rapport au centre; le lieu du sommet est une courbe unicursale du huitième ordre

$$\left(x^{\frac{2}{3}} + y^{\frac{2}{3}} \right)^4 = a^2 x^{\frac{2}{3}} + b^2 y^{\frac{2}{3}}.$$

Elle a un point double isolé à l'origine; les quatre sommets de l'ellipse sont des points de rebroussement et les axes sont les tangentes de rebroussement.

14. *Par un point pris dans le plan d'une parabole, on peut mener trois droites telles que les cordes interceptées par la courbe aient une longueur maximum ou minimum; trouver le lieu des points tels que deux de ces cordes se confondent.*

Le carré de la corde de coefficient angulaire m menée par un point (α, β) est maximum ou minimum si la condition

$$\varphi(m) - \beta m^3 - m^2(2\alpha + p) + 3m\beta - 2p = 0$$

est remplie. En exprimant que cette équation a une racine double, on a

$$108y^4 - 9y^2(4x^2 + 28px + p^2) + 8p(2x + p)^3 = 0.$$

Cette courbe partage le plan en deux régions : celle dans laquelle on a une seule corde maximum ou minimum et celle dans laquelle on en a trois. On constate l'existence de trois points de rebroussement

$$\left(y_1 = 0, x_1 = -\frac{p}{2}\right), \quad \left(y_2 = 2p, x_2 - \frac{5}{2}p\right), \quad \left(y_3 = -2p, x_3 - \frac{5}{2}p\right);$$

de chacun d'eux partent deux branches infinies. Pour tous les points du plan compris entre les branches qui aboutissent à l'un des trois rebroussements, l'équation $\varphi(m) = 0$ a ses trois racines réelles. Il y a deux cas à distinguer : lorsque le point (α, β) est compris entre les branches situées vers les x positifs, les trois racines de $\varphi(m) = 0$ sont positives, la racine intermédiaire donne une corde maximum, les deux autres donnent des cordes minima. Lorsque (α, β) est entre les deux branches qui aboutissent au point (x_1, y_1), $\varphi(m) = 0$ a une racine positive, deux négatives; on a un maximum pour la plus petite racine négative, des minima pour les deux autres.

Dans l'autre région du plan, la racine réelle unique de $\varphi(m) = 0$ donne une corde minimum. Enfin, pour les points de la courbe séparative, la racine simple donne un minimum, la racine double ne correspond ni à un maximum ni à un minimum.

15. *Lieu des foyers des coniques surosculatrices à une conique donnée en un point.*

Soit

$$x^2 + 2hxy + by^2 + 2gx = 0$$

la conique donnée rapportée à la tangente et à la normale au point fixe ; le lieu demandé est la cubique circulaire

$$(hx + by)(x^2 + y^2) + gxy = 0.$$

Si l'on fait passer un cercle par l'origine et par les deux foyers d'une conique surosculatrice, on reconnaîtra que tous les cercles ainsi déterminés ont pour axe radical la droite $by - hx = 0$, qui est en même temps le lieu des pôles des axes focaux des coniques par rapport aux cercles. Enfin les axes focaux enveloppent une parabole.

16. *Enveloppe des axes des paraboles osculatrices à une conique en un point.*

Mêmes axes et même notation qu'au n° 15. L'enveloppe est une quartique unicursale

$$b^2 y^2 (8 b^2 x - g)^2$$
$$+ 4(3 b^2 x^2 - b^2 y^2 + 3 gx)(b^4 x^2 - 3 b^4 y^2 + 2 b^2 gx + g^2) = 0.$$

Elle coupe l'axe des x au point dont l'abscisse est $-\dfrac{g}{b^2}$ et qui est le centre de courbure de la conique donnée à l'origine ; c'est un point de rebroussement, et la tangente est l'axe des y. Si l'on transporte l'origine en ce point et si l'on pose $\rho = \dfrac{g}{b^2}$, l'équation prend la forme simple

$$4(x^2 + y^2)^2 - 4\rho x(x^2 + 9y^2) + 27\rho^2 y^2 = 0.$$

On reconnaît facilement l'existence de deux autres points de rebroussement dont les nouvelles coordonnées sont

$$x = \tfrac{9}{8}\rho, \quad y = \pm \frac{3\sqrt{3}}{8}\rho.$$

Le lieu des foyers des paraboles est un cercle de rayon $\dfrac{\rho}{4}$.

17. *Lieu des centres des coniques osculatrices à une ellipse donnée et dont un des foyers est le centre de cette ellipse; lieu des seconds foyers, enveloppes des directrices.*

La conique osculatrice à une ellipse au point $(a\cos\alpha,\ b\sin\alpha)$, et dont un foyer est au centre, a pour équation

$$(x^2+y^2)(a^2\cos^2\alpha + b^2\sin^2\alpha)^3$$
$$- (a^2 b^2 + c^2 a x \cos^3\alpha - c^2 b y \sin^3\alpha)^2 = 0.$$

Si l'on pose $\tang\dfrac{\alpha}{2} = t$, les coordonnées du centre s'expriment sous forme de fractions rationnelles dont les termes renferment t au sixième degré. Le lieu du centre est donc une sextique unicursale; il y a quatre points de rebroussement réels situés symétriquement sur les axes de part et d'autre de l'origine. On distinguera trois cas pour la discussion :

$$c^2 > b^2, \quad c^2 = b^2, \quad c^2 < b^2.$$

Lorsque $c^2 = b^2$, l'équation de la courbe peut s'écrire sous la forme simple

$$x^4 y^2 = a^4 b^2\left(\frac{1}{9} - \frac{x^2}{a^2}\right)^3.$$

L'enveloppe de la directrice

$$a^2 b^2 + c^2 a x \cos^3\alpha - c^2 b y \sin^3\alpha = 0$$

est la quartique unicursale

$$c^4 x^2 y^2 = a^2 b^2(a^2 x^2 + b^2 y^2).$$

18. *Lieu des foyers des paraboles surosculatrices à une ellipse, enveloppes des directrices et des rayons vecteurs menés du point d'osculation au foyer.*

Les coordonnées du foyer de la parabole surosculatrice à l'ellipse au point $(a\cos\alpha,\ b\sin\alpha)$ sont

$$x = \frac{a\cos\alpha(a^2 + c^2\cos^2\alpha)}{2(a^2\cos^2\alpha + c^2\cos^2\alpha)}, \quad y = \frac{b\sin\alpha(b^2 - c^2\sin^2\alpha)}{2(a^2\cos^2\alpha + b^2\sin^2\alpha)}.$$

Le lieu de ce foyer est, comme au n° **17**, une sextique unicursale; il n'y a de points doubles réels que dans le cas où $c^2 \gtreqless b^2$.

Le rayon vecteur mené au point d'osculation est

$$b\,x\,\sin\alpha\,(a^2 + c^2\cos^2\alpha)$$
$$- a y \cos\alpha\,(b^2 - c^2\sin^2\alpha) - 2\,abc^2\sin\alpha\cos\alpha = 0.$$

Son enveloppe est la sextique trouvée au n° **17** pour le lieu des centres des coniques osculatrices dont un foyer est le centre de l'ellipse.

L'enveloppe de la directrice de la parabole est donnée par les formules

$$2\,a\,x = \cos\alpha\,[\cos^2\alpha\,(b^2 + 2\,a^2) + 3\,a^2\sin^2\alpha],$$
$$2\,b\,y = \sin\alpha\,[3\,b^2\cos^2\alpha + (a^2 + 2\,b^2)\sin^2\alpha].$$

C'est encore une sextique unicursale.

Enfin, le lieu du sommet de la parabole est

$$(b^4 x^2 + a^4 y^2)^2 - a^2 b^2 (a^6 y^2 + b^6 x^2) = 0.$$

19. *Lieu des foyers des paraboles passant par deux points fixes et tangentes à une droite quelconque.*

Soit $y - mx - p = 0$ la droite donnée, et supposons que l'axe des x passe par les deux points fixes dont les abscisses sont $+a$ et $-a$; soit enfin $k = -p \pm \sqrt{p^2 - a^2 m^2}$. L'équation du lieu est

$$2\,k\,(1 + m^2)\,(y - mx)\,(x^2 + y^2)$$
$$+ (1 + m^2)\,(k^2 - a^2)\,(y^2 - m^2 x^2)$$
$$+ 4\,k^2\,(y - mx)^2 + k^2 x^2 (1 + m^2)^2$$
$$+ 2\,k\,(y - mx)\,(2\,k^2 - a^2 + a^2 m^2) + (k^2 - a^2)\,(a^2 m^2 + k^2) = 0.$$

Il se compose de deux cubiques circulaires qui correspondent aux deux valeurs de k.

20. *Lieu des centres des coniques passant par un point fixe, touchant une droite donnée en un point donné, et dont la somme des carrés des axes a une valeur constante k^2.*

Si les coniques sont tangentes à l'axe des x à l'origine, et si 2β est l'ordonnée du point fixe par lequel on fait passer l'axe des y, on trouve la cubique circulaire

$$y(x^2 + y^2 + 2xy\cos\theta) - \beta y^2 - 2\beta xy\cos\theta - k^2(y - \beta) = 0.$$

21. *Lieu des centres des coniques d'aire constante qui passent par deux points et touchent une droite donnée.*

On prendra pour axe des x la droite joignant les deux points, pour axe des y une parallèle à la droite donnée; soient

$x = p$ l'équation de cette droite;
$+a$ et $-a$ les abscisses des deux points;
k^4 le rapport du carré du produit des axes des coniques au carré du sinus de l'angle xOy.

Le lieu demandé aura pour équation

$$a^2 y^4(x - p)^4 + k^4 y^2 \big[2p\,x^3 - x^2(3a^2 + p^2)$$
$$+ 2a^2 px - a^2(p^2 - a^2) \big] + k^8 x^2 = 0.$$

La résolution de cette équation par rapport à y^2 permet de construire la courbe sans difficulté; on distinguera deux cas

$$a > p, \quad a < p.$$

22. *Lieu des centres des coniques d'aire constante passant par un point (α, β) et tangentes à deux droites Ox, Oy :*

$$(\alpha y - \beta x)^2(2xy - \alpha y - \beta x)^2$$
$$+ 2k^4\big[2\alpha^2\beta^2 - 4\alpha\beta(\alpha y + \beta x) + \alpha^2 y^2 + \beta^2 x^2$$
$$+ 8\alpha\beta xy - 2xy(\alpha y + \beta x) \big] + k^8 = 0$$

(k^4 a la même signification qu'au n° 21).

23. *Une ellipse invariable de forme passe par un point fixe et touche une droite fixe; trouver le lieu du centre. Même problème en supposant que l'ellipse passe par deux points fixes ou soit tangente à deux droites.*

Dans le premier cas, on prendra pour axe des x la tangente fixe, pour axe des y la perpendiculaire abaissée du point fixe sur cette droite; soit h l'ordonnée de ce point. Le lieu du centre de l'ellipse, dont les demi-axes sont a, b, est

$$[(h-y)^2(y^2-a^2-b^2)-x^2y^2+a^2b^2]^2$$
$$+4x^2(h-y)^2(a^2-y^2)(b^2-y^2)=0.$$

Si l'ellipse mobile doit passer par deux points pris sur l'axe des x, aux distances $+d$ et $-d$ de l'origine, on trouvera

$$x^2[a^2b^2-y^2(a^2+b^2)]^2$$
$$=y^2[a^2x^2-b^2y^2+a^2(b^2-d^2)][a^2y^2-b^2x^2-b^2(a^2-d^2)].$$

Enfin, si l'ellipse touche deux droites fixes prises pour axes de coordonnées, et faisant l'angle θ, le lieu du centre est

$$(x^4+y^4)\sin^2\theta-2x^2y^2\sin^2\theta\cos 2\theta$$
$$-2\sin^2\theta(a^2+b^2)(x^2+y^2)+(a^2+b^2)^2\sin^2\theta+4a^2b^2\cos^2\theta=0.$$

24. *Une ellipse tourne autour d'un de ses points, sommet d'un angle droit dont les côtés sont fixes. Trouver le lieu du point d'intersection de la tangente en ce point avec la corde déterminée par les côtés de l'angle.*

Si α est l'angle variable du grand axe avec un des côtés de l'angle droit, pris pour axe des x, si $a\cos\varphi$, $b\sin\varphi$ sont les coordonnées du point fixe par rapport aux axes de la courbe. l'équation de l'ellipse mobile est

$$b^2(x\cos\alpha+y\sin\alpha+a\cos\varphi)^2$$
$$+a^2(x\sin\alpha-y\cos\alpha-b\sin\varphi)^2-a^2b^2=0.$$

Le lieu demandé est la courbe

$$(x^2+y^2)[ab(x^2-y^2)+2c^2xy\sin\varphi\cos\varphi]^2$$
$$-4x^2y^2(b^2\cos^2\varphi+a^2\sin^2\varphi)^2=0.$$

25. *On fait passer des cercles par les foyers* F, F' *d'une hyperbole équilatère; en un des points d'intersection* P *de chacun d'eux avec l'hyperbole, on mène au cercle une tangente qui coupe l'axe transverse en* C, *puis par le point* C *la seconde* *tangente* CL *au cercle. Trouver le lieu du point de contact et les lieux des intersections du cercle variable avec la perpendiculaire à la tangente* PC *menée en* C.

Soient

$$2x^2 - 2y^2 = a^2$$

l'équation de l'hyperbole;

$$\beta(x^2 + y^2) + (a^2 - \beta^2)y - a^2\beta = 0$$

celle du cercle variable défini par la distance β du centre de l'hyperbole à l'un des points où il coupe l'axe des y. Deux des points d'intersection, P, P_1 du cercle et de l'hyperbole, ont pour ordonnée $\dfrac{\beta}{2}$; les deux autres P′, P'_1 ont pour ordonnée $\dfrac{a^2}{2\beta}$. On reconnaît facilement que l'ordonnée du point de contact L de la tangente CL, ou la hauteur du triangle inscrit LFF′, est $\dfrac{a^2\beta}{a^2 + \beta^2}$, et, comme le rayon du cercle a pour expression $\dfrac{a^2 + \beta^2}{2\beta}$, on en conclut que le produit LF.LF′ est constant et égal à a^2. Le lieu du point L est donc une lemniscate, dont les foyers sont ceux de l'hyperbole.

Maintenant, la perpendiculaire menée par le point C à la tangente PC coupe le cercle en deux points Q, R, dont les coordonnées sont

$$x = \pm \frac{a}{\sqrt{2}} + \frac{a^2}{2\sqrt{2a^2 + \beta^2}}, \quad y = -\frac{a^2}{2\beta} \pm \frac{a^3}{\beta\sqrt{2}\sqrt{2a^2 + \beta^2}}.$$

L'élimination de β donne les lieux séparés des points Q et R :

$$4\sqrt{2}\,x(x^2 + y^2) - 2ay^2 - 14ax^2 + 8\sqrt{2}\,a^2 x - 3a^3 = 0,$$
$$4\sqrt{2}\,x(x^2 + y^2) + 2ay^2 + 14ax^2 + 8\sqrt{2}\,a^2 x + 3a^3 = 0.$$

Ces deux cubiques circulaires égales ont chacune pour point double et pour foyer double un des sommets de l'hyperbole; les foyers F, F′ sont aussi des foyers simples pour chacune des cubiques.

26. *On mène des normales aux extrémités de deux dia-*
mètres conjugués d'une ellipse; on fait passer une conique
par les sommets du parallélogramme ainsi formé et par les
extrémités du grand axe de l'ellipse. Trouver le lieu des
foyers de ces coniques.

L'équation générale des coniques du système peut s'écrire

$$(ax\sin\varphi - by\cos\varphi)^2 - c^4\sin^2\varphi\cos^2\varphi$$
$$+ \lambda[(ax\cos\varphi + by\sin\varphi)^2 - c^4\sin^2\varphi\cos^2\varphi] = 0,$$

φ étant l'angle excentrique de l'extrémité d'un des diamètres;
le paramètre λ est défini par la relation

$$a^4\sin^2\varphi - c^4\sin^2\varphi\cos^2\varphi + \lambda(a^4\cos^2\varphi - c^4\sin^2\varphi\cos^2\varphi) = 0.$$

L'élimination de λ entre cette dernière équation et celles
qui donnent les foyers conduit, en posant

$$\tang 2\varphi = \psi \quad \text{et} \quad 2a^4 - c^4 = d^4,$$

aux deux équations suivantes :

$$bd^8 xy\psi^4 + a^3 d^4 c^4\psi^3 + bxy\psi^2(2d^8 - c^8)$$
$$+ 2a^7 c^4\psi + bxy(d^8 - c^8) = 0,$$
$$abd^4\psi^3(x^2 - y^2) + xy\psi^2[c^4(a^2 + b^2) - 4a^4 b^2]$$
$$+ 2a^5 b\psi(x^2 - y^2) - 4a^4 b^2 xy = 0.$$

Enfin l'élimination de ψ conduirait à une équation du huitième degré. Mais, pour discuter la courbe, il suffit de résoudre par rapport à xy et à $x^2 - y^2$; on a ainsi

$$xy = -\frac{\psi a^3 c^4(d^4\psi^2 + 2a^4)}{b(\psi^2 + 1)(d^8\psi^2 + d^8 - c^8)},$$
$$x^2 - y^2 = \frac{a^2 c^4}{b^2}\frac{\psi^2[c^4(a^2 + b^2) - 4a^4 b^2] - 4a^4 b^2}{(\psi^2 + 1)(d^8\psi^2 + d^8 - c^8)}.$$

On reconnaît que l'origine est un point double et que les
tangentes en ce point sont les bissectrices des axes de
l'ellipse donnée; il y a deux points de rebroussement sur

l'axe des y

$$y = \frac{ac^2}{\sqrt{a^4 - c^4}}, \quad y = \frac{-ac^2}{\sqrt{a^4 - c^4}},$$

et l'axe des y est la tangente de rebroussement.

La courbe se compose de deux boucles réunies à l'origine, comme celles d'une lemniscate, mais qui ont la forme de deux fers de lance, dont les pointes sont les points de rebroussement sur l'axe des y. Si la condition

$$c^4(a^2 + b^2) - 4a^4 b^2 > 0$$

est remplie, les tangentes à l'origine rencontrent la courbe en quatre points réels; si, au contraire, on a

$$c^4(a^2 + b^2) - 4a^4 b^2 < 0,$$

ces points deviennent imaginaires. Dans le cas intermédiaire où

$$c^4(a^2 + b^2) - 4a^4 b^2 = 0,$$

les quatre points se confondent à l'origine avec le point double, et chacune des bissectrices des axes rencontre la courbe en six points confondus.

27. *Lieu des centres des cercles tangents à la cardioïde* $\rho = 4a \cos^2 \frac{\theta}{2}$, *et passant par le point de rebroussement.*

Soit

$$\rho = 2\mathrm{R} \cos(\theta - \alpha)$$

un cercle passant par le pôle; en cherchant l'intersection de ce cercle avec la cardioïde et en exprimant que l'équation en $\cos\theta$ a une racine double, on trouve

$$\mathrm{R} = 2a \cos\alpha;$$

le lieu des centres des cercles tangents est donc une circonférence, dont le diamètre est $2a$ et dont le centre est sur l'axe polaire.

28. *Enveloppe des droites qui joignent les points d'une cardioïde où les tangentes sont parallèles.*

L'équation polaire de la cardioïde étant

$$\rho = 4a \cos^2 \frac{\theta}{2},$$

on reconnaît que, pour avoir deux points où les tangentes sont parallèles, il faut prendre sur le cercle générateur $\rho = 2a\cos\theta$ deux points dont les angles polaires diffèrent de 120°. En calculant les coordonnées rectilignes des points de contact (x_1, y_1), (x_2, y_2), dont les angles polaires sont θ et $\theta + 120°$, et posant $\operatorname{tang} \dfrac{\theta}{2} = \lambda$, on aura, pour l'enveloppe de la droite $(x_1, y_1)(x_2, y_2)$, une cubique unicursale représentée par les deux équations

$$x = \frac{a\left(1 - \lambda\sqrt{3}\right)}{1 + \lambda^2}, \quad y = \frac{a(1 - 3\lambda^2)}{(1 + \lambda^2)(\sqrt{3} - \lambda)}$$

ou par

$$x(x^2 + y^2) + ay^2 - 3ax^2 = 0.$$

L'origine est un foyer double; il y a sur l'axe des x deux foyers simples F_1, F_2, dont les abscisses sont $+a$ et $-3a$. Les distances r_0, r_1, r_2 d'un même point de la cubique au foyer double et aux foyers simples sont liées par la relation

$$r_2 = 2r_0 + 3r_1.$$

29. *Lieu des points de rebroussement des cubiques de troisième classe qui ont pour asymptotes trois droites données, et enveloppe des tangentes de rebroussement.*

Soient

$$x = 0, \quad y = 0, \quad qx + py - 2pq = 0$$

les trois asymptotes données; l'équation générale des cubiques du système est

$$3xy(qx + py - 2pq) + \lambda x + \mu y + \nu = F(x, y) = 0.$$

Le lieu des points de rebroussement est

$$(F''_{xy})^2 - F''_{x^2}F''_{y^2} = 0,$$

c'est-à-dire

$$(1) \qquad (qx + py - pq)^2 - pqxy = 0.$$

C'est l'ellipse tangente aux côtés du triangle asymptotique en leurs milieux.

Si (α, β) est un point de rebroussement d'une cubique, l'équation de la tangente peut s'écrire

$$(y - \beta)\mathrm{F}''_{y^2} + (x - \alpha)\mathrm{F}''_{xy} = 0$$

ou

$$(2) \quad (y - \beta)(pq - p\beta - q\alpha) - (x - \alpha)q\beta = \varphi(\alpha, \beta) = 0.$$

Mais elle peut s'écrire aussi sous la forme

$$(y - \beta)\mathrm{F}''_{xy} + (x - \alpha)\mathrm{F}''_{x^2} = 0,$$

c'est-à-dire

$$(3) \quad (y - \beta)p\alpha - (x - \alpha)(pq - p\beta - q\alpha) = \psi(\alpha, \beta) = 0,$$

et la condition $\mathrm{F}(\alpha, \beta) = 0$, qui exprime que le point (α, β) est sur la cubique, peut être remplacée par l'équation (3). On a ensuite, par la méthode des enveloppes,

$$\varphi'_\alpha \psi'_\beta = \varphi'_\beta \psi'_\alpha$$

ou

$$(4) \quad [q(2\alpha - x) + p(2\beta - y) - pq]^2 - pq(2\alpha - x)(2\beta - y) = 0,$$

et l'élimination de α, β entre (2), (3) et (4) donnera l'équation de l'enveloppe de la tangente. Le calcul est simplifié par les remarques suivantes : il résulte de l'équation (4) que le point $(2\alpha - x, 2\beta - y)$ appartient, comme (α, β), à l'ellipse (1); donc le point de rebroussement est le milieu du segment de la tangente compris entre son point de contact (x, y) avec l'enveloppe et son second point d'intersection avec l'ellipse (1). Mais, si l'on considère le cercle de l'espace dont (1) est la projection orthogonale, et une hypocycloïde à trois rebroussements circonscrite à ce cercle, on voit qu'une tangente quelconque à cette hypocycloïde intercepte dans le cercle une corde égale au segment de la tangente compris entre son point de contact et le cercle; donc l'enveloppe cherchée n'est autre chose que la projection d'une hypocycloïde circonscrite au cercle dont l'ellipse (1) est la projection.

Cette enveloppe touche l'ellipse aux points **D, E, F** (*fig.* 27), milieux des côtés du triangle asymptotique ABC; les points de rebroussement de l'enveloppe sont en P, Q, R, sur les médianes du triangle. On a

$$\mathrm{D'P} = \mathrm{DD'} = 2\,\mathrm{D'A} ;$$

les coordonnées de P, Q, R sont

$$\mathrm{P}\left(-\frac{p}{3},\, -\frac{q}{3}\right),\ \ \mathrm{Q}\left(\frac{7}{3}p,\, -\frac{q}{3}\right),\ \ \mathrm{R}\left(-\frac{p}{3},\, \frac{7}{3}q\right).$$

Les médianes PD, QE, RF sont les tangentes de rebroussement en **P, Q, R**. D'après ces remarques, il est facile de

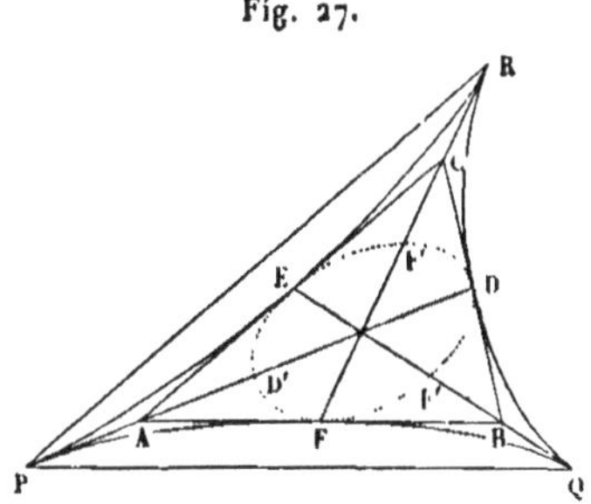

Fig. 27.

former l'équation de la courbe enveloppe; on trouve, en prenant comme nouveaux axes les parallèles PQ, PR aux axes primitifs,

$$(qx + py - 3pq)^2(qx - py)^2$$
$$+ 2pq\,xy(qx + py - 3pq)(qx + py) + p^2q^2x^2y^2 = 0.$$

30. *On peut déterminer, sur l'axe d'un limaçon de Pascal dont* S *est le point double, un point* O *tel que la courbe est anallagmatique par rapport au cercle de rayon* OS. *Tout cercle tangent à l'axe au point* S *coupe la courbe en deux points correspondants* P *et* Q, *situés sur un rayon vecteur passant par le centre du cercle d'inversion. Les tangentes en* P, Q *se coupent sur le cercle variable, et le lieu de leur point d'intersection, quand le rayon vecteur* OPQ *tourne autour*

de O, *est une cissoïde dont* S *est le point de rebroussement* (*fig.* 28).

L'équation du limaçon, en prenant le point double pour origine, est

$$(x^2 + y^2 - 2cx)^2 - 4a^2(x^2 + y^2) = 0,$$

c désignant le rayon du cercle fixe, $2a$ la longueur constante portée sur les rayons vecteurs issus du pôle. Transportons l'origine en un point O situé sur l'axe des x à une distance δ

Fig. 28.

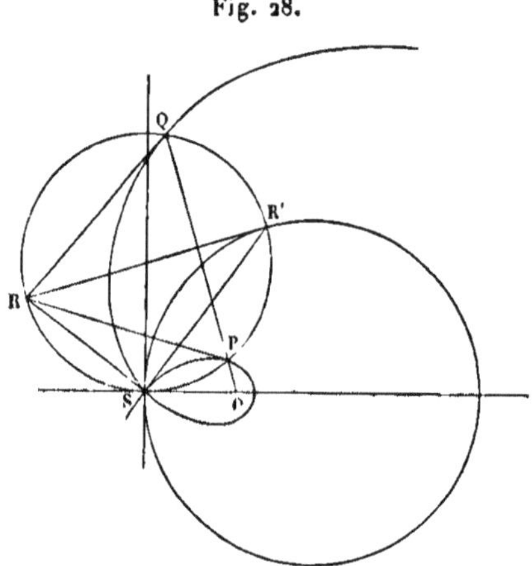

du point double, et passons aux coordonnées polaires; l'équation devient

$$\rho^4 + 4\rho^3\cos\theta(\delta - c)$$
$$+ \rho^2(2\delta^2 + 4\delta^2\cos^2\theta - 8c\delta\cos^2\theta - 4c\delta + 4c^2\cos^2\theta - 4a^2)$$
$$+ 4\rho\cos\theta[\delta^3 - 3c\delta^2 + 2\delta(c^2 - a^2)] + \delta^4 - 4c\delta^3 + 4\delta^2(c^2 - a^2) = 0.$$

Si r est le rayon du cercle d'inversion, on voit qu'en déterminant r et δ par les équations

$$\delta^4 - 4c\delta^3 + 4\delta^2(c^2 - a^2) = r^4, \quad \delta^3 - 3c\delta^2 + 2\delta(c^2 - a^2) = r^2(\delta - c),$$

qui donnent

$$\delta = r = \frac{c^2 - a^2}{c},$$

On aura une droite inclinée d'un angle $\frac{\alpha}{2}$ sur la tangente, en portant, à partir du point de contact sur le cercle mobile, un arc $BD = \alpha r$, et en joignant l'extrémité de l'arc au point mobile M; l'équation de la droite sera

$$(1) \quad \begin{cases} y \sin \tfrac{1}{2}\left[(m+1)\theta - \alpha\right] + x \cos \tfrac{1}{2}\left[(m+1)\theta - \alpha\right] \\ \quad - a \cos \tfrac{1}{2}\left[(m-1)\theta - \alpha\right] + r \cos \tfrac{1}{2}\left[(m-1)\theta + \alpha\right] = 0, \end{cases}$$

et l'on aura, pour les coordonnées d'un point de son enveloppe,

$$(m+1)x = ma\cos\theta - r\cos m\theta + a\cos(m\theta - \alpha) - mr\cos(\theta - \alpha),$$
$$(m+1)y = ma\sin\theta - r\sin m\theta + a\sin(m\theta - \alpha) - mr\sin(\theta - \alpha).$$

Ces équations représentent une épicycloïde. Pour le reconnaître, nous remarquerons d'abord que le point D se trouve sur un cercle de rayon

$$OD = \sqrt{a^2 + r^2 - 2ar\cos\alpha};$$

soit P le point de l'enveloppe. La droite dont l'équation s'obtient en différentiant, par rapport à θ, l'équation (1) et qui donne le point P par son intersection avec (1), n'est autre chose que la normale à l'enveloppe; elle coupe le rayon OD en un point E sur un cercle de rayon constant

$$R' = \frac{m-1}{m+1}\sqrt{a^2 + r^2 - 2ar\cos\alpha}.$$

Le point P appartient donc à l'épicycloïde décrite par un point de la circonférence de diamètre

$$ED = \frac{r}{m+1}\sqrt{a^2 + r^2 - 2ar\cos\alpha}$$

qui roule sur le cercle OE.

Le nombre m est le même pour les deux épicycloïdes. Enfin on peut remarquer que le cercle mobile EPD passe toujours par le point B.

§ II. — Coordonnées trilinéaires.

33. *Lieu des foyers des coniques tangentes à deux droites en deux points fixes.*

Les équations (48) du Chap. VI, appliquées à la conique $z^2 - \lambda xy = 0$, donnent pour le lieu des foyers, par l'élimination de λ, la droite à l'infini et la cubique circulaire

$$\mathbf{a}\,x^2 y\,(\mathbf{b}^2 + \mathbf{c}^2 - \mathbf{a}^2) - \mathbf{b}\,xy^2\,(\mathbf{b}^2 - \mathbf{c}^2 - \mathbf{a}^2) - \mathbf{abc}\,z\,(y^2 - x^2) = 0$$

ou

$$2xy\,(x \cos A - y \cos B) - z\,(y^2 - x^2) = 0.$$

Le sommet C du triangle de référence est un point double, et les tangentes sont les bissectrices de l'angle C. L'asymptote réelle, parallèle à $\mathbf{a}x - \mathbf{b}y = 0$, a pour équation

$$2x \sin^2 A\,(\sin A + \sin B \cos C)$$
$$- 2y \sin^2 B\,(\sin B + \sin A \cos C) + z \sin^2 C \sin(A - B) = 0.$$

34. *Lieu des foyers des hyperboles équilatères conjuguées par rapport au triangle de référence.*

Les hyperboles ont pour équation générale

$$ax^2 + by^2 + cz^2 = 0,$$

avec la condition

$$a + b + c = \mathbf{E} = 0.$$

L'équation du lieu des foyers se présente sous la forme

$$\frac{1}{x(-x^2 \cos A + yz + zx \cos C + xy \cos B)}$$
$$+ \frac{1}{y(-y^2 \cos B + zx + xy \cos A + yz \cos C)}$$
$$+ \frac{1}{z(-z^2 \cos C + xy + yz \cos B + zx \cos A)} = 0;$$

mais on a l'identité

$$- x^2 \cos A + yz + zx \cos C + xy \cos B$$

$$= \frac{1}{\sin A} [yz \sin A + zx \sin B + xy \sin C)$$
$$- x \cos A (x \sin A + y \sin B + z \sin C)]$$

et deux autres analogues. L'équation développée sera alors

$$yz \sin A + zx \sin B + xy \sin C)^3 + (y \sin A + y \sin B + z \sin C)^2$$
$$\times (y^2 z^2 \sin A \cos B \cos C$$
$$+ z^2 x^2 \sin B \cos C \cos A + x^2 y^2 \sin C \cos A \cos B)$$
$$- (yz \sin A + zx \sin B + xy \sin C)(x \sin A + y \sin B + z \sin C)$$
$$\times [yz \sin A (y \cos B + z \cos C) + zx \sin B (z \cos C + x \cos A)$$
$$+ xy \sin C (x \cos A + y \cos B)] = 0.$$

Sous cette forme, on voit que la sextique admet les points cycliques pour points triples.

35. *Lieu des foyers des coniques tangentes à quatre droites.*

En adoptant les mêmes notations qu'au n°23 du Chapitre VII, on trouve, pour le lieu des foyers, après la suppression du facteur $\mathbf{a}x + \mathbf{b}y + \mathbf{c}z = 0$, la cubique

$$p^2 x (- x^2 \cos A + yz + zx \cos C + xy \cos B)$$
$$+ q^2 y (- y^2 \cos B + zx + xy \cos A + yz \cos C)$$
$$+ r^2 z (- z^2 \cos C + xy + yz \cos B + zx \cos A) = 0$$

ou, après des réductions analogues à celles du n° 34,

$$(p^2 x^2 \cot A + q^2 y^2 \cot B + r^2 z^2 \cot C)(x \sin A + y \sin B + z \sin C)$$
$$= \left(\frac{p^2 x}{\sin A} + \frac{q^2 y}{\sin B} + \frac{r^2 z}{\sin C} \right)(yz \sin A + zx \sin B + xy \sin C).$$

Cette dernière forme met en évidence au second membre la droite lieu des centres des coniques du système et le cercle circonscrit au triangle de référence, et au premier membre la droite à l'infini. La cubique passe par les points cycliques, par les pieds des hauteurs du triangle de référence et par les six sommets du quadrilatère circonscrit à toutes les coniques. Son asymptote réelle est parallèle à la droite des centres; la courbe coupe cette droite en deux points qui sont réels lorsque les trois sommets du triangle de référence et le point de concours des hauteurs sont situés de part et d'autre de cette droite.

36. *Lieu des centres et enveloppe des coniques semblables circonscrites à un triangle.*

Soit

$$2fyz + 2gzx + 2hxy = 0$$

l'équation générale des coniques; si l'on désigne par k^2 le rapport des carrés des axes, on déduit des formules du n° **13** (Chap. VII) la relation

$$(f\cos A + g\cos B + h\cos C)^2$$
$$- \frac{k^2}{4R^2}(2\,bc\,gh + 2\,ca\,hf + 2\,ab\,fg - a^2 f^2 - b^2 g^2 - c^2 h^2)$$
$$= \frac{k^2}{4R^2}\nabla.$$

En posant

$$X = -\,ax + by + cz,$$
$$Y = ax - by + cz,$$
$$Z = ax + by - cz,$$

on pourra écrire l'équation du lieu des centres sous la forme

$$(xX\cos A + yY\cos B + zZ\cos C)^2 - \frac{k^2}{4R^2}XYZ(ax + by + cz).$$

Les milieux des côtés du triangle sont des points doubles de cette quartique.

L'enveloppe des coniques est une autre quartique unicursale qui a pour points doubles les sommets du triangle.

Son équation est

$$\begin{vmatrix}
\cos^2 A + k^2\sin^2 A & \cos A\cos B - k^2\sin A\sin B & \cos C\cos A - k^2\sin C\sin A & yz \\
\cos A\cos B - k^2\sin A\sin B & \cos^2 B + k^2\sin^2 B & \cos B\cos C - k^2\sin B\sin C & zx \\
\cos C\cos A - k^2\sin C\sin A & \cos B\cos C - k^2\sin B\sin C & \cos^2 C + k^2\sin^2 C & xy \\
yz & zx & xy & 0
\end{vmatrix} = 0.$$

37. *Lieu des points de contact des tangentes menées d'un point fixe aux coniques circonscrites (ou inscrites) à un quadrilatère.*

1° Si les coniques passent par quatre points, on prendra pour triangle de référence le triangle formé par les points de concours des couples de droites qui joignent les points deux à deux; soient $(x_1, y_1, z_1), (-x_1, y_1, z_1), (x_1, -y_1, z_1), (x_1, y_1, -z_1)$ les quatre points. L'équation générale des coniques du faisceau est

$$a x^2 + b y^2 + c z^2 = 0,$$

avec la condition

$$a x_1^2 + b y_1^2 + c z_1^2 = 0.$$

Le lieu des points de contact des tangentes menées du point (α, β, γ) est la cubique

$$x^2(\beta z_1^2 y - \gamma y_1^2 z) + y^2(\gamma x_1^2 z - \alpha z_1^2 x) + z^2(\alpha y_1^2 x - \beta x_1^2 y) \quad 0.$$

Elle passe par les sommets du triangle de référence, par les quatre points de base du faisceau de coniques, par le point (α, β, γ) et par le point de concours des polaires de (α, β, γ) par rapport à toutes les coniques. La cubique se décompose en une conique et une droite, lorsque le point (α, β, γ) est sur une des six droites qui joignent deux à deux les quatre points fixes.

2° Si les coniques sont tangentes à quatre droites, on prendra, comme au n° 23 du Chapitre VII, pour triangle de référence le triangle formé par les diagonales du quadrilatère; le lieu des points de contact des tangentes menées du point (α, β, γ) aux coniques du faisceau tangentiel est la cubique

$$p^2 x(\alpha y - \beta x)(\gamma x - \alpha z)$$
$$+ q^2 y(\beta z - \gamma y)(\alpha y - \beta x) + r^2 z(\gamma x - \alpha z)(\beta z - \gamma y) = 0,$$

qui passe par les six sommets du quadrilatère complet formé par les quatre droites, par les trois points où les diagonales de ce quadrilatère rencontrent les droites menées de (α, β, γ) aux points de concours des diagonales, et qui a pour point double (α, β, γ). Les tangentes en ce point sont les tangentes aux deux coniques qui y passent; leur équation peut s'écrire

$$\alpha\beta\gamma(p^2x^2 - q^2y^2 + r^2z^2) - \alpha yz(-p^2\alpha^2 + q^2\beta^2 + r^2\gamma^2)$$
$$- \beta zx(p^2\alpha^2 - q^2\beta^2 + r^2\gamma^2) - \gamma xy(p^2\alpha^2 + q^2\beta^2 - r^2\gamma^2) = 0$$

ou bien

$$[\beta x(p^2\alpha^2 - q^2\beta^2 + r^2\gamma^2) + \alpha y(-p^2\alpha^2 + q^2\beta^2 + r^2\gamma^2) - 2\alpha\beta\gamma r^2 z]^2$$
$$+ (\alpha y - \beta x)^2 Q = 0,$$

Q désignant le produit

$$(p\alpha + q\beta + r\gamma)(-p\alpha + q\beta + r\gamma)(p\alpha - q\beta + r\gamma)(p\alpha + q\beta - r\gamma).$$

Pour que les tangentes soient réelles, il faut que ce produit de quatre facteurs soit négatif; en se reportant à la *fig.* 13 (p. 202), on voit que le point (α, β, γ) doit être dans l'intérieur du quadrilatère DHEI ou dans l'un des angles opposés par le sommet à ceux de ce quadrilatère. Si (α, β, γ) est sur une des droites $px \pm qy \pm rz = 0$, cette droite fait partie du lieu des points de contact des tangentes; le lieu est complété par une conique tangente à cette droite en (α, β, γ).

38. *Enveloppe des tangentes menées aux coniques inscrites (ou circonscrites) à un quadrilatère aux points où elles sont coupées par une droite fixe.*

Ces problèmes sont les corrélatifs des deux précédents et se traitent de la même manière en coordonnées tangentielles. Si les coniques forment un faisceau tangentiel, l'enveloppe est une courbe de la troisième classe et du sixième ordre; les quatre côtés du quadrilatère circonscrit étant représentés par $px \pm qy \pm rz = 0$, si la droite fixe est $\lambda x + \mu y + \nu z = 0$, l'équation tangentielle de l'enveloppe des tangentes est

$$l^2(\mu r^2 m - \nu q^2 n) + m^2(\nu p^2 n - \lambda r^2 l) + n^2(\lambda q^2 l - \mu p^2 m) = 0.$$

Si les coniques sont circonscrites à un quadrilatère, l'enveloppe est une courbe de la troisième classe et du quatrième ordre, ayant pour tangente double la droite $(\lambda\mu\nu)$.

39. *Enveloppe des bissectrices des tangentes menées à une conique donnée de tous les points d'une droite fixe.*

Les bissectrices des tangentes à la conique fixe, menées par un point de la droite, sont les tangentes aux deux coniques homofocales qui passent par ce point; toutes les coniques homofocales forment un faisceau tangentiel, et l'on a un cas particulier du premier problème du n° 38. Mais les coordonnées trilinéaires ne se prêtent pas au développement des calculs, car les côtés du quadrilatère circonscrit aux coniques sont des droites imaginaires. Le triangle des diagonales est formé par la droite à l'infini et les deux axes de la conique donnée : on est donc ramené à un système de coordonnées cartésiennes. Soient u, v les coordonnées tangentielles d'une droite

$$(ux + vy + 1 = 0),$$

et

$$(a^2 - \lambda)u^2 + (b^2 - \lambda)v^2 - 1 = 0$$

l'équation des coniques homofocales; enfin

$$\alpha x + \beta y + 1 = 0$$

la droite donnée. On trouvera, pour l'enveloppe,

$$(a^2 - b^2)(\beta u^2 v \mp \alpha u v^2) + u^2 + v^2 - \alpha u - \beta v = 0.$$

L'équation ponctuelle s'obtient en formant le discriminant de la fonction du troisième degré

$$t^3(x + \alpha x^2) + t^2(\beta x^2 + 2\alpha x y + y - \beta a^2 + \beta b^2)$$
$$+ t(\alpha y^2 + 2\beta x y + x + \alpha a^2 - \alpha b^2) + y + \beta y^2 = 0.$$

Les termes du septième et du huitième degré disparaissent d'eux-mêmes.

40. *Une conique est tangente aux côtés du triangle* ABC *en* A', B', C'; *on donne une droite qui coupe les côtés du triangle en* D, E, F. *Les droites* B'C', C'A', A'B' *rencontrent* DEF *en* α, β, γ; *les droites* A'α, B'β, C'γ *rencontrent de nouveau la conique en* A", B", C". *Démontrer que les côtés du triangle* A"B"C" *passent par les points* D, E, F, *que les droites* AA", BB", CC" *concourent en un point* P. *Trouver le lieu des points* P, A", B", C", *en supposant la droite* DEF *tangente à la conique, et en considérant toutes les coniques inscrites dans le quadrila-*

tère (BC, CA, AB, DEF), *enfin, le lieu du point* P, *quand la conique est fixe et la droite* DEF *variable, mais toujours tangente à cette conique.*

Soient

$$p^2 x^2 + q^2 y^2 + r^2 z^2 - 2qr\, y\, rz - \ldots = 0, \quad lx + my + nz = 0$$

les équations de la conique et de la droite DEF; les coordonnées de A″ sont

$$\frac{x}{p(qn - rm)^2} = \frac{y}{q(rl + pn)^2} = \frac{z}{r(pm + ql)^2};$$

celles de B″, C″ s'en déduisent par permutation.

On aura, pour B″C″, C″A″, A″B″ les équations

$$- x(mnp^2 + l^2 qr) + mp\, y(qn + rm) + npz(qn + rm) = 0,$$

$$\ldots\ldots\ldots\ldots\ldots\ldots\ldots\ldots\ldots\ldots\ldots\ldots\ldots\ldots\ldots\ldots$$

Les coordonnées de P sont proportionnelles à $p(qn+rm)^2$, $q(pn+rl)^2$, $r(ql+pm)^2$; le lieu de ce point, lorsque l, m, n satisfont à l'équation tangentielle de la conique, est la cubique

$$(lx)^{\frac{1}{3}} + (my)^{\frac{1}{3}} + (nz)^{\frac{1}{3}} = 0$$

ou

$$(lx + my + nz)^3 - 27\, lmn\, xyz = 0,$$

qui a trois points d'inflexion en D, E, F et un point double

$$\frac{x}{mn} = \frac{y}{nl} = \frac{z}{lm}.$$

Le lieu de A″ est

$$(lx + my + nz)^3 - mnyz(3\, lx + 4my + 4nz) = 0;$$

cette cubique a aussi trois points d'inflexion en D, E, F, et un point double isolé

$$\frac{x}{-3mn} = \frac{y}{nl} = \frac{z}{lm}.$$

On obtient de suite, par analogie, les lieux de B″, C″.

Enfin le lieu du point P, quand la droite

$$lx + my + nz = 0$$

est variable, mais toujours tangente à la conique fixe

$$p^2 x^2 + q^2 y^2 + \ldots = 0,$$

est la quartique unicursale

$$\frac{1}{-\sqrt{px} + \sqrt{qy} + \sqrt{rz}}$$
$$+ \frac{1}{\sqrt{px} - \sqrt{qy} + \sqrt{rz}} + \frac{1}{\sqrt{px} + \sqrt{qy} - \sqrt{rz}} = 0.$$

Ses points doubles sont sur les droites

$$qy - rz = 0, \quad rz - px = 0, \quad px - qy = 0,$$

et leurs coordonnées satisfont, de plus, aux équations

$$-px = 4qy = 4rz, \quad 4px = -qy = 4rz, \quad 4px = 4qy = -rz.$$

Les quatre tangentes doubles sont

$$x = 0, \quad y = 0, \quad z = 0, \quad px + qy + rz = 0;$$

les deux points de contact sont confondus sur chacune des trois premières.

41. *Une conique passe par les sommets d'un triangle* ABC; *les tangentes en ces points forment un triangle* A'B'C'; *on donne un point* O, *et les droites* OA', OB', OC' *rencontrent en* α, β, γ *les tangentes en* A, B, C. *Par les points* α, β, γ, *on mène à la conique d'autres tangentes, qui forment un triangle* A"B"C" (*le côté* B"C" *passant en* α, ...). *Démontrer que les droites* AA", BB", CC" *passent en* O, *que les côtés* (BC, B"C"), (CA, C"A"), (AB, A"B") *se coupent deux à deux en trois points situés sur une droite* Δ, *axe d'homologie des triangles* ABC, A"B"C". *Trouver l'enveloppe de la droite* Δ *et des côtés du triangle* A"B"C", *en supposant le point* O *sur la conique et considérant ensuite toutes les coniques circonscrites au quadrilatère* ABCO, *enfin l'enveloppe de* Δ, *lorsque la conique est fixe et que le point* O *se déplace sur la conique.*

Ces problèmes sont les corrélatifs de ceux du n° 40; soient

$$fyz + gzx + hxy = 0$$

l'équation du faisceau de coniques; X, Y, Z les coordonnées du point O. En supposant f, g, h variables et liés par la relation

$$f\,\mathrm{YZ} + g\,\mathrm{ZX} + h\,\mathrm{XY} = 0,$$

on trouve, pour l'enveloppe de Δ, la quartique unicursale de troisième classe

$$\sqrt{\frac{\mathrm{X}}{x}} + \sqrt{\frac{\mathrm{Y}}{y}} + \sqrt{\frac{\mathrm{Z}}{z}} = 0,$$

dont les points de rebroussement sont les sommets du triangle de référence ABC; la droite $\mathrm{YZ}x + \mathrm{ZX}y + \mathrm{XY}z = 0$ est une tangente double dont les points de contact sont imaginaires.

L'enveloppe de $\mathrm{B}''\mathrm{C}''$ est aussi une quartique de troisième classe

$$[9(\mathrm{X}z - \mathrm{Z}x)(\mathrm{X}y - \mathrm{Y}x) - \mathrm{YZ}x^2]^2$$
$$- 4\mathrm{YZ}x^2(4\mathrm{Z}x - 3\mathrm{X}z)(4\mathrm{Y}x - 3\mathrm{X}y) = 0.$$

Les sommets B, C sont des points de rebroussement ayant pour tangentes OB, OC; il y a un troisième point de rebroussement, dont la tangente est OA, et qui se trouve à l'intersection de cette droite avec $3\mathrm{X}y - 4\mathrm{Y}x = 0$.

L'enveloppe de Δ, quand la conique est fixe, est une sextique de quatrième classe

$$(f\,yz + g\,zx + h\,xy)^3 - 27\,fgh\,x^2y^2z^2 = 0.$$

Elle a trois points triples, les sommets du triangle de référence, et, en chacun de ces points, les trois tangentes sont confondues; ils abaissent chacun la classe de huit unités. Il y a, en outre, un point double isolé

$$\frac{x}{f} = \frac{y}{g} = \frac{z}{h}.$$

42. *On donne deux coniques circonscrites à un triangle* ABC; *par leur quatrième point d'intersection* D, *on mène des droites qui coupent chacune les deux coniques en* M *et* M'. *Trouver le lieu des intersections des tangentes en ces points.*

Les équations des deux coniques étant

$$f\,yz + g\,zx + h\,xy = \mathrm{S} = 0, \quad f'\,yz + g'\,zx + h'\,xy = \mathrm{S}' = 0,$$

on trouve une quartique unicursale

$$f^2 f'^2 y^2 z^2 (gh' - g'h)^2$$
$$+ g^2 g'^2 z^2 x^2 (hf' - h'f)^2 + h^2 h'^2 x^2 y^2 (fg' - f'g)^2$$
$$- 2xyz [gg'hh'x(hf' - h'f)(fg' - f'g)$$
$$+ hh'ff'y(fg' - f'g)(gh' - g'h)$$
$$+ ff'gg'z(gh' - g'h)(hf' - h'f)] = 0$$

ou

$$\sqrt{ff'(gh' - g'h)yz}$$
$$+ \sqrt{gg'(hf' - h'f)zx} + \sqrt{hh'(fg' - f'g)xy} = 0.$$

Les sommets du triangle ABC sont trois points de rebroussement, qui ont pour tangentes les droites

$$hh'y(fg' - f'g) - gg'z(hf' - h'f) = 0, \quad \dots$$

Si l'on prend le pôle P de $x = 0$ par rapport à la conique S, le pôle P' de $x = 0$ par rapport à S', enfin le pôle Q de $x = 0$ par rapport à la conique ABCPP', on reconnaît que la tangente de rebroussement en A passe par le point Q. Enfin on vérifie que la quartique touche chacune des coniques S et S' au point où la tangente en D à l'une d'elles rencontre l'autre.

Solution géométrique. — Considérons deux cercles de centres S et S' qui se coupent en A et D; si, par le point D, on mène une corde MDM', le lieu du point de concours N des tangentes en M, M' est une cardioïde dont le point double réel est A et qui a pour cercle générateur le cercle passant par les points S, A, S'. Les points cycliques sont aussi des points de rebroussement pour la cardioïde. Si l'on transforme la figure par projection, de manière que les cercles S, S' deviennent deux coniques quelconques, la cardioïde deviendra la quartique à trois rebroussements, obtenue plus haut par le calcul.

43. *On donne deux coniques inscrites dans le triangle ABC; par un point de leur quatrième tangente commune on mène une autre tangente à chacune des coniques; trouver l'enveloppe de la droite qui joint les points de contact.*

Si $pmn + qnl + rlm = 0$, $p'mn + q'nl + r'lm = 0$ sont les équations tangentielles des deux coniques, on trouvera, pour celle de l'enveloppe,

$$\sqrt{pp'(qr'-q'r)\overline{mn}} + \sqrt{qq'(rp'-r'p)\overline{nl}} + \sqrt{rr'(pq'-p'q)\overline{lm}} = 0.$$

Pour obtenir l'équation ponctuelle, posons

$$pp'(qr'-q'r) = P, \quad qq'(rp'-r'p) = Q, \quad rr'(pq'-p'q) = R;$$

l'équation d'un point étant $lx + my + nz = 0$, nous écrirons

$$\sqrt{P}\, l^{\frac{1}{2}} + \sqrt{Q}\, m^{-\frac{1}{2}} + \sqrt{R}\, n^{-\frac{1}{2}} + k(lx + my + nz) = 0,$$

et il suffira d'éliminer l, m, n entre les équations

$$2kx - \sqrt{P}\, l^{-\frac{3}{2}} = 0, \quad 2ky - \sqrt{Q}\, m^{-\frac{3}{2}} = 0, \quad 2kz - \sqrt{R}\, n^{-\frac{3}{2}} = 0$$

et celle du point.

On trouve ainsi

$$(Px)^{\frac{1}{3}} + (Qy)^{\frac{1}{3}} + (Rz)^{\frac{1}{3}} = 0$$

ou

$$(Px + Qy + Rz)^3 - 27\,PQR\,xyz = 0.$$

Cette cubique a trois points d'inflexion aux intersections des lignes de référence avec $Px + Qy + Rz = 0$, et un point double $\dfrac{x}{QR} = \dfrac{y}{RP} = \dfrac{z}{PQ}$.

44. *On donne une conique inscrite dans le triangle* ABC; *on trace une autre conique osculatrice à la première en un point* P *et passant par* B *et* C. *Trouver le lieu du pôle de* BC *par rapport à cette conique, lorsque* P *décrit la conique fixe.*

Un point P de la conique $p^2x^2 + q^2y^2 + \ldots - 2pq\,xy = 0$, inscrite dans le triangle de référence, peut être défini par le paramètre θ, en posant

$$\frac{px}{\cos^4\theta} = \frac{qy}{\sin^4\theta} = rz,$$

et la tangente en ce point est

$$px \sin^2\theta + qy \cos^2\theta - rz \sin^2\theta \cos^2\theta = 0.$$

L'équation de la conique osculatrice en P, et passant par B et C, est

$$3p^2 x^2 \sin^4\theta - qr yz \cos^8\theta$$
$$- rp \sin^2\theta \cos^2\theta (3 \sin^2\theta + \sin^4\theta) xz$$
$$+ pq \cos^2\theta (1 + 3 \sin^2\theta) xy = 0.$$

Le lieu du pôle de la droite $x = 0$ est la cubique de troisième classe

$$(px + 2qy + 2rz)^3 - 27px(qy - rz)^2 = 0.$$

Si l'on construit la conique osculatrice en P, passant par le point A et par le point de contact A' de la conique fixe avec BC, on trouvera que le pôle de AA' par rapport à cette nouvelle conique coïncide avec le pôle de BC par rapport à la première.

L'équation de cette deuxième conique osculatrice est

$$q^2 y^2 (3 \sin^2\theta - 1) + r^2 z^2 \sin^4\theta (3 - \sin^2\theta)$$
$$+ qr yz (1 - 3 \sin^2\theta - 3 \sin^4\theta + \sin^6\theta)$$
$$- rp zx \sin^4\theta (3 + \sin^2\theta) - pq xy (1 + 3 \sin^2\theta) = 0.$$

45. *On donne une conique inscrite dans un quadrilatère dont les diagonales sont* DE, FG, HI; *on construit trois coniques osculatrices à la première en un point* P *et passant respectivement par les couples de points* (D, E), (F, G), (H, I). *Démontrer que les tangentes à ces coniques aux points* D, E, … *se coupent en un même point* Q, *et trouver le lieu de ce point, quand* P *décrit la conique fixe.*

Soient
$$ax^2 + by^2 + cz^2 = 0$$
la conique fixe,
$$px \pm qy \pm rz = 0$$

les côtés du quadrilatère circonscrit dont les diagonales sont les lignes de référence. Les trois coniques osculatrices au point P (x_1, y_1, z_1) sont

$$a^2 x_1 x^2 (r^2 z_1^2 - q^2 y_1^2) + a^2 q^2 x_1^3 y^2$$
$$- a^2 r^2 x_1^3 z^2 + 2 c^2 p^2 z_1^3 zx - 2 b^2 p^2 y_1^3 xy = 0,$$
$$- b^2 p^2 y_1^3 x^2 + b^2 y_1 y^2 (p^2 x_1^2 - r^2 z_1^2)$$
$$+ b^2 r^2 y_1^3 z^2 - 2 c^2 q^2 z_1^3 yz + 2 a^2 q^2 x_1^3 xy = 0,$$
$$c^2 p^2 z_1^3 x^2 - c^2 q^2 z_1^3 y^2 + c^2 z_1 z^2 (q^2 y_1^2 - p^2 x_1^2)$$
$$+ 2 b^2 r^2 y_1^3 yz - 2 a^2 r^2 x_1^3 zx = 0.$$

On trouve pour les coordonnées du point Q, pôle de $x = 0$ par rapport à la première, de $y = 0$ par rapport à la seconde, de $z = 0$ par rapport à la troisième,

$$\frac{x}{a^2 q^2 r^2 x_1^3} = \frac{y}{b^2 r^2 p^2 y_1^3} = \frac{z}{c^2 p^2 q^2 z_1^3}.$$

Le lieu de Q est la sextique de quatrième classe

$$(bcp^4 x^2)^{\frac{1}{3}} + (caq^4 y^2)^{\frac{1}{3}} + (abr^4 z^2)^{\frac{1}{3}} = 0$$

ou

$$(bcp^4 x^2 + caq^4 y^2 + abr^4 z^2)^3 - 27 a^2 b^2 c^2 p^4 q^4 r^4 x^2 y^2 z^2 = 0.$$

Il y a six points de rebroussement situés deux par deux sur les lignes de référence, et quatre points doubles déterminés par les équations $bcp^4 x^2 = caq^4 y^2 = abr^4 z^2$.

La tangente en Q à la sextique est

$$bcp^2 \frac{x}{x_1} + caq^2 \frac{y}{y_1} + abr^2 \frac{z}{z_1} = 0,$$

et son équation est vérifiée par $x = x_1$, $y = y_1$, $z = z_1$, en vertu de l'équation tangentielle de la conique; donc cette tangente est la droite PQ. Enfin la sextique et la conique se touchent aux points de contact de cette dernière avec les côtés du quadrilatère.

46. *On donne un faisceau de coniques passant par quatre points* E, F, G, H *et deux points quelconques* O, O'; *trouver le lieu des points d'intersection des tangentes menées à toutes ces coniques par* O *et* O' (*fig.* 30).

Nous prendrons pour triangle de référence le triangle ABC formé par les points de rencontre des couples de droites (EG, FH), (EF, GH), (EH, FG). Les équations des côtés et des diagonales du quadrilatère étant

$$(EF) \quad cz + ax = 0, \qquad (EH) \quad ax + by = 0,$$
$$(EG) \quad by - cz = 0, \qquad (GH) \quad cz - ax = 0,$$
$$(FG) \quad ax - by = 0, \qquad (FH) \quad by + cz = 0,$$

on aura, pour l'équation générale des coniques,

$$c^2 z^2 - a^2 x^2 + \lambda(a^2 x^2 - b^2 y^2) = 0.$$

Si (α, β, γ), $(\alpha', \beta', \gamma')$ sont les coordonnées de O, O', on trouvera, par l'élimination de λ entre les équations quadratiques

Fig. 3o.

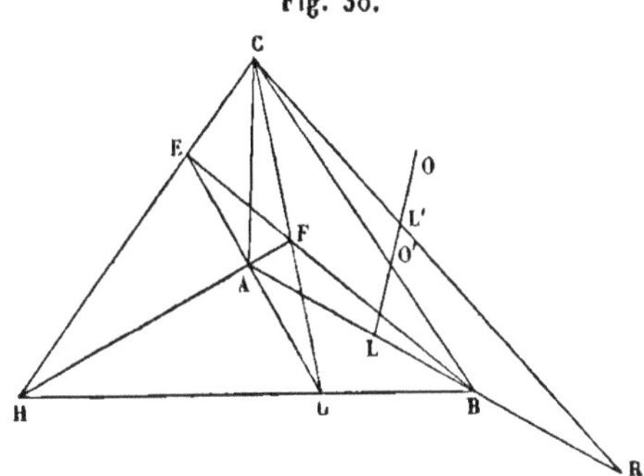

des tangentes issues de ces points, un lieu du huitième ordre qui se décompose en deux facteurs; l'un est la droite OO' comptée deux fois, l'autre est la sextique

$$\frac{b^2 c^2 yz}{x^2(\beta\gamma' + \gamma\beta') + 2\alpha\alpha' yz - zx(\alpha\beta' + \beta\alpha') - xy(\gamma\alpha' + \alpha\gamma)}$$
$$+ \frac{c^2 a^2 zx}{y^2(\gamma\alpha' + \alpha\gamma') - yz(\alpha\beta' + \beta\alpha') + 2\beta\beta' zx - xy(\beta\gamma' + \gamma\beta')}$$
$$+ \frac{a^2 b^2 xy}{z^2(\alpha\beta' + \beta\alpha') - yz(\gamma\alpha' + \alpha\gamma') - zx(\beta\gamma' + \gamma\beta') + 2\gamma\gamma' xy} = 0.$$

Les points A, B, C sont doubles; il en est de même de O, O'.

Considérons les deux coniques S_1, S_2, qui touchent la droite OO'; on peut mener du point O à chacune de ces coniques une tangente autre que OO'; çe seront les tangentes au point double O; on a de même les deux tangentes en O'. Les points de contact de OO' avec S_1 et S_2 appartiennent à la courbe. Dans le cas particulier où O, O' sont conjugués par rapport à toutes les coniques, une des tangentes en O se confond avec OO', et une des tangentes en O' se confond avec $O'O$; cette droite qui joint deux points doubles devient ainsi tangente double.

Enfin il existe encore trois points doubles P, Q, R sur les côtés du triangle de référence; si l'on fait $z = 0$, on a, après avoir divisé par $x^2 y^2$,

$$[x(\beta\gamma' + \gamma\beta') - y(\gamma\alpha' + \alpha\beta')]^2 = 0.$$

Le point R défini par cette équation et situé sur le côté $AB(z = 0)$ est un point double, comme on le reconnaît à l'inspection des dérivées partielles du premier membre de l'équation de la sextique. Pour l'obtenir géométriquement, il faut évidemment chercher sur AB le point, tel que le faisceau RO, RO', RAB, RC soit harmonique, puisque C est le pôle de AB par rapport à toutes les coniques du faisceau, et en particulier par rapport à celle qui touche les droites RO, RO'. On prolongera OO' jusqu'à la rencontre de AB en L, on prendra le conjugué L' de L par rapport à O, O', et l'on joindra CL'; cette droite rencontre AB au point R, et c'est évidemment le seul point de cette droite, autre que A et B, qui appartienne à la courbe.

47. *Étant donnés six points, trouver le lieu des points tels qu'en les joignant aux six premiers on obtienne des faisceaux en involution.*

Nous prendrons pour triangle de référence le triangle formé par trois des points donnés ABC (*fig.* 31); soient $A_1(x_1, y_1, z_1)$, $B_2(x_2, y_2, z_2)$, $C_3(x_3, y_3, z_3)$ les trois autres points, et $M(x, y, z)$ un point de lieu. Supposons que les couples de rayons conjugués soient (MA, MA_1), (MB, MB_2), (MC, MC_3); ils rencontrent le côté BC du triangle de référence en (a, a_1), (B, b_2), (C, c_3), et il suffit d'exprimer que les rayons doubles des involutions déterminées par les faisceaux $A(a, a_1, B, b_2)$, $A(a, a_1, C, c_3)$ coïncident. On aura ainsi l'équation du lieu sous la forme

$$y(zx_3 - xz_3) \begin{vmatrix} x & y & z \\ x_1 & y_1 & z_1 \\ x_2 & y_2 & z_2 \end{vmatrix} - z(xy_2 - yx_2) \begin{vmatrix} x & y & z \\ x_3 & y_3 & z_3 \\ x_1 & y_1 & z_1 \end{vmatrix} = 0.$$

Cette cubique passe par les six points donnés. On peut obtenir facilement les tangentes en chacun des six points; la

Fig. 31.

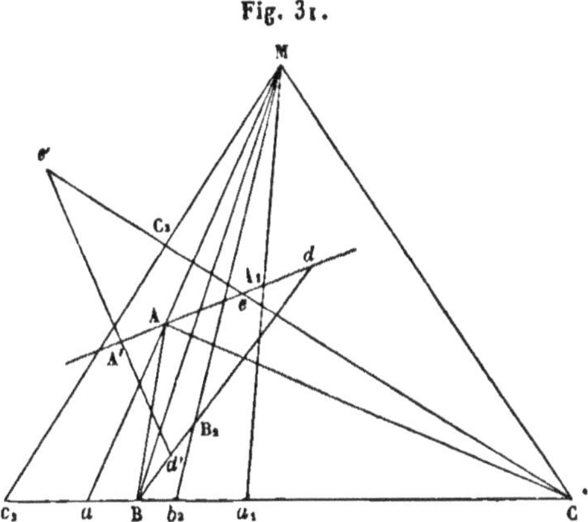

tangente en A est le sixième rayon du faisceau en involution dont on connaît les cinq rayons $A(A_1, B, B_2, C, C_3)$, et ainsi de suite.

On peut aussi construire le troisième point de la courbe situé sur chacune des droites AA_1, BB_2, CC_3; pour avoir le point situé sur AA_1, il suffit de prolonger BB_2, CC_3 jusqu'à la rencontre de cette droite en d, e, de prendre le conjugué harmonique d' de d par rapport à B, B_2, le conjugué e' de e par rapport à C, C_3, et de joindre $d'e'$ qui rencontre AA_1 au point cherché A'. En effet, les deux droites $A'A_1A$, $A'd'e'$ sont conjuguées par rapport aux deux couples $(A'B, A'B_2)$, $(A'C, A'C_3)$; ce sont les rayons doubles de l'involution $A'(BB_2CC_3)$. Enfin on a immédiatement six autres points de la courbe, savoir les intersections de $(BC, B_2 C_3)$, $(CA, C_3 A_1)$, $(AB, A_1 B_2)$, $(BC_3, B_2 C)$, $(CA_1, C_3 A)$, $(AB_2, A_1 B)$, en tout quinze points.

48. *On donne trois points* A, B, C; *lieu du point* M *tel que l'aire du triangle formé par les perpendiculaires à* MA, MB, MC *menées en ces trois points ait une valeur constante* k^2.

En prenant ABC pour triangle de référence et appliquant la formule (27) du Chap. VI, on trouve la quartique unicursale

$$\mathrm{R}(\mathbf{a}yz + \mathbf{b}zx + \mathbf{c}xy)^2 - k^2 xyz(\mathbf{a}x + \mathbf{b}y + \mathbf{c}z) = 0$$

qui a pour points doubles A, B, C, et se réduit au cercle circonscrit au triangle, lorsque k^2 est nul. Les lieux des sommets du triangle formé par les perpendiculaires sont

$$\mathbf{ab}(\mathbf{a}yz + \mathbf{b}zx + \mathbf{c}xy)^2$$
$$+ 4\mathrm{R}k^2 z(z + y\cos A)(z + x\cos B)(\mathbf{a}x + \mathbf{b}y + \mathbf{c}z) = 0,$$
$$\mathbf{bc}(\mathbf{a}yz + \mathbf{b}zx + \mathbf{c}xy)^2$$
$$+ 4\mathrm{R}k^2 x(x + z\cos B)(x + y\cos C)(\mathbf{a}x + \mathbf{b}y + \mathbf{c}z) = 0,$$
$$\mathbf{ca}(\mathbf{a}yz + \mathbf{b}zx + \mathbf{c}yz)^2$$
$$+ 4\mathrm{R}k^2 y(y + x\cos C)(y + z\cos A)(\mathbf{a}x + \mathbf{b}y + \mathbf{c}z) = 0.$$

Ces courbes ont chacune pour points doubles deux des sommets du triangle ABC.

49. *On donne deux triangles* ABC, *abc*; *trouver le lieu du point* M *tel que les droites* M*a*, M*b*, M*c* *rencontrent les côtés* BC, CA, AB *en trois points* A', B', C' *situés sur une même droite, ainsi que l'enveloppe de la droite* A'B'C'.

En prenant ABC pour triangle de référence et désignant par $(x_1 y_1 z_1)$, $(x_2 y_2 z_2)$, $(x_3 y_3 z_3)$ les coordonnées de a, b, c, on trouve, pour le lieu du point M, la cubique

$$(zx_3 - xz_3)(xy_1 - yx_1)(yz_2 - zy_2)$$
$$- (yz_3 - zy_3)(zx_1 - xz_1)(xy_2 - yx_2) = 0,$$

qui passe par les six points donnés et par les intersections de (BC, bc), (CA, ca), (AB, ab).

L'équation tangentielle de l'enveloppe de $A'B'C'$ est

$$\begin{vmatrix} m y_1 + n z_1 & - m x_1 & - n x_1 \\ - l y_2 & n z_2 + l x_2 & - n y_2 \\ - l z_3 & - m z_3 & l x_3 + m y_3 \end{vmatrix} = 0.$$

On a immédiatement neuf tangentes à cette courbe de troisième classe, savoir les six côtés des triangles ABC, abc, et les droites Aa, Bb, Cc.

50. *On fait passer des cubiques par les sommets* A, B, C *d'un triangle, par les milieux* D, E, F *des trois côtés, par le centre de gravité* G, *et par un point arbitraire* O; *trouver le neuvième point d'intersection de toutes ces cubiques.*

L'équation du *réseau* de cubiques passant par les sept points A, B, C, D, E, F, G est

$$\lambda y z(\mathbf{b} y - \mathbf{c} z) + \mu z x(\mathbf{c} z - \mathbf{a} x) + \nu x y(\mathbf{a} x - \mathbf{b} y) = 0.$$

Considérons les deux cubiques

$$(AEC, \ OGFBD), \ (AFB, \ OGECD),$$

qui se composent chacune d'une droite et d'une conique, et font partie du réseau. Comme les coniques $(OGFBD)$, $(OGECD)$ ont trois points communs, il suffit de déterminer leur quatrième point d'intersection P. Ce sera le point demandé. Si x', y', z' sont les coordonnées de O, on trouve, pour les coordonnées de P,

$$\frac{X}{x'(-\mathbf{a} x'+\mathbf{b} y'+\mathbf{c} z')} = \frac{Y}{y'(\mathbf{a} x'-\mathbf{b} y'+\mathbf{c} z')} = \frac{Z}{z'(\mathbf{a} x'+\mathbf{b} y'-\mathbf{c} z')}.$$

Ce point P est le point de concours des droites qui joignent les sommets A, B, C du triangle aux pôles des côtés opposés, par rapport à une conique circonscrite à ABC et ayant O pour centre.

51. *On fait passer des cubiques par les sommets* A, B, C, D *d'un quadrilatère, par les points de concours* E, G *des couples de côtés opposés* (AB, CD), (AD, BC), *et par le point de concours* F *des diagonales* (AC, BD). *Trouver le neuvième point* *de base du faisceau déterminé par les sept points précédents, et, en outre :*

1° *Par une tangente commune en un des sommets du quadrilatère;*

2° *Par une tangente commune en un des points* **E**, **F** *ou* **G** ;

3° *Par un huitième point situé sur l'axe d'homologie des triangles* **ABC**, **GFE**.

Prenons EFG pour triangle de référence; les équations des lignes de la figure sont

$$\text{(FG)} \quad x = o, \qquad \text{(EF)} \quad y = o, \qquad \text{(GE)} \quad z = o;$$

$$\text{(GCB)} \quad x - z = o, \qquad \text{(GDA)} \quad x + z = o,$$
$$\text{(ECD)} \quad y - z = o, \qquad \text{(EBA)} \quad y + z = o,$$
$$\text{(AFC)} \quad x - y = o, \qquad \text{(BFD)} \quad x + y = o.$$

L'équation des cubiques du réseau déterminé par les sept points est

$$\lambda x (y^2 - z^2) + \mu y (z^2 - x^2) + \nu z (x^2 - y^2) = o.$$

1° Supposons que toutes les cubiques soient tangentes en C à la droite

$$\alpha(x - z) + \beta(y - z) = o;$$

pour déterminer le neuvième point d'intersection, on pourra considérer deux cubiques particulières, l'une composée de la droite ABE et d'une conique passant par D, G, F, C; l'autre de la droite ADG et d'une conique passant par B, E, C, F, les deux coniques ayant pour tangentes en C la droite donnée. Il suffira de chercher leur quatrième point d'intersection; or les équations des deux coniques sont

$$2x[\alpha(x - z) + \beta(y - z)] - \alpha(x - y)(x - z) = o,$$
$$2y[\alpha(x - z) + \beta(y - z)] + \beta(x - y)(y - z) = o,$$

et, en retranchant membre à membre, on trouve

$$(x - y)[\alpha(x - z) + \beta(y - z)] = o.$$

Ce système de cordes communes associées se compose de la tangente en C et de la droite CF; donc les coniques sont osculatrices, et il en est de même de toutes les cubiques. Elles ont trois points communs confondus en C.

2º Si les cubiques se touchent en E, leur neuvième point d'intersection se trouve sur FG, et, si la tangente est EG, ce neuvième point se confond avec F, de sorte que G est le *tangentiel* des points E, F.

3º Les triangles homologiques ABC, GFE, dont les points homologues sont (A, G), (B, F), (C, E), ont pour axe d'homologie $x - y - z = 0$. Supposons que les cubiques passent par l'intersection de cette droite avec $y - \lambda x = 0$, c'est-à-dire par le point $(1, \lambda, 1 - \lambda)$; on trouvera, pour déterminer le neuvième point commun,

$$\frac{x}{\lambda(\lambda - 1)} = \frac{y}{\lambda - 1} = -\frac{z}{\lambda}.$$

Ce point appartient à la conique $yz - zx - xy = 0$, qui touche les côtés du triangle ABC en E, F, G.

52. *Un triangle ABC est à la fois inscrit et circonscrit à une cubique, de telle sorte que B est le point tangentiel de* A, *C le tangentiel de* B, *et* A *le tangentiel de* C; *on joint un des sommets* A *à un point d'inflexion* I; *soit* K *le troisième point d'intersection de* AI *avec la courbe. Démontrer que la droite* BK *coupe la cubique en un autre point d'inflexion* I'.

L'équation de la cubique rapportée au triangle ABC est de la forme

$$(1) \qquad ayz^2 + bzx^2 + cxy^2 + 2dxyz = 0.$$

La hessienne ayant pour équation

$$(2d^3 + 3abc)xyz + ad^2 yz^2$$
$$+ bd^2 zx^2 + cd^2 xy^2 - b^2c x^3 - c^2 a y^3 - a^2 b z^3 = 0,$$

on voit que les points d'inflexion sont sur la cubique

$$(2) \qquad b^2c x^3 + c^2 a y^3 + a^2 b z^3 - 3abcxyz = 0.$$

Soient (α, β, γ) les coordonnées de I; elles satisfont aux équations (1) et (2). On constate, par un calcul facile, que les coordonnées de K sont proportionnelles à $(a\beta\gamma, b\alpha\beta, b\gamma\alpha)$, celles de I′ à $(ac\beta, ab\gamma, bc\alpha)$, et ces dernières vérifient l'équation (2). Ainsi, I′ est un point d'inflexion.

53. *Trouver sur une cubique les points sextactiques, c'est-à-dire les points tels que l'on puisse construire des coniques ayant en ces points un contact du cinquième ordre avec la cubique donnée.*

Nous rapporterons la cubique à un triangle de référence formé par la tangente au point sextactique $C(y=0)$, la tangente au point A, tangentiel de $C(z=0)$, et l'une des tangentes issues de $C(x=0)$. Son équation sera de la forme

$$(1) \quad ay^3 + 3by^2z + 3cyz^2 + 3dzx^2 + 3fxy^2 + 6gxyz = 0.$$

Formons l'équation de la conique qui a un contact du quatrième ordre en C; pour cela, il faudra éliminer z entre l'équation (1) et celle de la conique qui est de la forme

$$x^2 + \beta y^2 + 2\gamma yz + 2\delta xy = 0,$$

et exprimer que le faisceau des droites menées du point $C(x, y)$ aux intersections des deux courbes est de la forme

$$y^4(\lambda y + \mu x).$$

On trouve pour les coefficients β, γ, δ les valeurs

$$\beta = \frac{b}{d}, \quad \gamma - \frac{c}{2d}, \quad \delta = \frac{g}{d};$$

le faisceau des droites menées aux points d'intersection se réduit à $y^3(ay + 3fx)$, et la conique est

$$dx^2 + by^2 + cyz + 2gxy = 0.$$

On aura six points d'intersection confondus, si f est nul, et alors le point $A(y, z)$ est un point d'inflexion. Donc les points sextactiques sont les vingt-sept points de contact des tangentes issues des neuf points d'inflexion.

Remarques. — 1° Supposons que le triangle de référence soit à la fois inscrit et circonscrit à la cubique; on aura $a=0$, $b=0$, et la conique surosculatrice en C deviendra

$$dx^2 + cyz + 2gxy = 0;$$

elle passera en B. De même, la conique surosculatrice en A passe en C, et la conique surosculatrice en B passe en A.

2° Dans le cas général, où f n'est pas nul, on vérifie aisément que la droite $ay + 3fx = 0$, qui détermine le sixième point d'intersection de la cubique et de la conique surosculatrice en C, passe par le point tangentiel A' de A, situé sur $z = 0$. Le point dont il s'agit est donc le troisième point d'intersection de la cubique avec la droite CA'.

54. *Calcul du rayon de courbure en un point d'une courbe définie par son équation en coordonnées trilinéaires. Coordonnées du centre de courbure et équation du cercle osculateur.*

Soient (α, β, γ), $(\alpha + d\alpha, \beta + d\beta, \gamma + d\gamma)$ deux points infiniment voisins sur la courbe $f(x, y, z) = 0$. Le carré de la différentielle de l'arc est, d'après la formule (22) du Chap. **VI**,

$$ds^2 = \frac{R^2}{S^2}[(\beta\, d\gamma - \gamma\, d\beta)^2 + \ldots - 2\cos A\,(\gamma\, d\alpha - \alpha\, d\gamma)\,(\alpha\, d\beta - \beta\, d\alpha) - \ldots].$$

En vertu des relations

$$\mathbf{a}\, d\alpha + \mathbf{b}\, d\beta + \mathbf{c}\, d\gamma = 0, \quad f'_\alpha d\alpha + f'_\beta d\beta + f'_\gamma d\gamma = 0,$$

les binômes $\beta\, d\gamma - \gamma\, d\beta$, ... prendront les formes suivantes, si l'on considère les coordonnées x, y, z comme fonctions d'une variable indépendante t,

$$\beta\, d\gamma - \gamma\, d\beta = dt\,[\mathbf{a}\,(\beta f'_\beta + \gamma f'_\gamma) - (\mathbf{b}\beta + \mathbf{c}\gamma)f'_\alpha$$
$$= \mathbf{a}\, dt\,(f'_\alpha d\alpha + f'_\beta d\beta + f'_\gamma d\gamma) - 2 S f'_\alpha dt = -2 S f'_\alpha dt,$$
$$\gamma\, d\alpha - \alpha\, d\gamma = -2 S f'_\beta dt, \quad \alpha\, d\beta - \beta\, d\alpha = -2 S f'_\gamma dt.$$

On conclut de là

$$ds^2 = 4 R^2\, dt^2[f'^2_\alpha + f'^2_\beta + f'^2_\gamma - 2 f'_\beta f'_\gamma \cos A$$
$$- 2\cos B\, f'_\gamma f'_\alpha - 2\cos C\, f'_\alpha f'_\beta) = 4 R^2 P\, dt^2.$$

P n'est autre chose que le dénominateur de l'expression du carré de la distance d'un point quelconque du plan à la tangente en (α, β, γ).

Soient maintenant

$$x f'_\alpha + y f'_\beta + z f'_\gamma = 0,$$
$$x(f'_\alpha + df'_\alpha) + y(f'_\beta + df'_\beta) + z(f'_\gamma + df'_\gamma) = 0$$

les équations des tangentes aux deux points infiniment voisins.

La formule (10) du Chap. VI donne, pour la tangente trigonométrique de leur angle, ou, ce qui revient au même, pour l'angle de contingence,

$$d\varepsilon = \frac{1}{2\,\mathrm{RP}} \left[\mathbf{a}(f'_\beta df'_\gamma - f'_\gamma df'_\beta) + \mathbf{b}(f'_\gamma df'_\alpha - f'_\alpha df'_\gamma) + \mathbf{c}(f'_\alpha df'_\beta - f'_\beta df'_\alpha) \right],$$

car le dénominateur de la formule citée se réduit à la fonction P, en négligeant les termes infiniment petits.

Comme on a

$$df'_\alpha = f''_{\alpha^2} d\alpha + f''_{\alpha\beta} d\beta + f''_{\alpha\gamma} d\gamma$$
$$= f''_{\alpha^2}(\mathbf{b}f'_\gamma - \mathbf{c}f'_\beta)\,dt + f''_{\alpha\beta}(\mathbf{c}f'_\alpha - \mathbf{a}f'_\gamma)\,dt + f''_{\alpha\gamma}(\mathbf{a}f'_\beta - \mathbf{b}f'_\alpha)\,dt,$$
$$df'_\beta = f''_{\alpha\beta}(\mathbf{b}f'_\gamma - \mathbf{c}f'_\beta)\,dt + f''_{\beta^2}(\mathbf{c}f'_\alpha - \mathbf{a}f'_\gamma)\,dt + f''_{\beta\gamma}(\mathbf{a}f'_\beta - \mathbf{b}f'_\alpha)\,dt,$$
$$df'_\gamma = f''_{\alpha\gamma}(\mathbf{b}f'_\gamma - \mathbf{c}f'_\beta)\,dt + f''_{\beta\gamma}(\mathbf{c}f'_\alpha - \mathbf{a}f'_\gamma)\,dt + f''_{\gamma^2}(\mathbf{a}f'_\beta - \mathbf{b}f'_\alpha)\,dt,$$

le numérateur de $d\varepsilon$ peut s'écrire sous forme de déterminant

$$dt \begin{vmatrix} f''_{\alpha^2} & f''_{\alpha\beta} & f''_{\alpha\gamma} & f'_\alpha & \mathbf{a} \\ f''_{\alpha\beta} & f''_{\beta^2} & f''_{\beta\gamma} & f'_\beta & \mathbf{b} \\ f''_{\alpha\gamma} & f''_{\beta\gamma} & f''_{\gamma^2} & f'_\gamma & \mathbf{c} \\ f'_\alpha & f'_\beta & f'_\gamma & 0 & 0 \\ \mathbf{a} & \mathbf{b} & \mathbf{c} & 0 & 0 \end{vmatrix}.$$

Si l'on retranche des éléments de la quatrième colonne, préalablement multipliés par $p-1$ [p est le degré de $f(x, y, z)$], les éléments des trois premières multipliés par α, β, γ, on aura

$$\frac{1}{p-1} \begin{vmatrix} f''_{\alpha^2} & f''_{\alpha\beta} & f''_{\alpha\gamma} & 0 & \mathbf{a} \\ f''_{\alpha\beta} & f''_{\beta^2} & f''_{\beta\gamma} & 0 & \mathbf{b} \\ f''_{\alpha\gamma} & f''_{\beta\gamma} & f''_{\gamma^2} & 0 & \mathbf{c} \\ f'_\alpha & f'_\beta & f'_\gamma & 0 & 0 \\ \mathbf{a} & \mathbf{b} & \mathbf{c} & -2\mathrm{S} & 0 \end{vmatrix}.$$

Enfin la même transformation opérée sur les lignes donne

$$\frac{-4\,S^2}{(p-1)^2}\begin{vmatrix} f''_{\alpha^2} & f''_{\alpha\beta} & f''_{\alpha\gamma} \\ f''_{\alpha\beta} & f''_{\beta^2} & f''_{\beta\gamma} \\ f''_{\alpha\gamma} & f''_{\beta\gamma} & f''_{\gamma^2} \end{vmatrix} = -\frac{4\,S^2}{(p-1)^2}\,H;$$

H est le hessien de la fonction $f(x, y, z)$ dans lequel on a substitué α, β, γ aux coordonnées courantes. En définitive, l'expression de l'angle de contingence est

$$d\varepsilon = -\frac{2\,S^2}{(p-1)^2 R}\frac{H}{P}\,dt,$$

et le rayon de courbure a pour valeur

$$(\alpha) \qquad\qquad \rho = \frac{ds}{d\varepsilon} = -(p-1)^2\frac{R^2}{S^2}\frac{P^{\frac{3}{2}}}{H}.$$

L'équation de la normale au point (α, β, γ) est

$$x(\beta N - \gamma M) + y(\gamma L - \alpha N) + z(\alpha M - \beta L) = 0,$$

les fonctions L, M, N ayant pour expressions

$$L = f'_\alpha - f'_\beta \cos C - f'_\gamma \cos B,$$
$$M = -f'_\alpha \cos C + f'_\beta - f'_\gamma \cos A,$$
$$N = -f'_\alpha \cos B - f'_\beta \cos A + f'_\gamma.$$

On trouve, pour des coordonnées du centre de courbure, intersection des deux normales infiniment voisines,

$$(\beta) \qquad \begin{cases} x_1 = \alpha + (p-1)^2\dfrac{R^2}{S^2}\dfrac{P}{H}L, \\[2ex] y_1 = \beta + (p-1)^2\dfrac{R^2}{S^2}\dfrac{P}{H}M, \\[2ex] z_1 = \gamma + (p-1)^2\dfrac{R^2}{S^2}\dfrac{P}{H}N. \end{cases}$$

Si l'on désigne par $I = o$ le premier membre de l'équation des droites isotropes qui passent par le point $(\alpha\beta\gamma)$, c'est-à-dire si l'on pose (Chap. VI, n° 5)

$$I = (\gamma y - \beta z)^2 + (\alpha z - \gamma x)^2 + (\beta x - \alpha y)^2$$
$$\quad - 2\cos A (\alpha z - \gamma x)(\beta x - \alpha y) - 2\cos B (\beta x - \alpha y)(\gamma y - \beta z)$$
$$\quad - 2\cos C (\gamma y - \beta z)(\alpha z - \gamma x),$$

le cercle osculateur a une équation de la forme

$$\lambda I + (\mathbf{a}x + \mathbf{b}y + \mathbf{c}z)(x f'_\alpha + y f'_\beta + z f'_\gamma) = 0,$$

car il passe par les points cycliques, intersections de $I = 0$ avec la droite à l'infini

$$\mathbf{a}x + \mathbf{b}y + \mathbf{c}z = 0,$$

et la tangente au cercle en (α, β, γ) est la tangente à la courbe

$$x f'_\alpha + y f'_\beta + z f'_\gamma = 0.$$

Il suffit de déterminer λ, de telle sorte que le centre du cercle soit le point (x_1, y_1, z_1); on trouve

$$\lambda = - \frac{SH}{P(p-1)^2};$$

l'équation du cercle osculateur est donc

$$SHI - (p-1)^2 P (\mathbf{a}x + \mathbf{b}y + \mathbf{c}z)(x f'_\alpha + y f'_\beta + z f'_\gamma) = 0.$$

55. *Lorsqu'une courbe du troisième ordre est inscrite et circonscrite à un triangle, le produit des rayons de courbure aux trois sommets est égal au cube du rayon du cercle circonscrit au triangle. Si la courbe est de troisième classe, le produit des trois rayons de courbure est égal à soixante-quatre fois le cube du rayon du cercle circonscrit.*

L'équation d'une cubique inscrite et circonscrite au triangle de référence étant

$$a y z^2 + b z x^2 + c x y^2 + 2 d x y z = 0,$$

la formule (α) du n° 54 donne, pour les rayons de courbure en A, B, C,

$$\rho_1 = 4\frac{b}{c}\frac{R^2 S}{\mathbf{a}^3}, \quad \rho_2 = 4\frac{c}{a}\frac{R^2 S}{\mathbf{b}^3}, \quad \rho_3 = 4\frac{a}{b}\frac{R^2 S}{\mathbf{c}^3}.$$

Ainsi

$$\rho_1\rho_2\rho_3 = \frac{64\,R^6 S^3}{a^3 b^3 c^3} = R^3 \quad (^1).$$

Prenons la polaire réciproque de la cubique par rapport au cercle circonscrit au triangle ABC (*fig.* 32); on aura une courbe de troisième classe inscrite et circonscrite au triangle A′B′C′ formé par les tangentes au cercle en A, B, C.

Fig. 32.

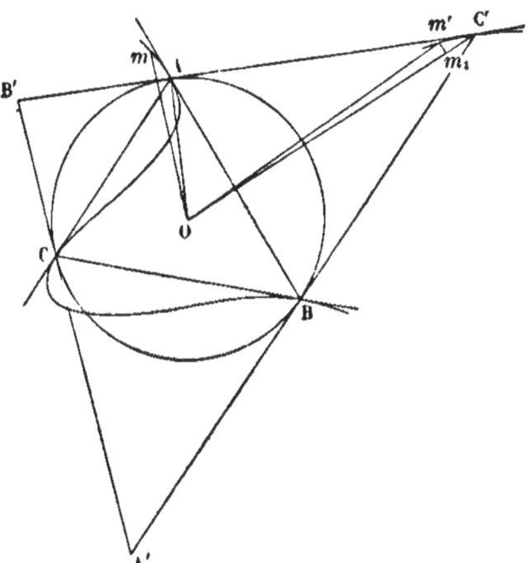

Soit $d\sigma = C'm'$ un arc infiniment petit de cette courbe; l'angle $m'OC'$ est égal à l'angle de contingence $d\epsilon$ au point A de la cubique. L'arc de cercle $m'm_1$ de rayon Om' a pour expression

$$m'm_1 = d\sigma \sin m'C'm_1 = d\sigma \cos C;$$

car l'angle $m'C'm_1$ diffère infiniment peu de $AC'O$ ou de $\frac{\pi}{2} - C$, puisque l'arc $m'C'$ est tangent à B′C′.

____

(^{1}) M. Mannheim a démontré géométriquement ce théorème, en s'appuyant sur le théorème de Carnot. (*Voir* les Notes annexées aux *Applications d'Analyse et de Géométrie* de Poncelet.)

D'ailleurs

$$m'm_1 = 0\,m_1\,d\varepsilon = \mathrm{OC}'\,d\varepsilon - \frac{\mathrm{R}}{\cos \mathrm{C}}\,d\varepsilon\,;$$

donc

$$d\sigma = \frac{\mathrm{R}\,d\varepsilon}{\cos^2 \mathrm{C}}.$$

Prenons maintenant sur la cubique l'arc $\mathrm{A}\,m = ds$; l'angle $\mathrm{AO}\,m$ n'est autre chose que l'angle de contingence $d\eta$ de la courbe de troisième classe en C', et l'on voit que

$$ds \cos \mathrm{C} = \mathrm{R}\,d\eta.$$

Les deux relations que nous venons de trouver permettent de calculer le rayon de courbure ρ'_3 de la courbe transformée au point C'; on a

$$\rho'_3 = \frac{d\sigma}{d\eta} = \frac{\mathrm{R}^2}{\cos^3 \mathrm{C}}\,\frac{d\varepsilon}{ds} = \frac{\mathrm{R}^2}{\rho_1 \cos^3 \mathrm{C}}.$$

De même

$$\rho'_2 = \frac{\mathrm{R}^2}{\rho_3 \cos^3 \mathrm{B}}, \quad \rho'_1 = \frac{\mathrm{R}^2}{\rho_2 \cos^3 \mathrm{A}};$$

on en conclut

$$\rho'_1 \rho'_2 \rho'_3 \quad \frac{\mathrm{R}^6}{\rho_1 \rho_2 \rho_3 \cos^3 \mathrm{A} \cos^3 \mathrm{B} \cos^3 \mathrm{C}} = \frac{\mathrm{R}^3}{\cos^3 \mathrm{A} \cos^3 \mathrm{B} \cos^3 \mathrm{C}},$$

et, comme le rayon R' du cercle circonscrit au triangle $\mathrm{A}'\mathrm{B}'\mathrm{C}'$ est égal à $\dfrac{\mathrm{R}}{4 \cos \mathrm{A} \cos \mathrm{B} \cos \mathrm{C}}$, il vient

$$\rho'_1 \rho'_2 \rho'_3 = 64\,\mathrm{R}'^3.$$

56. *Quelques propriétés de l'hypocycloïde à trois rebroussements.*

En prenant pour triangle de référence le triangle équilatéral formé par les points de rebroussement, l'équation de la courbe est

$$y^2 z^2 + z^2 x^2 + x^2 y^2 - 2 x^2 yz - 2 xy^2 z - 2 xyz^2 = 0,$$

ou

$$(yz + zx + xy)^2 - 4xyz(x + y + z) = 0.$$

Nous supposerons $x + y + z = 1$, c'est-à-dire

$$a = b = c = \frac{2}{\sqrt{3}}, \quad S = \frac{1}{\sqrt{3}},$$

en prenant pour unité la hauteur du triangle. Les coordonnées des trois sommets de l'hypocycloïde sont

$$(x_1 = \tfrac{1}{9}, \ y_1 = z_1 = \tfrac{4}{9}),$$
$$(y_2 = \tfrac{1}{9}, \ x_2 = z_2 = \tfrac{4}{9}),$$
$$(z_3 = \tfrac{1}{9}, \ x_3 = y_3 = \tfrac{4}{9}).$$

On peut exprimer de diverses manières les coordonnées d'un point quelconque de la courbe; il suffit pour cela d'écrire l'équation d'une conique variable passant par les trois points de rebroussement et par un quatrième point choisi arbitrairement; on aura immédiatement les coordonnées du dernier point d'intersection de l'hypocycloïde et de la conique en fonction du paramètre qui définit chaque conique du faisceau. Si l'on choisit le faisceau $x(y - z) - \lambda yz = 0$, dont toutes les courbes touchent au sommet A du triangle la tangente de rebroussement $y - z = 0$, on aura, pour les coordonnées d'un point,

$$x = \frac{(\lambda^2 - 1)^2}{(\lambda^2 + 3)^2}, \quad y = \frac{4(\lambda + 1)^2}{(\lambda^2 + 3)^2}, \quad z = \frac{4(\lambda - 1)^2}{(\lambda^2 + 3)^2}.$$

L'équation de la tangente au point λ est

$$8x + y(\lambda - 1)^3 - z(\lambda + 1)^3 = 0.$$

Menons par le sommet A du triangle une droite quelconque; les paramètres λ, λ' des points où elle coupe la courbe sont liés par la relation $\lambda\lambda' = 1$; les tangentes en ces points sont

$$8x + y(\lambda - 1)^3 - z(\lambda + 1)^3 = 0,$$
$$8\lambda^3 x - y(\lambda - 1)^3 - z(\lambda + 1)^3 = 0,$$

et elles se coupent sur la conique

$$8x^2 - yz + zx + xy = 0,$$

comme il est facile de le reconnaître en ajoutant et retranchant successivement les équations des tangentes.

Donc : *Si, par un point de rebroussement* A *d'une hypocycloïde, on mène une droite qui coupe la courbe en* P *et* Q, *le lieu du point de concours des tangentes en ces points est une conique qui passe par les deux autres points de rebroussement* B *et* C, *et touche en ces points les tangentes de rebroussement. De plus, les tangentes en* P *et* Q *divisent harmoniquement la droite* BC.

Les paramètres μ, ν des points où la tangente au point λ coupe la courbe sont racines de l'équation

$$m^2 + 2m\lambda - 3 = 0,$$

de sorte qu'on a $\mu\nu = -3$. Cette relation exprime que les tangentes aux points μ et ν sont rectangulaires, comme il est facile de s'en assurer par l'application de la formule (14) du Chapitre VI.

Pour obtenir le lieu du point de concours des tangentes rectangulaires, nous remarquerons que l'équation

$$8x + y(\lambda - 1)^3 - z(\lambda + 1)^3 = 0$$

donne les valeurs des paramètres des points de contact des tangentes issues d'un point (x, y, z); le produit des racines est $\dfrac{y + z - 8x}{y - z}$; il suffit donc d'exprimer que $-\dfrac{y + z - 8x}{3(y - z)}$ satisfait à l'équation du troisième degré en λ, ce qui donne

$$16(x^2 + y^2 + z^2) - 22(yz + zx + xy) = 0.$$

Donc : *Le lieu des sommets des angles droits circonscrits à l'hypocycloïde est le cercle inscrit dans la courbe; il a pour centre le centre du triangle formé par les points de rebroussement et touche la courbe aux trois sommets* ([1]).

([1]) En général, si une hypocycloïde est engendrée par un point de la circonférence d'un cercle de rayon r roulant dans l'intérieur d'un cercle fixe de rayon $R = \dfrac{2n + 1}{n} r$, le lieu des sommets des angles droits circonscrits est un cercle de rayon $\dfrac{r}{n}$, concentrique au cercle fixe et tangent aux $4n + 2$ branches de la courbe. Cette propriété se démontre aisément en exprimant les coordonnées cartésiennes d'un point de l'hypocycloïde par les formules

$$x = \frac{n+1}{n} r\cos\theta + r\cos\frac{n+1}{n}\theta, \quad y = \frac{n+1}{n} r\sin\theta - r\sin\frac{n+1}{n}\theta.$$

Soient (x', y', z'); (x'', y'', z'') les coordonnées des points où la tangente au point λ coupe la courbe; on trouve, en observant que les paramètres μ et ν satisfont à l'équation $m^2 + 2m\lambda - 3 = 0$,

$$X = y'z'' - y''z' = \frac{32\sqrt{\lambda^2 + 3}}{9(\lambda^2 + 3)^2},$$

$$Y = z'x'' - z''x' = \frac{4(\lambda - 1)^3\sqrt{\lambda^2 + 3}}{9(\lambda^2 + 3)^2},$$

$$Z = x'y'' - x''y' = -\frac{4(\lambda + 1)^3\sqrt{\lambda^2 + 3}}{9(\lambda^2 + 3)^2}.$$

La distance des deux points est

$$\delta = \frac{R}{S}\sqrt{X^2 + Y^2 + Z^2 - YZ - ZX - XY},$$

car les cosinus des angles du triangle de référence sont égaux à $\frac{1}{2}$; cette expression se réduit à

$$\delta = \frac{\sqrt{12}}{3}\sqrt{\frac{16}{27}} = \frac{8}{9}.$$

Ainsi *la distance des deux points où une tangente quelconque rencontre l'hypocycloïde est constante et égale à la distance d'un des points de rebroussement au sommet opposé ou au double du diamètre du cercle inscrit.*

Les fonctions H et P, qui entrent dans l'expression du rayon de courbure donnée au n° 54, sont, pour le point de paramètre λ,

$$H = \frac{2^{13}.3^3(\lambda^2 - 1)^8}{(\lambda^2 + 3)^6}, \quad P = \frac{2^{10}.3(\lambda^2 - 1)^6}{(\lambda^2 + 3)^3},$$

et l'on trouve

$$\rho = \frac{16\sqrt{3}}{3}\frac{\lambda^2 - 1}{(\lambda^2 + 3)^{\frac{3}{2}}}.$$

D'ailleurs la distance du centre du cercle circonscrit à la tangente est

$$d = \frac{2\sqrt{3}}{3}\frac{\lambda^2 - 1}{(\lambda^2 + 3)^{\frac{3}{2}}}.$$

Donc : *le rayon de courbure en un point quelconque est égal à huit fois la distance du centre du cercle circonscrit à la tangente en ce point.*

Les formules (β) du n° 54 donnent, pour les coordonnées du centre de courbure,

$$x_1 = \frac{(\lambda^2 - 1)^2 + 16(\lambda^2 - 1)}{(\lambda^2 + 3)^2},$$

$$y_1 = \frac{4(\lambda + 1)^2 + 8(\lambda^2 - 1)(\lambda - 1)}{(\lambda^2 + 3)^2},$$

$$z_1 = \frac{4(\lambda - 1)^2 - 8(\lambda^2 - 1)(\lambda + 1)}{(\lambda^2 + 3)^2}.$$

Les centres de courbure des sommets de la courbe sont

$$(x_1 = -\tfrac{16}{9},\ y_1 = \tfrac{12}{9},\ z_1 = \tfrac{12}{9}),\ \ldots;$$

si l'on prend pour nouveau triangle de référence le triangle équilatéral ayant pour sommets ces trois points, comme les équations des côtés de ce triangle sont

$$x + 4y + 4z = 0, \quad 4x + y + 4z = 0, \quad 4x + 4y + z = 0,$$

il faudra, pour avoir les nouvelles coordonnées du centre de courbure, poser

$$x' = x + 4y + 4z, \quad \ldots,$$

ce qui donne

$$\frac{x'}{(\lambda^2 - 9)^2} = \frac{y'}{4\lambda^2(\lambda - 3)^2} = \frac{z'}{4\lambda^2(\lambda + 3)^2}.$$

On voit que la développée de l'hypocycloïde est une autre hypocycloïde semblable ayant pour points de rebroussement les centres de courbure des sommets. Le rapport de similitude des deux courbes est égal à 3.

FIN DE LA PREMIÈRE PARTIE.

TABLE DES MATIÈRES.

10550   Paris. — Impr. de GAUTHIER-VILLARS, quai des Augustins, 55.